U0749085

大学战略管理

林 健 著

清华大学出版社
北京

内 容 简 介

本书涵盖大学战略管理可能涉及的全部内容,包含 6 部分共 18 章:第 1 部分大学战略基础,包括战略与战略管理,大学战略管理导论,战略思维与大学战略管理,大学的核心价值观、使命、愿景和定位共 4 章;第 2 部分大学战略分析,包括大学外部环境分析,大学内部条件分析共两章;第 3 部分大学战略制定,包括大学战略目标,大学战略结构和战略制定原则,大学总体战略,大学竞争/专项战略共 4 章;第 4 部分大学战略实施,包括大学战略实施概要,大学战略的分层实施,大学战略实施的资源保障,大学战略实施的组织保障共 4 章;第 5 部分大学战略控制,包括大学战略的有效控制,大学战略评估共两章;第 6 部分大学战略支持,包括大学领导与大学战略管理,大学文化与大学战略管理共两章。

本书的特色主要表现在内容的完整性、综合性、重落实、指导性和普适性。

本书读者对象主要为五类群体:一是博士研究生,主要包括教育博士专业学位研究生和公共管理博士研究生,作为核心课程教材;二是以大学校长为主体的校领导及其领导下的大学规划部门,用于制定和实施大学战略规划参考;三是其他各级各类学校领导,用作制定和实施本校战略规划参考;四是研究大学管理和大学治理的专家学者,作为研究参考;五是各级教育行政主管部门的领导和干部,作为工作参考。

本书封面贴有清华大学出版社防伪标签,无标签者不得销售。

版权所有,侵权必究。举报: 010-62782989,beiqinquan@tup.tsinghua.edu.cn。

图书在版编目(CIP)数据

大学战略管理/林健著. —北京:清华大学出版社,2023.3
ISBN 978-7-302-63015-9

Ⅰ.①大… Ⅱ.①林… Ⅲ.①高等学校–战略管理–研究–中国 Ⅳ.①G647

中国国家版本馆 CIP 数据核字(2023)第 040569 号

责任编辑:张 民 常建丽
封面设计:傅瑞学
责任校对:李建庄
责任印制:丛怀宇

出版发行:清华大学出版社
   网   址:http://www.tup.com.cn,http://www.wqbook.com
   地   址:北京清华大学学研大厦 A 座   邮   编:100084
   社 总 机:010-83470000   邮   购:010-62786544
   投稿与读者服务:010-62776969,c-service@ tup.tsinghua.edu.cn
   质量反馈:010-62772015,zhiliang@ tup.tsinghua.edu.cn
   课件下载:http://www.tup.com.cn,010-83470236
印 装 者:三河市铭诚印务有限公司
经 销:全国新华书店
开 本:185mm×260mm   印 张:30.75   字 数:564 千字
版 次:2023 年 4 月第 1 版   印 次:2023 年 4 月第 1 次印刷
定 价:99.00 元

产品编号:100727-01

当前,在世界百年未有之大变局之中,高等教育在实现中华民族伟大复兴宏伟目标中的作用和地位愈加凸显,国家《中国教育现代化 2035》、"双一流"建设等一系列重大举措的出台和落实,加快了我国建设高等教育强国的步伐。各类高等学校在开放、合作、竞争、透明的全球化高等教育市场中不仅迎来新的发展机遇,也面临着各种严峻的挑战,高等学校在日趋激烈的高等教育市场竞争环境中如何准确分析外部形势,客观认识自身条件,及时抓住发展机遇,主动应对各种挑战,不断提升自身的办学优势和特色,赢得高等教育市场竞争,是国内外所有高等学校必须认真面对、付诸全力解决的第一要务。解决这一要务,使高等学校充分利用自身有限资源,更好地履行其承诺的使命,实现其宏伟的愿景及战略目标,正是本书出版的主要初衷。

我国高等学校引入战略管理较发达国家晚,到"十五"末期,在教育部推动下,战略规划才成为教育部直属高校的重要工作内容,随后,战略管理在高等学校发展中的核心作用和重要性逐渐显现。然而,令人遗憾的是,只重视本校战略规划的制定,而忽视战略规划的实施,更谈不上重视战略管理的全过程,仍然是我国高等学校至今较为普遍存在的现象,甚至存在少数高校领导将制定战略规划作为完成上级教育行政主管部门的一项任务来完成的现象。虽然有相当数量的高等学校也强调战略实施,但其中不少还基本停留在思想上而不是行动上。因此,在中国高校开展完全意义上的战略管理还任重道远。

虽然可以将高等学校作为提供高等教育服务、科研成果和社会服务的特殊企业,但是高等学校的复杂性及其与企业的本质差异使得企业战略管理的基本原理和研究成果难以简单照搬、直接运用到高等学校上,而需要在充分考虑高校所具有的独特于其他类型组织的基本特征的基础上,包括性质、权利、人员、产品、组织、社会、管理等方面的特征,参考和借鉴企业战略管理的基本原理和理论,通过研究和实践的不断循环,才能逐渐形成较为系统全面的适用于高等学校的战略管理理论与实践体系。

本书的形成经历了两个阶段。第一阶段是作者 1998—2007 年担任大学校长近 9 年的经历:期间通过在所在大学两个规划期对该校开展战略管理的研究与实践,逐渐形成基本的、可行的、可操作的大学战略管理理论框架及实践方案,进而由高等教育出版社出版了独著《战略视角下的大学管理》。实践证明,战略管理在该校的实践对提升该校的办学效益、办学优势、办学特色及在高等教育界的影响力和竞争力均具有十分显著和重要的作用。截至 2011 年,作者近 20 次应邀在国家教育学院、中国教育干部培训网、中国高等教育学会等单位组织的全国性会议及针对高校领导的专题培训会上,围绕大学战略管理的相关专题作报告。

第二阶段是作者 2010 年起至今在清华大学为教育博士专业学位(Doctor of Education, Ed.D)研究生开设专业核心课程"学校战略管理"和为公共管理博士(Ph.D)研究生开设专业课程"大学战略管理":Ed.D 课程注重理论掌握和实际应用,尤其强调结合学生所在大学、中学或小学的战略管理实践及与国外同类学校的比较借鉴;Ph.D 课程注重理论分析和研究,着重强调对大学战略管理理论和实践的分析、研究和发展。这两门课程共同的作用超越了课程名称所涵盖的范畴:一是训练学生具备战略性思维、系统性规划和整体性实施的现代大学/学校综合管理能力,能够从全局的高度分析和研究大学/学校管理;二是使学生熟悉和掌握高等教育/教育管理问题的整体性、复杂性、动态性和内在的规律性,培养和提高他们从宏观和微观的角度分析和解决大学/学校管理问题的能力。这两门课程共同的预期目标有两个:一是使学生具备从战略和系统的高度分析和研究高等学校的改革、发展和管理问题的能力;二是使学生掌握一定的从整体的角度协调和落实高等学校各项管理任务的能力。为了达到上述课程作用和预期目标,在缺乏国内外教材和参考资料不足的情况下,作者着手开展针对性的系统研究。得益于这两门课程,历经 12 年的持续研究、课程教学及与学生的研讨,作者逐年不断地丰富和完善最初基于"战略视角下的大学战略管理"的课程教学内容,从而最终形成现在呈现给读者的这部著作。

本书涵盖大学战略管理可能涉及的全部内容,包含 6 部分共 18 章:第 1 部分大学战略基础,包括战略与战略管理,大学战略管理导论,战略思维与大学战略管理,大学的核心价值观、使命、愿景和定位共 4 章;第 2 部分大学战略分析,包括大学外部环境分析,大学内部条件分析共两章;第 3 部分大学战略制定,包括大学战略目标,大学战略结构和战略制定原则,大学总体战略,大学竞争/专项战略共 4 章;第 4 部分大学战略实施,包括大学战略实施概要,大学战略的分层实施,大学战略实施的资源保障,大学战略实施的组织保障共 4 章;第 5 部分大学战略控制,包括大学战略的有效控制,大学战略评估共两章;第 6 部分大学战略支持,包括大学领导与大学战略管理,大学文化与大学战略管理共两章。

本书的特色主要表现在以下 5 方面。

完整性。本书不仅包含业内普遍认同的大学战略管理的 4 个阶段的内容(战略分析、战略制定、战略实施和战略控制),还包含完整的大学战略管理不可或缺的战略基础和战略支持两部分内容。此外,本书各章内容按照大学战略管理活动推进的逻辑顺序组织,前后章节相互关联、逐步推进,由此构成了大学战略管理完整而系统的理论与实践体系。

综合性。大学战略管理不是简单的专项管理,而是综合大学各种管理的集大成者,是涉及大学全校上下方方面面的综合性管理,包括诸如环境分析、目标定位、竞争分析、战略决策、人才培养、科研管理、队伍建设、国际合作、年度计划、组织管理、财务管理、人事管理、资源配置、沟通协调、目标管理、绩效管理、战略评估、战略领导、大学文化等。因此,内容的综合性是本书的显著特征。

重落实。目前企业战略管理的书籍或教材的主要篇幅都聚集在战略分析和战略制定上,而对战略实施和战略控制基本是轻描淡写。本书基于作者在大学战略实施和控制方面的研究积累、实践总结,以及对各类高校实际案例的分析研究,在大学战略实施和战略控制部分给予与战略分析和战略制定相同的篇幅,详细具体地讨论将大学战略规划落到实处的策略、方法、措施、途径和建议,以确保大学战略目标成功实现。

指导性。本书不仅力求为读者提供全面、系统、完整、清晰的内容,而且力求为读者在理论方面提供有深度的分析,选择有比较借鉴价值的国内外大学实例,在战略管理活动方面给出具体的行动方案、实施细则或措施建议,因此对各种类型的读者具有较强的指导性和操作性。

普适性。虽然本书读者对象主要针对后述五类群体,具有较广的适应面,但是本书强调的战略性及未雨绸缪的思维方式、立足长远和顾全大局的行为模式,以及齐心协力和求真务实的处事风格等,不论对一个单位,还是一个家庭,也不论对一个人事业的发展,还是其人生的规划,均能给予一定的普适性参考和借鉴。

本书读者对象主要为五类群体:一是博士研究生,主要包括教育博士专业学位研究生和公共管理博士研究生,作为核心课程教材;二是以大学校长为主体的校领导及其领导下的大学规划部门,用于制定和实施大学战略规划的参考;三是除了大学之外的其他各级各类学校领导,用作制定和实施本校战略规划的参考;四是研究大学管理和大学治理的专家学者,作为研究参考;五是各级教育行政主管部门的领导和干部,作为工作参考。

大学战略管理作为大学运行、经营、治理中综合性、系统性、全局性的多维且复杂的管理活动,跨越大学管理的宏观、中观和微观三个层面,如图1所示。因此,成功的大学战略管理既需要高瞻远瞩,又需要脚踏实地;不仅要将战略转化为战术,还要将战术再落实在措施上;需要将思维构想转化为计划方案,而后落实到具体行动上;既需要宏观层面的领导,也需要中观层面的领导和管理,还需要微观层面的管理;既需要校领导集体具备杰出的领导力,也需要战略分解和落实中的创新力,还需要院系部处干部具备很强的执行力;既要有精神文化的主导,也要有制度文化的保证,还要有物质文化作为基础。总之,大学战略管理的开展是对大学校领导集体及院系部处干部复合能力和综合素质的全面检验。大学战略管理的层次性、多维性和复杂性如图1所示。

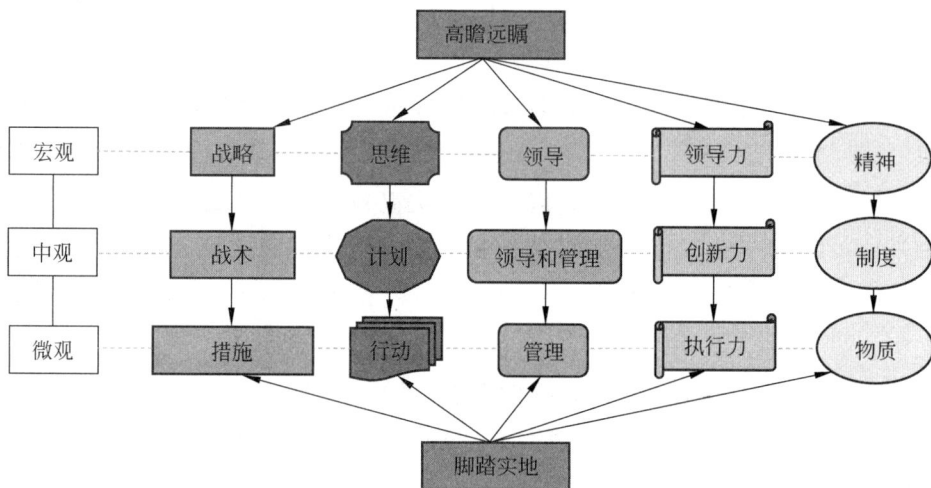

图1 大学战略管理的层次性、多维性和复杂性

随着中国经济社会持续、健康、稳定地向高水平发展,中华民族伟大复兴宏伟目标的实现不断接近,国家和社会对以高等学校为主要载体的高等教育的期望和要求不断提高。面对变化复杂的国际环境和日趋激烈的市场竞争,各种类型的高等学校必须用好战略管理这一综合性、系统性和全局性的手段和方法,重新审视自身的核心价值观、使命和愿景,准确把握本校在高等教育市场的定位,客观分析外部环境和内部条件,清晰提出本校的战略目标,合理制定本校的战略规划,优化配置各种各方资源,充分调动全校教职工的积极性,认真开展全员参与的战略实施,在实施过程中评估并不断完善战略,上下齐心地实现本校的战略目标,为助力高等教育强国建设和共襄中华民族伟大复兴伟业做出本校责无旁贷的贡献。

期待本书的出版能够为大学战略管理领域高层次人才的培养,为包括高校在内的各级各类学校战略管理活动的开展,为推动中国大学战略管理的研究,为推进各级教育行政主管部门领导和干部的工作等,提供有价值的参考和借鉴。然而,限于作者的能力和水平,本书的疏忽和不足在所难免,期待能够得到高等教育界同仁和社会各界专家的批评指正。

第 2 部分　大学战略分析

第 3 部分　大学战略制定

第4部分 大学战略实施

第6部分　大学战略支持

第17章　大学领导与大学战略管理

第 1 部分

大学战略基础

第 1 章　战略与战略管理

　　"战略"是一个显示层次的词，它可能是当今社会用得最多、也是用得最滥的名词之一。绝大多数从事管理工作的人会认为自己清楚什么是战略，大多数的中国大学校长和学校管理者会认为战略对他们而言是一个简单的概念。一些领导在大会小会上，总喜欢喊口号说大话，喜欢说"要实现什么愿景""要达到什么水平""要达到什么目标"，喜欢高谈阔论自己的宏伟蓝图。然而，我们的确很少听到他们说"怎么去做""如何实现目标""采取什么方法做""怎样确保目标的实现"等。在他们看来，战略要么是"想法"，要么是"目标""方向"，或者是"愿景""追求"等。遗憾的是，这些都不是真正意义上的战略。事实上，在中国高等教育界普遍存在的对"战略"一词的误读，比在中国企业界更令人担忧。

　　经济社会的发展越来越要求人们采用更加务实、充满理性和切合实际的方式思考，从大规模组织的发展到团队的生存，甚至到个人的发展。人们不可能也不应该像过去那样，在没有充分了解内外部环境的情况下，简单地按照自己的理解，凭着个人的冲动和兴趣，主观地对未来进行判断，想当然地做出决策，然后走一步算一步，或者说归说干归干。因为这样的结果对组织或团队是灾难性的：一方面，各种资源得不到有效的配置和使用；另一方面，在市场竞争环境下的优势得不到形成,最终沦为被动甚至被淘汰的地位。事实上,在竞争日趋激烈的高等教育市场中,一所大学的生存与发展需要具备与众不同的独特的办学优势,而这种办学优势的形成是需要长期积累的。既需要对高等教育竞争市场的当前和未来环境有准确的把握和判断,为大学办学优势的形成明确方向和目标;也需要在既定的方向和目标下对大学各种资源进行优化配置,在实现目标的过程中不断积累优势;同时还需要及时抓住各种发展机遇并采取相应的行动措施,集中有限的资源为大学办学目标乃至愿景的实现积累优势。由此可见,一所大学的发展离不开战略管理,首先是对战略的了解和把握。

那么,战略究竟是什么?

1.1 战略的内涵

战略是组织管理中最重要的概念之一。战略最早源于军事领域,"战略(strategy)"一词来源于古希腊文 strategos,其原意为"将军"。中世纪以来,这个词逐渐成为一个军事术语,与从局部出发的"战术"或"策略(tactics)"不同,战略是指"指挥战争全局的筹划和谋略",反映指导及指挥军队克敌制胜的艺术和方法。

1.1.1 战略的定义

随着社会实践的发展,进入现代社会以后,战略一词广泛应用于政治、经济、科技和社会发展等方面。战略的内涵也随之拓展和变化,以下是一些具有代表性的关于战略的定义。

- 作为一个整体的组织,战略是首要的、普遍性的、持久重要的计划或行动方向。(《韦伯斯大辞典》)
- 战略是一种有意识、有预见、有组织的活动,它把一个组织的目标、政策与活动结合成一个有机的整体。(奎因(James B.Quinn)、德鲁克(Peter F.Drucker)、明茨伯格(Henry Mintzberg))
- 战略是企业的长期目标的确定以及为实现此目标所必须采取的行动和对资源的分配。(钱德勒(Alfred D. Chandler,Jr))
- 战略是目标、意图或目的,以及为达到目标而制定的政策和计划所组成的模式。(安德鲁斯(Kenneth R. Andrews))
- 战略是公司为之奋斗的目标与公司为达到这些目标而寻求的途径的结合物。

（波特（Michael E. Porter））

- 战略是为了实现组织长期目标而进行的决策、控制、资源分配等一系列行为的组合。（明茨伯格（Henry Mintzberg））
- 战略是企业当前和未来的资源配置和环境相互作用的基本模式，该模式表明企业将如何实现自己的目标。（霍弗（Charles W. Hofer）和申德尔（Dan Schendel））
- 战略是为了实现组织目标而制定、实施和评价的跨功能决策的艺术与科学。（戴维（Fred R. David））
- 战略是一个组织的总目标，它涉及一个时期内带动全局发展的方针、政策与任务。
- 战略是组织当前和未来的资源配置与环境相互作用的基本模式，该模式表明组织将如何实现自己的目标。
- 从广义上来讲，战略是对未来发展的全局性总体谋划，包括组织的宗旨、目标，以及实现目标的具体策略和政策。
- 战略是指一个组织在评估自身资源和条件的优势和劣势，以及衡量外部环境的机会与威胁后，为了发挥其优势和规避其劣势，抓住环境的机会和回避其威胁所采取的一组企图达到组织目标的行动方案。一般而言，战略是达到目标的手段，也就是为了达成组织的目标而采取的行动方案。

图 1.1 描述了环境、资源、目标、战略之间的动态关系：战略是适应外部环境，运用内部资源，实现目标的手段；战略是综合考虑金三角的目标、环境与资源三项因素的结果；战略是为了组织长远的全局性的目标服务的；战略制定的依据是组织所处的环境和自身所拥有的资源或能力。

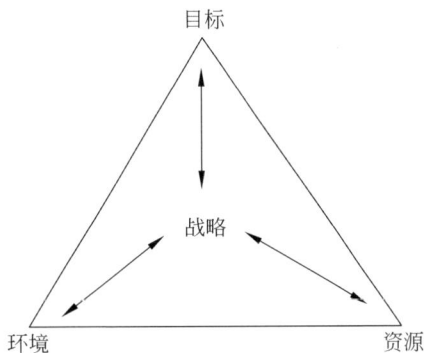

图 1.1 战略金三角

本书在狭义和广义两个层面给出了战略的定义。

狭义的战略定义：实现组织长远目标的有效途径、行动方案或行为组合。

广义的战略定义：组织长远目标和实现该目标的有效途径、行动方案或行为组合。

在以上定义中没有引入"最佳"或"最优"去限定"途径"、"方案"或"行为"的原因是：实现组织目标的战略有多种，只有通过战略选择后获得的才是"最优"的。

1.1.2 战略是什么

人们往往希望能够从一项简单的定义掌握某一复杂概念的内涵,但这往往是不容易的,尤其是对战略这种复杂观念,需要从不同的角度诠释。1988 年,加拿大麦吉尔大学教授明茨伯格在借鉴市场营销中 4 个要素(4P)提法的基础上,提出了战略的"5P"说法,也就是从 5 种角度看待战略的观念:从产业层面,战略是一种定位(position);从组织层面,战略是一种观念(perspective);从竞争层面,战略是一种计谋(ploy);从组织未来发展的视角看,战略是一种计划(plan);从组织过去发展的历程看,战略是一种模式(pattern)。

1. 战略是一种定位(从产业层面)

"战略是一种定位"是指组织从外部环境的视角在本行业内给自己确定一个合适的定位。也就是说,战略是组织在外部环境和自身资源的协调中找到的一处容身之地。用生态学的术语来说,战略为组织在环境中找到一个生存的利基(niche);从经济学的角度看,战略则替组织在环境中承租(rent)了一个位置;而从管理学的观点,战略主要是为组织在市场上找到了一个领域(domain)。战略定位的实质,就是找到有别于竞争对手的发展空间以获得长期的竞争优势。

2. 战略是一种观念(从组织层面)

"战略是一种观念"是指组织从自身内部的视角所形成的涉及其生存与发展的态度、认识或观念,是意识和精神层面的产物。战略在很大程度上反映了组织高层对外部环境和内部资源的一种独特的、共享的看法,如价值观、市场观、世界观等。因此,战略是组织特别是高层管理者看待自身和周围世界的方式。

3. 战略是一种计谋(从竞争层面)

"战略是一种计谋"是针对行业内部的主要竞争对手而言,是用于击败对手或竞争者的行动。组织在市场竞争的博弈中,要根据竞争态势、对手策略、自身条件谋划对策,保持在竞争中的主动性,获得竞争优势。

4. 战略是一种计划(从组织未来发展的视角)

"战略是一种计划"是指经过分析、研究后提出的行动方案,或是处理某种状况的指导纲领。战略作为一种计划,强调的是事先谋划和设计,它应包括组织的目标、实现目标的行动、完成目标的时间等要素。就一种计划而言,战略可以是一般性的、广泛的,也可以是特定的、狭窄的。

5. 战略是一种模式(从组织过去发展的历程)

"战略是一种模式"是指在一连串行动后所呈现出来的一种模式或形态。换句话说,战略是行为中所呈现出来的一致性。战略作为一种模式,是对已实现战略的事后总结,强调的是后验性。这种后验性的模式对制定下一个战略而言,又可先验地存在于战略制定者的脑海里,发挥参考、启发和借鉴的作用,有时甚至直接使用。

战略的 5P 说法,告诉我们 5 种观察战略的角度,每一种角度都让我们看到战略的一个面,这五种角度既可相互替代,又能彼此互补,因此,从 5 种角度才得以掌握战略之全貌。

1.1.3　战略不是什么

不论是在战略管理的理论层面,还是在实践层面,都存在着诸多对战略认识的误区,将战略简单化、片面化、静态化和时尚化。因此,有必要认识这些误区,以利于更深刻和全面地理解战略的本质内涵。

1. 战略不是战术

在实践中,误将操作层面的战术当成对未来长远谋划的战略,以为战略就是战术。其实,战略和战术是两个不同层次的问题:战略要回答的是应该做什么,关注的是做正确的事;战术要回答的是如何去做,关注的是正确地做事。

2. 战略不是定式

"定式"是指围棋棋手在长期的实践中归纳提炼出的一些默认的最佳并且双方都能接受的固定的走法。定式不是绝对的,随着时间的推移,有些旧的定式会被新的定式所取代。战略不是定式,战略面临着复杂多变的环境,讲究灵活机动,其丰富的内涵不可能被结构化、程式化地概括出来。随着经济的发展和环境的日益复杂与不稳定,战略的不确定性显著增加,呈现出动态随机的发展特性。因此,不能将短暂的、特殊的、偶然的成功战略进行固化、僵化、模式化,当成"定式"推广。

这里需要注意"战略是一种模式"与"战略不是定式"的区别。

3. 战略不是运营

运营是在操作层面由组织各个职能部门开展的各种运作活动,良好的运营对于提高组织效益是十分必要的。但运营注重的是各项活动的自身效益,突出的是每项活动各自的"最优",而不是各项活动之间的相互配合。战略虽然涉及各种不同的运营活动,但战略超越了各项活动。战略不仅推动各项活动之间的相互配合,确保各项运营活动与组织总体目标之间的一致性,更强调组织定位和目标导向,指导着组织的运营活动。正如波特指出的那样,运营关注的是持续变革、组织柔性以及如何实现最佳实践;而战略却是如何界定独特的定位,如何作出明确的取舍,如何加强各项活动之间的适应性。

4. 战略不是工具

组织在追求效率、质量和速度时,会大量借鉴和采用诸如平衡计分卡、六西格玛、供应链管理、全面质量管理、标杆法、流程再造、客户关系管理、战略联盟等管理工具,使得运营效率得到提升。于是,人们就用这些管理工具取代了战略。殊不知,这些管理工具可以作为实现组织战略的一个手段,但无法替代为组织赢得持续竞争优势的战略。

5. 战略不是时尚

战略自提出以来,一直作为一种管理时尚被管理研究者和实践者所追捧。各种战略理论层出不穷,令管理者应接不暇。如"外包战略"提倡企业积极发展外包,才能不断提高自己的效率,搞好自己的主业;又如"蓝海战略"声称,企业应该跳出"红海",避免"你死我活"的竞争,强调合作性竞争。这些不断翻新的战略模式,使得战略演变成为贩卖时尚的买卖。战略本身需要长期的坚持,如果作为一种时尚来使用,就不能称为战略了。

1.2 战略的构成要素

战略的本质主要是维持组织的长期竞争优势所做的定位和资源配置。一个完整的战略应该包括一些共同的构成要素。安索夫 1965 年在《公司战略》一书中提出,战略应由以下 4 个要素组成。

1. 经营范围(business scope)

战略必须指出组织从事经营活动的领域,以反映组织与外部环境的相互作用程度,也反映了组织目前和未来计划与外部环境互动的范围。组织经营范围的界定,往往反映了战略管理者关于组织目标和使命的观点。

2. 资源配置(resource allocation)

资源配置是组织如何获得资源,以及如何对所拥有的资源进行配置、整合的能力和方式。资源配置的优劣极大地影响着战略的实施和组织战略目标实现的程度。因此,组织战略资源的配置,是形成组织核心竞争力的基础。

3. 竞争优势(competitive advantages)

竞争优势是指组织通过其资源配置与经营范围的决策,在市场上形成的优于竞争对手的竞争地位。因此,战略必须指出组织如何在其领域内的事业/产品/市场中从事竞争,即组织如何找出及维持相对于现有或潜在的竞争者的优势,以取得独特的竞争地位。

4. 协同作用(collaborative effect)

协同是一种相辅相成的力量,是一种联合效果(joint effect),即 1+1>2,说明总的绩效大于各部分绩效之和。战略必须能够发挥协同作用,使得组织的资源配置和经营范围的各种决策能够带来互补和相互增强的效果,以利于组织战略目标的实现。

Hofer 和 Schendel 于 1978 年在《战略形成:分析概念》一书中提出与安索夫类似的战略的四个构成要素,即范围(scope)、资源配置(resource development)、竞争优势(competitive advantages)和协调(synergy)。

1.3　有效战略的准则

评估战略是否有效或优劣有以下原则。

1. 一致性(consistency)

一致性是保证战略目标得以实现的关键。一致性的前提是战略目标的一致性,相互矛盾或内部不统一的目标往往是不一致性的根源;此外,行动方案的一致性,是否都能按照总体战略目标而不是局部利益目标一致地分工合作,也是一致的战略往往源于互相矛盾或不一致的目标。

2. 调和性(consonance)

战略必须对外界环境及其变化予以积极的响应,使组织不仅在竞争的环境下处于有利的地位,而且能够应对随时可能出现的各种复杂不利的事件。

3. 优势性(advantage)

战略必须能够在某一选定的范围或活动领域中取得或维持竞争优势。

4. 可行性(feasibility)

战略必须基于组织可使用的资源,做到可实现,而不能超出组织的承受能力。

1.4　战略管理的内涵

1.4.1　战略管理的含义

"管理"是指以一种有效能和有效率的方式,运用组织资源以实现组织目标的一套活动和程序。

管理是组织通过规划、组织、领导与控制的一连串活动实现目标的一种系统性方法。人们通常将这种规划、组织、领导与控制构成的程序称为管理循环(management cycle),这是因为管理是一种反复循环的过程,在完成一项组织目标后,又为下一组织目标开始新一循环的工作(见图 1.2)。

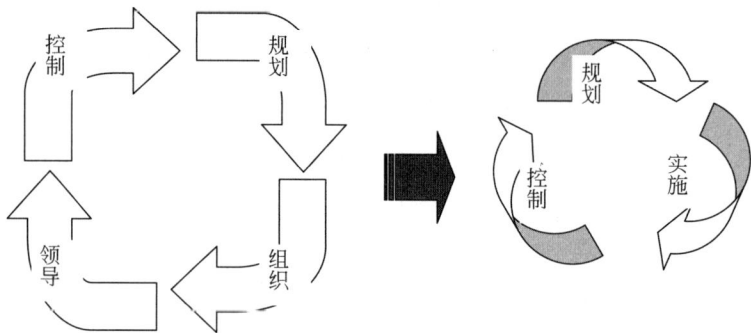

图 1.2　管理循环:从 4 项功能到 3 个环节

管理循环的第一阶段是规划(planning)。规划包括两项工作:设定组织目标(what)和确定达成组织目标的手段(how)。

完成规划阶段的工作后,就要将规划的计划付诸实施,这就是执行,包括组织与指挥两项功能。组织(organizing)是根据组织所必须完成的任务,决定执行任务的人员之间的关系。组织人员之间的职务关系就是所谓的组织机构(organizational structure)。除了将人员安排在适当的职位上,尚需通过领导(leading)的功能使管理者指挥、激励和协调这些人。

最后一个管理功能——控制(controlling),是为了确保组织目标的实现。在规划的实际执行过程中,管理人员需要将实际绩效与规划前所设定的目标进行比较。如果两者有显著的差异,管理人员就必须采取必要的修正行动。这种衡量、比较以及修正的过程,就是所谓的控制功能。

由以上分析可见,管理的规划、组织、领导和控制 4 项功能构成的循环活动可以简化为规划、实施和控制 3 个环节。

基于上述对"战略"与"管理"两个概念的讨论,可以将战略管理理解为一种连续性和互补性的流程,其目的是发展一套有效的战略来实现组织目标。

从动机看,战略管理是一种确保组织长远目标得以实现的组织行为。

从功能看,战略管理是一种系统地、全局地对组织进行综合管理,以确保组织正确的发展方向。

从流程看,战略管理是一个包括战略规划、战略实施和战略控制的过程。

与战略定义的多样性一样,战略管理的定义也由于其自身的复杂性和多面性等特点呈现多样性,以下是一些具有代表性的战略管理的定义。

《韦伯斯大辞典》:对整个组织首要的、普遍性的、持久重要的问题的计划制订和行动执行的动态过程。

戴维(Fred R. David):"制定、实施和评价使组织能够达到其目标的跨功能决策的科学与艺术……包括战略制定、战略实施和战略评价"。

战略管理是组织为了长期的生存和发展,在对组织内外部环境进行系统分析的基础上,明确组织的使命或目标,选择特定的战略,并通过特定的战术活动以实现使命和目标的过程,主要包括战略分析、战略制定、战略实施,以及战略评估和控制4部分,战略规划作为有效战略管理的充分而非必要条件存在。

战略管理是指组织为了长期的生存和发展,在充分分析组织外部环境和内部条件的基础上,确定和选择组织战略目标,并针对目标的正确落实和实现进行谋划,进而依靠组织内部的资源和能力将这种谋划和决策付诸实施,以及在实施过程中进行评估与控制的一个动态管理过程。

战略管理是从全局和长远的观点研究有关组织生存和发展的重大问题,是对组织发展方向、未来目标以及实现目标的途径和政策的分析制定、评价选择、实施落实、评价控制的动态管理过程。

必须指出的是,在学术界有人将战略制定(战略决策)作为狭义的战略管理。事实上,这种所谓的"狭义的战略管理"只能是战略管理的一个环节。

1.4.2　战略管理的复杂性

战略管理关系到组织的整体发展,涉及因素多、影响面广,因此是一项非常复杂的工作。战略管理的复杂性至少源于以下4方面。

(1)战略制定通常具有很大的不确定性。

(2)战略实施可能涉及组织的重大变革。

(3)战略实施需要运用一系列综合的方法去落实。

(4)战略管理各环节相互作用、互相影响。

从复杂性看,战略管理是实现组织目标所进行的战略制定、战略实施和战略控制的科学与艺术。

1.4.3　自然竞争和战略竞争

战略管理的核心是如何赢得竞争。就竞争而言,布鲁斯·亨德森(Bruce

Henderson)认为,组织之间的竞争可以分为自然竞争和战略竞争两种基本类型。

自然竞争是一个渐进的、随机互动的过程和自发的适应性行为。行为者主要依靠本能或直觉做出反应,多数行为是基于对局部环境的模糊感知或对成功者行为的追随与模仿。自然竞争不需要什么远见,只需要顺其自然或者尊重本能。自然竞争奉行"优胜劣汰"的规则,但这种"优"是极具感性和个人色彩的,在特定的历史时期内是不连续的,也是难以继承和传递的,只有在漫长的历史长河中才能看到这种"优"传递的轨迹。一般的组织难以依靠这种"优"保持其发展的持续性。

战略竞争则是服务于经过审慎选择的明确目标。战略竞争将竞争活动理解为一个完整的动态系统,而这个系统是由目标、战略、环境、资源等构成的。战略竞争者能够从系统角度预测某一参与人的行为或某一特定干扰给竞争系统带来的后果,以及如何造就稳定的、动态均衡的新模式。

战略竞争建立在对环境、对手、资源和能力的深入理解的基础上,重在创造差别,而非简单地追随或模仿。战略竞争事关全局和整体,需要精心策划、深思熟虑、系统设计、缜密推演。战略竞争是全方位的行动,要求组织整体的专注、协调与投入。战略竞争的结果是巨变,任何竞争者,如果未能就对手的战略竞争做出及时的反应,则双方的竞争格局就会扭曲,竞争均衡就会发生重大变化。

亨德森(1999)认为,我们应当尊重自然竞争,因为自然竞争造就了现实世界千姿百态、无穷无尽的复杂性和多样性。自然竞争是一个漫长的适应过程,需要耗费很长时间,经历大量的变化和适应活动。战略竞争是在自然竞争提供的基础上进行的。

但是,现实世界的竞争并不是均衡的。采取自然竞争的组织正面临着采取战略竞争的组织的冲击和挑战。前者的"随遇而安"与后者的"虎视眈眈"构成了竞争结果的不均衡,后者正在利用战略竞争的方法和艺术,逐步地、稳健地侵吞前者的市场,导致前者的节节败退和后者的步步紧逼。这一结果迫使前者加速从自然竞争向战略竞争转化的进程,以夺回被后者侵占的失地,构成新的竞争态势。

1.5 战略管理的过程

战略管理是制定、实施和控制战略的一系列管理决策和行为。战略管理由几个相互关联的具有一定逻辑顺序的阶段组成,由此形成一个完整的体系。按照相互关联性和逻辑顺序,战略管理的过程可以分为 5 个阶段:确定组织愿景、使命和战略目标,战略环境分析,战略制定,战略实施,战略评价与控制,如图 1.3 所示。

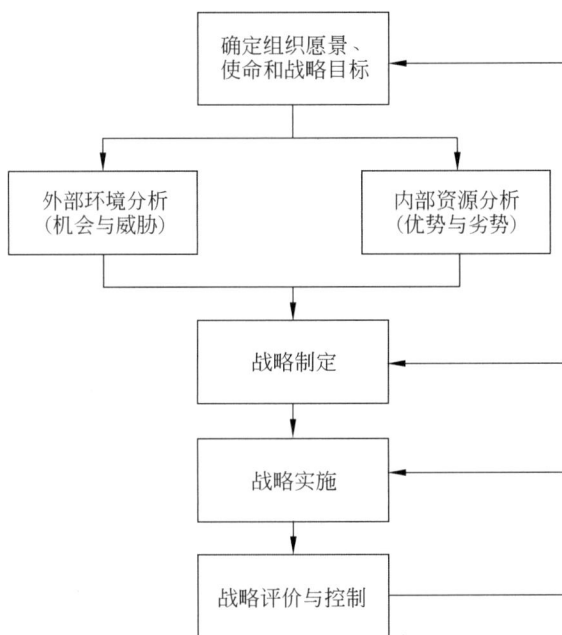

图 1.3 战略管理过程

1. 确定组织愿景、使命和战略目标

组织的愿景、使命和战略目标是指导组织行动的纲领性文件。使命是组织的基本目的和价值取向,是组织存在的理由;愿景描述了组织的发展方向和长远目标,形象地表明了组织的长期方向和战略意图;组织战略目标的确定是战略管理过程中至关重要的一步,关系到战略管理后续阶段活动的开展。

2. 战略环境分析

战略环境分析,也称战略态势分析(strategic situation analysis)是对组织所处的外部环境和内部资源条件进行客观准确的分析。外部环境分析是针对组织所处的生存环境,寻找环境中存在的机会(opportunity)和威胁(threat)。机会是指有利于组织战略目标实现的环境因素,而威胁是指那些妨碍和不利于组织战略目标实现的环境因素。内部资源分析主要是分析组织所拥有的资源和能力,以找出自身的优势(strength)和劣势(weakness)。优势是指实现组织战略目标的有利条件,而劣势是指不利于组织战略目标实现的条件。

战略环境分析的目的是充分发挥组织的优势,克服劣势,抓住机会和回避威胁,为制定组织战略提供重要的依据。所以,战略是实现目标的手段,这种手段必须能运用组织资源的优势弥补其劣势,并能掌握环境中的机会来回避其威胁。因此,越能发挥组织优势以及越能抓住机会的战略越是好战略。

3. 战略制定

战略制定,就是在战略环境分析的基础上制定实现战略目标的方案。影响战略形成的主要因素是战略目标、外部环境和内部资源。但是,目标、环境和资源之间的动态关系,使得整个战略规划更为复杂。

首先,环境与目标会相互影响。环境的机会和威胁的出现,会促使组织修正其目标;而目标的调整会影响其对环境的机会和威胁的界定,使原先的某些机会和威胁发生变化。其次,资源与目标更会相互影响。资源的优势和劣势的更迭,更会促使组织重新考虑其目标;而组织目标的改变,也将影响资源的优势和劣势的界定。最后,资源与环境也会相互影响。环境的机会和威胁的变化,会影响资源的优势和劣势的界定;资源的优势和劣势的消长,也会使原来环境中的威胁变为机会。

在一定意义上,战略制定可以理解为战略选择,即人们为了实现战略目标,在各种可能的方案和途径中选择出"最优"方案或途径。

战略制定的最终结果是一整套完整配套的战略方案,这些方案是从组织高层的角度实现组织战略目标的行动方案的组合。

4. 战略实施

战略实施是战略管理的重要阶段,也是整个战略管理过程难度最大的阶段,组织战略能否实现的关键在于战略实施的成功与否。这个阶段有两项基本工作:第一,进行战略方案分解,即将组织的总体战略方案逐级逐层地进行分解,形成组织各层次、各部门的具体的战略;第二,进行资源配置,即将组织可支配的资源,在组织内部各部门之间按照战略实施的需要进行分配。

在战略实施阶段所面临的主要问题是战略与组织内其他相关因素的协调一致性。汤姆·彼得斯(Thomas J. Peters)和罗伯特·沃特曼(Robert H. Waterman)提出的 7-S 架构为战略实施过程指出了需要与战略相匹配的其他相关因素,如图 1.4 所示。在战略实施时,战略管理者必须认真考虑战略与其他 6 个 S 的匹配是否恰当,包括组织结构(structure)、共享价值(shared values)、员工(staff)、领导风格(style)、管控技能(skill)与管理体制(system)。

在以上 6 个因素中,组织结构的设置要适应战略实施;共享价值,就是通常说的组织文化;员工主要指干部的配备和骨干人才的拥有;领导风格指的是要有参与式的民主方式;管理体制主要指的是管理制度和管理模式;管控技能是指如何对组织内部机构和部门进行控制。

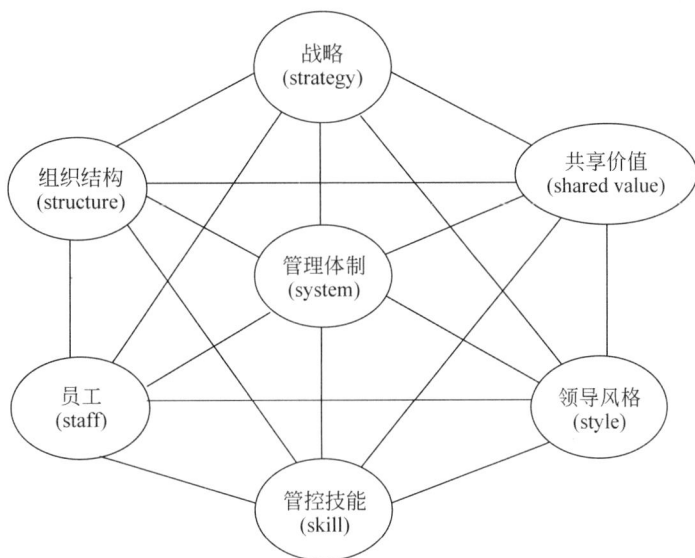

图 1.4　7-S 架构

5. 战略评价与控制

战略评价与控制是战略管理过程中的重要环节,伴随着战略实施的整个过程。战略评价与控制的主要目的在于确保组织的各项活动与既定战略的一致性,以有效地完成组织的使命并实现组织的战略目标。

具体而言,战略评价与控制主要有三项任务,即把握组织战略方向、衡量战略目标的实现程度,以及避免战略实施过程的偏差。在把握组织战略方向上,管理者需要不断审视组织外部环境和内部条件的变化,评估这些变化可能对组织产生的影响,以便决定是否对在战略规划阶段制定的战略进行必要的调整,以及在多大范围和程度上进行调整。在衡量战略目标的实现程度上,管理者要定期度量战略实施的成效,并与原先确定的目标和计划进行比较,找出差距。在避免战略实施过程的偏差上,管理者要分析战略实施成效与战略目标存在差距的原因,提出相应的修正行动。这种修正行动既可能需要重新进行战略规划,也可能只是因为战略实施上的差错,仅需要对战略实施行为进行修正。

战略评价与控制既是战略管理周期的最后阶段,也是战略管理新周期的开始。随着组织外部环境的变化、内部资源的充实更新,以及高层管理者战略思维的调整,组织管理者必须审慎思考并作出抉择:是继续保留组织原有的愿景、使命和战略目标,维持既有的战略规划和实施方案,还是对其进行调整和修订。因此,战略管理是不断循环而没有止境的过程,需要组织长期持续不断努力,才得以实现组织的目标,履行使命,达到愿景。

1.6 战略管理的作用

为什么要进行战略管理?战略管理能够为组织带来什么?战略管理的作用主要体现在以下几方面。

第一,战略管理能够为组织的发展找到合适的空间(定位)。战略管理使组织主动纳入变化的环境之中,通过对外部环境和内部资源的分析,自觉以预见未来环境变化趋势为决策的基础,正视挑战和威胁,把握机遇,为组织在竞争环境中明确发展思路、找到发展途径、明确战略目标。

第二,战略管理能够确保组织战略目标有效实现。战略管理过程不是简单的战略规划,从执行角度看,战略管理是一个完整的实施战略规划的组织措施、制度框架、行动方案和保障体系。因此,战略管理在各种管理手段中能够最有效地实现组织的战略目标。

第三,战略管理能够为组织在竞争环境下赢得持续竞争优势。战略管理是一个周而复始、不断提升、永无止境的过程。在组织一个发展时期的战略目标实现后,新一轮的战略管理要重新分析外部环境、研究竞争对手、审视内部资源、判断组织现状,重新对组织的未来发展进行思考、规划和行动,形成组织新的战略管理循环,开始组织在更高起点上的发展。这样就能保证组织在不断的发展过程中获得持续竞争优势。

第四,战略管理能够最大限度上为组织带来直接效益。一方面,战略管理可以对组织的资源和能力进行更有效的分配和运用,使"好钢用在刀刃上",从而带来最大的效益;另一方面,战略管理能够有效地避免组织的珍贵资源浪费在一些错误的决策上。这是因为战略管理不仅能够为组织抓住机会、规避风险、发挥优势、克服不足,而且能够有效地通过战略管理的一系列方法保证效益最大化。

第五,战略管理能够有效地促进组织内部管理体制的变革。战略管理不是一个简单的运营管理,也不是某个部门的管理,它是对组织的整体进行的系统性、全局性和长远性的管理,涉及整个组织管理工作的方方面面。因此,战略管理将促使组织内部各层次进行全方位的改革,以实现组织整体的战略目标。

第六,战略管理能够形成良好的组织文化并增强组织凝聚力。战略管理强调从长远、根本和全局的角度看待组织的生存与发展,可以改变组织员工的思维,增强全局观念,引导大家将注意力和精力投向组织发展至关重要的事情上;战略管理强调全体员工的参与,这会增强员工对战略的认同和对实施战略的责任感,使他们自觉地与组织的行为保持一致,共同为组织目标的实现而努力,形成有利于组织发展的良好文化氛围和归属感。

1.7　战略管理的问题

在战略管理的实践过程中存在一些潜在的问题和风险,需要我们予以关注和重视。

第一,将战略制定视为仅是少数高层管理者的事,使制定出的战略方案不能很好地被员工理解和接受。战略管理强调在战略制定过程中要进行广泛的沟通,让员工参与战略方案的制定。这不仅使得员工能够深入理解高层管理者的战略意图,同时能更好地吸取员工的有益意见,而且能够为战略实施的有效进行打下坚实的基础。

第二,战略计划是一套,战略实施是另一套。组织高层决策者虽然意识到战略的重要性,也投入大量的精力制订了切实可行的战略计划,但他们依旧保留着直觉型、经验型的决策方式和习惯。因此,在战略实施阶段,他们习惯做出的大量的直觉型决策,与正式的战略计划相互矛盾,往往造成战略计划是一套,而战略实施是另一套。

第三,认为高层管理者的职责只是制定战略方案,忽略了对战略实施的重视。一些组织的高层管理者十分重视战略制定,认为战略实施是中下层管理者和普通员工的事,形成"虎头蛇尾",战略实施不到位,组织目标最终无法实现的局面。事实上,战略管理各个阶段中难度最大、最关键的环节是战略实施,没有高层管理者的监督和指导,很难保证战略实施阶段能够达到预期的效果。

第四,战略方案制定得过于刚性,造成战略实施过程缺乏弹性。一些战略管理者将战略制定视为一项一劳永逸的工作,因此将战略方案制定得过于详尽和具体,没有考虑到在战略实施阶段可能发生的环境变化,没有留下任何可以灵活变通和调整的空间,根本上违背了战略管理的动态适应性。

第五,没有将战略目标作为衡量绩效的标准。这样,战略实施效果不能直接与绩效考核挂钩,员工的积极性不能够很好地调动,使得战略管理仅仅停留在战略制定阶段。

1.8　传统战略管理理论的发展

20 世纪 60 年代早期,战略管理研究与实践均发展得较为缓慢;20 世纪 90 年代呈现出多领域齐头并进的局面,随后形成了百家争鸣的势头,有了诸多不同的学派。

虽然这些学派基本上都聚焦在战略形成上,相互之间的差别不是很大,存在一定的交叉和重叠,但是,每个学派不仅具有不同于其他学派的特征,后者向前者提出了挑战,而且这些学派的形成过程反映了战略观念的变化和逐步深化的趋势,丰富了战略管理理论的研究成果。

亨利·明兹伯格(Henry Mintzberg)等将战略管理理论发展至今大致分为三个阶段,十个学派。第一阶段强调理性因素;第二阶段强调非理性因素;第三阶段强调综合因素。十个学派分别是设计学派、计划学派、定位学派、企业家学派、认知学派、学习学派、权力学派、文化学派、环境学派和结构学派。

在梳理出十大学派之后,明兹伯格形象地将这些学派看作从不同的侧面摸大象,每一个学派都拥有一个独特的视角集中于战略形成过程中的某一重要方面,虽然每一个视角都是片面和夸张的,但它们又都是非常有趣和深刻的,只要综合集成各学派的观点,就能对"大象"整体和全貌有准确和客观的认识。

1.8.1　强调理性因素阶段

战略管理理论发展的第一阶段的特点:在战略形成中强调理性分析,重点在于如何进行理想战略的制定。这个阶段包括三个学派:设计学派、计划学派和定位学派。它们是属于理性主义的,注重规范性、计划性、正式性和运用规范的模型分析问题和进行战略制定。

1. 设计学派

设计学派(design school)将战略的形成看作一个主观概念作用的过程,是领导有意识但非正式的构想过程,重点在设计战略制定的模型以寻求内部资源和外部环境的匹配。该学派建立了著名的制定战略的 SWOT 模型,该模型将战略的制定落在对组织外部环境的机会和威胁的分析,以及对自身优势和劣势的评价基础上。

设计学派的代表人物是哈佛商学院的安德鲁斯(Andrews)教授,1971 年他出版了设计学派的经典著作《公司战略概念》。他认为战略形成的过程实际上是内部条件与外部资源相匹配的过程,将战略分为两个相关并且各自独立的阶段:战略制定和战略实施。安德鲁斯的主要贡献在于提出了 SWOT 分析框架,认为:在战略制定过程中,必须使企业自身的优势和劣势与外部环境的机会和威胁相协调;在战略实施过程中,要注重如何运用企业资源完成战略,同时运用合适的组织结构、激励制度、领导与控制手段等。

计划学派的主要问题是将战略管理静态地分为战略形成和战略实施两个阶段,

人为隔离了它们之间的动态联系,要求高层管理者负责战略规划的顶层设计,而不必介入具体的制定工作,其结果是:战略制定脱离于战略实施,思维与行动分离。

设计学派代表了有关战略形成过程的最具影响力的观点,是计划学派和定位学派形成的基础。

2. 计划学派

计划学派(planning school)将战略形成看作一个规范化、条理化、正式计划的过程,认为战略的形成不应该仅停留在经验或主观概念上。基于此,计划学派一方面继承了设计学派 SWOT 分析的思路,另一方面克服了设计学派过于主观的分析方法,引进了以决策科学为代表的数量分析方法,提出了许多制定战略的数学模型和定量分析工具。计划学派原则上要求高层管理者负责整个战略进程,但实际上战略实施是由全体计划人员负责实施。因此,战略应当详细具体,包括组织目标、资金预算、执行步骤等实施计划,以保证战略顺利实现。

计划学派的代表人物是哈佛商学院的安素夫(Ansoff)教授,他在 1965 年出版的计划学派的标志著作《公司战略》中提出战略构成的四个要素:产品市场范围、增长向量、协同效应和竞争优势。1972 年,安索夫又出版了《战略管理思想》,正式提出"战略管理"的概念;1976 年,安素夫在《从战略规划走向战略管理》中提出"企业战略管理是一个动态过程"的观点;在 1979 年出版的《战略管理》和 1984 年出版的《植入战略管理》中,安素夫进一步完善了战略管理的理论、方法、程序和范式。安素夫的这些著作被公认为是战略管理的开山之作,他本人也被尊称为"战略管理鼻祖"。

计划学派的主要问题在于过分强调理性思维、数量方法和模型的运用,忽略了战略思维的非理性因素以及环境变化对企业的影响。

3. 定位学派

定位学派(positioning school)将战略形成看作一个分析的过程,强调外部环境分析的重要性。该学派认为战略管理的首要任务就是选择最有赢利潜力的行业,然后还要考虑如何在选定的行业中自我定位。该学派将战略分析的重点第一次由企业转向了行业,强调外部环境,尤其是行业特点和结构因素对企业投资收益率的影响。

定位学派的代表人物是哈佛商学院的迈克尔·波特(Michael Porter)教授,他分别于 1980 年、1985 年和 1990 年出版了《竞争战略》《竞争优势》和《国家竞争优势》,确立了定位学派在整个战略管理理论中的占优地位,也使他赢得了定位学派掌门人和"竞争战略之父"的美誉。除定位学派的基本理论外,波特还提供了诸如五种竞争力模型、公司地位、行业吸引力矩阵、价值链分析等一系列极为有用的分析工具和方法,帮助企业选择行业并制定符合行业特点的竞争战略。

定位学派的主要问题在于将战略的成败归结为外部的行业因素,过分依赖对行业的选择,相对忽略了内部因素,尤其是内部资源、核心竞争力等对战略选择的影响。

1.8.2 强调非理性因素阶段

在战略管理理论发展的第二阶段强调非理性因素,重点在于考虑和关注战略形成过程中不同的具体方面,主要是战略的实际制定和执行过程,而不注重战略制定行为的规范。这个阶段包括6个学派:企业家学派、认知学派、学习学派、权力学派、文化学派和环境学派。这些学派更注重对人性、环境、文化等非理性因素的研究和分析,从非理性角度完善对战略的认识,真实描述了各种现实因素对战略形成的影响和作用。

1. 企业家学派

企业家学派(entrepreneurial school)将战略形成看作一个预测的过程,一个企业家构筑企业未来愿景的过程。该学派不仅将战略形成过程绝对地集中在个别领导人身上,而且强调某些与生俱来的心理状态和人格特质,如直觉、判断、智慧、经验和洞察力。因此,战略形成是企业家个人价值观念的体现,企业家通过发挥个人的影响力和能力决定战略的选择和行动。

企业家学派的代表人物是富兰克·奈特(Frank H. Knight)、约瑟夫·熊彼特(Joseph Schumpeter)以及柯林斯和摩尔(Collins and Moore),他们的代表作分别是《企业家精神:处理不确定性》(1967年)、《经济发展理论》(1934年)和《组织缔造者》(1970年)。

2. 认知学派

认知学派(cognitive school)将战略形成看作一个心理过程,借鉴认知心理学的理论解释战略家的认知过程,以了解战略的形成。认知学派认为,战略形成是一个复杂的创造性活动,要了解战略是如何形成的,就需要了解战略家的认知和思维过程。战略家主要通过直接经验形成自己的知识结构和思考过程:经验决定了他们的知识,知识又决定着他们的行动,行动又产生新的经验。这种知识和经验的二元性在认知学派中起到重要的作用,导致认知学派的两个截然不同的分支:一个分支倾向实证主义,认为知识的处理和构成是勾画客观世界的结果,也就是说,人们按照自己的意愿认识世界;另一个分支认为,所有的认知都是主观的,战略是对世界的一种解释,也就是说,人们按照自己的心理反应解释世界。

认知学派的代表人物是赫伯特·西蒙(Herbert Simon),其主要代表作是《行政管理学》(1945年)、《组织》(1958年)和《思想模型》(1979年)。

3. 学习学派

学习学派(learning school)将战略形成看作一个应急的过程,一个学习及自然形成的过程。在该学派看来,复杂的环境和世界不允许战略像清晰的计划和远见那样一下子完成,战略的制定如同组织的变化或对外界的"学习",必须逐步形成。该学派认为,环境是复杂多样、动态变化和不可预测的,只有通过领导集体的不断学习,逐渐深入对客观世界的把握,才能应对环境的不确定性,制定出合适的战略;领导的职责不是预先制定战略,而是组织战略学习的过程。在这里,"应急"指的是在人与环境交互和人与人交互的学习过程中"毫无思想准备"或"在不经意之间"形成战略。

学习学派的代表人物是查理·林德布鲁姆(Charles Lindblom)、詹姆斯·布雷恩·奎因(James Brian Quinn)和彼得·圣吉(P. M. Senge),他们的代表作分别是《"蒙混过关"的科学》(1959年)、《应变战略:逻辑渐进主义》(1980年)和《第五项修炼》(1990年)。

4. 权力学派

权力学派(power school)将战略形成看作一个协商的过程,强调在整个战略形成过程中必须考虑各种权力的影响因素。该学派认为,组织内外部存在着各种正式和非正式的利益团体,他们会利用各自的权力对战略施加影响。因此,战略形成过程实际上是各种正式和非正式团体运用权力、施加影响、讨价还价和妥协折中的过程,需要注重平衡各利益相关者的利益诉求,并要在战略形成和实施过程中化解和排除来自个人和团体的不正当的干扰。

权力学派的代表人物是麦克米兰(MacMillan)、普费弗和萨兰西克(J. Pfeffer and G. Salancik),他们的代表作分别是《论战略形成:政治概念》(1978年)和《组织的外部控制》(1978年)。

5. 文化学派

文化学派(cultural school)将战略形成看作一个集体思维的过程,将集体主义和合作作为其理论基调。该学派认为战略形成根植于组织文化之中,建立在组织成员共同拥有的信仰和价值观之上;战略采取了观念的形式,以集体的意向为基础,表现为有意向的行动方式;共同的组织文化使组织内的协调和控制基本是规范的;战略的变化不会超越或违背组织的总体价值取向。在文化学派的主张下,组织文化的多样性和不可模仿性将导致各种不同组织战略的形成。

文化学派的代表人物是埃里克·莱恩曼(Eric Rhenman)、罗伯特·H.沃特曼与托马斯·彼得斯(Robert H. Waterman and Thomas Peters)和伯格·沃纳菲尔特(Birger

Wernerfelt），他们的代表作分别是《长远规划的组织管理》（1973 年）、《追求卓越》（1982 年）和《企业资源基础论》（1984 年）。

6. 环境学派

环境学派（environmental school）将战略形成看作一个组织对外部环境的反应过程，环境作为一种综合的力量，是影响战略形成的核心。该学派认为领导和组织从属于外部环境，一个组织必须适应环境，才能找到适合自身生存和发展的位置，拒绝适应环境的组织终将被淘汰。环境学派首先提出了"偶然性理论"（contingency theory），该理论强调了环境的特性与组织的属性之间的联系，而后将其应用到战略的形成中。随后出现的一批自称为"种群生态学家"的组织理论家，他们假定外部环境迫使组织处于特定的活动范围：要么组织按照环境要求改变自己，要么适应环境选择战略。

环境学派的代表人物是汉南（Hannan）和弗里曼（Freeman）。

上述学派各执一端、过于分散，许多战略管理学者都试图将以上各个学派的观点兼收并蓄，试图从多个方面而不是一个方面反映战略的本质特性。于是，进入了战略管理理论发展的第三阶段。

1.8.3　强调综合因素阶段

在战略管理理论发展的第三阶段强调综合各种因素在战略形成过程中的作用，组织能否灵活有效地综合利用各种内部资源以适应外部环境的变化，是组织成败的关键。结构学派随之应运而生，其与其他学派的根本区别在于：它提供了一种调和其他学派冲突的可能，一种对其他学派进行综合的方式。

结构学派（configuration school）将战略形成看作一个变革的过程。该学派从两方面定义组织战略：一方面把组织和组织周围的环境状态描述为结构；另一方面把战略形成过程描述为转变，认为转变是结构的必然结果。结构学派认为，如果结构是一种存在状态，那么，战略形成就是从一个状态到另一个状态的飞跃过程。保持状态需要一定的时间，变化也需要一定的时间。战略形成可能始于改变组织的发展方向，而最终形成的战略则在巩固那个方向。战略学派描述了战略在既定状态下的相对稳定，同时穿插着偶然的新战略的快速飞跃。

结构学派的代表人物是埃里克普拉迪普·坎德瓦拉（Pradip Khandwalla）、亨利·明兹伯格和丹尼·米勒（Henry Mintzberg and D. Miller）），他们的代表作是《"里卡洛斯"的悖论》（1990 年）。

1.9　竞争战略理论的发展

20 世纪 80 年代以来,西方经济学界和管理学界一直把企业竞争战略理论作为学术研究的前沿,从而有力推动了竞争战略理论的发展,也形成了四大主要战略学派:行业结构学派、核心能力学派、战略资源学派和战略联盟学派。

1. 行业结构学派

作为行业结构学派的主要代表,哈佛商学院的迈克尔·波特(Michael Porter)教授深受以梅森(Mason)和贝恩(Bain)为代表的产业组织学派的影响,致力于将产业组织理论应用于竞争战略的研究。波特实现了产业组织理论和竞争战略理论的创新性兼容,并实现了战略制定和战略实施这两个过程的有机统一。

波特分别于 1980 年、1985 年和 1990 年出版的《竞争战略》《竞争优势》和《国家竞争优势》"三部曲",使得竞争战略理论成为整个战略管理理论的主流理论,他自己也赢得了"竞争战略之父"的美誉。波特认为,战略的核心是获得竞争优势,而影响竞争优势的因素有两个:一是企业所处行业的盈利能力,即产业的吸引力;二是企业在产业中的相对竞争地位。企业在制定战略过程中必须做好两方面工作:一是企业所处**行业的结构分析**;二是企业在**行业内的相对竞争地位分析**。因此,企业战略制定的主要任务是选择利润潜力比较大的行业,并在其中进行正确定位。企业的定位决定了其赢利水平是高于还是低于行业的平均水平。波特将战略分析的重点由企业转向行业,构造了**产业结构分析的"五力竞争"模型**,提出了诸如公司地位、行业吸引力矩阵、价值分析等分析工具和方法,得到战略管理学界的认同,并成为外部环境分析和战略制定最为重要和广泛使用的模型。

在战略制定过程中强调企业在行业中的定位,因此行业结构学派也称为定位学派。

2. 核心能力学派

20 世纪 90 年代,随着信息技术的迅速发展,市场竞争环境日趋复杂,企业把战略重点从外部环境分析转向企业内部控制,注重自身核心竞争力的形成,强调企业内部条件对获取并保持竞争优势的决定性作用。1990 年,普拉哈拉德(Prahalad)和哈梅尔(Hamel)提出了企业的核心理论,该理论假定企业具有异质资源,且资源不能在企业间相互自由流动;对应企业独特的资源,其他企业无法得到或模仿,这些独特资源形成企业竞争优势的基础。

核心能力学派认为,市场竞争实际上是企业基于核心能力(core competence)的竞争。因此,企业战略的目标就在于识别和开发竞争对手难以模仿的核心能力。只有具备了这种核心能力,企业才能快速适应市场的变化,满足顾客的需求,才能在顾客心目中将企业与竞争对手区分开。另外,企业要获得和保持持续的竞争优势,就必须在核心能力、核心产品和最终产品三个层面上参与竞争。在核心能力层面上,企业的目标应是在产品性能的特殊设计与开发方面建立起领导地位,以保证企业在产品制造和销售方面的独特优势。

3. 战略资源学派

作为战略资源学派的主要代表,巴尼(Barney)、科林斯(Collins)和蒙哥马利(Montgomery)把企业看作各种资源的集合。所谓战略资源,就是企业在向社会提供产品或服务的过程中,能够实现企业战略目标的各种要素组合。其中,与企业的预期业务和战略相匹配的资源最有价值,企业的竞争优势取决于其拥有资源的价值。战略资源学派认为,企业战略的主要内容是如何培育企业独特的战略资源,以及最大限度地优化配置这种战略资源的能力。在企业竞争实践中,每个企业的资源和能力是各不相同的。这样,企业在战略资源和运用这些资源能力方面的差异,就成为企业竞争优势的源泉。因此,企业竞争战略的选择必须最大限度地有利于培育和发展企业的战略资源,而战略管理的主要工作就是培植和发展企业对自身拥有的战略资源的独特的运用能力。

4. 战略联盟学派

20世纪90年代后期出现的战略联盟,强调企业间的"竞合",即合作中的竞争与竞争中的合作,认为竞争优势是构建在自身优势与他人竞争优势相结合的基础之上。至此,通过创新和创造来超越竞争,开始成为企业战略管理研究的一个新焦点。人们逐渐认识到,无论是为了增强自身能力,还是为了拓展新市场,企业都应努力营造共赢的局面,通过与其他企业的合作,企业才能从中获得比单打独斗或一味竞争所能获得的更多利益。

战略联盟学派的代表人物有皮埃尔·杜尚哲(Pierre Dussauge)和贝尔纳·加雷特(Bernard Garrette)以及伊夫·多兹(Yves L. Doz)和加里·哈默尔(Gary Hamel)。杜尚哲和加雷特认为战略联盟是由两个或两个以上的企业,在保持各自独立性的基础上,建立的以资源与能力共享为基础、以共同实施项目或活动为表征的合作关系。多兹和哈默尔指出,通过战略联盟企业能够在三方面赢得竞争优势:一是通过选择竞争对手和互补性企业作为合作伙伴占据有利的战略地位,提升竞争能力;二是借助综合利用和整合联盟各方的各种资源,进入新的市场领域,创造或争取仅依靠企业自身力量难以获得的新的商机;三是借助联盟学习提高自己,既克服技术和能力方面的不足,又形成新的能力。

第 2 章　大学战略管理导论

2.1　大学战略管理的兴起

战略管理作为一门学科的兴起始于 20 世纪 50 年代并首先运用于西方国家的企业界,20 世纪 80 年代,美国 95% 以上的大型企业都推行了战略管理,一些国际著名企业都是通过战略管理获得在市场上的竞争优势并保持在国际上的领先地位。20 世纪 80 年代,战略管理在企业界的成功吸引了非营利组织、政府部门以及其他公共事业单位的关注,使其不再是工商企业的专属品,而成为任何为了形成竞争优势、构建核心竞争力、赢得市场竞争的组织不可或缺的重要的管理手段和工具。

在北美和欧洲,大学作为非营利性和公共事业组织也是在 20 世纪 80 年代开始引入战略规划和战略管理工具的。一方面,企业战略管理理论与实践的发展以及政府新公共管理的兴起都对大学组织引入战略管理起到积极的推动作用;另一方面,经济危机引发的政府财政拨款的减少以及高等教育市场竞争的日趋激烈,也促使不少大学运用战略规划的手段以适应急剧变化的外部环境。

美国是最早将战略规划理论运用于大学管理的国家。1972 年,美国学者圣德尔和哈腾(Schendel and Hatten)发表了题为《战略规划和高等教育：概念、问题和机会》的文章，最早提出将战略规划运用于大学发展。1978 年，哈佛大学霍斯默（Hosmer）出版了《学术战略：新研究生院管理目标的确定和实施?》一书，完整地提出了战略规划直接拥有大学管理的理论。1983年，美国学者乔治·凯勒（George Keller）出版了很具影响力的著作《大学战略与规划——美国高等教育管理革命》，阐述了战略规划的理论，将其视为改革高等教育并使大学发生根本转变的基石。到 2004 年，美国 3800 所高校中，有一半以上的学校已经制定了某种形式的战略规划，或者在制定一系列的战略行动重点。

英国政府及其机构是在世界各国官方中最早提出将战略规划用于高等教育的。1984 年，英国大学拨款委员会发布了报告《进入 90 年代的高等教育战略》，以给大学建议的方式指出：当今形势与 20 年前罗宾斯报告的时代相比发生了很大变化，高等教育应有新的战略。1996 年，英国高等教育研究会（SRHE）出版了《高等教育管理——关键要素》，将战略规划作为高等教育管理的关键要素之一。1993 年，英格兰高等教育拨款委员会（HEFCE）就要求大学提交战略规划，明确学校的使命、学术目标、质量保障、人员战略和财务战略等，并于 2000 年正式出版《高等教育战略规划指南》，对高等教育机构的战略规划提出了统一和规范的要求。这是国际上第一份关于大学战略规划的指导性文件，对于提高英国大学战略规划的规范性、战略规划的水平和质量发挥重要的作用，在国际高等学校战略规划的发展历程上是一个重要的里程碑。

发达国家大学战略管理的引入和发展经历了与西方企业界一样的历程，都是先从认识战略的重要性开始，再到制定战略规划，然后发展到重视战略管理。

我国高校战略管理的引入和兴起也经历了与西方发达国家一样的历程，只是时间上晚了十余年，并且很大程度上得益于政府的推动。虽然早在 20 世纪 70 年代，国内个别重点高校开始制定发展规划，但战略规划得到一批高校的重视并制定始于 1995 年。国家于 1995 年开始实施《"211"总体建设规划》，一批办学条件较好的高校以学科建设为中心，开始重视学校的战略规划工作。如清华大学于 1995 年 2 月正式制定了《清华大学"九五"事业发展规划》。根据 1998 年 5 月江泽民在北京大学百年校庆上提出"创建若干所具有世界先进水平的一流大学"的要求，1998 年 8 月至 12 月，清华大学制定了《清华大学创建世界一流大学规划（1999—2011）》，2001 年 3 月，华中科技大学也通过了《华中科技大学创建世界知名高水平大学战略规划（2001—2020）》。

中国教育部在推动大学制定战略规划上起到重要的作用。2003 年 1 月 5 日，时任教育部副部长周济在教育部直属高校工作咨询委员会第十三次会议上做了《谋划

发展 规划未来》的讲话,明确强调各大学都要认真思考"两个问题",精心制定"三个规划",即认真思考"建设一个什么样的大学"和"怎样建设这样的大学",精心制定大学的"发展战略规划""学科建设和队伍建设规划"和"校园建设规划"。与此同时,在"十五"期间实施的全国高校本科教学工作水平评估方案中,将"学校的定位和规划"作为主要观测点,A 级标准要求"定位准确,学校发展规划科学合理,并实施有效"。此外,教育部直属高校工作司于 2003 年至 2006 年先后组织了若干次直属高校发展规划工作研讨会,并于 2007 年组织高校战略规划专家出版了《大学战略规划与管理》一书。因此,到"十五"末期,在教育部推动下,战略规划成为教育部直属高校的重要工作内容。

随着我国对外开放程度的不断提高、高等教育国际化进程的加速推进、高等教育市场竞争的不断加剧、高等教育投资主体的多元化、利益相关者对高等教育诉求的多样化等外部环境和内部条件的变化,越来越多的高校认识到战略规划和战略管理对本校发展的重要性,充分意识到大学战略规划和战略管理在明确大学定位、实现大学使命和愿景、提高办学效益、形成竞争优势等方面具有不可替代的作用。然而,令人遗憾的是,多数高校基本上只是重视本校的战略规划,而没有重视战略管理的全过程,即使有些学校强调战略实施,基本也是停留在思想上,而不是行动上,因此,在中国的大学开展完全意义上的战略管理还任重道远。

2.2 大学战略管理的国际背景

全球经济一体化进程的推进、人才的国际流动、地球村的形成等,使得一个国家高等教育的发展必然受到国际政治、经济、社会、文化和市场等诸多因素的冲击和影响,也使得大学战略管理无法脱离国际的宏观背景。

2.2.1 高等教育的国际化

20 世纪 90 年代以来,经济全球化从不同角度和层次影响着地球上的每一个国家和地区。在跨国界的资本、技术和信息的相互流动和整合的经济全球化过程中,高等教育的国际化成为必然的趋势,任何一个国家都不可避免地要面对这种趋势带来的挑战和机遇。

高等教育国际化给各国高等学校带来的挑战主要是形成了高等教育在人才培养、科学研究、社会服务、教师队伍、各类教育资源等方面的市场竞争,大体涉及生源市场、毕业生就业市场、多样化的教育服务市场、科研成果转化市场、社会服务市场、高层次人才吸引、教育经费投入、先进科研设备和技术的获取、政府高等教育政策支持等。

高等教育国际化给各国高等学校带来的机遇是在国际化的高等教育市场格局下形成的各种可能的机会和有利条件。一方面，扩大了的高等教育市场为具备实力的高等学校提供了更宽阔的提供优质高等教育服务的空间；另一方面，更多的优质教育资源获取渠道和优势互补的国际合作也为高等学校赢得竞争优势提供了可能的条件。

1998年，世界高等教育大会发表了《21世纪的高等教育：展望和行动世界宣言》，呼吁不论是发达国家还是发展中国家，都必须正视高等教育国际化进程，强调国际合作与交流是促进全世界高等教育发展的主要途径。

高等教育的国际化使大学面临前所未有的机遇和挑战，大学必须面对新的环境下的国际竞争与合作，这些都深刻地影响大学及其管理模式，企业管理中的一些理念、方法和手段被引入和应用到大学管理之中，战略管理日益成为大学应对变化的重要工具。

2.2.2　高等教育投入不足

高等教育投入不足是世界性的问题。高等教育运行需要大量的投入，高等教育的发展需要更大的投入。世界各国高等学校都面临办学经费不足的问题，只是发达国家与发展中国家在"不足"的层面上有较大的差异，前者是在赢得竞争优势上的投入不足，后者是在保证基本的运行和发展上的投入不足。因此，不论是发展中国家大学校长还是发达国家大学校长，筹措办学经费均是他们的一项首要任务。

高等教育投入不足是一个永恒的问题。随着经济社会的发展，政府对高等教育提出的要求和社会对高等教育的要求在不断提高，然而，这种提高和政府对高等教育投入的增加是不同步的。换句话说，政府对高等教育的投入占高等教育所需经费的比重是逐渐降低的。同时，高等学校出于自身发展的需要以及保持和赢得市场竞争的需要，必须不断加大对未来的"风险"投入，如前沿理论研究、原始创新研究、新学科培育等，这些都需要大量经费的支持，由此造成的客观结果：高等教育投入不足，尤其是政府的投入不足，将成为永恒的问题。

不论是发达国家还是发展中国家，目前大多数国家的大学都不可能从政府的财政中获得足够的资金。一方面，高等学校办学所需的经费不断提高；另一方面，政府投入高等学校的经费占办学总经费的比例在逐渐降低。这种情况在进入高等教育大众化阶段的国家更是如此,由于政府的经费投入不能够随着接受高等教育的人数的增加和高等学校承担的责任和义务的增加而同步提升,大学就不得不寻求非政府组织的投入。事实上,发达国家大学的年度预算中政府拨款所占的比例一般要低于发展中国家大学的相应比例。

面对高等教育投入不足的问题,大学就必须一方面降低办学成本、提高办学效益;另一方面向外部多渠道筹措办学经费。这就给大学提出一系列问题:大学如何配置资源才能保证合理有效地利用?如何改革大学内部管理体制以提高资源的利用率?大学如何提升办学优势以赢得社会的青睐?大学如何通过自身的声誉和影响获取更多的社会资源?大学如何保证自身的教育质量以应对利益相关者的问责?等等,这些都需要大学进行战略性的应对,因此,解决高等教育投入不足问题也成为大学进行战略管理的直接动因。

2.2.3　高等教育的多元化

作为全球经济社会发展的重要驱动力,在经济全球化和高等教育国际化的背景下,高等教育形成了多元化的态势。形成高等教育多元化的主要原因来自国内外对高等教育需求的多元化,而高等教育多元化的当前态势则是全球高等教育市场竞争的结果。

全球经济社会的发展对高等教育提出多样化的需求。在人才培养方面,要求人才层次、类型和规格的多样化;在教育教学服务方面,有学历和非学历教育、在职教育和脱产学习、集中培训和在线教育等诸多不同的要求;在科学研究方面,既要求基础研究和理论研究,又要求应用研究和技术开发;在社会服务方面,涉及成果转化、决策支持、咨询服务等多个方面;在提供高等教育服务的地点上,既有校内外之分,也有境内外之别。

高等教育需求的多元化自然促使高等教育供给的多元化。国际上对高等教育多样化的市场需求促使全球高等教育系统中出现了多种直接和间接的竞争者。一方面,市场竞争促使现有高等教育系统内部的高等教育组织的类型和定位多元化;另一方面,国内外涌现出大量新的高等教育组织(包括办学主体、办学形式等)进入高等教育系统,加剧了高等教育市场竞争的激烈程度;同时,互联网和教育技术的发展催生出替代现有高等教育服务的新的产品和形式。

与此同时,在本国高等教育大众化的背景下,尤其是终生学习的理念和学习型社会的出现也促进了本国高等教育多元化的形成。现在的学生已不限于经过高考入学的高中毕业生,还包括不同年龄层次具有个性要求的人们;学生希望得到的高等教育服务也不限于理论学习和知识更新,往往还包括能力培养和技能提高,甚至将接受高等教育服务作为一种现代生活方式。

高等教育的多元化不仅促使高等教育系统内部高校的重新分类和整合重组,而且也迫使各类高校在新的竞争环境中重新确定自身的定位,以形成和保持自身的特色和优势,争取获得更多元的社会资源,发展自己的生存空间。在这样的背景下,战略管理就成为高校发展和管理的重要手段和工具。

2.2.4 政府高等教育战略的推动

以英国、美国等发达国家为先导,越来越多的国家将高等教育作为提升本国国家竞争力的保障和支撑。除一些国家专门制定了高等教育发展战略外,各国政府在国家层面的报告、规划、预算等方面高度重视本国高等教育的发展,纷纷将支持和发展高等教育作为国家战略的重要组成部分。到目前为止,将高等教育的发展程度和质量作为衡量一个国家的发达水平和综合实力的一项标准已经成为世界各国和国际社会的普遍共识。

各国政府高等教育战略的推动是通过几方面的措施实现的。首先,将政府高等教育战略和政策传递到大学,使大学在本校战略管理全过程中将国家利益和政府要求作为优先目标予以追求和实现;其次,政府通过对高等教育的选择性投入,影响和左右大学的办学方向和发展目标,以促进大学更有针对性地为经济社会发展服务;再次,政府通过对高等教育的评估,尤其是注重效率和绩效的评估,引导大学的办学行为,促进大学在市场竞争的环境中追求卓越和创新;最后,政府通过扩大大学办学自主权,给了其更加灵活的实现战略目标的方式和路径,支持大学战略目标的有效实现。

在推动政府高等教育战略上,英国政府采取了多项行之有效的措施。一是政府制定了高等教育发展战略,其中一些目标要求大学对接并予以实施。例如,2004 年,英格兰政府高等教育发展战略中确定了四项核心目标:扩大参与和公平入学;促进优质教学与学习;加强优质的科学研究;促进高等教育对经济和社会发展的贡献。为了保证更多的人能够接受高等教育服务并保证入学机会的公平这一战略目标的实现,英格兰高等教育基金委员会要求大学提交实现这一战略目标的行动计划,以作为拨款的一个必要条件。二是政府制定的高等教育政策,需要高等学校在其战略规划中予以落实。由于高校提交给政府的战略规划和年度总结报告,是政府考核和评价学校质量水平的重要参照,并作为拨款的依据,因此,大学必须在其战略规划中根据政府制定的高等教育政策,结合自身的情况,综合考虑各种因素,确立学校的目标和相应的战略,并在其年度总结报告中报告这些目标的实现情况和战略实施的结果。三是通过政府的评估政策的制定影响高校战略规划的制定和战略实施。由于政府是根据评估结果决定对大学的拨款,因此英国高校制定的战略规划会与英国政府的评估政策保持高度的一致性。例如,英国用于评价大学学科科研质量及选择性地分配高等教育研究经费的主要办法"卓越研究评估框架"(research excellence framework,REF)的三大主要参数:研究成果、研究影响和研究环境反映了英国高等教育管理的调整和变化,将直接影响英国高校学科建设目标与措施,以及科研战略目标和战略方案的确定。从上述各项措施不难看出,不论英国政府采取何种措施推动国家高等教育战略,这些措施都与政府财政拨款紧密结合。由此可见,财政拨款仍然是影响英国高校行为的"牛鼻子"。

与英国的情况相类似,各国政府对高等教育的评估,各国政府对高等教育的选择性投入,以及经济社会发展对高等教育的要求和压力,均直接和间接地影响本国高等学校的战略管理。

2.3 大学战略管理的国内背景

中国高等教育的发展呈现出许多与国际高等教育发展共同的趋势,如高等教育的国际化、高等教育大众化和多元化、教育财政投入不足及投资渠道的多元化等。与此同时,一方面,中国高等教育还面临着自己独特的困难和挑战,压力前所未有;另一方面,伴随着中国经济的健康快速发展,为中国高等教育带来了前所未有的发展机遇和前景。这些共同形成中国高校战略管理的国内背景。

2.3.1 高等教育面向经济社会发展

伴随着中国经济由计划经济向市场经济的转变,高等教育也由原来的计划经济体制转向服务于经济社会发展需要,具有越来越多的市场化特征,主要表现在以下几方面。

(1)需要满足经济社会发展对高等教育提出的要求。这种要求是多元和动态变化,不仅体现在对高等教育服务的层次、类型、结构、数量和质量上,而且表现在随着国内外经济发展水平提升和政治形势的改变而出现的调整和变化。

(2)高等教育市场的形成和竞争的加剧。高等教育市场是一个开发的无国界的市场,不仅有不断增加的国内高等教育办学机构的踊跃参与,还有从境外涌入的国外高等教育办学组织。这种情况下就容易形成高等教育市场的自由、无序和日趋激烈的竞争。

(3)高等学校既要注重学术目标,也要追求办学效益。高等学校作为经济社会发展的引领组织,其学术目标主要表现在高层次人才培养、学科专业发展、知识创新创造、文化传承创新、决策咨询服务等方面。然而,从更好地实现学术目标和赢得竞争优势的角度,高等学校还必须注重办学的经济效益和社会效益,以保证自身的长远和可持续发展。

(4)高等学校办学自主权逐渐扩大。为了更好地适应高等教育市场竞争和发挥高校办学的积极性,各级政府和办学主体将赋予高等学校越来越大的办学自主权。

高等教育的上述市场化特征要求高等学校要转变传统的管理方式,树立市场观念、竞争意识和服务意识,更加主动地面对外部竞争环境,调整大学经营和管理模式,进行制度创新和管理创新,优化资源配置,提高教育质量和办学效益。因此,高等教育已经进入一个需要战略管理的时代。

2.3.2 高等教育主动服务国家战略

中国经济社会的又快又好发展对高等教育提出新的要求,高等教育在国家建设和发展中的地位也在不断提升,需要在民族复兴和强国建设中担负起重大的历史使命,主动服务国家战略正是这一使命的核心体现。

高等教育从全国统一布局、规划纲要制定、资源投入配置,到学科专业建设、各类人才培养、专项计划实施等都必须主动满足和服务国家相关战略实施的需要。首先,国家战略实施需要培养大批各级各类高素质创新人才;其次,国家竞争优势需要大量原始创新成果和重大需求创新;再次,经济社会发展要求高等教育提供全方位的社会服务;最后,保证国家战略的有效实施需要高等教育在文化传承和创新上发挥重要作用。

近年来,高等教育主动服务国家战略的典型案例有:2010年启动的"卓越工程师教育培养计划"、2015年推出的"统筹推进世界一流大学和一流学科建设总体方案"和2019年启动的"六卓越一拔尖"2.0计划等。

2.3.3 高等教育投资渠道多元化

20世纪90年代开始的高等教育投资渠道多元化,深刻地改变了计划经济时代政府拨款是高等教育投入唯一渠道的观念。目前,高等教育的投资主体有政府、社会和个人三方面,政府方面的主要投资渠道有政府年度拨款、政府专项经费、政府科研经费;社会方面的主要投资渠道有企业科研经费、社会组织投入、福利机构捐赠;个人方面的主要投资渠道有企业主捐款、社会贤达捐赠、校友捐赠。此外,高等教育成本共担和收费政策也拓宽了高等教育投资渠道,其中本科生、硕士研究生和博士研究生所交纳的学费构成高等学校年度预算的重要组成部分。

可以预见,中国高等教育的投资渠道和高等学校办学经费来源的构成将越来越接近发达国家的状况,其中最主要的趋势是,政府拨款占高校预算的比重将降低,而高校自筹经费的比例将不断提高。

投资渠道的多元化必然引起投资方和公众对大学办学效益的关注。这就使得教育行政主管部门和高等学校都将比过去更加重视办学效益,只有办学效益高、能够更好地满足投资方利益诉求的大学,才能获得更多的投资。因而,战略管理就当然地成为大学管理的最佳方式和手段。

2.3.4　高校办学主体的多元化

随着中国改革开放的不断深入和市场经济的不断完善,高等学校办学主体由原来的政府为单一的办学主体迅速转变为办学主体的多元化。中国政府的"大部制"进程改变了一些高校的隶属关系,这些高校从原来的部委属院校转变为地方省市属院校;允许地级市举办高等教育的规定使得一大批地级市纷纷在本市创办了本科院校;职业教育的发展需要也促使各地市争相成立职业技术学院;《民办教育促进法》使得大量民间资本投入高等教育,成立民办高职院校和本科层次独立学院;高等教育的对外开放使得各种类型、不同层次和多种形式的中外合作办学不再是一种新鲜事物。

多元的办学主体形成了具有多层次、多形式、多类型的高等教育结构,进一步加剧了高等教育市场竞争,构成了一个高等教育办学资源和生源竞争的新格局。这样的竞争态势将促使大学不断提升自身的核心竞争力,在激烈的竞争中赢得和保持本校的竞争优势地位。显然,战略管理自然成为大学实现这种目标的首选工具。

2.3.5　高等教育注重高质量内涵式发展

1998 年以来的高等教育大众化,使中国高等教育经历了超常规发展的阶段,高等学校注重规模和数量、大量扩招争取生源、积极征地扩大校园、大兴土木建设校舍,这种外延式的发展迅速提高了高等教育的入学率,较好地满足了人民群众接受高等教育的需求,使我国成为名副其实的高等教育大国。

高等教育外延式发展带来的主要问题就是容易忽视教育质量,这在迅速发展的经济社会中是难以接受的。经济社会的发展对高等教育的要求主要反映在几方面:一是强调质量,包括人才培养质量、科研成果水平、社会服务水准等;二是强调结构,从整个高等教育层面,就是高等教育的构成要与产业结构相对应,从一所高等学校的角度,就是人才培养、科学研究和社会服务的层次、类型和多样性;三是强调效益,要注重教育科研资源的优化配置,要在注重办学的社会效益的同时强调办学的经济效益。以上几方面要求高等教育注重内涵式发展,这是高等教育长远发展的方向。

高等教育的发展模式由外延发展为主转向注重内涵发展,是一个重要的战略转型,在转型过程和转型之后,高等学校办学目标的调整和实现,离不开战略管理理论、方法和技术的指导和运用。

大学管理者必须站在战略高度认识和思考关系到学校根本利益、长远发展等全局性问题,运用战略管理理论指导高校管理实践。

2.4 大学战略管理的基本内涵

考虑到大学战略管理的发展历程以及大学实质上是提供高等教育服务、科研成果和社会服务的特殊企业,可以从企业战略管理的角度入手,将大学战略管理理解为将企业战略管理移植到大学组织之中的结果。只是由于大学具有自身特有的组织及其特性,因此,大学战略管理在继承企业战略管理理论一般原理的同时,也需要进行部分变异,使其在特点及可能的结果上拥有大学战略管理独有的特色。简单地说,可以用下式表示大学战略管理与企业战略管理的关系:

企业战略管理+大学的基本特征──→大学战略管理

事实上,大学的基本特征有以下几点。

(1)性质特征:非营利性。大学作为一种特殊的非营利性组织,它不以追求经济利益最大化为主要目标。虽然在激烈的高等教育市场竞争中,大学不能完全不考虑办学的经济效益,但它要把握高等教育作为一个准公共品的性质,还必须追求其社会效益,即其所担负的历史使命和社会责任。

有关非营利性组织战略管理的理论可用来分析大学战略管理。这方面,美国学者纽曼(W.Newman)、瓦伦德(H.Walleder)曾指出,在研究时必须注意非营利性组织所具有的 5 个特性。

① 非营利性组织提供的服务往往是无形的,因此难以度量。

② 服务对象的影响一般较弱。地方上的非营利性组织往往形成垄断,服务受益者的支持通常仅为组织收益的一部分(甚至极小部分)。

③ 组织的雇员一般都具备丰富的专业知识,以及对组织的强烈献身精神。

④ 资金来源的提供者——资助者或政府,可能会对组织的内部管理工作进行干扰。

⑤ 组织的奖惩措施应主要依据①、③、④的内容制定。

(2) 权力特征:二元权力结构。大学作为社会组织中仅有的具有二元权力结构的组织,其中的二元权力指的是学术权力和行政权力。虽然在不同国家的大学内部,学术权力和行政权力之间的关系不尽相同,但二者各自的作用和功能在这些国家中是基本一致的。行政权力着重于行政事务的管理和决策,是保证大学各项规章制度和管理条例实施和行政事务决策所必需的。学术权力着重于学术事务的管理和决策,涉及人才培养、专业建设、学科发展等方面,如学位授予、学术评价、职称评审等。从性质上看,学术权力和行政权力应该是各自独立又相辅相成的两方面,共同为大学的发展发挥作用。

然而,从现状上看,行政权力替代学术权力甚至超越后者的现象普遍存在,这对大学按照高等教育规律办学,学科按照自身发展路径建设,以及充分调动广大教师的积极性等方面均会产生严重的负面影响,因此,建设好现代大学制度,处理好学术权力和行政权力的关系,充分发挥学术权力在大学学术事务管理和决策中的应有作用,需要中国大学的长期坚持和不断努力。

(3) 人员特征:教师的"双重忠于"。大学教师作为一种自主性强、灵活性大的职业,一方面,作为大学组织的一员,受聘于大学,他自然要"忠于"所供职的大学;另一方面,作为某一学科专业的学者,长期潜心于相关领域的教学和科研,他视学科专业为自己的"领地",既将促进其发展作为自身的使命,又要极力维护其"殿堂"的地位,表现出对学科的"忠诚"。

"双重忠于"也反映出大学教师这种职业的特殊性。一般情况下,大学教师能够处理好"忠于"学校和"忠于"学科之间的关系,但必须指出的是,如果在学校和学科之间出现矛盾,大学教师往往把"忠于"学科摆在"忠于"学校之前的位置,这也反映出大学教师作为学者,对追求真理的崇高态度。

(4) 产品特征:多样性和综合性。大学产品特征的多样性表现在大学提供高等教育服务、理论研究成果、应用开发成果和社会需求服务等。大学产品特征的综合性表现在这些产品往往不是单独出现或被需要的,而是以一种组合或综合的方式出现,如科研成果往往是伴随着学生接受高等教育服务的过程中逐渐产生的,社会服务往往是教育教学服务和研发工作一起展开。产品的多样性和综合性不仅增加了大学各种资源分配的复杂性,而且也增加了教师资源开发运用和绩效评价等管理活动的难度。

(5) 组织特征:扁平化和矩阵型。从纵向来看,大学组织的扁平化是大学提高管理效率和能够应对外部竞争环境的变化而作出快速反应的必须,"学校—院系"和"学校—部处"这样两级关系是最典型的扁平化组织。从横向来看,院系和部处的交叉构成了大学组织的矩阵型结构,这是大型组织所具有的基本特征。随着一批巨型大学的出现,这些学校将一些重要的"部处"组建成如"本科生院""科研院""人力资源部"等,由此,这些大学的组织结构可以称为具有事业部制的矩阵结构。大学的组织特征是影响大学战略管理的一个重要因素。

(6) 社会特征:开放性和互动性。大学作为经济社会大系统中的中心组织,具有促进经济发展和引领社会进步的重要职责。一方面,大学必须是一个开放组织,才能实时了解外部动态、掌握需求信息、准确定位自身;另一方面,大学必须与外部保持互动关系,尤其是与利益相关者建立良好的合作关系,才能培养"适销对路"的人才,提供社会需要的科研成果和各种服务,进而更好地发展自己,在高等教育市场赢得竞争优势。

(7) 管理特征:复杂性与松散性。上述组织特性成就了大学成为经济社会大系统中最为复杂的一种组织类型,从而形成了大学管理具有复杂性的特征。因此,组织管理的一般理论,包括企业管理的一系列理论不能简单地生搬硬套地用于大学管理。有效成功的大学管理应该借鉴相关管理理论,高度重视大学的组织特性,充分考虑大学的外部环境,密切结合大学的具体实际。大学内部各种专业化学术组织,包括学院、学系、学科、专业等,各自拥有的知识体系、研究范式、历史传统和相对独立的研究范围,使这些组织各自具有相当的独立性而相互间又具有较大的差异性,加上大学教师的学术个人主义的特点,使得大学对内部组织和个人的管理是松散的。但这种松散性正是大学适应外部环境变化和保证学术自由的根本所在。

基于以上对大学所具有的组织特性的分析,可以给出大学战略管理的定义。

大学战略管理是指大学根据学校自身所处的外部环境和内部条件设定学校的战略目标,为保证战略目标的正确落实和实现进行全局性谋划,并通过优化内部资源配置和能力组合将这种谋划和决策付诸实施,以及在实施过程中进行控制的动态管理过程。 大学战略管理的本质就是对大学的改革和发展的研究与管理,是对大学的教育活动实行的总体性管理,是大学制定和实施战略的一系列管理决策与行动。

大学战略管理的基本点是要在科学分析大学发展的外部环境基础上,结合大学自身的内部条件和能力,为寻求和保持大学持续竞争优势而做出具有长远性、全局性和系统性的策划,使学校自身条件与外部环境相适应,使学校的发展目标与具体措施相吻合,通过具体措施的落实到位,实现学校的改革与发展战略目标。大学战略管理的主要任务是分析、研究学校生存与发展的空间,提出学校的战略目标,制定、选择和实施战略规划方案。其中大学战略规划方案包括确立今后一段时期学校的战略目标、发展思路、办学理念、特色定位以及为达到这些目标所应选择的发展路径、办学模式和战略举措等。

　　大学战略管理过程一般分为 6 个环节:确定使命、愿景和定位,大学环境分析,确定战略目标,战略制定,战略实施和战略评价与控制,如图 2.1(a)所示。需要指出的是,由于大学的发展期较其他组织的发展期要长,因此,在确定大学的使命和愿景的同时还要明确大学的定位,而不是像其他组织那样直接确定战略目标,大学的战略目标要留到完成大学环境分析后再制定。

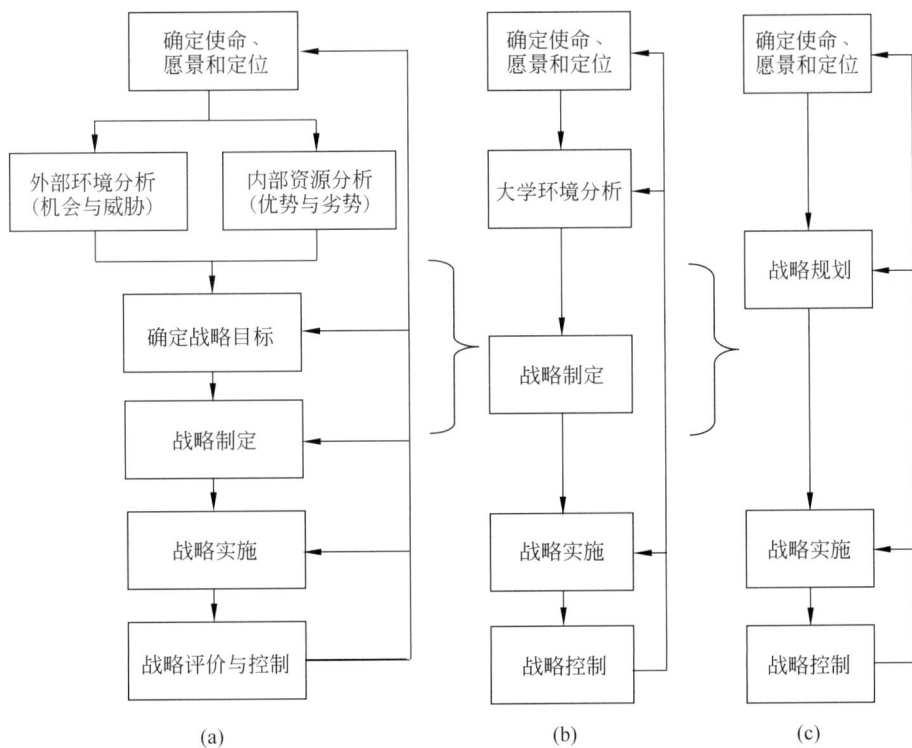

图 2.1　大学战略管理过程的不同阶段

　　广义的战略定义是将战略目标作为战略的组成部分,这样就可以将确定战略目标和战略制定两个环节合并为战略制定。如果再将战略评价与控制环节简称为战略控制,则大学战略管理过程也可分为 5 个阶段,即确定使命、愿景和定位,大学环境分析,战略制定,战略实施和战略控制阶段,如图 2.1(b)所示。

当然,也可以将大学环境分析和战略制定两个环节作为战略规划,则大学战略管理过程可以分为 4 个阶段,即确定使命、愿景和定位,战略规划、战略实施和战略控制阶段,如图 2.1(c)所示。

在以上三种战略管理的阶段划分中,本书采用五阶段说。

在我国大学中实施战略管理具有十分重要的意义,它能转变大学决策者和管理者的思维方式,形成系统观念、竞争意识和国际视野,从战略的高度分析、研究大学的状况,确定中长期发展目标,吸引和集中各种资源,有的放矢地推进大学的改革和发展,从而提高大学的工作成效,提升大学的核心竞争力,使大学在激烈的市场竞争中赢得和保持竞争优势。

2.5　大学战略管理的基本特征

大学战略管理就是把高等教育置于国家经济社会发展的全局中谋划,要求管理者具备国际视野和国家意识,用战略眼光审视大学发展与外部环境及内部条件的关系,从整体上而不是细枝末节上把握学校的发展方向,在不断变化的国内外环境中考察和审视学校整体的发展问题,充分发挥宏观管理与微观管理的综合作用,最大限度地提高各种资源和条件的效能,实现大学既定的发展目标。由此可见,大学战略管理不是大学某方面内部事务的专项管理,它包容并超越了传统的高校运作管理。概括而言,大学战略管理具有如下几个基本特征。

1. 创新性

大学战略管理面临的外部环境是动态变化的,并可能是前所未见的,大学在高等教育市场竞争中面临的机遇和挑战往往前所未有,这就决定大学战略管理的全过程必须贯穿创新,需要树立创新的理念,要求大学管理者必须打破传统思维方式和思维定式的束缚,努力克服体制性、制度性和习惯性的障碍,从学校实际出发,解放思想、实事求是,善于进行创新思维和战略性思维,分析和应对新环境、新问题和新挑战,创新性地进行战略分析、战略制定、战略实施和战略控制,实现高等教育管理的根本性转变。

2. 全局性

大学战略管理的全局性表现在三方面。首先,大学战略管理既要立足当前,更要着眼未来,始于战略分析,止于战略目标的实现,是一种全程性管理;其次,大学战略管理不是仅涉及学校某一方面或某一部门的管理,它涉及纵向全校上下各个层级和横向全校所有部门和单位,是一种全面性管理;最后,大学战略管理涉及从大学校长到普通员工,从知名学者到年轻教师的所有教职工,是一种全员性管理。因此,大学战略管理应以学校全局的未来发展为目标,而不是以某一功能领域、某一学科院系或某个职能部门为目标,要通过明确学校的定位、确立学校的发展目标、制定学校战略规划和政策来协调学校各部门的活动,以使整个学校处于最佳态势。

3. 长远性

大学开展战略管理的目的就是使得大学在日趋激烈的高等教育国内外竞争环境中,获取持续竞争优势,保证大学能够得到长远发展。因此,大学战略管理应该立足当前,着眼未来,要将大学未来长远的发展作为管理的核心。长远性特征要求大学管理者要处理好近期目标和长远目标,以及短期利益和长远利益的关系。一方面,大学必须以谋划学校长期的发展目标为主要目的,将学校眼前的近期目标作为实现长远目标的阶段性目标;另一方面,大学必须协调好学校发展中长远利益和短期利益的关系,在长期利益与短期利益发生不可调和的矛盾时,必须避免短期行为,在保证学校长远的根本利益的前提下正确对待,甚至不惜牺牲眼前的暂时利益。

4. 竞争性

开放的、无国界的高等教育市场处处充满着竞争,主要包括优质生源、高素质教师、多渠道办学经费、各级各类科研项目、各种社会服务市场、提供决策咨询的机会、国家和社会层面的话语权等。大学战略管理的目的就是为大学赢得在高等教育市场上的竞争优势,因此就要求大学在战略管理过程中,必须全面客观地分析外部环境,根据自身现有的资源条件,注重办学优势和特色,确定明确、可行、有限的战略目标,进行合理有效的资源配置,抢占市场的"制高点",提高学校的竞争力,获得持续的竞争优势。

5. 协调性

大学战略管理能否取得成效的关键在于能否协调好几方面关系,包括国家经济社会发展和大学自身发展的关系,外部环境和内部资源的关系,大学总体战略与职能战略和院系战略的关系,院系战略目标与教师自身目标的关系等。因此,大学战略目标的提出要满足国家经济社会发展对高等教育的要求;大学战略管理要保证学校内部资源与外部环境具有动态平衡性,使学校内部资源达到优化配置;学校职能战略和院系战略是大学总体战略的分解和支撑;大学院系战略目标应该与教师自身目标相一致,成为教师共同追求的目标。只有这样,大学的总体战略目标才能够得以实现。

6. 动态性

大学战略管理是一个动态管理过程,动态性贯穿战略管理的各个阶段,主要反映在几方面。首先,外部环境及其主要影响因素是动态变化的,这就使得大学制定的战略目标和战略方案不得不进行相应的动态调整,这就会产生牵一发而动全身的效应,影响到大学战略管理的其他环节。其次,即使没有环境变化的影响,原先制定的战略在实施过程中也可能出现可行性等方面的问题,需要通过战略评估予以确认,并在战略控制阶段予以调整。最后,由于存在对未来环境和条件等在预测上的主观偏差,因此,越长远的战略越可能存在需要调整的可能性。由此可见,在大学战略管理的过程中,尤其是在战略实施、战略评估与控制阶段,需要对战略目标、资源配置、进度安排进行动态调整,以保证大学总体战略目标完美实现。

7. 指导性

大学战略规定了大学发展的目标方向及其实现的途径、措施和手段,在战略规划期内具有相当的稳定性,一经制定就成为大学的纲领性文件,是战略规划期内全校上下各项决策和行动的指导。也就是说,大学战略管理要以大学战略为纲,通过战略管理的各个环节,引导校内包括机关部处、专业院系等各级组织和全体师生、员工一致为实现大学的战略目标而共同努力。从另一个角度说,大学内部从学校层面、院系部处到教职员工的每一项决策、计划或行动,都是为了实现大学战略目标,任何偏离大学战略目标的行为都将失去意义,甚至会产生负面影响。

总之,大学战略管理具有创新性、全局性、长远性、竞争性、协调性、动态性和指导性等基本特征,是对大学的整体性、未来式、创造性、目标型的管理,是在激烈的市场竞争环境下,大学获得发展空间、赢得竞争优势、实现使命愿景的不可或缺的综合性管理理论、方式、方法、技术和手段。

2.6　大学战略管理对大学发展的重要性

一个没有战略的组织就像一艘没有桅杆的船,只能在海洋上原地打转,也像一艘没有导航系统的航船,要经过曲折的航线和不断调整的航向,才能到达预期的终点。大学作为一种复杂的组织系统,战略管理对其发展的重要性丝毫不亚于任何其他组织。

1. 清楚大学在经济社会系统中的角色,明确大学的责任

作为市场经济的一类主体,大学首先必须清楚自身在经济社会系统中所担任的角色,明确自身应当承担的责任,这正是大学战略管理中对大学使命和愿景所需要体

现的。随着大学在经济社会发展中作用的凸显,一些大学在原有章程中关于使命、愿景的表述已经不适应现代社会的要求,需要予以重新审视。这就要求大学领导者改变原有的思维定式,不能脱离所处的经济社会环境,一厢情愿地、主观地给自己安上一个角色,而需要在思想上走出校园、走出高等教育系统,将大学融入经济社会系统,将自身作为其中的一部分,从社会进步、经济发展、国家需要的角度重新审视自身的使命和愿景,搞清楚自身应该担负的角色,在经济社会发展中应当承担什么责任。

2. 促进高等学校分类管理和合理定位,更好地满足社会需求

对高等学校的分类管理和分类指导应该成为政府从宏观上引导高等教育发展的管理模式,高等学校在科学的高等学校分类中根据自身的条件在高等教育系统中合理地确定自身的定位,能够为自己找到适合的发展空间。高等学校的分类管理不仅能够避免各级各类高等教育机构"全军万马走独木桥",形成恶性竞争的局面,而且能够使得各种类型的高等学校都能更好地满足经济社会发展对高等教育多元化的需求。

重新审视大学的使命和愿景后,大学战略管理要求大学在整个高等教育系统中给出符合自身办学条件的合理定位。科学合理的定位是大学行动的指南和未来的航标,是大学赢得竞争优势和办学特色的重要前提,这就势必要求大学做好两方面工作:一是对整个高等教育系统进行全面的分析,根据本校与其他高校的差异,在学校类型上定位自己;二是在高等学校的主要职能上,如人才培养层次和类型、学科专业的聚焦和发展、科学研究的类型和水准、社会服务的范围和内容等方面,根据本校条件给出自己具体的定位。事实上,大学战略管理不仅有力地促进了高等学校分类管理,也推动了大学自觉地进行定位,使不同类型的大学均能够在经济社会的发展中找到最适合自身发展的空间。

3. 确立大学发展目标和重点发展领域,有所为有所不为

在审视并重新确定大学的使命、愿景并进行科学合理的定位后,大学战略管理要求大学在对外部宏观环境和内部资源条件进行客观分析的基础上,对大学的未来发展方向和重点进行战略性和前瞻性的分析和思考,确定符合使命、愿景和定位的大学发展目标和重点发展领域,做到"有所为,有所不为"。从战略层面上看,这有利于大学集中各种资源,发挥优势,培育大学的核心竞争力。

大学的发展是一个复杂的系统工程,从某种意义上讲,大学的发展首先是一个选择的过程,在激烈的市场竞争环境下,在大学资源条件有限的情况下,选择的作用尤为突出。一所高校,即使是高水平的世界一流大学,都不可能为所欲为,也只能有选择地发展,做到"有所为,有所不为"。大学发展目标的选择或确立既要满足经济社会

发展的需要,更要凸显自身的优势和特色。大学的重点发展领域的选择是对其发展目标的明确落实,也需要在外部环境分析和与潜在竞争对手比较的基础上做出。

4. 协调大学与外部环境的关系,争取更多的社会资源

作为一个开放系统,大学必须与所处的环境具有高度的适应性,这在日益激烈的市场竞争环境下尤其重要。大学战略管理在提升大学与环境的适应性上,一方面表现在大学与外部环境变化相协调,另一方面表现在争取和获得更多的社会资源,这些对大学的发展无疑是至关重要的。

在大学战略管理的战略分析阶段,既需要对外部环境有客观的分析,又需要对内部资源条件有准确的了解,这些均为大学适应外部环境变化、协调好与外部利益相关者的关系做了准备。在大学战略管理的战略制定阶段,需要制定出满足外部利益相关者兴趣和需求的战略,以最大限度地吸引、争取和获得更多的社会资源。

5. 推动大学组织结构的调整和完善,提高市场适应能力

大学战略管理强调大学组织结构必须与大学战略相匹配,为支持大学战略的有效实施提供组织保障,因此,大学战略管理将推动大学调整和完善大学的组织结构,主要从两方面进行。一是大学组织机构的设置:一方面要整合重组或撤销不利于或有碍大学战略实施的机构;另一方面要强化或增设大学战略实施需要的机构,使调整和完善后的组织机构在功能、定位和运行等方面要能够胜任相关大学战略子目标的实现和具体战略任务的落实。二是大学组织机构之间的结构关系:一方面,机构之间既有分工又有合作,既是相对独立的子系统,又为共同的战略目标而努力;另一方面,大学组织结构及其运行机制要能够充分调动广大教职工参与大学战略管理的全过程,最大限度地发挥大家的积极性。

由于大学战略管理是面向开放、动态、竞争的外部世界,因此,调整和完善后的与之相匹配的组织结构,包括其中的院系部处等二级机构,也必须是开放和灵活的,必然对外部环境具有良好的适应性和协调性。适应性表现在不论大学内部的哪个机构感触到外部环境的变化,都会针对性地予以反应,引发大学组织局部或整体的调整,以适应这些变化。协调性表现在当大学与外部的关系发生变化时,大学组织结构能够及时有效地应对这些变化,协调并保持与外部的良好关系。总之,与大学战略管理相匹配的组织结构能够提高大学的市场适应能力。

需要指出的是,与大学战略相匹配的组织结构的调整和完善还应该包括人事安排和调整,尤其是职能部处和专业院系的负责人的配备,以及组织文化的培育和形成等。

6. 优化有限教育资源的配置,提高办学效益

不论是世界一流大学,还是新建高等学校,不论是发达国家的大学,还是发展中国家的大学,都面临经费资源、人力资源和物质资源的短缺,如何将这些有限的资源用在刀刃上,用在关系到大学发展的关键领域上,是大学管理者必须作出的重要决策。而能否对大学的有限资源进行合理的优化配置,使其取得最大效益,关系到一所大学是否能够在激烈的市场竞争中赢得竞争优势。

运用大学战略管理就能够达到将大学有限的教育资源用于战略性、关键性的发展领域,用于战略目标的实现上,从而最大限度地提高办学效益。大学战略管理要求全校的所有资源都必须围绕实现既定的战略目标体系而配置,既不允许任何与实现战略目标无关的资源消耗,更不允许与战略目标相背或相冲突的资源浪费。大学战略管理的资源配置不是简单的平均主义,而是要突出重点,强调战略目标,处理好局部与整体、一般与重点的关系,达到优化配置和办学效益的最大化。

7. 完善内部管理制度和方式,提高大学的管理水平

我国大学与世界一流大学的差距主要表现在三方面:一是科学研究水平;二是师资队伍水平;三是学校管理水平。从某种意义上说,管理水平的落后,对科学研究水平的提高和师资队伍的建设也会有一定的制约。

大学战略管理在完善学校内部管理制度和方式上的主要功用有三方面。一是树立系统观念和全局意识。推行大学战略管理将使全体教职工充分认识到,校内任何单位和个人都是学校这个系统中的子系统,都是学校全局中不可或缺的一部分。二是形成目标管理制度。大学总体战略目标通过层层分解后的众多子目标,成为校内各个单位和个人的目标,使得校内任何单位和个人的行为都是为了实现学校的总体战略目标而付出。三是建立绩效管理制度。通过将教职工的工作业绩与对大学战略目标实现所作出的贡献对接,引导大家围绕大学战略实施而开展工作。

大学战略管理的上述功用不仅能够达到万众一心、目标一致、齐心协力地实现大学战略目标的效果,而且能够将大学从传统的行政式、被动式管理,转向主动式、参与式管理,从而大幅提高大学的管理效率和管理水平。

8. 培育和提升大学的核心竞争力,形成持续竞争优势

经济的发展和社会的进步离不开竞争,大学的发展也充满竞争,当今世界,大学之间的竞争日益加剧,全球范围内,没有哪一所大学能够避免竞争。虽然竞争能够促进大学发展,但是竞争也造成优胜劣汰,只有培育和提升自身的核心竞争力,形成持续竞争优势,大学才能在激烈的市场竞争中立于不败之地。

大学战略管理是构建大学核心竞争力的重要手段,是形成大学持续竞争优势的

重要途径。大学战略管理既确立大学在经济社会发展中的合理定位,又制定适合外部环境和自身条件的战略目标;它既能协调好与外部环境的关系,又能建立适应市场的组织结构;既可以发挥有限教育资源的最大效益,又可以提升大学的管理水平;既是系统性、综合性的管理,又是战略性、未来性的管理。总之,大学战略管理对大学的发展尤为重要,它关系到大学的生存、发展与卓越,决定着大学的前途、未来与成功。

2.7 国外大学战略管理基本模式

中国正在建立自己的世界一流大学,发展战略和战略管理逐渐受到重视。西方国家大学战略管理有几种影响比较大的模式。

1. 菲利普·柯特勒(PhilipKotler)与帕特里克·E.墨菲(Patrick E.Mur-phy)的"六阶段模式"

柯特勒与墨菲指出,院校目标、战略及组织系统的变革常是出于应对危机事件的需要,而非先于危机之前的基于适应的充分思虑。院校战略规划应与一般性的规划相区分,院校战略规划旨在从全局上把握院校的可持续发展,更强调一种谋略。战略规划应由上至下分层相衔进行。首先在院校层面作出整体战略规划,其次由各学院结合自身实际制定学院层面的战略规划,最后由作为基层单位的系作出战略规划。若院校有多个分支设置,那么各分支采用同样的战略技术。战略规划实质是一个上下沟通协商的过程。先由校方管理层设定相关参数,提出组织设想。这将作为指针而影响院系层面的战略规划,此间在管理的层级结构中会有一个反复下传上呈的过程。大体目标及宽泛的设想自上而下,而详尽的规划则自下而上。他们由此而提出了一个院校战略规划流程模式(见图2.2),将院校战略规划分为以下6个阶段。

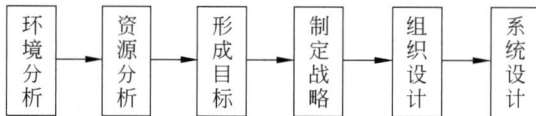

环境分析 → 资源分析 → 形成目标 → 制定战略 → 组织设计 → 系统设计

图2.2 制定战略规划的六阶段模式

1) 环境分析(environmental analysis)

战略规划首要是分析组织运作的环境,因为环境是流变不居的,需要进行新的战略规划因应。他们把院校组织环境划分成内部环境(董事会、管理者、教职工)、市场环境(传统学生、非传统学生、校友、资金来源、雇主及研究所)、公共环境(财政、媒体、政府、活动家、社区及一般公众)、竞争环境及宏观环境(人口统计学、经济、技术、政治及文化)。环境分析的目的在于获致一个组织所要以此为依据提出将来目标、战略及结构,进行系统设计的由关键性环境因素勾勒的图景。要使环境分析的有效性最大化,必须将其转化为机会-威胁分析(opportunities-threats audit)。在威胁分析中,管理者要基于以下两个维度评估外在威胁(已显现或潜在的):①可以经济上及名誉上的损失度量的潜在的严重程度;②发生的概率。机会分析比威胁分析更重要,因为机会的把握能使组织获得长足的发展,而即使是成功地应对了威胁,也只是保全了组织。柯特勒及墨菲强调院校对市场机会(market opportunity)的把握。他们将市场机会界定为"特定组织能于其中发挥竞争优势的诱人的相关行动领域。"对外在机会的评估要基于以下两个维度:①可以相应收入及组织所看重价值的获取度量的潜在的吸引力;②能成功把握机会的可能性。在环境分析中,他们对威胁与机会运用了矩阵交叉影响分析方式。

2) 资源分析(resource analysis)

资源分析即院校检视自身内部的优势及弱势。一个组织应追求与自身优势相适合且能规避自身弱势的目标、机会及战略。柯特勒及墨菲认为主要资源有人、财、物。院校在进行资源分析时应充分全面地罗列出内在有形或无形的优势与弱势。作为制定目标的线索,院校要密切关注自身的特色竞争力(distinctive competence)。仅有特色竞争力是不够的,因为其他院校也可能具备相差无几的特色竞争力,从此言之,院校更要关注自身的差异化竞争力(differential advantage),即自身的强势领域为其他院校所不具备,或其他院校虽具备但实力单薄而不能与之相抗衡。

3) 形成目标(goal formation)

基于已做的环境分析及资源分析提出一组清晰可行的组织目标,意在防止组织漂入一个不确定的未来。形成目标可分作两步:①何谓现时目标;②目标应是什么。组织内每一成员对现时组织目标的心理表征是不尽相同的,因为他们所处的岗位不同,担当的职责不同,他们选择的视角就不同,为了界定组织的现时目标,有必要就此访谈个人及团体,结果将会显示院校实质是数个与组织有着不同予取关系的群体的组合。柯特勒及墨菲在谈到构建组织应然目标时,强调群体的参与。一方面是他们的洞见非常宝贵,值得吸取;另一方面是能借机调动他们的主体意识,提高自我的卷入程度,有利于发展出他们对目标的认同感及追求目标的执着。在谈到形成目标时,他们区分了三个概念,即使命(mission)、目的(objectives)、目标(goals)。他们指出使命是组织的基本意图,即组织所要竭力达成的制度化的许诺,一个有效的任务陈述应具备市场导向性(market-oriented)、可操作性、激励性及明确性的特点。目的则是组织着力强调的一个主要变量,它随组织的自我认知变化而变化。目标即目的的可操作化及可度量化。使命、目的及目标三者是由抽象向具体逻辑递进的关系。

4)制定战略(strategy formulation)

柯特勒及墨菲指出院校在制定战略时要做好两项任务:其一是制定学术组合战略(academic port-folio strategy),即确定如何对待现时主要的产品(专业课程),是稳步提高,保持巩固,还是削减弃置;其二是成品/市场机会战略,即推出什么新的产品与开拓什么新的市场。它们实质上是把由波士顿咨询集团(Boston Consulting Group)开发的产品组合战略引入到院校的战略规划中,主张根据市场的需求设置专业课程。柯特勒及墨菲将成品/市场机会战略又细分为市场渗入(market pene-tration)、地域扩张(geographic expansion)、市场分散化(modification for dispersed market)、开拓新市场(modification for new markets)、产品创新(product in-novation)、区域创新(geographic innovation)(如远程教育)、总体创新(total innovation)(如企业大学)等战略。

5)组织设计(organization design)

组织设计是基于人、结构及文化必须相互配合才能使战略实施取得最佳效果的理论假设。柯特勒及墨菲强调院校战略规划最终要落脚于组织设计,即根据战略实施的需要合理安排人事,建立与组织战略相匹配的组织结构,培育支持院校战略的文化。

6)系统设计(system design)

为制定和实施战略以达成其在新环境的诸目标,院校还需构建或更新三大主要系统:市场信息系统、市场规划系统及市场控制系统,负责信息的收集、加工,而后依据所获有效信息制定战略规划,最后对战略实施状况进行监控、评估。柯特勒及墨菲所提出的院校战略规划流程设计仿同商业战略规划,强调院校要以市场为导向,组合自身资源,培养自己的核心竞争力。同时也强调进行能够支撑战略实施的组织与系统设计。

2. 乔治·凯勒的"十阶段模式"

另一个较有影响的院校战略规划流程模式是凯勒(George Keller)基于北科罗拉多大学战略规划实践的案例,以企业战略规划为基本架构,结合大学的自身实际提出的共由十步组成的操作流程。

(1)组建初期规划委员会。

(2)介绍战略规划。

(3)确定适切的关键绩效指标(KPIs)及发展的主导领域。

(4)审视环境:①评估外在威胁及机会;②评估内在优势及弱势;③进行交叉

影响分析。

（5）与参与者分享结果。

（6）提出定义及量度标准。

（7）量度现时表现。

（8）确立五年及十年计划。

（9）在各关键绩效指标领域运用 SWOT 分析以确定战略。

（10）建立广泛支持系统：①为各关键绩效指标领域制定适切的政策；②开始实施战略；③勤而不辍地量度业绩；④对为期一年的战略实施进行回顾并进行必要修订。

凯勒在其院校战略规划流程中强调关键绩效指标在战略规划中的锚定（anchoring）作用，将关键绩效指标界定为对直接关系到组织能否健康、可持续地发展的具体组织活动结果的量度，或是一个能真切地反映组织健康状况的指标。对关键业绩指标的强调似乎与以上所提及的战略规划只关注组织总体发展方向的取向相悖。凯勒在其战略规划一般流程模式中借用企业战略规划的 SWOT 分析，对内部的优势与劣势、外部的机会与威胁，以及两者对关键绩效指标的相关影响进行了交叉分析。他试图以严格的程式将一层科学目标的外表黏附在基本是直觉的过程。在《院校战略变革》（*Strategic Change in Colleges and Universities*）一书中，凯勒也指出院校的政治问题、复杂相关利益群体间的疏于沟通以及未加以澄清规划目的都不利于有效的战略规划，这对指导院校战略规划具有一定的信息价值。总之，凯勒有关院校战略规划的研究详尽地阐述了战略规划的性质、合理战略规划的构想、一步一步的操作流程与规划所存在的问题及应对，对院校战略规划具有重要的指导意义。

与柯特勒及墨菲一样，凯勒的战略规划流程也要形成院校目标体系及相应的发展战略。院校目标包括使命、目的及目标。对一所院校而言，一轮战略规划的直接产品就是战略规划文件（the strategic planning document）。它具有简洁而灵活的特点，因为它是随院校发展境况的变化而不断进行动态建构，而非一成不变、一蹴而就。战略规划文件主要由院校简介、精细的环境分析、重点发展领域以及相应的发展战略四部分组成。其中院校使命陈述（institutional mission statement）是院校简介的核心。凯勒认为院校进行战略规划应关注的不是制定使命陈述有无必要，而是何时制定使命陈述，以及怎样将其与战略规划合为整体。正如柯林斯（J. C. Collins）与鲍瑞斯（J. I. Porras）指出有效的使命陈述所传达的愿景，若不是组织成功的虚幻的组成部分，那么它就是重要的。朗格勒（Gerald H.Langeler）也指出愿景要实在，若虚夸或抽象化，那它将是无效的。因此，院校在制定高度聚焦（well-focused）的使命陈述之前，应深刻理解自身文化内蕴、能力及局限,直至能清晰且全面地把握自身在环境中所处的真实位置,以及其与已确认的内外环境中重要相关利益群体之间的联系,并从中权衡利害轻重,明了哪种环境影响力是自身必须应对的。凯勒对前人的研究进行了归总,列出"使命陈述"具有以下价值:①有助于战略规划与组织文化相契合,使战略规划的实施获得坚实的组织文化支撑。②合理建构的使命陈述具有重要的外部影响力。因为使命陈述表述相关利益群体的利益,甚至能施加影响的边缘群体的利益。同时,使命陈述也表述了存在于组织与受众之间的"契约"。

凯勒对院校战略规划理论模式的建构相当完备,并具有一定的可操作性,但其对院校发展战略的制定的阐述还欠深入。柯特勒及墨菲在其院校战略规划中也只是粗略地列举了数种院校发展战略。在诸多院校战略规划研究中值得一提的是,罗利(Daniel James Rowley)与谢尔曼(Herbert Sherman)在著述 *From Strategy to Change*：*Implementing the Planing Higher Education* 中提出美国现行高等教育的分层分类及相应的院校发展战略分化。

传统院校是美国高等教育发展的历史选择,它们构成现行美国高等教育制度的基本骨架。而一批新生院校则是在大学教育由"精英教育"向"大众教育"转型,终身教育的观念深入人心,信息技术在教育领域的广泛应用等背景下应时而生。它们作为传统高等教育制度下的衍生院校以其新的组织形式、技术手段及其"市场"导向性区别于传统院校。罗利与谢尔曼以院校发展导向性(provider-oriented or consumer-oriented)与资源底数(resource base)的大小两维度为参照分析了各层各类院校的结构特征,并据之进行了战略定位。他们在对院校战略定位中引入了两个概念,即竞争优势(competitive advantage)与战略取向(strategic approach)。竞争优势是一院校相对于对手所特有的足以使其在"市场"中处于显要位置的竞争力。院校竞争优势又可细分为低成本领导(low-cost leadership)、差异化(differentiation)、多元化竞争(breadth of competition)。此外,战略取向作为一战略维度对于一组织(其中包括院校)的战略态势也至关重要。其重要性在于它决定着组织如何在其利基市场(nichemarket)中胜出。再者,特定的战略取向能区分组织行为及态度取向,以及其对竞争的一般倾向。院校战略取向可分为探索型(prospector)、防御型(defender)、分析型(analyzer)、反应型(reactor)(Mile&Snow)。它们从高等教育的竞争环境中的竞争区分为利基市场内(intraniche)与利基市场间(interniche)的竞争。罗利与谢尔曼院校研究的创新之处就是整合了波特(Porter)的院校一般战略以及 Mile 与 Snow 的院校战略取向,提出了一个信息时代院校战略定位的三维模式图。其中三个维度是资源底数、发展导向性及战略取向。同时,罗利与谢尔曼也提出院校制定战略的一般流程:①院校分析

（analyze institution）；②市场位置分析（analyze market position）；③竞争分析（analyze competition）；④重新进行市场定位（market reposition）。

罗利与谢尔曼研究的贡献在于他们真正地把院校作为一竞争主体，放在竞争激烈的高等教育市场中研究，并创造性整合前人的研究成果，提出院校战略定位的理论模式。这对指导新兴院校战略定位以及传统院校战略变革具有重要意义，同时也对中国高等教育的分层与院校定位具有一定的借鉴意义。前文柯特勒及墨菲曾对院校发展战略进行了粗略划分，那只是一种试图将企业行之有效的发展战略移用于高等教育领域中的院校竞争的努力。但院校不同于企业，发展战略不具普适性。院校进行战略定位必须基于对自身实际的分析，以及对市场态势的把握。相比之下，罗利与谢尔曼研究的价值就在于他们是基于院校的分层分类提出院校发展战略的分化，更重要的是他们提出了院校制定发展战略的一般流程。由上可见，为一所院校制定整体战略并非一件易事。首先院校必须制定规划所参照的环境在流变着；其次，在当代大学中的各相关利益群体的期望也在改变和发展着。

3. 霍华德·戴维斯的"六步骤式"

战略管理及其规划必须建立在了解大学环境变迁的基础上。伦敦经济学院院长戴维斯（Howard Davies）曾在第二届中外大学校长论坛的报告中，全面而详细地分析了大学环境的变化趋势，并在此基础上提出大学因应其生存环境的变化，制定战略规划所应遵循的六步骤模式。笔者将其主要观点摘录如下，希望它能与以上两种大学战略规划模式形成映照，从而揭示出大学战略规划实践中最为核心的本质。

戴维斯认为大学环境的变化有以下五大趋势。

（1）高等教育市场需求持续增长。

（2）高等教育竞争性增强。大学所处环境的竞争在逐渐加剧，部分原因是新院校逐渐增多，这种情况基本上出现在发展中国家。学生和教师的流动性逐渐增强，这也是竞争更加激烈的一个原因。这种现象表明学术研究者在全球范围寻求合作的趋势不断加强。

（3）高等教育多样性的发展。尽管全球化影响着高等教育，但这并不意味全世界的大学变得越来越趋同，高等教育市场需求的整体增长为各个学院在不同层面上的专业化、差别化提供了空间。

（4）多元化集资渠道。大学直接从政府得到的资金递减，但大学其他的收入渠道增多。这在某种程度上给大学创造了更多的自由，而不再完全听命于政府。但另一方面，资助多样化意味着要考虑更多不同集团的利益。

（5）大学处在更广泛的经济背景下。人们普遍认为大学是地方经济的重要贡献者,社会对大学抱有极高期望。因此,如今大学必须在一个透明度更高的环境中工作。

戴维斯指出,以上五种变化带来的结果:大学要在竞争更强、更有活力的环境中运作。大学不是公司,大学更多的是从事非经济事务——从某种意义上说,这也是大学存在的理由。并非大学从事的每件事都会转化成某种商业利益。戴维斯分析了当代大学的五大利益相关者:一为政府,它制定很多领域的规则,影响学校的决策;二为学生,他们对大学经历的期望、兴趣,与他们未来事业相关的课程等都必须是任何一所院校战略规划的核心;三为教职工,他们在实施大学战略的过程中是至关重要的,如果他们的追求与战略意旨相左,甚至可以百分之百地阻碍战略的实施;四为其他资助者,无论他们是私人机构的筹资委员会,还是基金会,或者是公司,都是要考虑的对象;五为校友,他们是捐资人,也是一所院校对社会贡献的标志。

戴维斯提出了以下制定战略规划的6个步骤。

第一步:接受决策体系。管理者有责任平衡各方对有限资源的竞争需求。只有整个学校都认为决策体系正确地代表并反映了各方的要求,他们才会接受这种决定。

第二步:在核心价值观上达成共识。这是大学发展战略的核心,伦敦政治经济学院在它的战略性宣言中说:"希望成为达到国际领先水平的社会科学研究中心。"

第三步:必须实事求是地理解院校本身的优势和弱点。其中既包括学术优势,也包括环境优势。评估了自身的优势和弱点,可能就要将它们再细分为需要保持的优势和易受攻击的优势,能够被纠正的弱点和只能缓和的弱点。

第四步:明确自由度。在优势和缺点分析的基础上,就能确定院校未来所面临的选择能有多么大的自由度。必须设立一些评价自由度的原则:这涉及法律上的灵活性、校园结构与分布、学术范围、学生类型、财政状况、管理能力等。

第五步:明确表述和沟通。明确表述战略对战略的成功实施影响极大,而在院校内认真交流与沟通是制定战略过程中的一项特别挑战。

第六步:实施和监督。规划的实施和监督是学校一项长期的工作,必须一直坚持做好这项工作。

4. 简要评论

前文详细阐述了大学战略管理(尤其是大学战略规划)的三种基本模式,这些模式的差异与功用是值得研究者关注的问题。戴维斯分析了时下高等教育环境的变化及院校战略规划的复杂性,并提出了制定战略规划的6个步骤。他对战略规划制定流程的表述与凯勒及柯特勒等有所不同。柯特勒照搬企业战略规划的流程,有院校企业化的偏向凯勒的战略规划的确深蕴一种战略思维,但过于强调指标量度,仍留有早期院校定量技术管理的印痕。凯勒及柯特勒的一个共同点是院校目标体系(包含核心价值观)的形成是基于院校对自身与环境互动博弈的认知。而戴维斯则不同,他把确立核心价值观置于院校进行自身与环境审视的前面,其中核心价值观的确立是各相关利益群体协调各方利益冲突,寻求妥协的建构过程。核心价值观既蕴含院校在其历史发展过程中积久沉淀下来的价值取向,也体现各利益群体基于自身立场对院校发展的期许。凯勒及柯特勒试图使院校目标体系的制定客观化,力主院校对自身与环境的审视先于院校目标体系的制定,而戴维斯则试图先建构起院校的核心价值观,然后锚定核心价值观,基于院校对自身及环境的审视,制定发展战略,优化资源配置。这是两种不同的战略思维。三者共通的地方是,院校战略规划是院校组织与环境互动博弈的过程,要求院校在清晰自身组织利益的同时,积极顺应外在环境的变化。此外,三者均强调相关利益群体间及组织内沟通的重要性,还有院校战略规划最终要落实于实施与监督。

院校战略变革重在将传统的目标管理思维转换到战略管理思维,即以一种系统的眼光,从整体上审视院校的长远发展。

2.8　大学战略管理的体系框架

大学战略管理是一个包括愿景定位、战略分析、战略制定、战略实施和战略控制 5 个阶段的全面系统的过程,由于战略管理是一个不断循环的过程,因而这 5 个阶段构成一个闭环;又由于战略实施和战略控制两个阶段之间是交互进行的,因此它们之间也构成一个环路。从系统观的视角,必须建立起大学战略管理体系来保证战略的有效管理。参考企业战略管理过程的基本模式,结合大学战略管理的基本特征,可以给出基于系统观的大学战略管理体系框架,如图 2.3 所示,以期为大学实践战略管理提供理论指导。

2.8.1　确定大学使命、愿景和定位

这个阶段的主要工作包括确定或重新审视大学的使命、愿景和定位。

大学的使命、愿景和定位是一所大学的根本任务、发展蓝图和长期目标,是长期指导大学工作的指南,更是制定大学战略的基础。首次实践战略管理的大学必须先确定本校的使命、愿景和定位。

大学使命(university mission)是指一所大学存在的目的、理由和追求的价值,主要揭示该大学的任务和宗旨。

```
            ┌─────────────────────┐
            │   确定或重新审视      │◄─────────────┐
            │ 大学使命、愿景和定位   │              │
            └─────────────────────┘              │
                      │                          │
        ┌─────────────┼──────────────────┐       │
        │    ┌──────────────┐  ┌──────────────┐  │
        │    │ 大学外部环境分析 │  │ 大学内部资源分析 │  │
大学战略分析├►  └──────────────┘  └──────────────┘  │
        │         ┌──────────────────────┐      │
        │         │ 大学的优势和劣势、机遇和威胁 │      │
        │         └──────────────────────┘      │
        └─────────────────────────────────┘     │
        ┌─────────────────────────────────┐     │
        │          ┌──────────────┐        │     │
大学战略制定├►        │ 确定大学战略目标 │        │     │
        │          └──────────────┘        │     │
        │        ┌──────────────────┐      │     │
        │        │ 制定和选择大学战略方案 │      │     │
        │        └──────────────────┘      │     │
        └─────────────────────────────────┘     │
        ┌─────────────────────────────────┐     │
        │   ┌────────────┐  ┌────────────┐  │     │
大学战略实施├►  │ 大学职能战略和 │  │ 大学组织机构重 │◄─┼─────┤
        │   │   院系战略   │  │ 组和干部配备  │  │     │
        │   └────────────┘  └────────────┘  │     │
        │       ┌──────────────┐            │     │
        │       │ 大学资源优化配置 │            │     │
        │       └──────────────┘            │     │
        └─────────────────────────────────┘     │
        ┌─────────────────────────────────┐     │
        │        ┌──────────────┐          │     │
大学战略控制├►      │  大学战略评价  │          │     │
        │        └──────────────┘          │     │
        │        ┌──────────────┐          │     │
        │        │  大学战略控制  │          │     │
        │        └──────────────┘          │     │
        └─────────────────────────────────┘
```

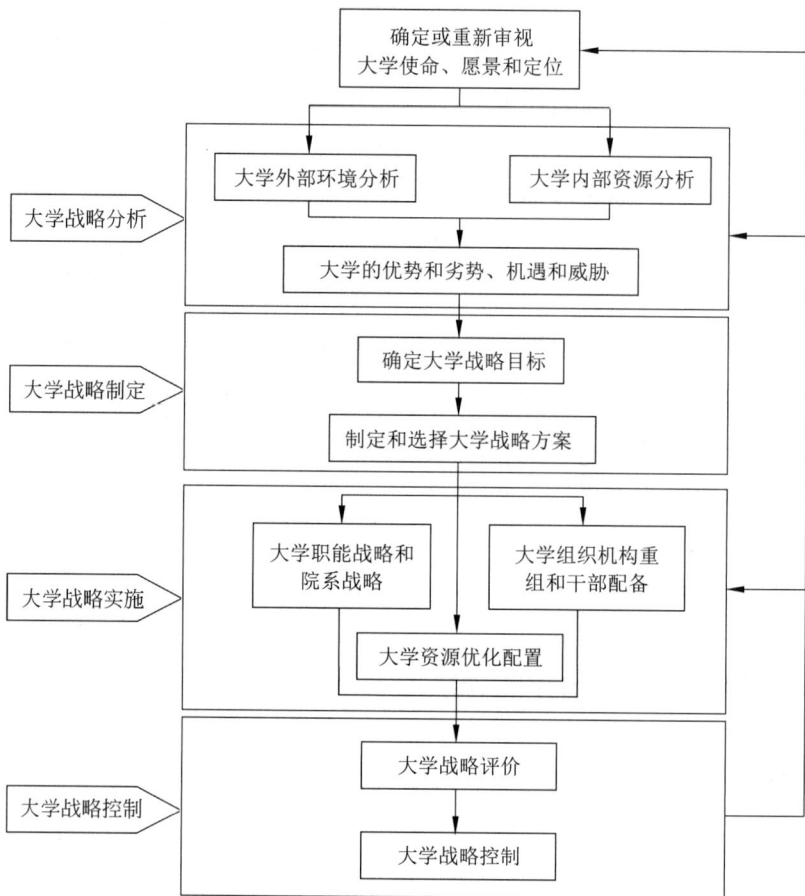

图 2.3　大学战略管理的体系框架

　　大学愿景（university vision）是指根据大学使命制定的对大学的共同的愿望、理想、远景或目标，来自大学教职工和校友对大学期待的共识，是大学发展较长时期的最高目标。

　　大学使命和愿景体现的是大学的价值观和基本信念，是大学自我定位的准确把握和表达，表达了大学在争取组织发展和营造公众形象方面的努力和目标，具有明确的激励和导向作用。

　　大学定位（university positioning）是指根据大学使命和愿景制定的大学在相当一段时期为自己在高等教育体系中确立的位置。它可以是大学的层次、类型、角色，也可以在大学的基本职能上。

　　大学的使命、愿景和定位的实现需要长期的努力，因此一经确定，就需要长期保持基本不变，只有在大学的外部环境和自身条件发生较大波动时，才需要进行适当的修正。因此,大学在进行新一轮战略管理时,应该对原先确定的大学使命、愿景和定位重新予以审定,分析是否适应新形势的要求,是否需要予以适当的调整。

2.8.2 大学战略分析

确定完大学的使命、愿景和定位后,就能够有的放矢地进行大学战略分析(university strategic analysis),为提出大学战略目标、制定和选择大学战略方案提供基础。

大学战略分析,也称为大学环境分析,主要是分析大学的外部环境和内部资源及能力,根据大学资源和能力与外部环境相匹配的原则,确定大学的优势和劣势,发现高等教育市场的机遇和威胁。

大学战略分析是大学战略制定的重要基础,它分为外部分析和内部分析两方面,主要采用 SWOT 等分析方法和工具,研究外部宏观环境和形势,发现面临的挑战和发展的机遇,分析内部条件和资源的优势与劣势,找出存在的问题和不足。外部分析包括政治、经济、社会、科技等因素,然后再识别外部环境中的机会与威胁,进行竞争战略分析。内部分析包括大学内部资源、能力、核心竞争力、持续价值优势和特色等,以明确自身的优势与劣势。

2.8.3 大学战略制定

大学战略制定(university strategic formulation)包括两项工作,即提出大学战略目标,以及制定和选择大学战略方案。

1. 提出大学战略目标

在进行完大学环境分析后,大学就可以明确地提出自己在新的战略管理周期的战略目标。大学战略目标是对大学使命、愿景和定位的具体化,是大学在一定发展时期的发展方向和奋斗目标,包括大学办学水平、学校规模、学术地位、科技成就、社会服务、文化传承与创新等。

大学战略目标的表述形式各式各样,如一些大学制定的在"十三五"期间的战略目标就是该大学在五年内的发展目标、发展重点和预期成果。但大学战略目标一般是较为宏观的描述,在制定大学战略方案时往往需要对其进行分解,将其落实到大学具体的专项业务层面和院系部处层面。

2. 制定和选择大学战略方案

在明确大学战略目标的基础上,大学就应着手制定为了实现大学战略目标而必须在政策、措施、制度、机制甚至行动上需要开展的工作,简称大学战略方案,这是大学战略规划的一项重要工作。

一所大学可能会制定出若干实现大学战略目标的战略方案,这就需要对每种方案进行分析和比较,从中选出既最适合大学自身条件又最有利于大学战略目标实现的战略方案。大学在制定战略方案和选择战略方案时必须认真分析高等教育市场,找出自己的优势与劣势,制定出能够发挥优势,回避劣势,扬长避短,集中有限资源逐渐形成自己竞争优势的战略。

大学战略目标和大学战略方案一起构成了大学最高层次的战略,简称大学总体战略。事实上,大学除了总体战略外,大学层面往往还要制定专项战略,以从专项业务层面落实总体战略。专项战略的制定也要有相应的战略目标和战略方案,其战略目标往往源于大学战略目标的一部分内容或是对大学战略目标的分解,而战略方案则是与之相应的较大学战略方案更为具体的行动方案。

大学战略方案的制定应当解决以下两个基本的战略问题:一是大学在人才培养、科学研究、社会服务以及文化传承和创新四大任务中的重点和工作重心,即大学根据自身的条件确定自己在哪方面能够更好地为既定的服务面向提供更好的服务;二是大学在做好自己主要工作方面的竞争优势,即在如何运用自身的有限资源和能力方面取得超过竞争对手的优势。

习惯上常将上述大学战略分析和战略制定一道称为大学战略规划。

2.8.4　大学战略实施

大学战略实施(university strategic implementation)是指将大学战略规划转化为战略行动,从而确保大学战略目标实现的过程。大学战略规划是整个大学战略管理的根本性的工作,需要全校上下集思广益才能完成。然而,大学战略管理的关键在于大学战略实施,需要全校上下在整个战略管理周期共同不懈地努力才能完成。如果不能付诸实践,再好的战略也只能是纸上谈兵,而无意于大学的发展。因此,大学战略实施是大学战略管理的关键性工作。

大学战略实施就是要将最终确定的大学战略及其专项战略予以分解细化、具体落实和有效实现。整个实施主要包括以下四方面工作。

1. 大学战略和专项战略的细化分解

通过制定职能战略和院系战略,将大学战略及其专项战略进一步细化和分解到机关职能部门和院系层面,作为大学二级单位任期内的工作目标和具体任务。职能战略和院系战略主要包括具体目标、采取的措施、实施步骤和时间进度安排等。

2. 建立战略实施的组织保障

这方面要包括四项内容：一是对大学组织机构进行重组和调整，为战略的实施提供一个有利的组织保障；二是进行大学的制度建设，包括管理机制的建立和规章制度的建设等，为战略方案的实施提供制度保障；三是对中层干部，包括教学院系和机关处室干部的调整和充实，提高他们的素质和能力，同时引进关键岗位的学术带头人和学科骨干，以保证院系战略和机关职能战略的有效实施；四是营造和培育与实施大学战略相匹配的大学文化。

3. 进行资源整合和优化配置

大学战略实施还要有足够的资源保障，这就要对各种资源进行挖掘、整合和优化，把学校资源用在确保战略方案的有效实施上。

大学能够掌握的资源包括校内资源、社会资源和潜在资源。校内资源包括资金资源、物质资源和信息资源；社会资源包括大学通过其影响力、社会关系、知名度等所能获得的政府、企业、个人的支持；潜在资源包括那些尚未发现或出现，需要大学挖掘的各种资源。

4. 年度工作计划的制订和实施

年度工作计划包括大学年度工作计划、院系年度工作计划和部处年度工作计划，它们分别应该是大学战略方案、院系战略方案和职能战略方案的年度分解。

年度工作计划需要的资金资源应该在大学年度经费预算中予以优先保证和落实。

年度工作计划应该包括任务、要求和完成时间，一经制订，就要落实到具体负责人。

2.8.5　大学战略控制

为了使大学战略实施的结果能实现既定的大学战略目标，必须在战略实施过程中不断地进行大学战略评估与控制（university strategic evaluation & control），通过在实施过程中不断加强信息反馈，及时调整战略行动，有效控制战略实施顺利进行，保证大学战略目标的实现。

具体而言，在大学战略实施的全过程中，要不断将战略实施的实际成效与预定的战略目标进行比较：如二者存在差异，就应当采取及时有效的措施进行纠正；如二者有显著的差异，就需要分析产生差异的根源，从本质上，尤其是从战略方案及其落实上解决问题;如果因为内外部环境的变化或者由于原来的信息缺陷造成战略分析的失误,从而引起偏差,则可能要求对环境进行重新分析,制定新的战略规划,进行新一轮的战略管理过程。

在大学战略管理的四个阶段中,战略分析是基础和前提,战略规划是目标和根本,战略实施是行动和关键,战略控制是督促和保障。因此,建立基于系统观的大学战略管理体系的作用主要体现在以下方面。

(1) 直接影响和决定高校的使命和目标,选择达到高校既定目标所需遵循的路线途径,优化配置高校资源来实现这些目标和途径。

(2) 可以有效处理高校战略与高校外部环境、高校内部能力与资源的相互关系,高校可以在这三者之间决定自己正确的发展方向,制定有效的发展战略与政策。

(3) 有利于高校发现自身生存与发展的优势和机遇在哪里? 劣势和威胁有哪些? 促进高校抓住机遇、发挥优势、克服劣势、避免威胁,在日趋激烈的市场环境下,取得持续竞争优势。

(4) 及时发现因环境变化而影响到高校发展的全局性和长远性的问题,正确调整高校战略目标和战略实施,努力做到高校内部资源与外部环境的有效匹配。

(5) 充分体现系统思想在高校战略管理的应用,强调用战略思想指导高校管理全过程。战略管理把高校作为一个开放系统,将高校未来和现有的内外部条件结合,将战略规划、战略实施和战略控制三位一体,相互联系,不断循环,不断提高。

(6) 以大学远景为动力,充分发挥内部资源的优势,不断适应变化的外部环境,保证大学长期健康地发展。

第 **3** 章　战略思维与大学战略管理

　　大学战略管理是涉及大学全局性、系统性和长远性的一项重要工作,这项工作的始终需要有战略思维,以实现"不谋全局不足以谋一域,不谋长远不足以谋一时"。然而,存在着这样一些大学领导,整天忙于具体事务性工作,很少静下来思考一些全局性、长远性的问题,在重大问题上靠"拍脑袋"决策,在决策的可行性论证时靠"拍胸脯"作保证,不善于把关系到大学发展的关键和重大问题从根本性、系统性、长远性的高度思考、认识和解决,更不可能将战略思维运用到大学战略管理的全过程,从而实现大学战略管理的预期目标。

　　在经济全球化和高等教育市场竞争日趋激烈的今天,大学战略管理更需要战略思维。一方面,全球化将促使大学领导者把高等教育作为一个重要的子系统融入国家经济社会发展的大系统之中,要求他们从全局、整体和战略的高度处理好大学的改革和发展与国家的发展和建设的关系;另一方面,激烈的市场竞争也迫使大学领导者从长远、系统和战略的角度思考和处理大学改革和发展中的重大的、全局性、长期性和关键性问题。

3.1 何谓战略思维

那么,什么是战略思维?作为总揽全局和面向未来的思维方式,战略思维可以定义为战略决策者在进行包括战略制定在内的战略管理过程中,从全局性、根本性、系统性和长远性的角度,分析、研究和抉择相关战略事项所具有的思维方式、思维理念和思维活动的综合。战略思维是战略主体在头脑中所进行的思维比较、思维判断、思维选择、思维决策、思维实施、思维反馈、思维修正、思维总结与升华的全过程。这里,"战略事项"泛指那些在本组织相关领域中重大的、具有全局性、长期性和关键性作用的任务、规划或谋划,包括根据对未来情况的预测和战略要素的分析所择定的战略目标和为实现战略目标所采取的措施、途径和政策等。因此,战略思维也可以理解为分析战略、制定战略和实现战略所具有的思维方式、思维理念和思维活动的总和。

从战略决策者这一思维主体而言,战略思维是其必备的一种素质和能力,是解决和完成全局性、根本性、系统性和长远性重大任务和事项必须具有的思维能力、思维方法和思维艺术。一般来说,层次越高的领导者,应具备的战略思维能力越强,因为他们更多地涉及具有全局性、根本性、系统性和长期性的战略实践。

战略思维的核心是全局性思维和前瞻性思维,既要从全局的而不是局部的,以及从未来的而不局限于当前的角度进行思维和思考,它需要正确处理全局与局部、未来与当前的关系问题。只有全面地认识事物的整体,不被局部"一叶蔽目",只有从发展的角度洞悉事物,而不局限于眼前事务,才能制定和实施正确的战略,才是战略思维应有的本质。

3.2 战略思维的主要特征

战略思维作为一种复杂、高级的思维方式是一种系统层次性的思维,其主要特征包括全局性、根本性、系统性、前瞻性、创新性、动态性和灵活性。这些特征决定着战略思维要从未来、变化、创新和灵活的角度分析和把握战略思维对象的整体、本质和内部联系,并据此制定和实施正确战略。

3.2.1 全局性

全局性是战略思维的核心,其基本着眼点是如何正确处理全局与局部、长远与眼前的关系问题。全局性是指从全局出发而不是从局部出发看待事物和问题,是一种全方位的整体思维。全局性要求战略决策和领导者必须以实现战略目标为核心,具有全局意识和整体观念,立足整体,放眼全局,善于从大学整体的时空范围,认识和把握形势任务,抓住全局的关键要害。

全局是由局部构成的,没有局部就没有全局。全局是由大学内部的各个局部或要素的一切关系构成的总和。全局是一个整体,是由其内部关系的总和所构成的整体结构,从而形成了其对环境的整体功能和效应。因此,全局性强调不仅要正确处理好局部与整体的关系,还要处理好构成全局的各个局部或要素之间的关系。

毛泽东在《中国革命战争的战略问题》一书中详细地揭示了全局和局部的辩证关系。

(1)战略是全局性的。

(2)懂得全局性的东西,就更会使用局部性的东西,因为局部性的东西隶属于全局性的东西。

(3)全局性的东西,不能脱离局部而独立,全局是由它的一切局部构成的。局部可分为对全局有决定性意义的局部和对全局没有决定性意义的局部。

(4)要把注意力放在全局上,放在那些关系全局的重要局部上。

【实例1】 毛泽东"用延安换取全中国"。

1947年3月,胡宗南进攻延安,毛泽东把保卫延安与解放全中国的关系进行了系统分析,认为暂时放弃延安这个局部无损于解放战争整个大局,在进行这一战略思维中,毛泽东着眼于全局,不计较一城一池的得失,正确地把握了全局和局部的关系。

【实例2】 二战期间,伦敦英美给养司令部写了如下所示的1620年摇篮曲。

"为了得到一枚钉子,竟失去了一块蹄铁;

"为了得到一块蹄铁,竟失去了一匹马;

"为了要得到一匹马,竟失去了一位骑手;

"为了要得到一位骑手,竟失去了一次战斗;

"为了要在一次战斗中取胜,竟连国王也失去了。"

这首摇篮曲形象地指出了只重局部不重全局的思维的危害性,它告诉人们切勿因小失大。

3.2.2 根本性

根本性是指事物的本质和规律,是事物发展全过程的根本矛盾。战略思维的根本性要求通过复杂的外部现象,透视事物的本质与规律,从多种矛盾中抓住事物的主要的、根本的矛盾,这是因为主要的、根本的问题解决了,其他矛盾就比较容易解决。

战略思维的根本性特征反映在战略决策者和领导者身上,就是要在事物发展的每一阶段中,在有诸多局部要素构成的全局中,抓住主要矛盾,确定战略重点,做好中心工作,以推动全局工作的开展和全局性问题的解决。

在具体的战略思维活动中,根本性要求摆脱枝节细小问题的困扰,不计较一时一事的得失,而是要抓住事物发展的规律、趋势和方向,筹划实现战略目标的根本大计和长远措施。

【实例】 邓小平"以经济建设为中心"。

邓小平在改革开放初期高瞻远瞩,抓住了我国社会主义初级阶段的主要矛盾是人民日益增长的物质文化需要同落后的社会生产之间的矛盾这一根本性问题,从而正确地作出了将党和国家的工作重心转到"以经济建设为中心"上的战略决策,极大地解放和推动了我国生产力的发展,进而取得了改革开放的巨大成就。

3.2.3　系统性

系统性是指运用系统论的观点,坚持从系统观点出发,着眼于事物的整体与部分、部分与部分、整体与环境之间的相互联系、相互作用和相互制约,多层面、多角度、多层次、多变量地考察事物,通过对事物进行纵向与横向、动态与静态、局部与整体、内部与外部的多方面分析全面认识事物,准确地把握事物。

系统性强调对系统所处环境的关注。在进行战略思维时,要分析自己系统所处的环境状况,深入研究环境可能的变化趋势,变化的环境将对系统自身及其构成要素产生什么影响。外部环境及其变化,对现在系统的存在与发展可能是机遇,也可能是危机,也可能兼而有之。战略思维者必须认清态势,趋利避害,有所调整,主动抓住机遇,迎接挑战。

系统外部环境是分层次的,包括空间层次、时间层次和内容层次。空间层次上有国际、国内、地区等;时间层次上有历史、现实和未来;内容层次有经济、政治、社会、文化、人际、法制等。各种层次的集合,使外部环境对系统有直接和间接的影响。与此同时,要分析系统内部状况对外部环境各个层次影响的承受程度、敏感性、变化程度等。由此得出整体的相互作用,从而做出战略思维者自己的战略决策。

3.2.4　前瞻性

任何事物的发展变化都是随着时间的推移不断进行,因而事物发展具有延续性,今天是昨天的延续,明天是今天的发展。今天只是决策的出发点,明天才是决策的着眼点。

前瞻性或预见性是战略思维的重要特征,从某种意义上说,战略思维是一种前瞻性或预见性思维,它要求思维者审时度势、洞察事物发展规律、发展趋势、发展方向和发展机遇,对事物的未来发展进行预测性思维,即面向未来、超越事物实际发展进程的思维。

战略思维的前瞻性要求思维者立足现实,面向未来,从已知推断未知,从现实把握未来,要根据对事物发展的规律性的认识,对未来进行预见性的推理,对将要发生的事物做出科学的预测,做到基于对过去和现在的掌握把握对未来的认识,站在今天规划明天。

战略思维的前瞻性能够促使领导者在进行重大战略事项决策时,基于组织内外部环境分析及事物发展规律,以敏锐的思维预见未来可能出现的各种趋势、状态和结果,提前为组织做好充分的准备和必要的对策,以迎接未来的挑战。

3.2.5　创新性

战略思维的创新性指的是在前人基础上的新的见地、新的发现和新的突破。孙子说:"出其不意,攻其不备,乃取胜之道。""善出奇者,无穷如天地,不竭如江河。"善于出奇制胜者,其不同于前人的奇思妙想,源于战略思维的创新性特征。

在战略决策中,战略思维就必然要有创新性,即从不同的思维角度用不同的思维方式进行全方位的思维。由于战略思维主要是对未来发展问题的思考,而未来发展问题又大多面临新矛盾、新问题,要在复杂多变的外部环境下开拓新局面,思维活动就绝不能囿于传统的、陈旧的、教条的局限,而应当有所创新,这样才能制定出新的发展战略。因此,创造性就必须成为战略思维的一种重要的思维方式。

在日程工作中,既需要继承,更需要创新。事物的发展不可能简单重复过去,必然会推陈出新,使人们面临前所未有的问题,因此,战略思维不可能完全套用他人的、以往的经验和做法,而要不拘泥于以往的经验和做法,在没有前人思维痕迹的路线上,探索创新性的方法、措施,只有这样,才能在思维上具有创新性。

3.2.6　动态性

世界上任何一件事物都处于永恒运动、变化和发展之中。事物的发展是动态变化的,因此战略思维要用发展的眼光,用动态变化的视角认识和分析客观世界。

战略思维的动态性是基于组织外部环境和内部条件是动态发展变化的这种客观

事实。一方面,外部环境的变化受到国家政策规划、经济社会环境、组织所在行业环境的影响;另一方面,内部条件的变化既受到外部环境变化的影响,也与组织自身的动态适应能力相关。因此,只有充分掌握影响这些内外部环境的变化因素及其相互关系,才能在战略思维中体现出动态性的特征。

战略思维的动态性要求思维者在思想上明确影响战略事项决策的各要素是发展变化的,不能一成不变地看待它们,必须在组织处于运动、变化的环境下注意对这些要素的调节和控制,必须采取正确的决策行动以适应组织外部环境和内部条件的变化。

战略思维的动态性和前瞻性密切关联。动态性的思维离不开前瞻性的预见,只有对未来有符合事物发展规律的分析和预测,才能保证动态性思维的有效性;与此同时,前瞻性的思维需要动态性地看待事物变化,才能对未来进行科学合理的分析和预测。

3.2.7　灵活性

战略思维的对象往往是复杂多变的,按照常规的思维方式不一定能够对其进行准确的分析和思考,因此,战略思维必须具有灵活性。灵活性反映出战略思维的非逻辑思维特征。非逻辑性思维具有以下特点。

(1) 一般没有确定的思维模式和步骤。

(2) 没有必须遵从的原则。

(3) 不苛求每步的正确性。

(4) 思维根据和思考结果之间不具有必然联系。

(5) 受思维者的动机、意志、兴趣、感情等非智力因素的影响较大。

作为提供非常规思路的非逻辑思维方式,战略思维灵活性的作用就在于,当人们有待突破,期待创新,希望想出新见解,运用常规思维方法难以前进时,它能"切断"常规思维方法所指引的思路,开辟一个新的视野,提供一个新的思维方向和途径,突破面临的思维障碍,实现思维的"飞跃"和"质变"。

与逻辑性思维方式注重思维活动的准确性、严密性和条理性不同的是,战略思维的灵活性侧重于思维活动的跳跃性、灵活性和独创性,其作用主要表现在为战略事项的决策广开思路、不同寻常,从而提出新颖、独特的设想。

【训练】　怎样称奶?

两位妇女分别拿着容量为 2000g 和 2500g 的奶瓶到奶店买 1000g 奶。不巧的是奶店的称坏了。这时店内只有两大满桶奶,但店老板却成功地凭借现有的条件满足了两位妇女的要求。你知道店老板是如何做的吗?

【解答】 用 A、B 分别表示两个大奶桶,按以下步骤倒奶:

(1)用 A 注满 2500g 奶瓶;

(2)将 2500g 奶瓶中的奶注满 2000g 奶瓶,余 500g 奶;

(3)将 2000g 奶瓶的奶倒回 A;

(4)将 2500g 奶瓶中的 500g 奶倒入 2000g 奶瓶中;

(5)由 A 注满 2500g 奶瓶;

(6)将 2500g 奶瓶中的奶倒入已有 500g 奶的 2000g 奶瓶中,余 1000g 奶;

(7)将 2000g 奶瓶中的奶全部倒入 A 桶中;

(8)用 B 桶中的奶注满 2000g 奶瓶;

(9)用 2000g 奶瓶中的奶注满 A,余 1000g 奶。

这样,两个奶瓶便均有 1000g 奶。

3.3 战略思维要处理好的几个关系

在进行战略思维时,要正确处理以下几个重要关系。

3.3.1 局部与整体的关系

局部与整体/全局是任何一个系统中最重要的关系。整体虽由局部组成,但其不是局部的简单叠加,而是各个局部相互联系、相互作用所形成的整体。具体而言,要做到如下几点。

(1)统揽全局:"不谋全局者,不足以谋一域,不谋长远者,不足以谋一时"。任何一个系统在事物发展过程中,整体起着主导性和决定性的作用,决定着事物发展的趋势和方向,全局利益就是最高利益,整体目标实现了,才能保证局部目标的实现,因此在分析和解决问题时首先要立足全局,一切要着眼于全局和长远,当全局利益与局部利益发生冲突时,要求局部服从整体,不可囿于局部和一时,因小失大,不可一叶障目,不见泰山。这是战略思维的基本要求。

(2)兼顾局部:强调全局并不意味着否定局部,局部和整体二者是辩证统一的,没有整体观念,局部会失去价值,成为一盘散沙;没有组成整体的各个局部的支持,整体就不复存在,全局目标的实现要靠各个局部的共同努力。因此,在统揽全局时,还要兼顾局部,不仅谋求全局的主动,而且要使局部健康发展,成为实现整体目标的坚固支撑。"不积跬步,无以至千里""不积小流,无以成江海"。

（3）优化结构：结构指一个系统内部各种要素之间的相互关系、相互作用方式。系统整体的功能和性质不仅取决于构成系统的诸要素的功能和性质,还取决于这些要素之间的关系,即系统的结构。同样的构成要素,如果要素之间的关系不同,将使系统整体的功能和性质也随之发生改变。因此,在兼顾局部的同时,还需要注重优化系统结构,使各局部之间相互作用后达到理想的整体效果。如在大学战略实施时,就需要对大学内部组织机构进行调整和优化,使其能够最有效地支持大学战略目标的实现。

3.3.2　当前与长远的关系

事物是作为过程在不断发展变化而存在的,在时间上具有延续性和发展性,任何事物都有它的昨天、今天和明天,今天是昨天的延续,明天是今天的继续。战略思维虽然是面向明天、未来和长远,但离不开由昨天、过去的积累不断形成今天、当前的基础,因此,处理好当前与长远的关系,是战略思维一个重要的方法论原则。

首先,要立足当前,预见未来和长远。在进行战略规划时,必须总结昨天,立足今天,预见明天,按照事物从昨天发展到今天的趋势,考虑到外部环境和自身条件的变化,分析预测明天、未来和长远。

其次,要研究当前,规划未来和长远。在进行战略规划时,必须深入研究事物当前的现象和本质,通过纷繁复杂的现象,揭示事物的本质和发展规律,结合内外部环境分析,以当前为基础,规划和把握未来和长远。

3.3.3　继承与创新的关系

战略思维的基础是过去的积累和当前的现状,是基于对以往不间断的延续和批判性的继承,也就是说,没有延续历史,没有对过去的继承,就不可能开启未来,更不可能创造未来,只有继承了过去,才能站在历史的新起点上面向未来。

战略思维要面向未来,未来不可能是历史的重复,因此,战略思维立足的不能是对过去和历史的简单延续和继承,而应该是注重对历史的扬弃,强调在新的历史条件下的继往开来、开拓创新和超越前人,是符合时代发展要求的创新性思维活动。

由此可见,战略思维要处理好继承与创新的关系,既是对历史的充分继承和扬弃,更是对未来充满信心的开拓和创新。

3.3.4　灵活与原则的关系

战略是事关大局的根本性的大事。因此,战略目标明确和战略制定之后,不能轻易改变,要坚决加以执行落实。但是,在战略实施的过程中,由于可能出现一些新情况、新任务,因此必须保持一定的灵活性,从而避免"刻舟求剑"的教条主义错误。所以,战略思维要处理好灵活与原则的关系。

首先,战略思维应重视原则性。原则性强调的是通过科学、认真和可行的分析做出的决策关系到全局、长远的方向性、战略性的问题上必须坚持不折不扣,不能朝三暮四、随意改变。如大学通过充分的战略分析确定的 5 年或 10 年的战略目标,就必须在规划期坚持不变,这是因为战略目标的实现需要长期的努力和积累,如果轻易变化,即使最合适的战略目标,也不可能实现。

其次,战略思维讲原则性不意味着不要灵活性,而是要在坚持原则的前提下,拥有必要的灵活性。事实上,离开原则性讲灵活性,就会偏离正确的方向;离开灵活性,原则性就难以实现,甚至会成为僵化的教条。如在坚持既定不变的战略目标的前提下,实现战略目标的途径不应该一成不变,需要根据当时的环境和条件采取最合适的路径,只有这样才能保证战略目标如期实现,否则,如果一味坚持原先设计的途径,没有充分考虑形势的变化进行必要灵活的变通,将使得战略目标无法实现。

3.3.5　领导与群众的关系

战略思维是领导者的事情,领导在整个战略管理过程中起到关键性的核心作用,涵盖战略管理的各个环节,不论是大学定位、战略目标的提出、战略制定最终决策、战略实施,还是战略控制等,领导都发挥着支配性的作用。

但是,领导在战略管理中的重要影响不能替代群众,即强调广大教职工在大学战略管理中的作用。教职工,尤其是骨干教师和大学中层管理干部,他们在大学战略的形成过程中贡献了各自的聪明才智,起到集思广益的作用;在大学战略实施过程中,他们是坚定的参与者,对战略目标的成功实现起到不可替代的作用。

因此,在进行战略思维时,要处理好领导与群众的关系,摆正领导的角色定位,要有人本意识,要牢固树立群众观点,善于走群众路线,充分调动广大教职工的积极性和创造性,支持和鼓励群众为大学发展出谋划策,为战略思维提供新思路、新视角、新途径、新方法,从而为大学战略目标的实现奠定广泛的群众基础。

3.4 思维定势的突破

思维定势是一种思维模式，是指人们长期形成的在思考时习惯采用的思维方式、思维方向和思维路径等，或者说，思维定势就是"过去的思维影响当前的思维"。思维定势在处理日常事务和一般性问题时，思维活动会很自然地沿着已形成的惯性轨道前进，能够驾轻就熟，使问题得到很好的解决。有人统计过，思维定势可以帮助人们解决每天所遇见问题的90%以上，大大减轻了人们的思维负担。

思维定势的形成，与现实社会的文化传统和个人的经历有很大关系，它具有很大的惯性，一旦定型之后就很难改变。人们一旦习惯了某种东西，就不容易改变，要改变就会有障碍，而且这样的障碍会越来越难以改变。

【实例】 习惯成自然。

我国在城镇化过程中，不少老人不愿意离开生活一辈子的山村到城里住，他们在日常生活中形成的思维定势使他们难以接受城镇中的生活模式。

思维定势是在人们长期生活、工作中逐步形成的，对分析和思考与以往经历过的类似的问题具有驾轻就熟的作用。但当面对新情况、新问题时，思维定势往往会产生负面结果。正如法国生物学家贝尔纳所说，妨碍人们学习的最大障碍不是未知的东西，而是已知的东西。这就告诉我们，面向未来的战略思维，必须突破思维定势。下面分析几种普遍的思维定势及其突破方法。

3.4.1 从众型思维定势

从众，就是跟从大众，追随大流。从众思维定势有利于惯常思维，有利于群体一致的行动，这是其优越性所在。但是，显而易见，从众思维定势并不利于个人独立思考和创新意识，不利于超常思维，它是思维枷锁中最常见、最重要的因素之一。思维从众倾向较强烈者，在认知事物、判断是非时，往往是附和多数，人云亦云，缺少自己的独立思考和创新意识。在现实生活中"少数服从多数""大家都这样做""书上是这样说的"这样的准则容易因为从众型思维定势而被"泛化"。

【讨论】

（1）如何既能使自己与周围的组织成员保持一致，又能保证组织成员不扼杀自己的新思维？

（2）在大学战略分析阶段，如何密切结合本校实际，客观独立地分析和研究外部宏观环境和内部资源及能力,而不受其他高校或专家学者已有的分析结论的影响?

从众型思维定势的突破可以从几方面入手:首先,通过认真分析,清晰通过战略思维进行决策的战略事项的特点和目标,尤其是与众不同之处;其次,了解人们习惯采取的思维方式及可能的结果,以避免重复他人的思路方式;再次,结合战略思维对象的实际,寻求反常规的思维方式和路径,突破众人的思维定势,敢想他人所不敢想,敢谋他人所不敢谋;最后,根据“真理往往掌握在少数人手中”这一符合辩证唯物主义科学原理的观点,关注那些与众不同的思维方式及其结果,寻求创新的思维途径。

3.4.2　权威型思维定势

权威是任何时代和社会都存在的客观现象。任何组织和人群中都有权威。权威的形成有其历史背景和根源,但其成为权威的关键在于其观点、思想或判断被事实证明是准确、可信和可遵循的,因此,人们对权威的尊崇之情是可以理解的,人们在思维领域,习惯于引证权威的观点或思想也是情有可原的。但是,权威的形成有其时空和主体的局限性,从历史的角度,权威形成的时期与当前存在差异,环境和条件的变化使得过去的权威在当下可能不再是权威;从个人的角度,一个人的知识和视野都有局限,不可能在对待任何新出现的事物上都是权威;因此,如果盲目地迷信权威,不假思索地唯权威是从,对人们的思维就会产生负面影响。

权威定势的形成主要有两条途径。

一是领导权威。对于多数干部而言,尊重领导是领导关系的基本准则,这本身没有错;但是现实生活中过于迷信领导,唯领导是从就会出现问题。更有些干部,缺乏改革创新精神,不求有功,但求无过,遇见问题,生怕承担责任,总是请示领导,一切照领导的意见办,完全没有自己的思维。

二是专业权威。专家的权威是通过专家的知识和水平而获得的。但是,随着时间的推移,专家权威会出现两种现象:一种是专家自身形成对自己的意见是绝对正确的观念,不容易接受他人的质疑和挑战;另一种是其他人对专家的依赖和迷信,认为专家不可能出错。这样,在人们的思维模式中,专家就形成了权威,形成了难以逾越的思维屏障。

【讨论】

(1) 怎样做到既尊重德高望重的领导(包括自己的前任领导),又客观地听取和采纳他们的意见?

(2) 如何对待有丰富经验的专家的意见?

（3）为什么清华大学和北京大学容易成为国内众多高校全方位的效仿对象？

权威型思维定势的避免应该如陈云所说："不唯上，不唯书，只唯实"，具体可以从几方面入手：①对上级领导的话和意见要听，但不能盲目遵循，应该结合具体实际进行深入分析。如在确定大学定位时，不能简单地把教育主管部门领导的宏观性意见作为本校的定位，而必须结合本校实际情况，在深入分析研究的基础上确定。②对专家的意见也不能简单地照搬硬套，而应该认真分析研究之后予以批判性的借鉴。如在制定大学战略目标时，可以通过文献分析或专家咨询的方式获得专业人士的意见和建议，但这也只能是参考，只有在认真严谨的战略分析之后，才能清楚专家的意见能否被采纳。

3.4.3　经验型思维定势

经验是经过长期的成败得失而获得的，是一种宝贵的精神财富，对人们的工作具有重要的指导作用。然而，经验的积极作用容易引起人们对经验的过分依赖和崇拜，形成固定的思维模式，结果就会削弱头脑的想象力，降低人们的创新意识，形成经验型思维定势。这也是为什么越有经验的人，工作时间越长的人，越自信，越相信自己的直觉，越不容易改变自己的观念；越年轻的人，工作经历越少的人，越有新的思路和想法，越敢挑战"经验"。

从以下几方面认识经验，有利于跳出经验型思维定势。

一是经验具有时空局限性。任何经验都是在一定的时期，在一定的背景下产生的，往往只适应于一定的时空范围。正如国外的大学管理经验只能够为我国高校所参考借鉴，而不能照搬硬套；不同大学的成功经验也只能为其他高校所借鉴，而不能简单地"移植"。

二是经验具有主体狭隘性。每一个人，不论经验多么丰富，相对于大千世界无穷无尽的事件来说，其经历总是十分有限的。社会的不断进步，经济的迅速发展，新的事物、新的事件层出不穷，这些是人们前所未遇的，也没有经验可以借鉴。

三是经验之外的偶然性。人们的经验主要是对普遍现象和规律的总结和把握，而容易忽视那些偶然出现的现象。因此，经验对那些大量的偶然出现的事物就缺乏指导作用。

【分析】　举重运动员有个弟弟，但是弟弟却说他没有哥哥，请问为什么？

因为人们通常凭经验认为举重运动员是男性，事实上这位举重运动员是女性。

【讨论】　在大学战略的整个制定过程中，为什么始终强调要与大学的利益相关者反复沟通？为什么不能简单地延续上一规划期的学校战略？

作为战略思维者，不能满足于已经取得的成绩，用以往的经验处理问题，对于新问题，尤其是大学战略制定这样一个关系到学校发展的核心问题，不能仅根据过去的经验，必须在新的环境和条件下面向未来，从新的角度，用新的观念、新的思维分析问题和解决问题。

3.4.4 自我型思维定势

每个人都有自己的优势、特长、经验、观念、价值观等，随着年龄的增长，尤其是那些成功人士或领导者，受到周围人群的赞赏和下属的顺从，容易逐渐形成以自我为中心的一种标准和价值体系，并不自觉地用这一体系考虑问题、处理事务、调和关系，衡量、评价，甚至要求他人，由此产生了自我型的思维定势。

自我型思维定势的要害是以自我为中心，排斥他人。这对博采众长、完善自己是十分不利的。作为一个领导，自我型思维定势的负面影响更加严重，它会使组织的思维方式单一僵化，使组织的创新性受到扼杀，使组织缺乏活力和竞争优势。在涉及长远发展的大学战略管理上，自我型思维定势将排斥需要集体智慧才能完成的各个阶段任务的完成，从而失去战略管理作用的发挥。

打破自我思维定势，可以从以下几方面入手。

（1）换位思考。从下属或他人的角度考虑和看待事物，用多元的眼光审视自身的缺陷和不足。每个人都倾向肯定自己的意见，自己心目中的标准在自己看来，总是完美无缺的，领导者更是如此。但在别人的眼里，一个人的意见或许完全是谬之千里。正如谚语所言，一个人的美酒是另一个人的毒药。领导的特殊地位，使下属不会轻易指出领导思维中的问题，如果领导用自己认为正确的尺度要求下属，下属做任何事都要符合领导的口味，那么久而久之，下属就会失去自己对事物的认识，失去自己的创新精神，最终将导致整个组织失去活力。因此，从别人的立场，从怀疑自己的角度考虑和分析问题，往往容易获得创新性的思维结果。正如英国著名哲学家弗朗西斯·培根所言："如果你从肯定开始，必将以问题告终；如果你从问题开始，必将以肯定结束。"

事实上，优秀的领导者只是把握组织发展的原则和方向，并不要求下属在每一个细节上与自己保持一致，只有这样，才能保持组织发展的活力，才能充分调动众人的积极性。

（2）博采众长。兼听则明，偏信则暗，要发扬民主，通过各种不同渠道集思广益，倾听不同声音。大学战略管理决策者需要清醒地认识到：①战略管理是一项复杂的系统工程，需要广大教职工的智慧，而不能仅靠少数几个人的努力；②要使广大教职工意识到，大学战略管理是一项全校性的工作，关系到大家的切实利益，需要每一位教师积极参与；③集思广益离不开合适畅通的渠道及和谐宽松的氛围，以有效地引导和鼓励教职工畅所欲言。只有这样，才能突破自我型思维定势，使少数几个人的战略思维成为群体的战略思维，从而获得最有利于大学战略管理的战略思维结果。

3.5 战略思维的思维方式

战略思维的主要特征决定着其不是一种单一的思维方式，而是由多种思维方式组成的。战略思维的主要思维方式有系统思维、前瞻性思维、创新性思维和动态思维等。理解和掌握这些思维方式对于充分发挥战略思维在大学战略管理上的作用，提高其功效是十分必要的。

3.5.1 系统思维方式

系统是由若干相互联系、相互作用的要素按照一定的方式构成的统一整体。系统工程的核心思想就是把人们所做的每一项工作或所研究的每一件事物看成一个有机的称为"系统"的整体，并且设法找出使这个系统变得最好、最佳、最优的方法与途径。

系统思维就是人们运用系统观点，把对象作为多方面联系的、具有一定结构和功能的有机整体进行认识的一种思维方法。系统思维方式是唯物辩证法普遍联系原则的具体化、丰富化，它把客观世界的"联系"转化为多层次、多方法、多因素、多变量的动态联系整体，揭示出"联系""关系"在事物存在、运动和发展中的作用。

系统思维是战略思维的重要组成部分。战略思维要求具有全局性、根本性、系统性、前瞻性，而系统思维正好能够满足战略思维的这些要求，因此，系统思维是战略思维的基本思维方式之一。

整体性原则是系统思维方式的核心。这一原则要求人们无论干什么事都要立足整体，从整体与部分、整体与环境的相互作用过程认识和把握整体。战略管理者思考和处理问题的时候，都必须从整体出发，把着眼点放在全局上，注意整体功能，提高总体效益，增强综合效果。

大学战略管理是将大学作为经济社会中的一个子系统，作为高等教育大系统中的一个独立系统进行研究的。作为独立的系统,大学战略管理是将大学作为一个内部相互关联的完整的系统进行研究,聚焦大学整体而不是内部某一部门的发展,强调的是适应外部环境变化,优化内部资源和能力配置,实现整体而不是局部最优的大学管理。

系统思维方式要培养全局观念和长远观念。

全局观念:就是要确立大局意识,站在全局的高度观察并处理问题。古人说,不谋全局者不足谋一域。讲全局、懂全局、谋全局是战略决策者必须具备的一种素质和能力。毛泽东曾说,指挥全局的人,最要紧的是把自己的注意力摆在照顾全局上面。邓小平曾说,考虑任何问题都要着眼于长远,着眼于全局,眼界要非常宽阔,胸襟要非常宽阔,要从大事看问题,放眼世界,放眼未来,也放眼眼前,放眼一切方面。

长远观念:就是要面向未来和长远,正确处理好当前利益和长远利益的关系。当前利益与长远利益是辩证的统一,如果只顾当前利益和部门或局部的利益,而不是从迎接未来挑战和长远发展出发进行大学战略管理,将使大学失去长远发展机会,最终损害大学的长远利益和根本利益。

【案例】 丁谓修复皇宫。

我国宋真宗年间,丁谓修复皇宫的方案"一举三得",集中反映了公元 11 世纪初中国管理思想的先进水平,也是运用系统思维的典范。通过运筹的思想,丁谓提出的方案符合省时、省工、省钱,符合管理的系统优化原则,成为著名的中国古代管理思想的实践范例。

北宋(公元 960—1127 年)年间,有一天皇帝居住的皇城(今河南开封)不慎失火,酿成一场大灾,熊熊大火使鳞次栉比、覆压数里的皇宫一夜之间变成断壁残垣。为了修复烧毁的宫殿,皇帝诏令大臣丁谓组织民工限期完工。修复皇宫既需要耗费大量的砖、砂、石、瓦和木材等,又需要处理大量建筑垃圾。当时,令丁谓头痛的问题主要有三:①京城内烧砖无土;②大量建筑材料很难运进城内;③清墟时无处堆放大量的建筑垃圾。如何在规定时间内按圣旨完成皇宫修复任务,做到又快又好呢?丁谓最终想出了一个超常规的施工方案,不但提前完成了这项修筑工程,而且节省了亿万两银子。

丁谓的做法:首先,把烧毁了的皇宫前面的一条大街挖成一条又深又宽的沟渠,用挖出的泥土烧砖,就地取材,解决了无土烧砖的第一个难题;其次,他再把开封附近的汴河水引入挖好的沟渠内,使又深又宽的沟渠变成一条临时运河,这样,运送各种建筑材料的船就能直接驶到建筑工地,解决了大型建筑材料无法运输的问题;最后,当建筑材料齐备后,再将沟里的水放掉,并把修复皇宫时的建筑垃圾统统填入沟内,这样又恢复了皇宫前面宽阔的大道。

显然,这是十分成功的系统思维的方案。烧砖、运建材和清垃圾是修复皇宫的三个主要问题,如果将这三者分别处理,工程量巨大,而且不可能限期完成。但丁谓将整个皇宫修复作为一个系统工程考虑,将烧砖、运建材和清垃圾作为这个系统中相互关联的三个重要环节进行分析处理,这样烧砖取土与挖运河和运建材异曲同工,填运河与清垃圾事半功倍,从而达到节省建筑成本、节省时间和减少环境污染的效果。

3.5.2　前瞻性思维方式

战略思维的全局性特征在时间上表现为实现战略目标的全过程,这个过程包括不断交替的过去、现在和将来,其中对战略思维对象未来科学的把握,即战略前瞻或预见是战略思维的重要组成部分。事实上,如果没有对战略思维对象发展趋势及其未来状态的准确预见和判断,要提出正确的战略目标和战略措施是不可能的,因此,从某种意义上说,没有战略前瞻就没有战略思维。

前瞻性或预见性思维是面向未来、预测未来和超越事物实际发展进程的思维,其特点是思维过程发生于具有全局性、长远性和根本性特征的思维对象实际发生变化之前,以考察其未来可能的各种发展趋势、出现的状态和结果,这一特点决定了它是战略思维的重要方式。

前瞻性思维方式的基本特征表现在三方面。①在时间上,以当前为基础,注重思维对象的未来发展和变化及其原因;②在空间上,着眼于思维对象的整体的、系统的、动态的状态;③在内容上,思维对象是复杂的,对其预见应该从多角度进行综合分析;④在作用上,着眼于对战略决策的思维引导作用,促进最佳大学战略的制定。

科学的前瞻性思维需要从三方面入手。①立足现实,推断未来:要"因"现实的"小"而"见"未来的"大",要"见"现实的"微"而"知"未来的"著"。②抓住事物的本质,预见必然的趋势:事物的本质因素决定着事物发展变化的客观规律,即事物发展变化的必然趋势和方向。③分析内外部各要素,准确判断未来趋势:外部环境及内部条件各种要素相互作用的结果将决定事物的未来发展趋势和方向。

大学战略管理需要把握大学外部环境、高等教育系统、同类竞争高校等的未来发展趋势、变化和状态,这些内容具有全局性、长远性、根本性的特征,必须运用前瞻性思维。

经济全球化和科学技术的日新月异使得面向世界和面向未来成为对大学发展的基本要求。首先,大学战略地位和目标的确定必须站在更高的起点,面向更远的未来;其次,大学发展战略和规划的制定必须能够把握未来世界的机遇及应对其挑战;最后,大学战略的实施和控制离不开适应外部环境和内部条件的变化。由此可见,前瞻性思维成为决定大学自身生存和发展的一项关键能力。

大学战略决策者需要针对前瞻性思维的结果可能出现出乎预料的情况做好充分的应对。一方面,要有针对性的战略措施,以应对未来最坏情况的出现;另一方面,战略措施应该是积极并留有余地的,以应对预测结果与实际情况不同的状况。

3.5.3 创新性思维方式

战略思维是对思维对象的过去、当前,尤其是未来的分析、思考和研究,以求制定针对未来发展态势的战略,构成这些战略的战略措施不可能是过去的简单重复,必须有创新和突破,才能应对未来新的局势,因而,创新性思维就成为战略思维不可或缺的一种思维方式。从战略思维的角度,创新性思维可以简单地定义为一种具有新颖独到、标新立异意义的思维活动。

创新性思维方式的特征主要表现在求异性、灵活性、发散性和非逻辑性。其中求异性是创新性思维的本质特征,强调的是追求标新立异,追求前所未有,追求自我超越,主要体现在创造性和开拓性,但求异是在前人基础上完成,离不开过去的积累,因此,要注重求异与存同的统一。灵活性即变通性特征,强调创新性思维应该在动态的变化中灵活地发生变化,而不是一成不变的教条,提倡根据不同的对象和条件灵活地从不同角度和应用不同方式进行思维。发散性是创新性思维的重要特征,强调的是思维的多向性,即从不同的角度、方向、侧面和层面上思考,进而提出尽可能多的新颖独特的设想和结果。非逻辑性特征强调超出逻辑的、在出人意料的反常规的情形下进行思维,思维过程常具有跳跃性,让人感到"离谱"和"不可理喻",目的在于从众多"不可能"中找到"可能"的创新性结果。

大学战略决策者在关系到大学长远发展的决策中应该充分发挥创新性思维方式的特征,在前人的积累上通过灵活的思维方式,沿着多种不同的方向或角度,破除常规思维的限制,积极地寻求大学战略规划、措施和策略的创新和突破。

3.5.4 动态思维方式

动态思维是一种从动态变化的角度追踪事物变化的思维,是一种运动的、变化的、不断择优的思维活动。动态思维要求思维主体根据事物不断变化的外部环境和内部条件改变思维程序、思维方向,用动态变化的视角认识和判断事物,以达到对事物的发展变化有客观、准确的分析和把握。

动态思维方式的特征主要表现在动态性、不确定性和开放性。其中动态性是动态思维的本质特征,强调的是用发展和变化的动态眼光看待事物,而不是用一成不变的静态眼光认识事物。事实上,战略思维的思维对象存在于迅速变化的经济社会大系统之中,因此,必须也只能用动态的眼光分析和研究它们。思维对象外部环境和发展形势的不确定性导致动态思维方式的不确定性。一方面,思维对象及其战略竞争对手的长远发展环境存在不确定性;另一方面,战略竞争对手所采取的竞争战略也具有不确定性,因此,动态思维需要采取灵活变化的而不是确定的方式和角度分析和研究思维对象。战略思维对象存在于开放系统之中,它总要与周围环境发生物质、能量、信息方面的交换,这就使得动态思维具有开放性特征,在注重思维对象内部要素联系的同时,更要注重其与外部的联系和交互,以此准确把握事物发展变化的根本动因。

动态思维的主要特征是能够有效地发现事物发展的机会和面临的风险。在开放的、动态变化的外部环境中,事物的变化规律和趋势是不确定的,因此,动态思维能够及时、准确地发现有利于事物发展的各种可能的机会,以及事物发展将面临的各方面威胁,从而促进合适、有效战略的制定,以把握机遇和规避风险。

面对快速变化的国内外环境和高等教育系统,大学战略决策者的思维方式必须从静态走向动态,才能跟上时代的步伐,适应经济社会发展的需要,才能掌握决策的主动权。具体而言,动态思维应该贯穿大学战略管理的各个环节:在战略分析阶段,应该动态地思考大学的外部环境和内部条件;在战略制定阶段,所制定的大学战略目标和战略措施应该能够动态适应外部环境变化;在战略实施阶段,需要动态地分析思考大学办学资源和能力的变化;在战略控制阶段,要动态地对先前制定的大学战略进行必要的调整和修正。

3.6 大学战略管理中的战略思维

战略思维使得战略管理过程不仅是一个科学的、理性的过程,同时也充满着艺术和非理性,它基于对现实的分析,注重对未来的思维和判断,其实质是发挥优势,把握机遇,克服不足,规避威胁,是一种开拓性的探索。

具体到大学的改革与发展,大学战略决策者就必须运用好战略思维到大学战略管理的各个环节。要高瞻远瞩,提出大学的使命和愿景;要审时度势,分析大学的环境和条件;要把握全局,确定大学的定位和目标;要运筹帷幄,制定大学的战略方案;要统筹优化,推动大学的战略实施;要动态适应,进行大学的战略控制。

3.6.1 高瞻远瞩,提出大学使命和愿景

大学在建校伊始就应该有明确的使命和愿景,并且详细地陈述在大学的章程之中。严格意义上说,使命和愿景不能随意改变(详见本书第4章),需要在大学长期的办学实践中努力追求和践行。大学的举办者或战略决策者要运用战略思维,高瞻远瞩地提出大学的使命和愿景。

具体而言,为了提出科学准确的大学使命和愿景,针对大学使命的永久性和愿景的长远性,需要从战略思维角度做好以下几方面工作。首先,要从全球高等教育的格局和发展趋势,建设高等教育强国的需要,国家经济社会未来发展对高等教育的布局、规模、层次和结构等方面的要求,开展体现全局性、根本性和系统性的战略思维;其次,要对整个高等教育的未来发展趋势进行预测和超前研究,大胆推测事物发展的未来进程,进行前瞻性的战略思维;再次,要处理好作为一个子系统的本大学与整个高等教育系统的关系,尤其是与同类高校的关系;最后,要立足当前、着眼长远,在注重满足国家经济社会发展未来对高等教育要求的同时,兼顾国家经济社会当前发展对高等教育的需要。与此同时,在思考大学的使命和愿景时,要注意避免目前普遍存在的从众型思维定势和权威型思维定势,使提出的使命和愿景具有鲜明的本校特征,体现出大学独有的本质、价值和追求。

总而言之,在提出大学的使命和愿景时,要从国家需要和国际竞争的高度,从高等教育长远发展的角度,运用战略思维中的系统思维方式和前瞻性思维方式,体现战略思维的全局性、根本性、系统性和前瞻性的特征,处理好大学作为局部和高等教育系统作为整体的关系,处理好经济社会当前对高等教育要求与未来对高等教育要求的关系,从而提出符合大学价值和责任的使命以及适合大学长期追求的愿景。

3.6.2 审时度势,分析大学环境和条件

分析大学的外部环境和自身条件是制定大学战略的重要前提。大学的外部环境包括高等教育系统的外部环境和内部环境,前者包括大学的宏观环境和高等教育行业环境,后者包括不同类型高校的竞争和同类院校的竞争。大学的自身条件主要指大学自身的资源和能力。因此,需要运用战略思维审时度势,即仔细研究、分析、评估

和预测大学赖以生存与发展的外部环境和内部条件。

运用战略思维分析大学环境和条件可以从以下几方面着手。首先,在思维方式上要运用系统思维方式和动态思维方式:一方面,要将大学作为一个子系统分析大学所处的整个经济社会系统和高等教育系统;另一方面,要用动态发展变化而不是静态不变的视角思考大学的环境和条件。其次,要处理好两方面的关系:一是大学作为一个局部与经济社会系统和高等教育系统作为整体的关系;二是要用发展的眼光看待大学的发展前景和趋势、自身的资源和能力、优势和不足等,处理好当前与长远的关系。最后,在分析过程中要体现战略思维的全局性、根本性、动态性和系统性特征:从全局的、系统的和动态的角度分析和把握大学环境和条件中影响大学未来发展的根本性和本质性的核心要素。

运用战略思维对大学外部生存与发展环境进行分析,需要找到大学未来规划期内的发展机遇,回避各种影响大学生存和发展的威胁。在此基础上针对机遇与威胁,再对大学自身的资源和能力进行分析,发现自身局部的优势,清楚自己存在的不足,为后续大学战略的制定提供充分的依据。

3.6.3 把握全局,确定大学定位和目标

大学的定位和目标决定着大学未来的战略方向、战略措施的制定和所有资源和能力的配置,是大学战略规划的追求。相较于大学的愿景,大学的定位更加明确和具体,实现期更短。相对于大学的定位,大学的目标即战略目标更加具体和细化,是在战略规划期内要实现的。大学的定位和战略目标的确定需要运用战略思维,把握全局,创新性地提出。

运用战略思维确定大学的定位和战略目标可以从以下几方面入手。首先,要凸显战略思维的全局性、系统性和前瞻性的特征,思考关系大学根本性的重大问题:全局性体现在要站在战略的高度、用全球的视野、考虑整个国家经济社会发展的大局;系统性要求从全球高等教育系统和国家高等教育系统以及高等教育系统内部的分工与合作的角度;前瞻性表现在从未来和长远经济社会的发展对高等教育的需要的角度。其次,要处理好两种关系:一是当前与长远的关系,要基于本校发展的历史积累和现实状况,分析、思考和把握大学的未来发展;二是继承与创新的关系,在确定发展定位和战略目标时既要扬弃过去的积累,包括继承办学优势和特色,也要创新性地提出新颖的内涵。最后,要综合运用战略思维的前瞻性思维方式和创新性思维方式:一方面,要立足当前、面向未来,通过对过去和现在的各种信息资源的研究,综合考虑

各种相互影响的因素,对整个高等教育的未来发展趋势进行预测和超前研究,大胆推测事物发展的未来进程,进行前瞻性的战略思维;另一方面,要考虑经济社会发展环境的影响,考虑高等教育系统内部,尤其是同类型院校的竞争,在把握大局的情况下,根本性、创新性地提出大学的发展定位和战略目标。

3.6.4　运筹帷幄,制定大学战略方案

确定大学的定位和目标后,就要着手制定支持大学战略目标实现的各种战略方案。大学战略方案的制定要考虑其对实现大学战略目标的针对性、有效性和可行性:针对性是指完全为了实现战略目标而制定的,有效性是指方案的实施能够确保战略目标的实现,可行性是指大学自身的资源和能力能够保证战略方案的完全实施。大学战略方案的制定同样需要运用战略思维,运筹帷幄、切实可行地提出。

运用战略思维,运筹帷幄地制定大学战略方案可以从以下几方面入手。首先,要彰显战略思维的全局性、系统性、创新性和灵活性特征:全局性和系统性表现在从整个大学的角度,统筹考虑实现战略目标的各种资源、环境、能力、制度和技术等可行性问题;创新性表现在结合战略实施期的特点,创新性地提出战略方案以及资源和能力的优化配置上;灵活性表现在战略方案自身的灵活性,不仅要有若干备选方案,以供从中选择出最佳方案,而且要求最佳方案自身在实施时要有一定的灵活性。其次,战略方案的制定要处理好两方面关系:一是局部与整体的关系,在多个战略方案中要强调各个方案实施后形成的整体效果,而不是关注单个战略方案的局部最优;二是灵活与原则的关系,实现大学战略目标是原则性的根本要求,需要不折不扣地完成,但实现战略目标的途径、方式和手段可以灵活多样,没有约定俗成的模式。最后,要综合运用战略思维的系统思维方式和创新性思维方式:一方面,大学战略方案的制定必须系统地考虑,即同时考虑实现战略目标的多个相关战略方案,注重各个方案之间的协同作用;另一方面,要结合本校的特色和优势,创新性地提出符合本校实际且其他学校难以复制的战略方案。

总之,要根据大学定位和战略目标,分析和思考影响战略目标实现的因素、研究战略目标实现的措施;围绕战略目标的实现,统筹考虑目标与手段、全局与局部、现在与未来等问题;统筹考虑各种资源、能力和条件等的可行性问题,研究实现战略目标的途径、手段和措施,制定若干战略方案,并从中选择最好方案。

3.6.5 统筹优化,推动大学战略实施

制定出大学战略方案后,大学战略管理就进入实质性的阶段(即战略实施),包括战略方案的分解和落实两方面工作。大学战略实施是决定大学战略管理成败的关键,它既需要大学自上而下的推动,也需要自下而上全校合力的形成,还需要各层面横向间的合作与协调。大学战略实施需要思考两个问题:一是如何统一全校上下的认识,提高对共同实施战略方案的认可;二是如何从根本上激励员工,围绕学校战略的实现做好本职工作。

推动大学战略实施,需要运用战略思维,统筹优化学校各项工作,具体可以从以下几方面入手。首先,要体现战略思维的全局性、系统性、创新性和灵活性特征:全局性表现在战略实施是全校一盘棋,而不是个别部门和院系的工作;系统性表现在每个战略方案的实施都是一个子系统,要服从全校战略实施这个系统的总体目标;创新性表现在战略实施过程中,要鼓励具体的实施单位结合本单位实际创新性地开展工作;灵活性表现在战略方案中规定的具体细节,允许在实施过程中根据实际情况予以一定程度的调整修改。其次,在战略实施时要处理好两方面关系:一是注重灵活和原则的关系相结合,既要坚持实现战略目标的原则性,不能轻易改变,又要允许实现过程的灵活性或变通性,以应对可能出现的新情况、新局势和新要求,避免“刻舟求剑”的教条主义错误;二是局部与整体的关系,一旦部门/院系的任务目标与整体方案和要求冲突,前者必须服从于后者,并以整体目标协调和平衡全校与部门和局部之间的关系。最后,要充分运用战略思维的系统思维方式:在战略方案分解阶段,要从系统的角度考虑部门之间、院系之间、部门与院系之间的分工与合作,要用系统的观点协调大学与二级单位的利益关系;在战略方案实施阶段,要系统地考虑诸多因素:一是部门目标与整体目标的协调;二是如何进行资源的合理配置;三是组织结构应该如何调整;四是干部配备;五是文化氛围如何建设。

3.6.6 动态适应,进行大学战略控制

在大学战略实施过程中需要适时地对大学战略进行评价和控制,以确保大学战略能够动态地适应大学内外部环境的变化并保证保量地实现大学战略目标。进行大学战略评价与控制要充分考虑大学战略制定后可能出现的两方面变化:一是大学客观环境的变化;二是战略决策者对客观环境的认识差异。因此,一方面,大学战略应随着大学内外部环境的变化而调整。这些变化既有战略目标的调整,又有战略手段

和措施的变化。另一方面,战略制定时对未来预期的偏差、对内外部环境把握上的不确定,所导致大学战略规划的非客观性、非理性以及战略实施的欠操作性等。这两方面都是进行战略评价和控制阶段要认真予以对待的问题。

为了使大学战略动态适应内外部环境的变化,需要运用战略思维进行大学战略评价和控制,具体可以从以下几方面入手。首先,要体现战略思维的动态性、前瞻性和灵活性特征:动态性和前瞻性表现在要用变化、发展和未来的眼光看待、认识和评价大学发展的内外部环境、原先制定的大学战略目标体系和战略方案,以完善、修正和调整原先制定的大学战略;灵活性表现在要用实事求是和灵活的眼光看待,而不是用固有的、一成不变的标准评价战略实施的阶段性成果。其次,在进行大学战略控制时要处理好灵活与原则的关系:对于关系到大学发展的根本性和原则性的核心问题,不能因为短期或暂时的环境变化而改变;对于能够采取不同的手段和措施实现的既定战略目标,不必固守原先的战略方案。最后,要运用战略思维的动态思维方式:在进行大学战略评价和控制时,要始终用动态性、不确定性和开放性的眼光分析和看待大学战略和战略实施及其成果,只有这样才能使得大学战略管理在大学发展和改革中的作用充分发挥。

第 4 章　大学的核心价值观、使命、愿景和定位

在进行大学战略管理实践时,首先要明确大学的核心价值观,继而确定大学的使命和愿景,然后才能进行具体的大学战略分析,也可以说,大学的核心价值观影响着大学使命和愿景的确定,大学使命和愿景是大学战略规划基础。大学的使命和愿景体现的是大学的价值观、基本信念和发展方向,是大学自我定位的准确把握,表达了大学在学校建设和发展方面的努力方向和目标追求,需要在大学的章程中明确阐述。大学的使命和愿景及其价值观可以统称为大学的战略意图(strategic intent),因此可以理解为大学长期要实现的抱负、努力方向和奋斗目标。

基于高等学校所担负的社会责任和非营利属性,大学应该先明确其核心价值观,而后强调其使命,再提出其愿景。这也是为何大学在建校伊始就要有明确的核心价值观和使命,然后再确定大学愿景,即前二者决定了大学愿景。这一点与企业战略管理的陈述中往往先愿景后使命是有区别的,解释这种现象的原因在于企业是以营利性为其首要属性,赢得市场竞争和实现愿景则是其首当其冲要追求的目标,只有在市场竞争中立足的基础上,才能强调其应该承担的社会责任,从而才有企业的先愿景后使命。

大学有了核心价值观、使命和愿景后,就需要确定大学在较长一段时期内在高等教育系统中的位置即定位,大学定位是大学愿景在这个时期的具体化,是制定大学战略目标和战略措施的依据,可以表现在高等教育的多个方面,如学校类型、办学层次、学科构成等。因此,本章依次讨论大学的核心价值观、使命、愿景和定位。

4.1　大学的核心价值观

4.1.1　组织核心价值观的内涵

价值观是人们对客观事物进行价值判断的尺度,如区分好坏、判定善恶,该做什么和不该做什么等,是从价值的角度判断客观事物的总体思想观念,决定着人们的自我认识,反映出人们对外部世界的认知和需求,直接影响人们的理想、信念、目标和追求,是人们对客观事物接受与否和判断是非的一种价值思维或价值取向,直接关系到对客观事物的认知、理解、态度、评价和选择,支配和制约着人们的行为动机。

核心价值观(core value)是所有价值观中居中心地位、具有决定性作用的价值观念。组织核心价值观指的是组织的价值取向,反映组织的本质特征和核心利益,是组织判断客观事物时所依据的标准,所遵循的行为准则,包括解决组织在发展过程中处理各种复杂关系、解决内外部矛盾和重大问题的准则,如对社会、环境、自然、市场、服务对象、内部成员的看法或态度等,又如当组织的发展、自身利益和社会责任发生矛盾时,组织行为必然受到组织核心价值观的支配。

严格地说,一个组织的核心价值观是组织安身立命的基石,是该组织的本质和永恒的原则,是永久地引领组织及其成员开展一切活动的指导性原则,深深地根植于组织内部,不需要获得外部的认可,但对组织内部成员具有重要的价值。如华为的核心价值观包括四方面: ①以客户为中心; ②以奋斗者为本; ③长期艰苦奋斗; ④坚持自我批判。这些核心价值观对华为长期、稳定、迅速发展,对规范、引导和激励华为员工的行为起到至关重要的作用。

4.1.2　大学核心价值观的内涵及作用

大学作为提供高等教育服务、履行四大职能的服务型组织,其核心价值观的内涵既包含一般组织核心价值观的内涵,也有其自身独特的内涵。作为一种类型的组织,大学核心价值观是大学根本的价值取向,反映大学区别于其他组织的本质特征和核心利益,是大学判断客观事物所依据的标准,是大学开展各项高等教育活动必须遵循的行为准则,体现了大学信奉的价值追求和基本信念,是大学赖以生存和发展的基本信条。

例如,康奈尔大学将其核心价值观定义为:"神圣的行为准则,以表达'我们作为一个机构是谁'以及在大学的所有实践和活动中应该注入什么观念或特性。"赫尔辛基大学认为:"核心价值观构成了我们身份认同的核心,构成了我们目标的基础,构成了我们对好坏的价值判断的基础。"简言之,大学核心价值观是大学判断客观事物的标准、体现大学人普遍认同的追求、形成大学及其成员的行为准则。

大学核心价值观具有以下特点。

(1)宏观性。大学核心价值观着眼于大学的长远发展,是从国家发展和社会进步的整体高度和宏观角度进行界定和定性表述的,具有广阔的适应面和宏观性的特点,其本质内涵基本不受外部环境和内部条件渐进性发展变化的影响。

(2)稳定性。大学核心价值观具有相对稳定性,即在大学整个发展过程中,在外部环境和内部条件等影响因素没有发生根本性变化的条件下,大学对各种客观事物的认识、态度和评价等是不会轻易改变的,表现出相对持久性的特征。

(3)适应性。大学核心价值观的宏观性特点使其能够在相当长时期内适应国家经济和社会发展不同阶段对大学的总体要求。但是,如果国家经济社会发展对大学的期待和要求发生根本性的重大变化时,大学核心价值观要随之进行适应性的调整。

(4)主体性。大学核心价值观是大学作为一个独立主体、基于主导大学自身发展需要所必须拥有的、长期坚守的终极理念,是由大学自主独立提出的,有别于其他大学,被大学人普遍认同,却不需要外部世界认可,表现出明显的主体性和主观性。

(5)有限性。大学核心价值观是大学价值体系中最重要、最核心、关键的、起决定性作用的价值观念,而不是全部,因此数量不可能多,只能是有限几条。

大学核心价值观的作用如下。

(1)形成大学使命的基础。大学使命是大学之所以存在的理由与所追求的价值,因此大学核心价值观就成为大学使命的重要内涵和基础。

(2)引导大学的愿景、定位和目标。大学愿景、定位和目标均受到大学核心价值观的影响,不能偏离大学核心价值观的界定和限制,必须在大学核心价值观的引导下制定和形成。

(3)影响全体大学人的价值观。大学核心价值观是为大学获得更大的发展空间、更好的方向路径、更多的外部支持而形成的,得到广大教职工普遍认可,必然影响全体大学人的价值观。

(4)稳定和团结教职工队伍。相同的价值认同和共同的核心价值追求不仅能够凝聚人心,而且能够成为稳定和团结教职工队伍的重要因素。

（5）指导大学及大学人的行为。大学核心价值观指导大学及大学人的选择和行为,决定了大学及大学人如何解决问题、做出决策、共同奋斗和完成工作。

4.1.3　大学核心价值观的实例

大学的唯一性使得世界各地大学的核心价值观表述精彩纷呈,限于篇幅,以下是一些代表性的大学核心价值观,从中可以了解每一所大学各有特色、各有侧重、互不相同的深刻内涵。

（1）美国麻省理工学院(Massachusetts Institute of Technology)的核心价值观：[1]

- 卓越和好奇心：我们追求最高标准的诚信,以及卓越的智力和创造力。我们求新求实,立志为国家和世界服务;我们推崇原创、独创、诚实和大胆。我们热爱发现和探索,热爱发明和创造。我们喜欢人类智慧的全部;从麻省理工学院独特的根基中汲取力量,我们相信在实践中学习,在寻求解决困难问题时,我们模糊了学科之间的界限。拥抱非常规,我们欢迎古怪,书呆子气,创造性的不敬和游戏;我们接受失败的风险,将其作为成长阶梯上的一个梯级。带着无畏的好奇心,我们质疑自己的假设,向外看,向他人学习。

- 开放和尊重：我们倡导信息和思想的开放共享;因为学习是由不同观点滋养的,我们珍惜自由表达、辩论和追求真理的对话,我们承诺在尊重彼此和我们社会的前提下使用这些工具;我们努力做到透明,对得起彼此的信任——我们挑战自我,直面艰难的事实,坦率地谈论我们体制中的缺陷,并努力克服它们;我们特别注意不要因为成就、才能或权力而忽视不良行为或不尊重。

- 归属感和社区：我们努力使我们的社区成为一个人道和好客的地方,让来自不同背景的人都能成长和繁荣,让我们都感到自己属于这里;我们知道,关注我们自己和他人在精神、身体和精神上的幸福是至关重要的。我们相信,作为人类,体面、善良、尊重和彼此同情是力量的象征;重视潜力而不是出身,我们知道,天赋和好主意可能来自任何地方,我们重视彼此在每个角色上的贡献;我们共同拥有不同寻常的优势,我们肩负着运用这些优势和智慧,以及关爱人类和自然世界的责任。

---

[1]　麻省理工学院 2022 年 4 月 21 日发布的核心价值 https://www.mit.edu/values/.

（2）芬兰赫尔辛基大学（University of Helsinki）的核心价值观：①

- 真理：真理引导我们追求新知识；真理需要批判性思维；真理促进高质量的研究和教学。
- 教化：教化引导我们走上正确的道路；教服务于我们的道德良心；教化培养稳定和开放的心态。
- 自由：自由鼓励我们的创造力；自由肯定了大学的自主性和责任。
- 包容：包容是平等的保障；包容意味着多样性和对他人的尊重；包容支持并促进开放与合作；包容性源于民主赋权。

（3）美国康奈尔大学（Cornell University）的核心价值观：支持自由开放的智力探索和表达；在教学、研究和公众参与方面保持卓越；用知识启迪自己，造福世界；奖励和认可业绩、创造力和创新；以尊严、尊重和公平对待所有人；拥抱差异和多样性；促进跨文化和跨国理解；成为一个协作、合作和关怀的社区；让所有符合高学术标准的人都能进入并负担得起。②

（4）澳大利亚悉尼大学（University of Sydney）价值观：③四组价值观指引着大学不断追求卓越和改变我们的文化，以使我们校园里的每个人都能茁壮成长。

- 勇气和创造力：我们挑战现状，以便找到新的思维方式；我们将在一种适应变化、不怕失败的文化中共同努力；我们不会被我们现在所知道的东西所限制；相反，我们将鼓励彼此进一步探索和想象一个更美好的世界。
- 尊重和正直：我们珍惜大学的每一位成员，因为他们能为我们的集体成功做出贡献；我们在行动中高度尊重学术自由、相互交流，以及健康和互相尊重的辩论；当我们意见相左时，我们不会摒弃彼此的观点，也不会低估专业知识。
- 多样性和包容：我们的工作更强大，因为我们重视不同和独特的观点；我们将倡导人人充分发挥潜能；我们永远不会因为人们的背景和环境而限制他们对卓越的追求。
- 开放性和参与：我们将寻求并接受新思想；我们将通过倾听和理解他人的需要和愿望而产生全球影响；我们会一直寻找我们能学到的东西，以及我们如何能为我们所服务的社区的福祉做出贡献。

---

① 赫尔辛基大学 2021—2030 战略规划中的核心价值 https://www.helsinki.fi/en/about-us/strategy-economy-and-quality/strategic-plan-2021-2030/values.

② 康奈尔大学 2010—2015 战略规划 http://www.cornell.edu/strategicplan/docs/060410-strategic-plan-final.pdf.

③ 悉尼大学价值观 https://www.sydney.edu.au/about-us/vision-and-values.html.

（5）英国兰卡斯特大学（University of Lancaster）价值观：①

- 我们以开放、公平、促进多样性相互尊重。

- 我们通过相互支持的方式有效合作，建立强大的社区。

- 我们通过在学习、专业知识和行动上的雄心壮志创造积极的改变。

（6）丹麦奥尔胡斯大学（Aarhus University）的核心价值观：我们保障研究和言论自由，以及个人实现其潜力的机会。开放的对话、容忍和多样性是大学使命的根本基础。因为我们视大学为社会的支柱之一，所以我们对发展一个民主、可持续的社会负有共同的责任。②

4.2　大学的使命

4.2.1　组织使命的内涵

组织使命（mission）是一个熟悉而又陌生的抽象概念，其涵义是：主体作为某一客体的使者所承担的客体所赋予的有重要意义的任务或责任。使命又称宗旨、纲领、目的和任务等，尽管提法不同，但都表明组织存在的理由。任何社会组织，不论其大或小都应当有自己的使命，并在使命确定的基础上，确定组织的目标和任务。组织在社会中的地位越重要，明确组织的使命就越显得必要。

组织使命的陈述各式各样，以下是一些代表性的例子。

使命是组织"存在理由"的宣言，它阐述组织的根本性质和存在的目的或理由。

使命指明组织对经济社会应作出的贡献和应承担的责任，反映组织管理者为组织活动规定的价值观、信念和指导原则。

使命指出组织必须承担的社会责任，是组织应有的价值追求。

使命代表组织的目的、方向和责任。

使命是组织基于其价值观对社会和利益相关者应承担的责任，它揭示了组织存在的根本理由。

使命是组织之所以存在的理由与所追求的价值。

综上所述，使命阐述了组织存在的根本价值，包括对社会和利益相关者应承担的责任和任务。

---

① 兰卡斯特大学价值观 https://www.lancaster.ac.uk/strategic-planning-and-governance/strategic-plan/.

② 奥尔胡斯大学 2025 战略 STRAT2025_UK_WEB_240420.pdf（au.dk）https://www.au.dk/fileadmin/www.au.dk/om_au/strategi_og_politik/strategi/STRAT2025_UK_WEB_240420.pdf.

使命这一术语与不同领域的活动联系在一起会有不同的含义。如：

医院的使命："救死扶伤"。

政府的使命："为人民服务"。

学校的使命："传道、授业、解惑"。

大学的使命："人才培养、科学研究、社会服务、文化传承与创新"。

教师的使命："教书育人、培养社会主义建设者和接班人、提高民族素质"。

由上可见，使命的重要性不容置疑。

4.2.2　大学使命的内涵

大学作为一种类型的组织，其使命的内涵应该在组织使命的内涵中展现大学所独有的性质和特征。具体而言，大学使命陈述的核心是要说明大学存在和永续发展的根本理由，包括大学对不同利益相关者的意义和价值，大学探索真理和追求知识的学术责任，大学在知识传承和创新上的重要任务，以及在经济发展和社会进步中的责任。大学使命关注的是大学存在的价值、大学的学术责任和任务、大学对社会的引领、大学对国家和地区发展的贡献、大学的独立性等。

大学的使命陈述（mission statement）也是各式各样，以下是一些代表性的例子。

大学使命是指大学之所以存在的理由与所追求的价值，是大学存在与否对于其利益关系人和社会的价值贡献。它明确揭示了大学存在的目的、大学的核心价值、大学的信念、大学的原则以及大学的自我定义。

高校使命是高校目的、职能和存在价值的综合体。它面向未来，而不是沉迷过去。它应解决这样的矛盾：高校应做什么，高校为什么存在和高校为谁服务。

大学使命是人们对大学组织必须承担的社会责任的一种认可，也是人们对大学组织应有价值的一种判断和要求，具体体现为大学组织的宗旨、目的和理想。

大学使命表述具有导向性，并非一般的概念表述，而是一份基本的工作文件，是大学性质的一种类型，包括对大学及其作用的描述。

总体而言，大学的使命是指大学存在的根本价值、学术责任、社会责任和主要任务。没有使命，大学可能丧失存在的意义。

4.2.3　大学使命的制定

制定大学使命需要做好以下几点。

第一，要认真思考和探讨大学的本质和存在的根本价值。从长期性的角度思考以下问题:"我们是谁?我们做什么?我们的本质是什么?我们服务谁?我们提供服务的价值如何?我们将来怎样?"。一般而言,大学存在的根本价值不能脱离人才培养、科学研究、社会服务、文化传承与创新 4 个基本方面。

第二,要注重从精神、理念、价值层面而不是物质与实体层面界定大学的使命。这是因为大学使命阐述的是大学的核心价值观和行为准则,在大学发展中具有明确责任、清晰目标、引领方向、寻求社会认可的作用。

第三,大学使命是提出这一使命大学所独有的,因此应该是高度个性化的。一所大学的使命应该区分本校与它校的不同之处,如果与其他高校趋同或雷同,那么这所大学就失去了存在的价值,因此,必须避免同类型大学或存在竞争关系的大学的使命陈述趋同。

第四,大学使命的制定需要大学领导层全体成员的参与并得到大家的高度认同。大学使命的制定不能赶时髦和流于形式,而应该出于大学领导层整体的真正认同,否则将难以在大学发展的重大事项的决策上发挥应有的作用,包括发展定位、战略规划、学科建设、资源配置等方面。

第五,大学使命的制定应该广泛征求教职工的意见,寻求普遍的认同。在大学使命制定过程中尤其要认真听取职能部门和院系负责人、学科带头人、长聘系列教师等的意见,寻求他们对修改和完善大学使命陈述文件的贡献,以使大学使命在大学战略制定、实施、评价和控制活动中得到更好的理解和支持。

4.2.4　大学使命的构成

尽管大学使命的陈述要有个性化,以体现每所大学在本质上与其他大学的不同之处,但一个完整有效的大学使命一般应该包括以下几个要素。

- 大学自身:我们是谁?对大学自我的认识,包括大学的组织性质、办学理念、价值观、大学精神和追求等。
- 服务对象:谁是大学的主要服务对象?可以在各类学生、各种企业、各级政府、事业单位、社会团体等中突出重点。
- 服务或产品:大学提供的主要服务或产品是什么?可以涉及大学的四大职能领域,强调或突出其中的一个或多个方面。
- 服务面向:大学参与竞争的地理和时空范围是哪些?可以是全球、国家、区域或省市等,并兼顾所在地区。
- 社会责任/公共形象:大学对国家需求、社会进步、经济发展、区域关切、环境保护等方面的响应或承担什么责任？

- 核心能力：大学的核心能力和持续竞争优势是什么？强调大学优于其他高校的历史积淀、办学优势和特色等。

一所大学的使命陈述并不是越长越好，文字上应该高度凝练，只要能够清晰表达大学在未来阶段的"有所为，有所不为"，就应该是一个好的大学使命宣言。

4.2.5　大学使命的实例

世界不同国家和地区的高等学校基于各自的办学历史及对战略管理的重视程度，会在不同程度上对外公布本校的使命。欧美高校由于其建校历史悠久，自 20 世纪 30 年代以来先后对外公开发布了本校的使命陈述；我国香港特别行政区的高校也在建校伊始发布了本校的使命。这些使命陈述互不相同，各有特点，都在用高度凝练的文字阐述本校的与众不同之处，甚至全球独一无二的大学使命，构成了这些国家和地区高校五彩斑斓的使命地图。限于篇幅，以下仅列出一些具有代表性的大学使命，以更好地理解大学使命的内涵及其构成。

（1）美国耶鲁大学（Yale University）的使命宣言：耶鲁大学致力于通过卓越的研究和奖学金、教育、保护和实践改善当今世界和子孙后代。耶鲁培养世界范围中有抱负的领袖，他们服务于社会各阶层。我们通过在一个由教职工、学生和校友组成的道德、相互依存和多样化的社区中自由交流思想来实现这一使命。[①]

（2）英国牛津大学（University of Oxford）的使命宣言：通过教学和研究促进学习，通过各种手段传播学习。[②]

（3）英国剑桥大学（University of Cambridge）的使命与核心价值观：剑桥大学的使命是通过追求国际最高水平的教育、学习和研究，为社会做出贡献。剑桥大学的核心价值观是：思想和表达的自由；自由不受歧视。[③]

（4）美国康奈尔大学（Cornell University）的使命宣言：康奈尔大学是一所常春藤盟校的私立大学，也是纽约州的土地赠予大学。康奈尔大学的使命是发现、保存和转播知识；教育下一代的全球公民，促进广博探究的文化；通过公共服务，改善学生、纽

---

① 耶鲁大学的使命 https://www.yale.edu/about-yale/mission-statement.
② 牛津大学的使命 https://www.ox.ac.uk/about/organisation/strategic-plan-2018-23.牛津大学 2018-2023. 由于新冠病毒的影响，牛津大学理事会将该战略规划期延长至 2024 年。此扩展适用于规划中的所有目标日期战略规划。
③ 剑桥大学的使命和核心价值观 https://www.cam.ac.uk/about-the-university/how-the-university-and-colleges-work/the-universitys-mission-and-core-values.

约人和世界各地人们的生活和生计。①

（5）美国麻省理工学院（MIT）的使命宣言：麻省理工学院的使命是在科学、技术和其他学术领域促进知识和教育学生，使其在21世纪最好地服务于国家和世界。麻省理工学院致力于创造、传播和保存知识，并与其他学校一道将这些知识用于应对世界面临的重大挑战。麻省理工学院在多元化校园社区的支持和智力激励下，致力于将严格的学术研究和发现的兴奋相结合的教育。我们寻求培养麻省理工学院每一位成员的能力和热情，让他们明智地、创造性地、有效地为人类的福祉而工作。②

（6）英国帝国理工学院（Imperial College London）的使命宣言：我们的使命是在科学、工程、医学和商业领域的研究和教育方面取得持久的卓越成就，造福社会。③

（7）英国伦敦大学学院（UCL）的使命宣言：作为伦敦全球大学的一个多元化的学术团体，与更广阔的世界合作，致力于把世界变得更好；我们的激进和批判性思维及其广泛的影响受到认可；为人类的长远利益以卓越的能力整合我们的教育、研究、创新和企业。④

（8）英国诺丁汉大学（University of Nottingham）的使命宣言：我们在三个国家拥有令人振奋的校园，激励我们成为一所全球参与的大学，并致力于在我们的城市和地区做出改变；我们鼓励和支持学生和教师在学习、学术和发现知识的各个领域合作，解决问题和改善生活；我们是创造和创新的开拓者和创业传统的管理者。⑤

（9）美国杜克大学的使命宣言：为本科生提供优越的自由教育，不仅关注他们的智力成长，也关注他们发展成为高道德标准的成年人和全面参与社区活动的领袖；通过提供优秀的研究生教育和专业教育，为将来的专业人员提供有技能和有道德的服务；开拓知识的前沿，为国际学术界作出贡献；促进建立在对自由和公开调查承诺的知识环境；通过先进的医学研究和周到的病人护理，帮助那些遭受痛苦的人，治愈疾病，促进健康；在校园内外，为传统学生、积极的专业人士和终身学习者利用信息技术的力量，提供广泛的教育机会；促进对人类差异和潜能的深刻认识，对作为公民的义务和回报的意识，以及对学习、自由和真理的承诺。⑥

（10）中国香港中文大学的使命宣言：在各个学科领域，全面综合地进行教学与

① 康奈尔大学的使命 https：//www.cornell.edu/about/mission.cfm.
② 麻省理工学院的使命 https：//www.mit.edu/about/.
③ 帝国理工学院 2020-2025 战略 Imperial College London Strategy 2020-25 https：//www.imperial.ac.uk/media/imperial-college/about/leadership-and-strategy/strategy-2020-2025/public/CollegeStrategy2020-2025.pdf.
④ 伦敦大学学院的使命 https：//www.ucl.ac.uk/2034/mission.
⑤ 诺丁汉大学的使命 https：//www.nottingham.ac.uk/Strategy/Home.aspx.
⑥ 杜克大学的使命 https：//trustees.duke.edu/governing-documents/mission-statement.

研究,提供公共服务,致力于保存、创造、应用及传播知识,以满足香港、全中国,甚至世界各地人民的需要,并为人类的福祉作出贡献。[1]

（11）中国香港科技大学的使命和理念:[2]我们的使命是通过教学与研究,增进学习与知识,协助香港的经济与社会发展,尤其在科学、技术、工程、管理及商业方面的学习与知识以及研究生层次的学习与知识上。我们的理念是将中国香港科技大学定位为一所在国际上具有深远影响,而又致力为本地服务的优秀学府。

虽然按照前述"大学使命的构成"的要求,上述所列各所大学的使命或多或少存在需要完善和补充的地方,但至少这些实例为大学使命的制定提供了可借鉴的参考。对以上使命的分析可以得出:①大学使命的陈述各式各样、详略不一,没有固定的模式;②大学使命的陈述长短不一,没有总体的字数限制;③大学使命的陈述不一定均是使命,也包含价值观或理念,甚至用价值观取而代之。

4.2.6 大学院系的使命

除了学校层面有使命外,作为大学重要组成的职能部门、教学院系及中心也可以有自己的使命,以明确和界定本院系的角色及在大学相关学科专业发展上的责任和任务,以及对大学整体使命的贡献。以下是一些实例。

（1）美国斯坦福大学商学院的使命:我们的使命是创造理念,加深和推进我们对管理的理解,并利用这些理念培养创新的、有原则的、有洞察力的、改变世界的领导者。[3]

（2）英国兰卡斯特大学环境中心使命:与政府、公民社会、企业、第三方组织、国际研究界和公众合作,分析、理解和解决全球和环境挑战。定义和领导全球研究议程。通过增加我们研究的可持续影响而有所作为。[4]

（3）美国哈佛大学哈佛学院的使命:哈佛学院的使命是为我们的社会培养公民和公民领袖。我们通过致力于人文科学教育的变革力量做到这一点。[5]

（4）加拿大滑铁卢大学合作教育的使命:激励滑铁卢大学的学生在不断变化的工作世界中接触到各种可能性;使他们在学术知识和工作知识之间建立桥梁;无论他

---

① 香港中文大学的使命 http://translate.itsc.cuhk.edu.hk/uniTS/www.cuhk.edu.hk/chinese/aboutus/mission.html.

② 香港科技大学的使命 https://www.ust.hk/zh-hans/about/mission-vision#mission-vision.

③ 斯坦福大学商学院的使命 https://www.gsb.stanford.edu/.

④ 兰卡斯特大学环境中心的使命 https://www.lancaster.ac.uk/lec/about-us/.

⑤ 哈佛大学哈佛学院的使命 https://college.harvard.edu/about/mission-vision-history.

们走到哪里,都要激励他们学习、成长和贡献。①

（5）澳大利亚墨尔本大学商业和经济学院下属威廉姆斯学习进步中心的使命:支持有效的科目设计,并为专业教学人员、博士生和博士后学者推广以证据为基础的教学方法;通过为本院学者提供创新的专业发展机会支持和促进毕业生属性的发展,使他们成为专业发展研讨会上的教师、导师和领导者;在墨尔本大学和学院战略计划的指导下,整合为本院教职员工提供的教学、辅导和技术支持的学习项目。②

4.3　大学的愿景

4.3.1　组织愿景的内涵

组织愿景(vision)是愿望的景象,也称共同愿景(shared vision),是组织中人们共同愿望的景象,是人们所希望组织达到的状态、愿意看到的景象的一种设想,是对未来乐观而又充满希望的描述,是得到利益相关者普遍认同的组织未来期望成就的水平或实现的目标的表达。

组织愿景是组织面向未来的方向、志向和景象的宣言,描绘了组织未来往何处去的全面景象,是人们主观上对组织在未来较长时间点上状态和结构的理想和愿望。

组织愿景在战略管理中有三层含义:愿景是主体(个人或组织)的主观愿望;愿景是主体想象出的未来景象、远见;愿景是主体的一种雄心壮志,宏图大略。

组织愿景的实质是阐明组织要做什么和将要做什么,体现组织的核心价值观,是组织全体员工为之奋斗的意愿,为组织的现在和未来搭起一座桥梁,为组织的发展提供动力,引导组织及其成员沿着一致认同的目标坚定地走向既定的未来。

4.3.2　大学愿景的内涵

大学愿景(university vision)一般伴随着大学使命出现,是指根据大学使命制定的对大学的共同的愿望、远景或目标,来自大学教职工和校友心愿基础上形成的对大学期待的共识,是大学发展较长时期的最高目标,反映了大学未来在人们心目中期望的一种状态,描述了大学要向何处去的全面景象,所关注的是"我们将向哪里去?"。

---

① 滑铁卢大学合作教育使命 https://uwaterloo.ca/co-operative-education/about-co-op/our-mission-vision.
② 墨尔本大学商业和经济学院下属威廉姆斯学习进步中心使命 https://fbe.unimelb.edu.au/wcla/about/vision-and-mission.

一个有效的大学愿景应该具备以下几个条件。

① 根植于大学的历史传统,基于大学的使命,具有独特性和唯一性。

② 是全体利益相关者对大学未来共同的展望。

③ 能够作为大学战略的纲领性指南。

④ 需要未来 10 年甚至更长时间的努力才能完成。

⑤ 有较大的挑战度,需要全校上下的共同努力才能得以实现。

⑥ 对大学全体教职工具有引导性和激励性。

⑦ 内容简洁明了、措辞恰当、容易理解和记忆。

大学愿景是对大学历史传统和积累的传承和继续,是按照大学使命的责任和任务要求提出的,符合大学的核心价值观,是其他大学所没有的,具有独特性和唯一性;大学愿景需要得到包括教职工在内的校内外全体利益相关者的一致认同和支持;大学愿景在大学战略的制定和实施过程中具有重要指导性的意义;大学愿景应该是未来 10 年甚至更长的时间才能达到的美好前景;大学愿景的实现是一项复杂的系统工程,有较大的挑战度,需要经过明显的改革和发展才能实现,需要大学全体教职工和其他利益相关者的共同参与才能达成;大学愿景是大学理想的、可行的、诱人的未来,能够引领和激励全体教职工矢志不渝地努力奋斗;大学愿景的内容应该简洁明了、措辞恰当、清晰明确、容易理解并为全体教职工所记忆,以更好地落实到每位大学人的工作和行动中。

大学愿景一般伴随着大学使命出现,它的提出与大学使命一样,需要运用战略思维,密切联系实际地进行创新性的思考。这些思考既包括对不断变化的大学外部环境、高等教育竞争态势的分析,也包括对大学自身的资源和能力、高等教育发展的新机会等的分析。事实上,经过精心思考和研究提出的大学愿景将为大学的未来发展奠定方向性基础。

4.3.3　大学愿景的构成

尽管一所大学的愿景是这所大学所独有的,指明了这所大学与众不同的发展方向,是其他高校复制和模仿不了的,但一个完整有效的大学使命一般包括两部分内容:一是大学 10~30 年要实现的有较大难度但又可达到的目标,这个目标的实现期长于大学定位和战略目标,是制定后两者的基础;二是实现目标后对大学美好景象的生动、诱人的描述。因此,大学愿景是方向明确、有形的、引发想象、激动人心、有针对性的,其措辞简洁明了、容易理解而无须任何解释。

具体而言,大学愿景一般由以下几方面构成。

(1)大学长期发展方向:基于大学使命和核心价值观提出的大学长远的发展方向,指明了大学发展前景的方向,内容相对具体清晰。

(2)大学发展前景:即大学的发展前途和未来的组织状态,其中揭示了大学面临的战略机会,能够对每位教职工产生足够的吸引力,内容表达更加清晰、明了。

(3)实现大学发展前景的方式:是指沿着大学长期发展方向实现大学发展前景的方式、途径和手段,它们应该是有针对性、具有独特价值的,主要包括支撑大学发展前景实现的大学的各种核心竞争优势。

与大学战略不同,大学愿景一般不包含具体的行动方案和行动策略。事实上,大学愿景为大学未来描绘了一个极具吸引力的"面貌",不论大学面临何种局势和环境,都将为大学发展指引方向,引导大学朝着既定的目标不懈努力。

4.3.4　大学愿景的实例

大学愿景一般与大学使命一同出现在大学网站的首页 about 处,向外界彰显本校长远发展的愿望、理想、远景或目标。每一所大学的愿景都具有独特性和唯一性,均展示出本校与众不同、反映自身特色和优势的长远发展的全面景象,以下是一些代表性实例,其中包括在"大学使命的实例"中出现的大学。

(1)英国牛津大学的愿景:[①]正如牛津大学是一个统一的整体,我们将我们的教职工、学生和校友以及我们的院系和部门聚集在一起,提供世界一流的研究和教育。我们将以在地方、区域、国家和全球范围内造福社会的方式做这件事。我们将延续大学术独立和学术自由的悠久传统,同时培育起重要作用的创新和合作文化。

我们致力于机会平等,促进包容性,支持教职工和学生的福祉,确保最优秀的学生和教职工能够在我们的社区苗壮成长。我们相信多元化的教职工和学生队伍能加强我们的研究和提高学生的学习。

牛津大学历史上孕育而成的独特的民主体制,将继续为牛津大学提供力量源泉。同样,牛津大学的学院结构为其学术实力和非常有吸引力的学生经历提供了关键方面。牛津大学将继续促进这些学院的跨学科性质和教学实力,以及培养它们典型和持久的社区意识。

(2)美国康奈尔大学的愿景:康奈尔立志成为 21 世纪优秀的综合性研究型大

---

① 　https://www.ox.ac.uk/about/organisation/strategic-plan-2018-23.

学。康奈尔的教职工和学生的苗壮成长基于：其无与伦比的质量和宽宏的组合，开放、协作和创新的文化，其对多样性和包容性的创始承诺，充满活力的乡村和城市校园，以及公共参与的赠地遗产。①

（3）英国伦敦大学学院的愿景——通过卓越获得名望：②在21世纪，伦敦大学学院致力于像在19世纪和20世纪一样，在教学上做到卓越、自由、创新和受欢迎，并以其研究享誉国际。特别计划在以下几方面：

- 成为并被公认为世界上最伟大的都市大学之一，服务于本地及国际的需要。
- 成为并被公认为在科学和艺术领域的教学、学术和研究领域的世界领袖。
- 在解决环境、通信和卫生保健问题方面走在前列。
- 继续其创始人的愿景，为所有人提供最高质量的教育机会，不论其背景如何。

（4）英国诺丁汉大学的愿景：成为一所无国界的大学，在这里我们拥抱变化中的世界提供的机会，在这里我们有雄心壮志的人们和富有创造力的文化，使我们能够把世界变得更好。③

（5）英国兰卡斯特大学的愿景：成为一所在全球具有重要意义的大学，成为提供最高质量研究、教学和学生体验的领域领导者和创新者，并参与当地、全国和国际的合作。④

（6）澳大利亚悉尼大学的愿景：我们的目标是把悉尼大学打造成澳大利亚最好的大学和全球领先的大学。⑤

（7）中国香港大学的愿景：香港大学是亚洲的全球大学，通过国际化、创新性和跨学科性发挥影响力；它通过卓越研究、优秀教学和知识交流，吸引和培养全球英才；它通过参与全球事务、在地区中的影响力及与中国其他地区的紧密联系，为促进社会进步做出贡献。⑥

（8）中国香港中文大学的愿景：努力成为香港、全国及国际公认的第一流研究型综合大学，并使我校建立于双语及跨文化传统的学生教育、学术成果及社会贡献，均保持在卓越水平。⑦

虽然按照前述"大学愿景的构成"的要求，上述所列各所大学的愿景或多或少也

---

① https://www.cornell.edu/about/mission.cfm.
② https://www.ucl.ac.uk/UCL-Info/AboutUCL/mission.htm.
③ https://www.nottingham.ac.uk/Strategy/Home.aspx.
④ https://www.lancaster.ac.uk/strategic-planning-and-governance/strategic-plan/.
⑤ https://www.sydney.edu.au/about-us/vision-and-values/strategy.html.
⑥ https://www.hku.hk/about/vision.html.
⑦ http://www.cuhk.edu.hk/english/aboutus/mission.html.

存在需要完善和补充的地方,但是仍然可以清晰地看到,大学愿景是大学经过长期努力期望达到的目标,是大学对自身未来的定位。

4.3.5　大学院系的愿景

与大学院系有使命一样,作为大学重要组成的职能部门、教学院系及中心也可以有自己的愿景,这些愿景是大学愿景的基础,从共同愿景的角度可以将它们理解为大学愿景的分解,是实现大学愿景强有力的支撑和保障。以下是一些实例。

(1) 加拿大滑铁卢大学合作教育的愿景:在合作教育和职业发展方面展现创新的全球领导地位,并将滑铁卢定位为学生和雇主的首选。①

(2) 澳大利亚墨尔本大学商业经济学院下属威廉姆斯学习进步中心的愿景:将指导学院进行重大的教学改革,包括将资讯科技融入教与学中;该中心将成为本院教师教学发展需求的第一个呼吁点,并根据需要提供定制的解决方案;我们将通过建立新的员工发展计划和支持教职工来支持墨尔本大学和本院愿景的实施。②

(3) 英国华威大学全球可持续发展研究所的愿景:我们的愿景是站在知识创造的前沿,为全人类实现一个更可持续、更繁荣、更健康和更公正的世界提供转型。③

4.4　大学使命与愿景的区别和联系

为了充分发挥大学使命和愿景在大学战略管理中的重要作用,需要对二者的区别和联系进行深入清晰的分析。

4.4.1　大学使命与愿景的区别

大学使命与愿景的区别可以从核心内涵、抽象性、时间跨度和覆盖面四方面进行比较,如表 4.1 所示。总体而言,大学使命要阐述的是大学的根本性质以及永恒的努力方向和价值追求;大学愿景要表现的是大学在较长时期内期望达到的较为具体的景象和目标。

---

① https://uwaterloo.ca/co-operative-education/about-co-op/our-mission-vision.

② https://fbe.unimelb.edu.au/wcla/about/vision-and-mission.

③ https://warwick.ac.uk/fac/arts/schoolforcross-facultystudies/igsd.

表 4.1　大学使命与愿景的区别

类　　别	大 学 使 命	大 学 愿 景
核心内涵	大学的价值、责任和任务	大学的远景和长远目标
抽象性	概括性的、较为抽象	相对具体
时间跨度	长远的未来、永恒的追求	阶段性期许
覆盖面	宏观把握大学整体	指向性更加明确,针对性更强

但是,相对于 4.4 节和 4.5 节要讨论的大学使命与愿景以及第 7 章要讨论的大学战略目标而言,大学愿景考量得更为整体、时间跨度更长、覆盖面更为宽泛。大学使命、愿景、定位、战略目标及年度目标之间在抽象性、时间跨度和覆盖面之间的区别如图 4.1 所示。

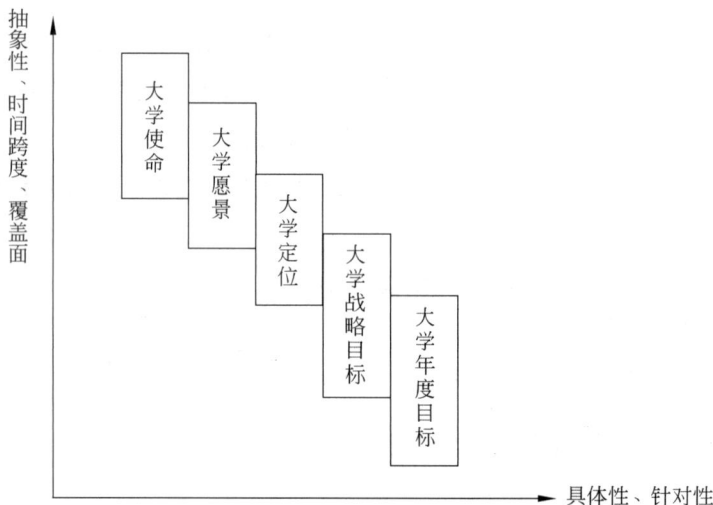

图 4.1　大学使命、愿景、定位、战略目标及年度目标之间的关系

4.4.2　大学使命与愿景的联系

大学的使命和愿景两者联系紧密,二者相互关联、互为一体,主要表现在以下三方面。

(1) 大学使命是制定大学愿景的基础,决定着大学愿景表示的是大学应该如何做才能实现自身的使命。

(2) 大学使命和愿景分别从不同的角度对大学永恒担负的责任和长远期望的状况进行阐述,二者互为一体,构成了对大学未来的全面的描述,因此,二者往往一起出现,甚至放在一起阐述。

（3）大学使命和愿景一道是大学各项工作长期必须遵循的行动指南,也是大学战略管理的纲领性指南。

需要指出的是,上述大学使命与愿景之间的区别和联系基于规范的使命、愿景的内涵和构成的界定基础上,但从"大学使命的实例"和"大学愿景的实例"中不难发现,存在着使命和愿景相互渗透、在一定程度上有所重叠的现象,也存在着突出二者之一,而简化或忽略另外一个的情况。

4.5　大学使命与愿景的作用

对于一所大学而言,大学使命与愿景指向的是面向未来的理念层面,而非面向实施的操作层面,制定使命和愿景是大学战略管理过程中的第一步,也是最重要的任务之一,一个清晰明确的大学使命和愿景对于制定、实施和评估大学战略具有基础性和方向性的意义。具体而言,大学使命和愿景的作用和功能表现在以下几方面。

4.5.1　形成共识、凝聚人心

大学使命和愿景包含了大学的办学宗旨、理念、价值观、发展方向、远景和目标等,这些内涵既有大学历史积累和传承,又面向未来,高于现实,它们的产生和传播过程在全校上下起到形成共识和凝聚人心的作用。

首先,大学使命和远景的形成过程就是一个广泛形成共识、凝聚人心的过程。大学使命和愿景的形成是一个包括全校广大教职工在内的校内外利益相关者的广泛参与和深度交流沟通的过程,在这个过程中,一方面能够使草拟的大学使命和愿景不断得到修正、充实和完善,逐渐形成准确、简洁、清晰的陈述,为全校教职工所理解和接受;另一方面能够使原先仅有大学领导层关注的问题,成为全校教职工共同关心并逐渐形成共识、形成共同语言的主题;在此基础上,大学使命和愿景的描述就能够内化到大学成员的意识中,形成强大的凝聚力和向心力,有利于全校上下目标一致、齐心协力地实现战略目标。

其次,大学使命和愿景的对外发布和传播能够促进新的利益相关者形成共识。大学使命和愿景是大学文化的基础,在形成后的对外发布、传播宣传过程中,能够对包括大学新入职者在内的新的利益相关者起到无形的统一思想及理解和接受大学的核心价值观、办学理念等方面的作用,有利于他们支持或与其他教职工一道同心同德地参与到大学的建设和发展进程中。

4.5.2　指明方向、确立目标

作为永恒的追求，大学使命为大学发展指明了大方向；作为长远的景象，大学愿景为大学发展确立了长期目标。一方面，大学使命明确了大学各个不同阶段发展方向的总体一致性；另一方面，大学愿景能够确保大学各规划期战略目标的总体连续性。由此可见，大学使命和愿景既明确了大学不同时期的发展方向，又为各个规划期战略目标的制定和其他各类子目标的制定提供了基础。这对于需要长期积累的大学发展而言十分重要，否则，变化不断的大学发展方向和目标将难以保证大学在长期的发展道路上逐渐形成自身的竞争优势和办学特色，将不可能在日趋激烈的高等教育市场竞争中赢得竞争。

大学使命和愿景要求大学任何时期和所有层面的方向和目标都必须与其保持一致，否则，任何与大学使命和愿景相冲突的方向和目标都必须加以修正或放弃，因而，既定的大学使命和愿景还能够避免目前在我国一些大学仍然存在的因领导班子主要成员的变动而改变发展方向和目标的现象，以及避免大学各职能部门和不同院系追求相互矛盾和冲突的发展目标的情况。

4.5.3　引领行动、共同努力

首先，大学使命和愿景使得大学中的每位教职工的工作得以升华。大学价值的体现、责任的担当、任务的完成和愿景的实现是由全校每位教职工的工作汇聚而成的，虽然不同岗位上的教职工工作性质和责任不同，都是从不同的角度进行"添砖"或"加瓦"，但是他们每个人的使命都是建设大学这座"大厦"。由此可见，大学的使命和愿景赋予每位教职工相同的崇高使命和目标，从而能够激励大家自觉自愿地为大学的发展做出贡献。

其次，大学使命和愿景能够引领全校教职工为之共同努力。大学使命明确揭示了大学未来的总体方向和不懈追求的价值，大学愿景勾画了大学未来美好的发展前景，得到全校教职工普遍认同的这些方向、价值和前景能够激发人们发自内心的感召力，消除部门、院系和学科之间彼此的隔阂和不协调，引导全校上下万众一心、密切合作、众志成城，共同朝着这些追求和方向努力。

4.5.4　协调关系、支持发展

大学有来自各方面的利益相关者,包括政府、教职工、学生、校友、企业及其他资助者等,他们各自从不同的角度影响着大学的改革和发展。政府在制定国家发展规划及出台宏观政策上影响大学的决策;教职工是大学实施战略的主体,他们对大学使命和愿景等的认同严重影响大学战略实施的效果;学生是大学战略规划的核心,人才培养定位、培养质量和目标实现都是任何一所大学战略规划的重点;校友十分关心母校的发展,既是母校的捐赠者,更是一所大学对社会贡献的主要标志;企业是大学多方面的合作者,他们的动机和行为也影响着大学的相关决策;其他资助者的行为源于他们对大学价值观的认同。总之,不同利益群体对大学的理念、价值和目标等的认同不同,决定着他们与大学之间关系的强弱程度不同,以及对大学战略管理的影响方式也不同。

明晰的大学使命和愿景有助于更好地协调大学与利益相关者的关系,引导和吸引他们更积极地支持大学的改革和发展。一方面,明晰的大学使命和愿景能够帮助大学树立起良好的公众形象,有助于外部利益相关者了解大学的使命、愿景和服务范围,促进与外界的联系、关系协调和深度合作;另一方面,通过对大学使命和愿景的传播和宣传,能够加强各方利益相关者对大学改革与发展的理解,形成对大学发展方向的共识,培养各类利益相关者对大学发展的自豪感和主人翁意识,吸引他们从不同的角度参与大学的改革与发展,为大学战略目标的实现做出贡献。

4.5.5　理性决策、保持定力

明确清晰的大学使命和愿景还为大学的各项工作提供了广泛的指导,尤其是在不断变化及不可预见的内外部环境中做到理性决策和保持定力。

在当今日趋激烈的高等教育市场竞争中,大学的外部环境随着国际局势和国内环境不以人们的意志和愿望而改变,既可能出现诱人的发展"机遇",也可能出现令人担忧的发展"威胁",这些容易迷惑一些大学,迫使它们随波逐流,随意改变原有的决策和工作方案。与此同时,大学内部资源和条件受客观因素影响造成的短期性变化或暂时性改变,也可能给一些大学造成心理压力,促使它们改变正在实施的各项建设和发展计划。

出现上述现象的根本原因在于大学缺乏明确的大学使命、愿景和理念,从而不可能制定出在大学使命和愿景构成的大学发展框架下的大学定位、办学方向、战略目标和发展战略。由此,在没有宏观方向和长远目标把握的情况下,大学的各种决策就可能失去长远性考虑及方向性把握,容易出现随意性而缺乏理性和失去定力的情况。因此,大学使命和愿景在大学理性决策和保持定力上具有重要的把控作用,有利于大学持续、健康、稳定地发展。

4.5.6 集中资源、优化配置

国内外任何一所大学的办学资源都是有限的,即使是世界一流大学,也不可能任意获得资源和任性消耗资源。因此,集中有限办学资源在关系到大学发展的重大事项上,优化各种资源在各类项目的配置,提高资源的使用效率,是提高办学效益和加速大学发展的重要措施。

一个合理明确的使命和愿景能够为大学集中有限资源和优化资源配置提供决策依据。一方面,使命和愿景能够成为大学判别"有所为,有所不为"的最终标准,帮助大学在众多可选择的建设事项上确定优先发展的战略重点,有利于大学集中有限办学资源在这些战略重点上;另一方面,使命和愿景既能够确定这些战略重点的优先顺序,也能够确定这些战略重点之间的相互关系,因此,有利于大学在这些战略重点间进行办学资源的优化配置,成为制订资源配置计划的基础。由此可见,大学使命和愿景不仅能够使有限资源集中在关系到大学发展的重大事项上,而且能够根据优先顺序、实施期限和相互关系优化这些资源的配置。

总之,大学使命和愿景的形成过程是一个深度交流沟通、形成共同语言、形成共识、凝聚人心的过程;大学使命和愿景指明大学永恒的方向,确立大学长远的奋斗目标;大学使命和愿景使得大学中的每位教职工的工作得以升华,能够引领全校教职工为之共同努力;明晰的大学使命和愿景有助于更好地协调大学与利益相关者的关系,引导和吸引他们更积极地支持大学的改革和发展;明确的大学使命和愿景使大学定位更加清晰,为大学的科学决策提供广泛的指导和理性基础;合理明确的使命和愿景能够为大学集中有限资源和优化资源配置提供决策依据。

【实例分析】 按照使命和愿景的内涵和构成要求,从教育部颁布的大学章程中分析和比较下列大学的使命和愿景,给出客观公正的评价和建议。

- 清华大学 vs 北京大学。
- 中国人民大学 vs 北京师范大学。
- 复旦大学 vs 上海交通大学。

在分析和比较中国大学的使命和愿景后,对比 4.1 节和 4.2 节列出的欧美高校的使命和愿景,不难发现后者具有以下特点。

(1) 较强的历史烙印,蕴含着本校的历史积淀。

(2) 强调对知识的贡献,包括传承、创新和发展。

(3) 以人的发展为中心,不仅强调学生,也重视教职工的发展。

(4) 重视学校文化,尤其是学术自由氛围的营造。

(5) 突出面向世界、国家和地区。

(6) 凸显本校与众不同的特征和优势。

4.6　大学定位的内涵和意义

大学有了自己的使命和愿景后,就应该着手对本校进行定位。一所大学如果没有科学的定位,就不可能对大学的使命和愿景进行明确、清晰、适切的展望,就不能制定科学、有效、可行的大学战略目标,就不能更好地实现大学的职能。

4.6.1　大学定位的内涵

大学定位(university positioning)是指根据大学使命和愿景制定的大学在相当一段时期为自己在高等教育体系中确立的位置,它可以是大学的目标、类型、层次、规模、学科、服务面向、特色等方面,也可以反映在大学履行基本职能的角色上。大学定位中的“相当一段时期”,一般远远长于一个战略管理周期。

就办学理念而言,大学定位可以理解为一所大学办学者希望把学校办成什么样的一种理念和期望,是他们持有的充满智慧和意志的关于所在大学办学方向、层次类型、角色定位、特色所在的办学理想和价值追求。

就确定过程而言,大学定位就是根据国家和服务面向区域经济社会发展的当前和未来需要,以及大学自身的办学资源和条件,找准自己在高等教育系统中的位置,认准自己的前进方向,明确自己的职责和任务的过程。

大学定位是一个更具有包容性的概念,它在大学使命和愿景与大学战略目标之间担负着承上启下的角色,一方面通过若干方面的定位对大学使命进行更为具体的诠释,并以愿景为基础提出大学在相当一段时期的奋斗目标;另一方面为大学战略目标的制定给出了更为清晰明确的方向。

大学定位具有多样性。人们也可以从不同维度确立大学的定位,并且从不同方面践行和落实这种定位。大学定位的多样性表现在如下诸多方面:目标、类型、层次、规模、学科、服务面向、人才培养、特色等。

大学定位具有超前性。大学的定位不能只是对大学现有状态的描述,而是对大学未来状态的理想建构。一个科学合理的学校定位必须是对大学现有状态的否定和超越,是对大学未来状态的憧憬。

在企业战略管理中一般不提企业定位,大学定位是在大学战略管理中独有的概念,其主要原因在于:各类企业虽然数量巨大,但在创建之初(包括工商注册)就已在众多的行业、类型、领域、范围中明确了自身的属性,因而无须再来一个定位;但所有大学却有共同的四项基本职能,如果没有清晰的定位,就难以具体明确自身的发展方向和路径,容易出现大学发展趋同化现象。

4.6.2　中国大学的定位问题

【讨论问题】　中国大学准确定位了吗?

中国的一些大学在学校定位和战略制定上存在一些不容忽视的问题,主要表现在以下几方面。

第一,在指导思想上追求"高、大、全"。定位上的"高"追求的是高层次和研究型大学,将博士授权点作为基本要求,这使得这些高校都希望沿着"教学型→教学研究型→研究教学型→研究型"的模式梯度发展,如专科学校想升本科,本科学校想上硕士点,有了硕士点的学校想上博士点,最终大家都想往研究型大学的行列里挤;定位上的"大"追求的是在校生规模大和校园面积大,这使得这些高校不顾自身教育资源的局限,盲目扩招,举债征地;定位上的"全"追求的是综合性大学和学科门类齐全,这使得这些高校不顾自身的办学能力和社会实际需求,盲目拓展学科、引进教师、增设院系,如单科院校想办成多科性高校,多科性高校想办成综合大学。

第二,大学定位过于抽象和宏观,使得战略目标无法落地。大学定位是战略目标制定的重要依据,然而,过于抽象和宏观或者过于强调跨越式发展的大学定位将使得制定的战略目标也过于宏观,造成缺乏科学依据和可行性分析,难以进一步分解并落实到大学二级组织,更谈不上找到与分解后战略目标相匹配的战略措施。这类战略目标往往仅强调大学规模等数量指标的跨越,如占地面积、本科生、研究生规模等,而忽视人才培养质量、科学研究水平、教师队伍建设等质量指标的达到。因此可以认为,这些大学定位的宣传作用大于实践意义。

第三,大学定位和发展战略缺乏继承性和连续性。大学的发展是一个长期的过程,需要在前人的基础上继承和发展,需要在既定的方向目标上连续不断地努力。然而,大学领导层,尤其是主要领导的更替往往影响学校的定位和战略目标,使之发生实质性的变化,其结果是:一方面,经常变化的大学定位和战略容易使得职能部门和院系无所适从,更何况广大教职工;另一方面,前任领导在位时所取得的业绩和积累将得不到继续和发扬,无形中形成巨大的浪费。这就造成大学的发展不断归零和重回原点,严重影响大学的长远发展,更谈不上形成大学的优势和特色。

第四,大学定位缺乏政府指导和政策引导。虽然国家有高等教育中长期发展规划,对我国高等学校的发展有重要的宏观指导作用,但是从简政放权和扩大高校办学自主权的角度,国家教育主管部门和地方政府既没有出台针对大学定位的指导性文件,也没有关于高等学校分类管理的相关政策文件,更没有对高等学校层次和类型的清晰界定。这种情况可能导致两种结果:一是相当一部分长期习惯得到政府具体指导的高等学校无所适从,它们随大流确定学校定位,造成学校之间定位趋同、缺乏个性和特色,不能突出自身的学科优势和办学基础;二是一些期待并强调办学自主权的高等学校缺乏依据地自主确定定位,造成定位不准确、脱离实际、盲目攀比,同样缺乏个性和特色,体现不了自身的办学优势和长期积累。

总之,上述大学定位问题的结果是导致大学发展同质化,造成大学教育资源的严重浪费,既不利于大学的长远发展,又满足不了经济社会发展对多层次、多类型、多形式、多结构高等教育的需求。

【课堂分析】　导致大学定位上述问题的原因何在?

造成上述大学定位问题的原因有以下几方面。

(1)争取教育资源。中国大学的教育资源主要源于政府,各级政府资源的分配机制决定着:定位越高,获得更多教育资源的可能性就越大。如原有的"985"和"211"大学的专项建设经费,重点学科建设、博士点建设经费,以及"双一流"建设经费等。

(2)获得政府重视。不同层次的大学在政府中的地位不同,因而其被重视的程度也不相同,如大学的行政级别:"985"大学校长为副部级,其他本科院校的校长为正局级,而高职高专的校长为副局级等,更高级别的大学在与政府部门交往时往往更加便利。

(3)政府政策导向。地方政府往往从追求本地区高层次大学数量上考虑,鼓励高等学校往更高层次发展,在招收、就业、住房、征地、建设等方面的相关政策予以倾斜支持,如毕业生能否留在本地就业与毕业于什么层次的大学有关等。

(4)赢得社会地位。层次越高的大学能够赢得越高的社会地位。因为社会各界更关注和关切更高层次的大学,如有博士学位授予权的大学之所以更能够得到社会的青睐,不仅因为它能够吸引社会各界人士,尤其是那些有地位、有影响的社会各界精英前往获得博士学位,而且也更容易得到社会各界的支持。

(5)外部评价体系。社会对高等学校的评价和排名往往一定程度上误导了不同类型的大学对自己进行客观、准确、科学的判断,以至于在层次、类型和水平上脱离本校实际。如一所大学如果在某一排名体系中位于自己更高层次的大学之前,则可能使该校误认为自己也应该属于更高层次。

(6)彰显个人能力。定位越高,越容易凸显个人的水平、能力、抱负和魄力。这不仅有利于大学领导者在教职工中树立有魄力、有能力的形象,也能给对大学缺乏了解的上级组织和领导留下好的印象,有利于日后个人的升迁。

值得高兴的是,几年来上述原因在一定程度上得到改变。如社会各界对大学投入的比例在增大,地方政府逐渐认识到高等教育体系需要不同层次和类型的大学组成,大学更注重自身内涵式发展和整体办学质量的提升,大学能够更加客观、理性地看到外部社会对高等教育的排名和评价,政府对大学的考核评价更加注重领导者的业绩和实际成效等。

4.6.3　大学定位的作用

大学定位是当前政府与社会普遍关注、各类高校越来越重视的问题。大学只有科学定位,才能做到有所为、有所不为,才能制定出科学、可行、有效的战略规划,才能更好地实现大学应该履行的基本职能。具体而言,大学定位的出发点可以归纳为以下几方面。

第一,大学定位有助于大学明确自身在高等教育系统中的地位。高等教育系统有众多不同类型、层次、隶属关系、服务面向的高校,科学的大学定位有利于大学在与其他高校,尤其是同类型高校进行分析比较的过程中,重新审视自身优势、潜能和不足,发现发展机遇和问题,更加明确自己的使命和任务,从而准确地找到自身在高等教育系统中应有的位置,为日后的发展奠定基础。

第二,大学定位有助于大学明晰自身的发展方向和发展思路。一方面,科学的大学定位有利于大学明确清晰大学在相当一段时期的发展方向,即大学在类型、层次、规模、学科、目标和服务面向等方面的定位,调整、理顺、清晰大学在这段时期的发展思路;另一方面,基于大学使命、愿景的大学定位是大学制定战略目标的基础,能够为规划期内大学战略目标的制定指明方向,提供依据。

第三,大学定位有助于大学办出特色和形成优势。办学特色和优势是大学在高等教育市场中生存和发展的根本,是大学赢得市场竞争的保证,是任何一所大学永恒的追求。科学的大学定位有利于大学找到或培养自身与众不同的"个性",发现或形成满足市场需求的"专属",在激烈的高等教育市场竞争中获得适合自己的存在和发展的空间,从而避免中国大学发展中存在的缺乏特色、相互趋同的现象。

第四,大学定位能够使大学明确自身的服务面向。明确服务面向是一所大学能否最大限度地发挥作用、履行职能的前提:一方面,人才培养的"适销对路"需要明确的服务面向,关系到人才培养目标、培养标准、培养方案和培养模式的确定;另一方面,科学研究和社会服务需要明确的服务面向引导,关系到大学相关政策、措施的制定和制度的建设;与此同时,明确的服务面向有利于解决大学资源依赖问题,包括实现资源配置的最优化和办学效益的最大化,以及从服务面向区域获取资源的最大化。

第五,大学定位有助于统一思想和凝聚人心。大学定位的确定需要全体教职工的广泛参与和反复认真的讨论,最终确定的定位得到全体教职工的普遍认可,成为大学从校领导到普通员工的共同信念。因此,大学定位有利于教职工在争论和思辨过程中求同存异、统一思想,进而提高全体教职工对学校的向心力、凝聚力、归属感和忠诚度,营造团结协同、万众一心、乐于奉献的工作氛围和大学环境。

第六,大学定位能够成为大学的行动纲领和行为规范。清晰的大学定位明确了大学应该做什么和不该做什么,成为大学在一段时期的办学过程中要矢志追求和执着践行的行动纲领。不仅如此,清晰的大学定位还起到规范和约束大学的办学行为、纠正办学实践中的失误和评估办学效果的作用,有利于督促大学沿着既定的办学目标向前发展。

4.7　大学如何进行定位

明确大学定位的内涵和意义后,就面临着大学如何进行定位的问题。这需要做五方面工作:第一,了解影响大学定位的主要因素;第二,明确大学定位的原则;第三,提出大学定位的步骤;第四,掌握大学定位的三个层面;第五,从不同角度选择大学定位。

4.7.1　影响大学定位的主要因素

影响大学定位的主要因素主要有以下 5 方面。

1. 国家对高等教育发展的长远计划

高等教育服务国家战略需求和满足经济社会发展需要是任何一个国家对本国高

等教育的基本要求。国家对高等教育的影响包括高等教育法律、法规、政策、规划纲要等,其中影响大学定位的主要是国家对高等教育发展的长远计划,如原有的"211工程"和"985工程"建设计划,以及正在实施的"双一流"建设方案等,这些计划不仅直接影响进入计划高校的目标、定位和发展规划,也间接地影响到作为高等教育系统组成部分的其他高校的发展。在中国高等教育体系中,国家对高等教育的影响是宏观、整体性和不可回避的,因此在大学定位应予以高度重视。

2. 服务面向区域经济社会的未来发展

大学所服务面向区域经济社会的未来发展决定着对本区域高等教育发展的要求。从人才培养角度,区域经济、社会、文化等的未来发展对人才的类型、层次、数量和质量均提出了要求;从科学研究和服务社会角度,区域行业、产业和经济的未来发展对科研类型、科研水平、成果转化、学科门类、学科方向和层次等均有要求。因此,大学发展必须与服务面向区域经济社会的未来发展相适应,在大学定位时要充分考虑这些区域经济社会的未来发展预期,使大学办学类型、层次、专业设置、规模和质量、学科建设和科研水平等均能满足区域经济社会未来发展的需要。

3. 服务面向区域高等教育的整体发展水平

大学所服务面向区域高等教育的整体发展水平决定着本区域的高等教育发展方向,在考虑服务面向区域经济社会未来发展的同时,大学定位必须考虑服务面向区域高等教育的整体发展水平。这是因为,从弥补差异和适应需求的角度,区域高等教育当前的整体发展水平与区域经济社会未来发展对高等教育的要求之间的差异在较大程度上决定着区域高等教育整体的发展方向,这些方向应该在大学定位中得到应有的体现。与此同时,在制定大学定位时,还要充分考虑服务面向区域的地域优势等各种有利因素。

4. 服务面向区域同类型高校的发展水平

大学定位与服务面向区域同类型高校的发展水平直接相关。在整个高等教育系统中,各种类型高校的发展都存在竞争、合作和制约的关系,其中影响最大的是同类型高校,这是因为,同类型高校之间存在着直接的竞争关系,同类型高校之间的定位、目标和战略规划有着直接的影响。因此,大学在定位时,必须了解服务面向区域其他高校,尤其是本区域同类型高校的发展状况,按照"知己知彼、扬长避短"的原则,在充分了解其他高校情况的基础上,在大学定位中充分体现和发挥自身的特色和优势。

5. 大学自身的发展历史和现状

大学的定位要基于自身的发展历史和现状。任何一所大学在本校长期的发展进程中既有丰富的积淀,形成清晰的发展路径,也存在曲折徘徊和经验教训;每所大学的发展现状反映在高等教育系统上就是它的优势或长处和劣势或不足。这说明,大学只有清楚自己从哪来和怎么来,才能清楚自身该往何处去和怎么去。因此,大学在确定定位时,要认真回顾和总结自身的发展历程,充分分析自身当前的优势和劣势,在此基础上才能确定适合本校的定位。

4.7.2　大学定位的原则

作为制定大学战略规划前的一项复杂而细致的重要工作,大学定位的制定涉及诸多因素,需要考虑大学内外部环境及相关要素。科学合理的大学定位必须遵循以下原则。

1. 层类分明原则

层次不清、类型不明是当前中国高等学校办学定位的突出问题,追求高层次、向往研究型是当前中国高校的普遍倾向。因此,大学定位首先要明确的是学校的层次和类型,其中层次主要指的是大学人才培养的最高层次,可以是博士、硕士、本科或高职等;类型主要指的是大学属于何种类型的学校,既可以是研究型、研究教学型、教学研究型、本科教学型和专科教学型等,也可以按照其他分类方式确定大学类型。一个国家的高等教育体系必须由不同层次和类型的高等学校组成,只有这样才能满足这个国家经济社会发展对多层次各种类型人才的需求。发达国家的经验告诉我们,不同层次和类型的大学均能够办出特色、办出水平,一样可以成为一流大学。

不同层次和类型的高校可以选择多样化的适合自己发展道路的办学模式,针对不同层次和类型的高校应该有不同的评价标准予以引导,只有这样才能从根本上改变众多高等学校走"独木桥"、追求"高大上"的现象,才能建立起完善的、适应经济社会发展的国家高等教育体系。

2. 服务面向原则

从国家高等教育布局的角度分析,一所高校设置之初就确定了其使命和服务面向,因此高等学校必须以为服务面向区域经济社会发展提供高等教育服务为首要职责和任务,也就是说,大学的定位必须遵循服务面向原则。

服务面向原则要求大学全力聚焦服务面向区域,以促进该区域经济社会发展为己任,全面履行人才培养、科学研究、社会服务、文化传承与创新等基本职能,在服务区域的同时提升和发展自己。具体而言,在人才培养方面,大学要基于自身的使命为服务面向区域培养所需的各级各类人才,覆盖学历教育、非学历教育和岗位培训等;在科学研究方面,大学要为促进本区域科技进步、技术发明、科技应用发挥作用;在社会服务方面,大学要密切结合区域经济社会发展需要,为本区域行业企业技术改造、转型升级、研发创新提供服务;在文化传承与创新方面,大学要成为本区域先进文化传播和交流的重要阵地。

服务面向原则能够有效地避免一些高校存在的"种了他人的地、荒了自己的田"现象,使得大学能够各安其位,在适合自身发展的土壤和环境下,在履行使命职责的同时赢得资源和声誉,进而更好地促进自身的发展。

【实例】 作者担任××大学校长期间,根据地方经济社会发展需要先后成立管理学院和信息学院。

管理学院的成立:××大学所在地区存在众多的民营企业、家族企业、中小企业,通过广泛的社会调查发现,这些企业需要大量的在企业经营管理方面的咨询和培训,而对于政府投入不足的××大学,发展管理学科相对于工科而言,需要的投入较小,但能够较好地满足地方经济发展的需要。

信息学院的成立:作为国家8个信息化试点城市之一的××大学所在市,需要大量的信息科学、信息技术、信息工程方面的人才,同时也要开展信息工程和技术相关的研究。作为当地以及周边地区最好的本科大学,××大学有责任和义务承担起这一任务,因此,在原有电子系、计算机系和交通系的基础上成立了信息学院。

3. 追求效益原则

一所大学在履行四大职能的过程中要注重追求办学效益的最大化,这不仅关系到大学对经济社会发展的贡献度,而且关系到大学的可持续发展。事实上,一所大学在经济社会发展中的作用大小取决于它对社会的贡献程度,贡献度越大的大学,得到政府和社会的认可度也越高,也能够获得政府和社会的更大的重视和更多的支持,这样构成的良性循环将有力支持大学可持续发展。

高等学校是非营利组织,办学效益虽然不能完全忽略经济效益,但是要注重强调社会效益,因而需要从几方面着手。首先,要充分了解服务面向区域经济社会发展对高等教育的需求,包括学科专业、人才类型、科研方向、服务领域等;其次,将经济社会需求的优先顺序与自身资源和条件的可行性相结合,考虑确定大学重点发展的学科、专业和领域;最后,集中教育资源,优化资源配置,在重点学科、专业和领域上做出突出贡献,赢得社会声誉、知名度和影响力。

总之,追求效益原则强调的是将大学定位在自身资源和条件能够做好的经济社会发展急需领域的学科专业、人才培养、科学研究、社会服务等方面,实现经济社会发展与大学发展之间相互促进的良性循环,实现办学效益的最大化。

4．集中优势原则

在激烈的高等教育市场竞争中，没有哪一所大学能够做到在各个领域均具备优势，全面赢得市场竞争。因此，集中优势原则强调的是：一所大学的定位不能盲目追求"高大上"，必须坚持有所为有所不为，集中自身的有限资源和优势，才能在履行四大职能的有限领域上形成特色、办出一流、赢得竞争，才能保证大学持续、健康、稳定地发展。

集中优势原则的落实需要对以下几点有充分的认识。

（1）一所大学的优势存在于包括四大职能在内的诸多方面，既可以是某个方面，也可以是某个方面中的一个具体部分，还可以由多个相关部分构成。例如，一所大学的优势可以是人才培养的整体质量、社会受欢迎程度，也可以是毕业生的创新能力、实践能力或综合素质，还可以是科研能力和社会服务水平等。因此，需要全方位地寻找、发现和整合大学的优势。

（2）一所大学的优势不是自身认定的，而是需要通过与存在竞争关系的高校的比较确定。例如，一所大学某一学科的优势不能在校内通过与其他学科的比较确定，这是因为不同学科之间不存在可比性，它们之间不能简单地用科研项目、研究经费、发表论文等指标进行比较；因此，该学科是否具备优势，只有通过与存在竞争高校的相同学科的比较才能知道。

（3）一所大学的优势具有三个特征：首先，优势的形成需要相当一段时间，不可能一蹴而就，因此需要在有一定历史和积累的领域寻找；其次，优势只有在满足经济社会发展需要时才能够显现，也就是说，要在调研和分析经济社会发展急需什么和期待什么的基础上才能明确该大学具备什么优势；最后，优势是会动态变化的，当前的优势可能不是未来的优势，从而，优势的保持需要持续的投入和努力。

5．立足长远原则

大学的建设和发展需要长期不断的努力和积累，因此，大学的定位必须立足长远，只有这样，才能使一所大学永久屹立于大学之林。

立足长远原则对大学定位有几方面要求：第一，大学定位必须着眼大学相当一段时期的发展，这个时期应该覆盖若干战略规划期；第二，大学定位要处理好短期发展和长远发展的关系，将短期发展作为实现长远目标的阶段性积累；第三，大学定位应该适应和引领服务面向区域经济社会的长远发展；第四，大学定位应该基于对服务面向区域经济社会及高等教育未来发展的科学预测分析。

上述原则从五方面强调了确定大学定位必须遵循的准则，这些原则中蕴含的共性基础是大学的办学优势和特色，或者说，这五项原则的有效落实均离不开大学的办学优势和特色,如图 4.2 所示。

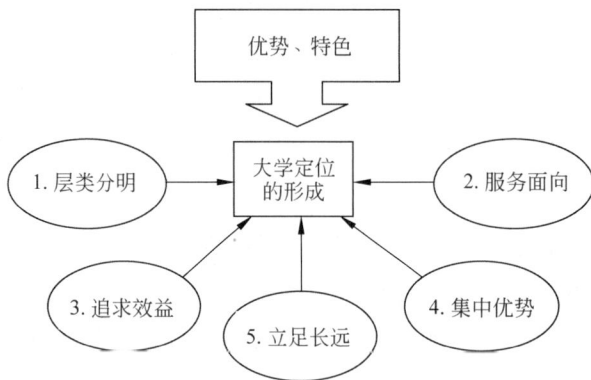

图 4.2　大学定位的形成

4.7.3　大学定位的步骤

大学应如何进行定位,具体地说,大学定位的完整过程是由哪些步骤构成,才能保证制定出的大学定位是科学、合理且可行的,以使每一所大学在高等教育系统能够各安其位并得到最好的发展。总体而言,大学定位至少应该包括以下步骤。

1. 分析和研究大学使命和愿景,理解和把握其本质内涵

使命和愿景是确定大学定位的依据和基础,因此,在考虑大学定位时的首要任务是必须认真地分析和研究提出本校使命和愿景的历史背景和可能的变化过程,进而理解和把握其丰富、深刻和本质的内涵,包括办学指导思想、理念、责任、任务、发展方向和远景目标等方方面面,以此为大学定位的确定给出框架和方向。

2. 了解和掌握国家区域经济社会发展政策、规划和布局

国家和区域经济社会发展的宏观政策、长远规划和产业布局是确定大学定位时必须优先重点考虑的,这不仅符合大学使命和愿景的要求,而且符合国家和区域对高等教育的需要,因此,大学要认真地分析和研究这些政策、规划和布局,尤其是那些与本校人才培养和学科专业相关的部分,为大学定位提供政策和方向引导。

3. 开展校外调研,重点分析本区域同类型高校

了解国家和区域高等教育整体发展状况,尤其是调研和分析大学服务面向区域同类型高校的情况是在确定大学定位前不可忽略的重要环节。一方面,高等教育整体发展水平和现状能够给出较为完整的高等教育发展态势图,有利于大学从系统的角度把握高等教育的发展状况和趋势;另一方面,服务面向区域同类型高校与本校存

在最直接的竞争关系,对这些高校现状和发展趋势的分析和研究,包括当前成就、学校定位、发展目标、战略措施等,将直接影响本校定位的确定。

4. 进行内部分析,注重挖掘特色和形成优势

完成校外调研后,就需要开展大学内部资源、能力、质量和效益等方面的分析,做到大学定位时"知己知彼"。在这个过程中,要注重从促进和形成办学优势的角度,全方位地挖掘大学显现的和潜在的办学特色和优势,涉及教师队伍、人才培养、科学研究、社会服务、精神文化、政策制度、管理水平等诸多方面或各个方面的混合。

5. 以需求为导向,寻求大学未来发展的切入点

大学定位必须以国家和地区对高等教育的需求为导向,为此,需要在需求导向下寻求适合大学未来发展的若干可能的切入点,为大学定位提供考虑和选择的方向和目标。这些切入点既可以存在大学四项基本职能的多个方面,也可以突出在某个方面,如在满足特定能力和素质要求并面向专门产业的人才培养上。

6. 同中求异,探讨不同于其他高校的发展路径

大学定位应该因校而异,不能盲目趋同,因此,要在内部分析结果和未来发展切入点的基础上,在同类型高校中探讨不同于其他高校的发展路径以及差异化的办学格局,避免路径和模式的重叠或重复。在这个环节中,往往不易摆脱同类型其他高校,尤其是那些成功高校发展定位和发展模式的吸引和诱惑,从而难以从未来发展的切入点中提出适合本校的定位,因此,从培养特色和形成优势的角度入手是这个环节的关键。

7. 广泛讨论,在教职工中不断完善大学定位

大学彰显本校优势和特色的不同于其他高校的发展路径基本构成了大学定位的初稿或雏形,以此为基础,在校内组织广大教职工通过各种形式对其进行广泛深入的讨论和征求意见,在不断争论、不断完善、逐渐形成共识的过程中统一全校上下的思想,提高广大教职工的认识,为日后大学定位的实现打下坚实的群众基础。

需要注意的是,缺乏教职工的广泛参与和认同,大学定位只能更多地体现大学领导层的智慧和意志,就不能成为学校领导、职能部门处长、学院院长、系主任和广大教职工的共同理想和行为规范,在大学战略管理实践中就缺乏统一而坚实的思想基础。

8. 征求校外主要利益相关者意见,确定大学定位

作为关心和支持大学发展的校外利益相关者,他们对大学定位的认可与否关系到他们能否继续坚定不移地继续支持大学的发展,因此,作为大学定位的最后一步,有必要主动征求校外那些对大学而言既有影响力又重要的利益相关者,这不仅能够使他们在获得尊重的同时提高对大学发展的重视,而且有利于他们深入了解大学定位后更精准地帮助和支持大学未来的发展和建设。

【讨论分析】 有学者提出,大学定位可以在三个层面上。

(1) 在整个社会大系统中的定位。

(2) 在整个高等教育系统中的定位。

(3) 内部各个要素在大学发展中的定位。

请分析上述论点并给出你的评论。

4.7.4 大学定位的选择

作为国家和区域经济社会发展的中心组织,高等学校的层次、结构和性质是复杂的。要办出自己的特色,要在高等教育市场中赢得竞争,高等学校就必须在这个复杂庞大的高等教育系统中科学地选择自己的定位。

从定位对大学发展的作用角度分析,大学定位必须具备两个特征:一是面向未来发展;二是通过努力能够实现。因此。大学定位应该是对现有状态的否定和超越,是对未来通过努力可实现状态的明确和构建。

大学定位是各种各样的,可以从不同角度进行选择,归纳起来,大学定位的选择主要有几方面:发展目标,学校类型,办学层次,服务面向,科类结构,人才培养等,以下分别予以讨论。

1. 在发展目标上选择定位

发展目标定位往往是大学在定位时首先考虑到的。中国大学从"九五"期间中国政府实施"211 工程"起,就愈加重视在发展目标上选择定位。"211 工程"总体建设目标:面向 21 世纪,在"九五"期间,重点建设 100 所左右高等学校和一批重点学科,其中一部分重点高等学校和一部分重点学科,接近或达到国际同类学校和学科的先进水平,大部分学校的办学条件明显得到改善,在人才培养、科学研究上取得较大成绩,适应地区和行业发展,总体处于国内先进水平,起到骨干和示范作用。

随后,中国政府在 1998 年 5 月提出"985 工程",进一步引发中国大学在发展目标上选择定位。"985 工程"建设的总体思路:以建设若干所世界一流大学和一批国际知名的高水平研究型大学为目标,建立高等学校新的管理体制和运行机制,牢牢抓住 21 世纪头 20 年的重要战略机遇期,集中资源,突出重点,体现特色,发挥优势,坚持跨越式发展,走有中国特色的建设世界一流大学之路。

2015 年,中国国务院印发《统筹推进世界一流大学和一流学科建设总体方案》,再次引发中国大学在发展目标上选择定位。"双一流"建设的总体目标分三个阶段:

①到 2020 年,若干大学和一批学科进入世界一流行列,若干学科进入世界一流学科前列;②到 2030 年,更多的大学和学科进入世界一流行列,若干所大学进入世界一流大学前列,一批学科进入世界一流学科前列,高等教育整体实力显著提升;③到 21 世纪中叶,一流大学和一流学科的数量和实力进入世界前列,基本建成高等教育强国。

目前,中国大学在发展目标上表述的关键词主要有世界一流、世界知名、全国一流、全国知名、同类/行业领先、同类/行业知名、特色鲜明等。但是,通过比较和分析众多高校的发展目标后,可以发现以下一些共性问题,这些问题正是在大学制定发展目标时必须注意和避免的。

（1）定位趋同。同一层次和类型的大学在发展目标定位的表述上基本趋同,普遍采用上述关键词,仅从表述上往往区分不了是哪所学校。

（2）特性缺乏。多数大学的发展目标表述中缺乏本校明显区别于其他大学的特性,如学科构成、行业背景、服务面向、人才培养类型等。

（3）过于笼统。发展目标表述过于简单笼统,不能清晰准确地阐述本校的发展目标,这将造成落实定位过程中的方向不明、目标不清的现象。

（4）不易分解。发展目标表述相当抽象,难以分解细化作为制定大学战略目标的依据和基础。

2. 在学校类型上选择定位

在学校类型上选择定位是众多大学在办学过程中普遍考虑的。目前在高等教育界最普遍的划分是把高校分为研究型、教学研究型和教学型三类,但对有 2000 余所各类高校的中国而言,这种分类可以说过于粗放,例如,对占高校主体的地方院校而言,基本都是教学型和教学研究型,这不利于高等学校的分门别类和分类指导,为此,可以在此基础上根据高校的人才培养层次和规模、学术研究和科技开发水平、承担的职能和任务等把高等学校进一步细分为研究型、研究教学型、

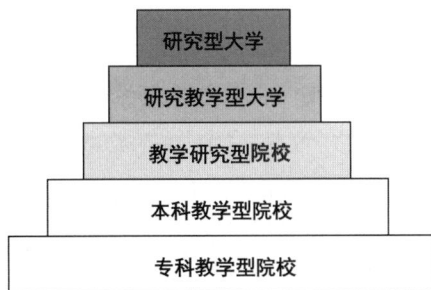

图 4.3　高等教育结构图

教学研究型、本科教学型和专科教学型五类,它们一同构成了正金字塔型的高等教育结构,如图 4.3 所示。

研究型大学有很强的研究生教育,多数学科有博士学位授予权并设置了博士后流动站,人才培养层次包括本科、硕士、博士和博士后,以研究生培养为主,按国际一

流大学惯例,在校研究生人数多于本科生人数。研究型大学具有从事大型复杂项目研究与开发的手段和实验条件,承担着国家大量重大及前沿性科学研究课题,科研优势在人才培养中得到充分发挥,博士、博士后是科研的主力军,博士教育和博士后流动站是为国家培养一流高素质复合创新型人才的主要基地。

研究教学型大学有较强的研究生教育,相当一部分学科具有博士学位授予权,人才培养层次包括本科、硕士、博士以及适量的博士后,研究生培养和本科生培养并重,在校研究生人数与本科生人数相当,科研与教学的相互促进作用明显。此类院校具有较好的从事科研和项目开发的条件,承担着大量国家级和省部级纵向及横向科研课题,侧重培养高素质复合创新型人才。

教学研究型院校以培养本科层次人才为主,以培养研究生层次人才为辅,若干学科有博士学位授予权,多数学科有硕士学位授予权,人才培养层次包括本科、硕士及少量的博士,在校本科生人数多于研究生人数,教学与科研相互促进。教学研究型院校具有从事科研和项目开发的基本条件,承担着相当数量的各级各类科研课题,重点培养有开发与应用能力的各类复合型人才。

本科教学型院校主要从事本科阶段的专业教育,若干学科有硕士学位授予权,人才培养以本科生为主,本科教育为学校的中心工作,注重本科教育的规模和质量,部分学校也培养少量硕士或专科生。此类院校有用于教育教学的基础实验室和专业实验室,承担着一定数量的以横向为主的科研课题,主要培养各类应用型人才。

专科教学型院校以职业技术院校为主,辅以普通专科院校,主要培养相关行业中高层次职业岗位需要的各类专科层次人才,有些学校与其他院校合作从事一定规模的本科教育。此类院校有充足的用于培养学生实践动手能力的校内外实践教学基地,与本领域相关企业保持密切的合作关系,主要培养实用型、技能型人才。

如果大致地对中国各类高校按照上述分类进行区分,可以有如表 4.2 所示的结果。

表 4.2　中国大学分类及其对应的院校和人才培养层次

院校类型	研究型	研究教学型	教学研究型	本科教学型	专科教学型
(相当于)	985 大学	非 985 的 211 大学	非 211 省部属重点大学	省属其他本科院校	其他地方院校
培养层次	博士后、博士、硕士、学士	博士后、博士、硕士、学士	博士、硕士、学士	硕士、学士、专科	专科(含中专)

3. 在办学层次上选择定位

人才培养是大学的第一要务,大学的办学层次主要指本校人才培养的层次,它与学校类型存在着关联性。例如,美国 2015 版卡内基高等教育分类法按照学位授予层次及比例把美国高校分为博士学位授予大学、硕士学位授予学院或大学、学士学位授予学院或大学、学士或副学士学位授予学院、副学士学位授予学院或大学、两年制专业学院、四年制专业学院和部落学校这八大类大学。其中博士学位授予大学根据科研能力的强弱进一步细分为三类;硕士学位授予学院或大学根据硕士学位授予规模的大小进一步细分为三类;学士学位授予学院或大学根据文理学科领域授予学位的比例进一步细分为文理类和普通类;学士或副学士学位授予学院或大学根据副学士学位授予比例分为学士/副学士混合学校和副学士为主学校;副学士学位授予学院或大学根据学科类型和学生类型细分为九类学校;两年制专业学院也称为初级学院;四年制专业学院也称为高级学院;部落学校是美国印第安人高等教育联合会的会员高校。事实上,这基本上是一种基于办学层次的分类,层次的高低取决于授予学位的层次及其授予学位的比例。

大学在办学层次上选择定位可以有诸多考虑,既可以简单地按照学位层次,如研究生、本科生和专科生进行分层,以某一层次人才培养为主;也可以对每个层次进一步细分,如学术型硕士生、专业型硕士生、应用型本科人才、技能型专科人才等,以某一层次某一类型人才培养为主。这些层次划分或界定应该立足于大学在人才培养上长期积累和凸显并得到业界认可的优势和特色,以利于大学在日后长远的发展过程中,将有限的资源和能力集中在某一层次/类型的人才培养上,以此区别于其他层次和类型高校的人才培养。

如果要对中国众多的各种类型和层次的高校按照层次进一步细分,大致可以分成由 8 个圈构成的圈层态势,如图 4.4 所示。由于"211 工程"是 1993 年启动,"985 工程"是 1998 年启动,相对于目前的"双一流"建设高校项目有更长的历史、更为教育界的熟知而且多一种高校类型,因此图 4.4 延用"985 工程"和"211 工程"分类。图中由里往外,第一圈被俗称为"2+9"①大学共 11 所,目标是建设世界一流大学和世界高水平大学;第二圈大学共 28 所,目标是建设世界高水平大学和国内一流大学。前两个圈的 39 所大学为进入"985 工程"的大学。第三圈是除"985 工程"大学外的由教育部批准设立研究生院的 20 所大学②;第四圈的高校共 57 所,与前三圈的高校一起构成

①　其中,"2"指清华大学和北京大学,"9"指哈尔滨工业大学、复旦大学、上海交通大学、中国科技大学、西安交通大学、南京大学、浙江大学、中国人民大学和北京师范大学。

②　全国经教育部批准设有研究生院的高校为 56+3＝59 所,其中,中国石油大学、中国地质大学和中国矿业大学在北京和外地均有各自独立的学校,故"+3"。

进入"211 工程"的 116 所高校①;第五圈的高校是除前四圈高校外,具有博士学位授予权的高校;第六圈的高校是除前五圈高校外,具有硕士学位授予权的高校;第七圈的高校是除前六圈高校外,具有学士学位授予权的高校;第八圈的院校是专科层次的职业技术院校和普通专科院校。

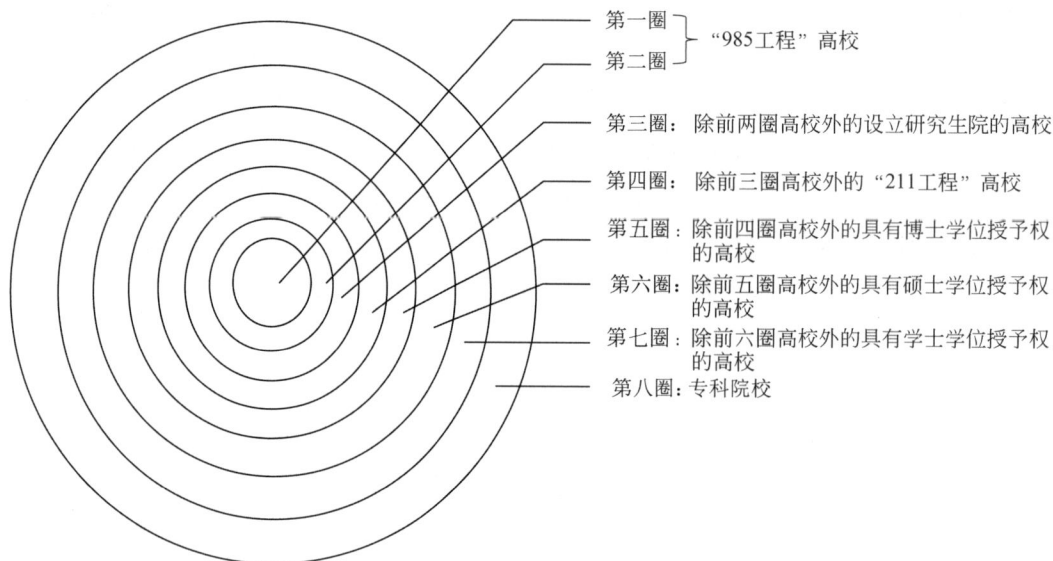

图 4.4　全国高等学校圈层示意图

4. 在服务面向上选择定位

大学服务面向定位虽然应具有普遍性,但更应有针对性。普遍性指的是所有大学都是通过人才培养、科学研究、社会服务、文化传承与创新四项职能为社会提供服务的;针对性指的是大学服务面向定位主要取决于其隶属关系和大学所在地。中国高等学校有教育部直属高校和部委属高校,但更多的是省属高校和一些地级以上城市办的高校。这些高校的服务面向往往由其"出生"或学校所在城市所决定,有面向世界、面向全国、面向省区、面向所在城市的,也有面向行业的等。

作为一种说明,如果按照表 4.2 对中国大学进行分类,那么"985 工程"大学的服务面向是全国,同时兼顾所在省(市);非"985 工程"的"211 工程"大学的服务面向是所在省(市)及其归属的国家大经济区,如华东地区、华北地区等;非"211 工程"的省部属重点大学的服务面向是所在省(市)或所属行业;省(市)属其他本科院校的服务

面向是所在省(市),同时兼顾所在中心城市;其他地方院校的服务面向是以所在地的城市为主。归纳起来,这五类大学的服务面向如表 4.3 所示。

表 4.3　中国大学分类及其服务面向

院校类型	研究型	研究教学型	教学研究型	本科教学型	专科教学型
(相当于)	985 大学	非 985 的 211 大学	非211省部属重点大学	省属其他本科院校	其他地方院校
服务面向	全国、兼顾所在省(市)	国家大经济区及所在省(市)	所在省(市)或所属行业	所在省(市)、兼顾所在中心城市	所在地市

表 4.3 给出的服务面向是对各类大学的基本建议,具体到每一所学校,还需要在此基础上结合服务面向区域的高等教育、科技进步、产业发展和社会需要等具体情况予以进一步细化和明确,才能达到服务面向的针对性。

中国高校中绝大多数是地方院校,对于面向地方的大学,在学校的定位上必须充分考虑地方的特点和需要,为地方经济建设和社会发展服务,只有这样,才能得到地方政府和社会的大力支持,进而发挥大学在推动地方经济社会发展中的作用,办出特色,扩大影响,赢得社会支持。作者出任××大学校长后在 1999 年 9 月学校第四届教代会、第五届工代会的校长工作报告中提出了"面向地方,服务社会"的办学方针/定位。"面向地方"明确了××大学的服务面向是地方。"服务社会"有两个内涵:一是以服务基层为主,全方位地为地方服务;二是以服务学校所在城市为主,又为广东省乃至周边省(市)服务。

5. 在科类结构上选择定位

大学应该在各自的科类结构层面上准确选择自己的定位,明确自己的办学理念并发挥自身的科类优势,从而办出自己的水平和特色。在我国高等学校的科类结构上,可以根据高等学校所覆盖的学科门类的多少,把高等学校分为综合性大学、多科性大学和单科性院校等。其中综合性大学所覆盖的学科门类较为齐全,多科性大学的骨干学科包含多个学科门类,单科性院校以某一学科门类为主,如财经、政法、医药、农林、电子、石油化工、交通、电力、经管等,辅以少数几个属于其他门类的支撑学科。

不同科类结构的大学在履行四大职能方面应该充分发挥各自的优势。综合性大学在跨学科专业的交叉融合及新学科专业的形成上具有显著的优势,在高层次人才的综合素质培养和提高上有其他类型高校不具备的优势,在服务经济社会上有更大的空间和领域。多科性大学把办学资源和条件集中在有限的学科门类上,能够在这些学科门类上做大做强、形成明显的优势和特点,有条件将有限的相关学科专业办成一流。单科性院校聚焦在国家或区域经济社会发展长期有大量需求的某一学科门类或行业上,能够为该学科门类或行业培养出专门人才,开展专深的科学研究和社会服务。

从高等教育长远的发展角度看,虽然多科性大学和单科性院校适当增设有利于主要学科发展的相关学科专业是必要的,但是,目前一些高校存在的"综合化"倾向应该得到足够的重视。首先,高校综合化不是各种学科的简单"拼盘",需要从高校整体发展的角度考虑增加新学科的必要性,尤其是为了成为"综合性大学"而设立医学院的做法必须慎之又慎;其次,多科性大学如果盲目地追求学校的"综合化",容易使办学资源"平均化",降低对原有骨干学科的重视;最后,单科性院校如果盲目追求"多科性"或"综合化",容易使原有主干学科失去竞争优势,从而"舍本逐末"。

6. 在人才培养上选择定位

大学的人才培养定位必须满足大学的办学层次和服务面向定位,在人才培养定位上的阐述应该包含人才培养层次、类型和目标三方面内容。虽然大学的人才培养定位可以从类型和层次上入手,如人才培养类型是学术型还是应用型(专业型、技能型、技工型),人才培养层次是本科、研究生,还是专科,但是完整的大学人才培养定位还应该包含人才培养目标,为此必须完成以下步骤。

(1)调研人才市场。调研、分析和预测服务面向区域人才市场的供需情况,包括人才培养的供给侧和需求侧两方面,供给侧包括本校和其他相关高校,需求侧主要指用人单位、校友、行业部门等,进而确定服务面向区域经济社会发展未来需要的人才层次、类型、数量和规格。

(2)确定层次和类型。比较和分析本校在服务面向区域同类院校中人才培养上的优势、特色和潜力,包括用人单位和第三方对毕业生的评价,社会对毕业生的认可程度等,结合步骤(1)的结果,确定本校为服务面向区域培养的人才层次和类型。

(3)确定培养目标。深入相关行业产业调研,掌握社会对按照步骤(2)确定的层次和类型培养的学生毕业5年左右在社会与专业领域能够取得的成就,包括毕业生主要就业领域与性质,如胜任的岗位和担负的责任等,毕业生主要的社会竞争优势,学生毕业5年左右具备的各种能力,以此作为本校人才培养目标。

必须指出的是,不同培养层次、类型和目标的人才在质量上没有可比性,也就是说,不同人才培养定位的高校都能够培养出一流的人才,都能够为经济社会培养急需的、用得上、干得好的各式各样的优秀人才。

一所大学定位的选择没有定式,正如"兵无常势,水无定形",只是万变不离其宗。大学定位必须符合学校的实际,必须引导学校的发展,因此,大学定位既可以聚焦某一方面,也可以是多角度、多层面的综合,归根到底,大学的定位要根据自身的历史和现实情况以及发展潜能进行定位。

【分析讨论】　英国大学的定位及其对中国大学的启示。

作为具有悠久历史的国家,英国大学的定位对中国大学有一定的参考和借鉴价值。请通过对各种相关文献的分析和综述完成本专题的分析讨论。

4.8　大学定位案例

4.8.1　威斯康星大学的定位

威斯康星大学的办学定位成为全球公认的高等学校在人才培养和科学研究之后的第三职能。

在高等学校各种职能的发展史上,威斯康星思想(Wisconsin Idea)是一个重要的里程碑。美国 1862 年颁布了《莫里尔法案》,规定了联邦政府向各州提供联邦土地,在每个州至少资助一所从事农业和工艺教育的学院。随后,美国各州先后建立了赠地学院,其中建立于 1848 年后得到赠地而发展起来的威斯康星大学(University of Wisconsin),以"直接服务社会、服务当地"的办学理念作为自己的办学定位。

威斯康星大学注重农业和工艺教育,坚持为本州的经济社会发展服务,正如 Charles R. Van Hise 1904 年出任威斯康星大学校长时在就职典礼上指出的,威斯康星大学应该立足于威斯康星州发展的需要,利用自身的知识优势和人才优势,使威斯康星大学成为威斯康星州的经济和文化中心,成为全州所有人的大学。他还把将知识传播给广大民众,并使其能运用那些知识解决经济、社会及政治等方面的问题,作为大学的重要任务之一,并明确提出:"教学、科研、服务都是大学的主要职能。更为重要的是,作为一所州立大学,它必须充分考虑每一项社会职能的实际价值。换句话说,它的科研、教学、服务都应该考虑到州的实际需要。大学要为社会发展服务,州立大学要为州的经济发展服务。"这种将教学和科研与社会服务融为一体的办学模式,将服务社会作为学校的办学定位,在美国高等教育史上被称为"威斯康星思想"。

威斯康星大学主要通过传播知识和专家服务实现自身的办学定位。在知识传播方面,威斯康星大学成立了知识推广部,设立了函授、学术讲座、辩论与公开研讨、提供一般信息与福利四个服务项目。专家服务方面有两个层次:一是大学指派专家和教授服务于州政府,包括在政府部门任职,提供非政治性服务;二是指派巡回教师到农村、商店和工厂进行指导。事实上,专家服务是双向的,大学派专家服务社会的同时,也从社会邀请专家参与大学的教学和科研。

威斯康星大学在落实服务社会的办学定位的同时也促进了大学自身的发展,在办学经费、办学规模、学科建设等方面得到迅速发展,进而处于全美领先地位,从一所普通的州立大学成长为美国最有影响的大学之一。与此同时,威斯康星思想也在全美迅速传播,服务社会逐渐成为美国大学的一个重要职能,最终成为一种影响全球大学的办学理念,成为继人才培养、科学研究之后的大学第三职能。这一职能的增加使得大学和社会成为相互关联、相互促进的有机整体,为大学从社会的边缘组织走向社会的中心奠定基础。

4.8.2　哈尔滨工程大学的定位[①]

哈尔滨工程大学(简称"哈工程")隶属于国防科学技术工业局,是一所具有光荣历史传统的全国重点大学,是国家"211 工程"首批重点建设和设有研究生院的高校,是我国"三海一核"(船舶工业、海军装备、海洋开发、核能应用)领域重要的人才培养和科学研究基地。在 2006 年中国高等教育发展的历史背景下,该校当时较为全方位的办学定位在中国众多的高校中实属难能可贵,值得借鉴。请基于下述的【学校发展历程】和【学校 2006 年概况】,从历史的角度客观分析评价该校的办学定位及其值得借鉴的方面,并从现实的角度对该校办学定位提出进一步完善的建议。

【学校发展历程】

从 1953 年至 2006 年的 50 多年的办学历程中,哈工程历经改建、分建、调整及归属更迭,始终将为国家、国防服务作为自己的神圣职责,励精图治,默默耕耘,与党和国家同呼吸、共命运;始终坚持追求一流、追求卓越,奋进在国防科技人才培养和科学研究的前沿和高峰,实现了自身的快速发展和办学水平的不断提升,发展成为设有研究生院的全国重点大学。

1. 中国人民解放军军事工程学院时期

哈工程前身创建于 1953 年 9 月,新中国历史上第一所高等军事技术院校——中国人民解放军军事工程学院(简称"哈军工")。陈赓大将担任首任院长兼政委。毛泽东主席在为学院颁发的"训词"中指出:**为了建设现代化的国防,我们的陆军、空军和海军都必须有充分的机械化的装备和设备,这一切都不能离开复杂的专门的技术,今天我们迫切需要的,就是大批能够掌握和驾驭技术的人……**

[①]　本案例素材源于哈尔滨工程大学提供的该校 2006 年 8 月完成的《哈尔滨工程大学本科教学工作水平评估自评报告》。

"哈军工"诞生之初就肩负着强军兴国的神圣使命,以毛泽东主席颁发的"训词"为办学指导思想,把培养技术熟练、品德优良、懂得战术、遵守纪律的高级军事工程技术人才作为中心任务。陈赓院长始终强调人才培养的根本地位、本科教育的基础地位和教学的中心地位,提出**"善之本在教、教之本在师""一切为了学员"**等教育思想和理念,并形象比喻为:教师是炒菜的,干部是端盘子的,端盘子和炒菜的都是为了学生"吃"好,学校的办学宗旨是育人,一切为了学员的学习成长。在"哈军工"办学过程中,逐渐形成"一中、二主、三严"的办学传统。"哈军工"经过一年创建、四年开拓、十年发展,在一片荒地上由无到有,成为名扬全国的著名学府,成功造就了一大批高级军事工程技术人才,为军队和国防现代化做出了不可磨灭的历史性贡献。

2. 哈尔滨船舶工程学院时期

1966 年,"哈军工"退出军队系列;1970 年,"哈军工"分建。在林毅将军的率领下,在"哈军工"原址,以原海军工程系为基础组建了哈尔滨船舶工程学院(简称"哈船院"),在当时国内政治局势动荡的情况下,克服了"基础薄弱、班子不定、院址不定、体制不定、编制不定,影响到人心不定"等诸多困难,开始了新的艰苦创业。学院确立了**"创建为国防建设服务,为海军建设服务,为造船工业服务的理工科学院"**的办学方略,把**"走又红又专路线,培养可靠顶用之才"**作为人才培养定位,确定了以海军舰船配套设计为重点的学科专业体系,形成了舰船设计与制造、水声工程、自动控制、核动力装置等专业为主干的船、海、核特色学科的雏形。学院坚持教学与科研相互促进、协同发展,以船海领域科学研究作为提升水平的动力,通过承担国防重大科学研究任务,带动一批船海主干特色学科专业快速发展,促进了师资队伍、教学质量和整体办学水平的显著提高。教学科研人员由建院初期的 200 余人发展到 857 人,建成了 16 个本科专业和 7 个硕士学位点。邓三瑞、杨士莪、戴遗山、徐玉如等一批中青年教师迅速成长为教学科研骨干,在首届全国科学大会上,该校就获得 7 项大奖。经过 8 年的艰苦努力,学校作为一所船舶与海洋工程学科专业设置较为齐全、教学与科研综合实力强的工科院校,于 1978 年被确定为全国重点大学,这是学校发展历史上的一个重要里程碑。1982 年,学校成为国家首批具有博士、硕士学位授予权的学校。

20 世纪 80 至 90 年代,学校相继面临海军装备需求不足、船舶行业发展不景气、核电发展降温等困难局面,但学校始终坚持为船、为海、为国防的办学特色,把"为国防科技工业培养和输送过得硬、留得住、用得上、干得好的高素质人才"作为历史使命,坚持"稳定规模、优化结构、深化改革、提高质量",牢固树立**严谨、求实、勤奋、创新**"的学风,教学质量稳步提高。针对国内院校船、海、核学科专业发展放慢甚至萎缩的形势,学校抓住机遇,大力推进开放式办学步伐,加强与船舶、海军、核工业等领域企业院所的科技与人才培养合作,以特色求发展,以服务求支持,稳步提升在船、海、核领域的优势与地位,逐步发展成为我国船海领域重要的人才培养和科学研究基地。学校还根据国家经济建设需要和国防科技工业军民结合、寓军于民的发展变化,积极拓宽学科专业门类,逐步设置和发展了理学、经济学、管理学、法学、文学类专业,改变了单科性船舶院校的办学格局。

3. 更名为哈尔滨工程大学至今

1994 年,学校更名为哈尔滨工程大学,1996 年,学校进入国家"211 工程"首批重点建设高校的行列。1999 年,学校归属国防科工委,学科专业和服务面向进一步扩大。学校把为国防建设和国民经济发展培养"可靠顶用"之才作为学校的根本任务,坚持走以内涵发展为主的道路,着力提高教育教学质量。学校坚持以"船舶工业、海军装备、海洋开发、核能应用"等领域的国家战略性需求为牵引,构建人无我有、人有我特的学科专业体系、人才培养体系、科学研究体系和社会服务体系,进一步总结和凝练了"三海一核"的办学方略,确立了"**依托船舶、立足国防、面向国民经济建设**"的**服务面向定位**,于 2001 年顺利通过国家"九五""211 工程"建设项目验收。2002 年,学校获准设立研究生院和国家大学科技园,这标志着学校在办学层次上迈上了新的台阶。2002 年,国防科工委和黑龙江省对该校实施重点共建,为建设研究型大学提供了更有力的支撑。

在 2005 年 1 月召开的哈尔滨工程大学第二次党代会上,基于对我国高等教育发展趋势、国防和社会需求以及自身特色与比较优势的科学审视和客观判断,学校系统总结了"三海一核"的办学方略,对未来发展进行了新的定位,确立了"创建特色鲜明的高水平研究型大学"的奋斗目标,提出了蓄势期远、走可持续的特色发展之路的战略方针。如今,这一办学定位已深入人心,全校师生正豪情满怀,向着研究型大学的目标开拓奋进!

【学校 2006 年概况】

1978 年,哈工程被国务院确定为全国重点大学;1982 年,被国务院批准为首批具有博士、硕士学位授予权的单位;1996 年,进入国家"211 工程"首批重点建设高校行列;2002 年,被教育部批准设立研究生院。学校现隶属于国防科学技术工业委员会,并由国防科学技术工业委员会与黑龙江省人民政府重点共建。

学校占地面积为 122 万平方米,建筑面积为 73.5 万平方米,设有船舶工程学院、建筑工程学院、动力与能源工程学院、自动化学院、水声工程学院、计算机科学与技术学院、机电工程学院、信息与通信工程学院、经济管理学院、材料科学与化学工程学院、理学院、人文社会科学学院、核科学与技术学院、国际合作教育学院和继续教育学院,以及外语系、工程训练中心、体育军事训练部 3 个教学系部、中心;设有船大工程技术设计研究院、深海工程技术研究中心、核动力仿真研究中心等 40 多个研究机构;建有各类专业和基础实验室 126 个,其中国家级重点实验室 2 个,国家电工电子教学基地 1 个,国家电工电子实验教学示范中心 1 个,省部级重点实验室 11 个。

设有本科专业 50 个(其中 3 个未招生),硕士学位授权点 93 个,博士学位授权点 25 个,博士后科研流动站 9 个,博士后科研工作站 1 个,学科专业涉及 7 个学科门类和 37 个一级学科。水声工程,船舶与海洋结构物设计制造,导航、制导与控制 3 个学科为国家重点学科,核能科学与工程、轮机工程、固体力学等 7 个学科为国防重点学科,船舶与海洋工程流体力学、特辅装置系统、信号与信息处理等 24 个学科为省部级重点学科,船舶与海洋工程、热能与动力工程、核工程与核技术 3 个专业为国防重点专业,自动化等 8 个专业为黑龙江省重点专业。

学校有教职工 2600 人,其中专职教师 1536 人,教授 332 人,副教授 367 人。教师中有中国工程院院士 3 人,双聘院士 3 人,国务院学科评议组成员 2 人,长江学者奖励计划讲座教授 2 人,全国优秀教师、模范教师 11 人,入选省部级以上各类人才工程 60 多人,博士生导师 194 人,享受政府特殊津贴专家 129 人。各类在校生 25272 人,其中本科生 15477 人,硕士研究生 5322 人,博士研究生 1181 人;另有继续教育学生 3292 人。学校被教育部、解放军总政治部列入“21 世纪人才强军计划”,成为海军在东北地区唯一选拔培养后备军官的依托学校,有海军国防生 700 余人。

近几年,在“挑战杯”中国大学生创业计划竞赛、“挑战杯”课外学术科技作品竞赛、亚太及全国大学生机器人电视大赛、美国国际大学生数学建模竞赛、全国大学生电子设计竞赛等各类国际国内赛事中,获得国际、国家级奖近百项;大学生社会实践活动连续 15 年受到中共中央宣传部、中华人民共和国教育部、中国共产主义青年团中央委员会联合表彰;学校被团中央、中华全国青年联合会授予“中国青年科技创新行动示范基地”称号,被教育部批准为“国家大学生文化素质教育基地”。高素质的毕业生受到各行各业的普遍欢迎,毕业生一次就业率连续多年保持在 95% 以上,多次被评为国防科学技术工业委员会、黑龙江省毕业生就业工作先进集体。

学校历来有重视科研工作的传统,不仅以国内第一艘实验潜艇、第一艘水翼艇、第一台舰载计算机、第一套条带测深仪等数十项填补国内空白的重大科研成果著称,而且还以双工型潜器、气垫船、梯度声速仪等成果摘取过世界第一的桂冠,已逐步成为我国舰船科学技术基础和应用研究的主力军之一、海军先进技术装备研制的重点单位之一,是我国发展海洋高技术的一支重要依托力量。学校承担和参与了绝大多数现役的海军各类水面舰船、常规潜艇、核潜艇、水中兵器等武器装备的研制,参与了各类民用船舶的高技术研发工作,在船舶与海洋工程的许多研究领域中保持着很强的技术储备,水下机器人、船舶减摇、组合导航、水声定位、核动力仿真等技术居国内领先或国际先进地位。"十五"以来,学校坚持"强化基础、开拓创新、扩军强民、跨越发展"的指导方针,以国家现代化建设和国防重大战略需求为导向,不断凝练高端科学研究方向,努力提高重大科技创新能力,承担重大科技攻关、"973 计划""863 计划"国防预研和型号项目等 1884 项,获国家和省部级奖励 68 项。学校科研产品质量管理通过 ISO 9000 质量体系认证,是国内高校首家通过"双认证"的大学。2005 年科技经费 3.08 亿元,位居全国重点高校前列。学校是全国 43 所创办"国家大学科技园"的高校之一,校办科技产业蓬勃发展。

学校重视国际交流与合作,近年来与美国、英国、德国、俄国、日本、韩国、澳大利亚等 20 多个国家的 100 多所大学和科研机构建立了合作关系,先后与美国加州伯克利分校、韩国金乌国立技术大学、俄罗斯远东国立技术大学、日本东京电气大学、澳大利亚悉尼大学、英国格拉斯哥大学等十几所大学开展本科生、硕士、博士等多层次的联合办学。现有国际合作教育项目本科学生 336 人。学校通过国家公派、学校委派、国外单位资助、联合培养等多种形式和途径,有计划地选派大批优秀教师和学生到国外进修、讲学和进行科研合作,促进了学术水平的提高。

建校以来,学校为国防系统和国民经济建设培养了近 6 万名各类高级专门人才,其中包括 200 多名共和国的将军、部长、省长,2000 多名高等院校、科研院所、国防大中型企业的院士、教授、厂长、所长及劳动模范,以及一大批科技和管理专家,他们为国防现代化和国民经济建设做出了重要贡献。学校多次荣获全国优秀教务处、全国学位与研究生教育先进集体、全国心理健康教育先进集体、全国体育卫生工作先进集体、黑龙江省"五一劳动奖状",黑龙江省"文明单位标兵"等荣誉称号。2006 年,学校荣获"全国先进基层党组织"和"全国师德建设先进集体"荣誉称号。

【学校 2006 年时的办学定位】

1. 学校类型定位:由教学研究型大学向研究型大学发展

世界一流大学和高水平研究型大学区别于一般高校的重要标志是培养高层次、高素质、创新型人才和产出重大科技创新成果,为社会发展做出重大贡献。中华民族的伟大复兴需要中国产生一批能够解决当前和未来国家经济社会发展中重大科技问题的高水平研究型大学,并承担起培养高层次、高素质创新型人才的历史重任。国防科技新跨越、造船强国新目标、核电发展新局面、海洋资源大开发,要求我国船海核领域建成具有知识和技术自主创新能力的研究型大学。我校历经 50 多年的建设,目前已发展成为教学研究型大学,同时显示出在满足国家船、海、核领域高技术及高层次、高素质人才需求方面的独特优势。由现阶段的教学研究型大学，向研究型大学发展，是学校在科学发展观的指导下，基于我国经济社会发展要求以及自身发展阶段所做出的科学判断与决策。

2. 学科发展定位：以工为主，理工结合，多学科协调发展

学校以"哈军工"海军工程系为主体组建并发展至今，工科一直是学校的主体学科。学校现有工学门类一级学科博士、硕士点 19 个，覆盖了船舶与海洋工程领域的全部相关学科以及力学、机械工程、信息与通信工程及控制科学等领域的众多学科。坚持以工为主，优先发展主体特色学科，是学校发挥优势和支撑未来发展的必然选择。工、理、文、管等多学科协调发展是培养德、智、体、美全面发展，知识、能力、素质协调统一的高层次、高素质人才的现实需求，也是实现学科间融合促进、培育新兴交叉学科、实现自主创新的客观要求。因此，我校学科发展定位为：以工为主，理工结合，多学科协调发展。"三海一核"主体学科总体处于国内一流，相关学科形成特色和比较优势，其中若干学科和方向达到国际先进水平。

3. 办学层次定位：大力实施高质量的本科教育和研究生教育，积极发展留学生教育

高质量本科教育是研究型大学的发展基石，开放式国际化是研究型大学的重要特征，高层次研究生教育是研究型大学的必然要素。结合对国家高等教育发展趋势和人才需求的分析，学校确定了"大力实施高质量的本科教育和研究生教育，积极发展留学生教育"的办学层次定位。这一定位符合国防科技发展及国家经济建设需求，符合高等教育发展趋势，符合我校实际。

4. 人才培养目标定位：培养具有坚定信念与创新精神，视野宽、基础厚、能力强、素质优的可靠顶用之才；使我校成为我国"三海一核"领域一流工程师和企业家的摇篮，国防科技工业和国民经济建设高层次科技人才的重要基地

学校紧紧围绕培养一流人才的根本任务，为船舶工业、海军装备、海洋开发以及核能应用领域输送了大量高科技人才，现已发展成为我国船舶工业高层次人才和技术的重要依托，海军、核技术应用以及国民经济建设等领域高科技人才培养的重要基地。基于 21 世纪对人才素质的基本要求和这些领域的未来需求，根据差异化原则，学校确立把"培养具有坚定信念与创新精神，视野宽、基础厚、能力强、素质优的可靠顶用之才"作为人才培养定位，使我校成为我国"三海一核"领域一流工程师和企业家的摇篮，国防科技工业和国民经济建设高层次科技人才的重要基地。

5. 服务面向定位：依托船舶，立足国防，面向国民经济建设

几十年来，船舶工业、海军装备、海洋开发以及核能应用一直是我校的主体服务领域。结合学校对船舶工业、国防科技工业及区域经济和社会发展形势的判断：21

世纪前 20 年,国防科技需求将仍然是学校发展的主要牵引力量,"三海一核"仍将是我校的主体服务领域。同时,随着国家振兴东北老工业基地战略的实施,我校为国民经济建设服务的领域将不断扩展。学校在这一重要战略机遇期内将继续坚持"依托船舶,立足国防,面向国民经济建设"的服务面向定位,以服务求支持,以特色求发展。

6. 发展目标定位:到 2020 年左右,把哈尔滨工程大学建成特色鲜明的高水平研究型大学

综合考虑学校的类型、层次、人才培养目标、服务面向等定位,在哈尔滨工程大学第二次党代会上,学校正式确立了"到 2020 年左右,把哈尔滨工程大学建成特色鲜明的高水平研究型大学"的总体发展目标。

根据发展目标,学校确定了"三步走"的发展战略。

第一步,到 2010 年,建成特色鲜明的高水平大学,形成研究型大学的基本框架。

第二步,到 2015 年,不断提升研究型大学的水平和层次,着力解决"高水平"问题,使学校的科技创新能力和社会服务能力水平显著提高,产生一批能够显示我校在"三海一核"领域处于引领地位的若干重大标志性成果,工、理、文、管学科协调发展。

第三步,到 2020 年,建成特色鲜明的高水平研究型大学,不断提高研究型大学的国际化程度,使我校优势学科的国际竞争力显著增强。

其最终实现的标志为:使学校成为我国"三海一核"领域高层次人才培养的基地、若干主要学科科技水平的标志、若干重要科技成果转化的源头。

第 2 部分

大学战略分析

第 **5** 章　大学外部环境分析

在完成对大学使命、愿景和定位的确定或重新审视之后，就进入了大学战略管理的第二环节：大学战略分析，也称大学内外部环境分析，包括大学外部环境分析和大学内部条件分析。本章聚焦讨论大学外部环境分析。

5.1　大学外部环境分析的构成及步骤

作为社会大系统中的一个开放子系统，大学组织的社会特性决定大学无法不受外部竞争环境的影响，许多外部因素影响着大学战略的制定，因此，在制定大学战略前，必须进行大学外部环境分析。

5.1.1　大学外部环境分析的构成

大学外部环境分析可分为高等教育系统外部环境分析和高等教育系统内部竞争分析。

高等教育系统外部环境分析可分为大学宏观环境(macro environment)分析和大学行业环境(industry environment)分析，其中，宏观环境(也称为总体环境(general environment))主要指国家层面上影响高等教育和大学发展的各种因素，主要包括政治、经济、社会、科技、法律、文化、人口和国际/全球化等因素,是大学的间接环境,往往通过行业环境对大学产生影响;行业环境是指大学所处的直接环境,是指来自购买者、供应商、替代者和新进入者等对现有大学的影响因素,它们对大学发展产生直接的影响。

高等教育系统内部竞争分析又分为不同类型(或称战略组群)大学之间的竞争分析和同类型大学之间的竞争分析。在大学战略管理中,同一类大学构成一个战略组,大学战略组群是指由所有类型大学的战略组构成的战略组群;大学同类院校是指具有直接竞争关系的大学。在整个高等教育市场中,不同类型大学之间的竞争主要体现在相互之间的互补性和竞争性,同类型大学之间的竞争主要体现在竞争性和替代性,因此,从竞争的激烈程度而言,同类大学之间的竞争要远超不同类型大学之间的竞争。

由以上分析可见,大学外部环境分析主要包括四个层次或方面的内容:大学宏观环境分析、大学行业环境分析、大学战略组群分析和大学同类院校分析,构成了如图 5.1 所示的大学环境的层次结构。

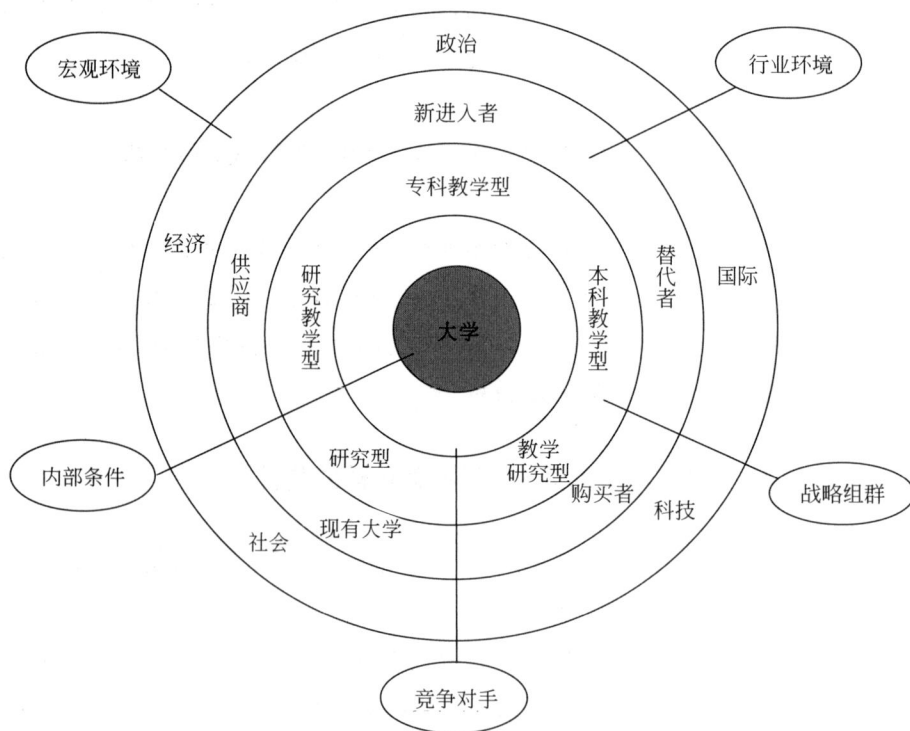

图 5.1　大学环境的层次结构图

值得注意的是,在大学的各种利益相关者(stakeholder)中,虽然有处于高等教育系统外部的,如政府、用人单位等,也有处于高等教育系统内部的,如教职工这样的大学内部工作人员,但是在进行利益分析时,利益相关者作为一个独立的群体与大学处于同等的地位,因此,大学利益相关者的分析也应该作为大学外部环境分析的一方面内容。因此,大学外部环境分析的构成从四方面拓展到包含利益相关者分析的五方面,如图 5.2 所示。

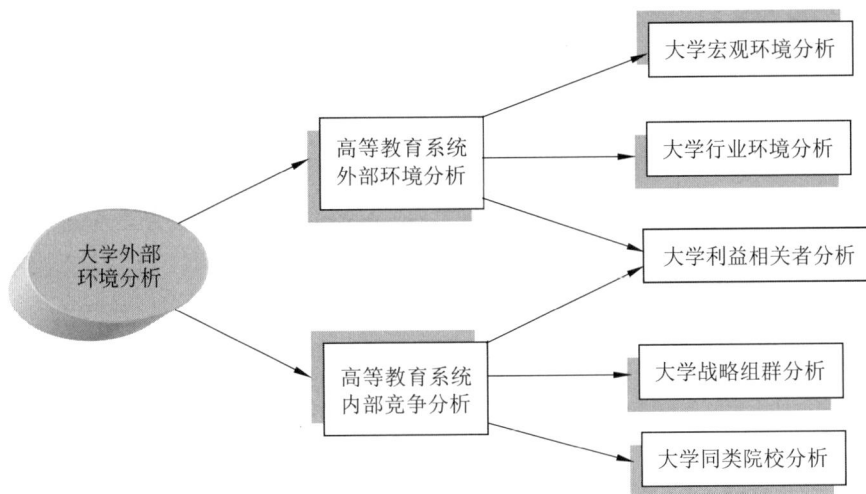

图 5.2　大学外部环境分析的构成

大学外部环境分析的目的,就是要明确"我们可做什么",就是通过大学外部环境的分析,明确客观条件允许大学做什么,大学利用客观条件能够做什么。因此,大学外部环境分析的一个重要目的就是识别外部环境能给大学带来的有利机会和对大学形成的不利威胁,这里的机会是指那些有利于大学获得竞争优势的外部环境和条件,威胁是指那些不利于或妨碍大学获得竞争优势的外部环境和条件,分析大学在机会和威胁并存的情况下做些什么,回避什么,做好什么,并在战略制定阶段提出与之相适应的战略措施。

5.1.2　大学外部环境分析的步骤

大学外部环境分析一般包含以下 4 个步骤。

1. 环境扫描(environmental scanning)

定期研究环境内可能的变化,找出和发现环境变化及其趋势的早期信号。定期的环境扫描对于处于动态变化环境中的大学而言是十分重要的。

2. 环境监控(environmental monitoring)

如果在环境扫描中发现某些变化已经出现,就需要对这些变化进行监控,这便是环境监控。成功的环境监控的关键在于大学能够查明各种环境变化对大学发展的影响。

3. 环境预测(environmental forecasting)

环境扫描和环境预测关注的是某一时间点/段上发生的事件,而环境预测则是针对前二者发现的变化,预测未来可能出现的状态,包括将会发生什么,以及何时发生。

4. 环境评估(environmental assessing)

环境评估是判断和确定环境变化及其趋势对大学战略管理的重要性和时效性,也就是说,环境评估的作用在于确定前面三个步骤的结果对大学战略管理的意义。

上述外部环境分析的步骤或内涵是面向未来发展的,其最终目的是动态地发现、监控、预测和确定外部环境的变化及其趋势,以及对大学战略管理的影响。

本章以下各节将分别对如图 5.2 所示的构成大学外部环境分析的各部分进行分析讨论。

5.2 大学宏观环境分析

大学宏观环境主要指在国家层面上影响高等教育和大学发展的各种因素。从教育的外部关系规律看,高等教育的发展必须与国家的发展相适应,不仅要满足经济社会发展对高等教育的要求,而且要受到宏观因素的制约,包括政治、经济、社会、科技、法律、文化、人口和国际/全球化等多方面因素,这些因素对大学的建设和发展都会造成潜移默化的影响,其中起决定性作用的是政治、经济、社会、科技等因素,也就是说,大学的发展必须与国家特定的政治、经济、社会、科技和文化协调发展。

5.2.1 PEST 分析模型

在战略管理中,进行宏观环境分析的工具称为 PEST 分析模型,主要帮助管理者在决策前全面分析决策事项所面临的外部环境,是一种广泛应用的管理工具,在世界 500 强企业中,几乎每一个企业的经理人都在使用它。

PEST 代表的是四个主要环境因素:政治(politics)、经济(economic)、社会(society)和科技(technology)的英文单词的首写字母。通过对这四方面因素的分析,从总体上把握宏观环境,并评价这些因素对大学战略目标和战略制定的影响。PEST

分析的主要过程分为以下四步。

（1）尽量列出所有政治、经济、社会和科技等方面对高等教育产生影响的因素。

（2）找出大学需要予以重点考虑与关注的因素。

（3）分析这些重要因素，研究和明晰它们对大学战略的影响。

（4）对这些因素进行评价，确定影响大学战略的关键因素。

总之，与 5.1.2 节中"大学外部环境分析的步骤"的作用不同的是，PEST 分析模型的核心是找到影响大学战略的关键要素。

除上述四方面的主要因素外，经济全球化对高等教育国际化的冲击和影响也对大学的决策和发展产生了重要的影响。下面主要从政治环境、经济环境、社会环境、科技环境和国际环境五方面对影响大学发展的宏观环境进行分析。

5.2.2 政治环境

政治是影响大学发展的主导因素。因为高等教育在任何一种社会制度中都不可能超越特定的政治环境，它不可能不体现一个时代、一个社会的政治要求和政治理想。因此，为特定的政治服务是高等教育的一个重要特征，任何一个社会都非常重视利用高等教育传递政治态势、维护政治安定，对作为高等教育的主要承担者的大学来说更是如此。政治因素对大学而言基本是不可控的，具有强制的约束力，大学必须符合国家的政治路线、大政方针和法律法规，才能得到健康的发展。

政治环境主要由四方面构成：国家战略；国家经济社会发展的规划与目标；国家高等教育政策；教育法律法规。国家战略是国家从长远发展需要就某一重要领域提出的战略目标及其相应措施；国家经济社会发展的规划与目标，包括国家中长期教育发展规划纲要等，是国家对经济社会/高等教育中长期发展制定的指导思想、目标和方案，它影响着高等教育总体发展的方向、结构和要求；国家高等教育政策主要是指与教育和大学发展相关的党和国家的路线、方针和政策。教育法律法规是指政府及其主管部门颁布的与大学有关的法律法规等。

政治环境对大学起着引导和制约的作用，影响着大学发展的规模、结构、速度、质量和效益。政治环境对大学的直接影响主要表现在以下几方面。

（1）国家战略的提出，要求大学以主动服务的态度，在大学的办学方向和办学目标上予以适应，并主动承担相应的责任和任务。

（2）国家规划的出台，将影响到大学办学方向和办学目标的调整，以及大学中长期规划的制定、调整和落实。

（3）国家宏观政策的调整，使得大学在使命、办学定位、办学目标等方面要进行相应的调整。

（4）教育法律法规的颁布，将影响大学的办学行为及教育教学活动等。

（5）国家和各级政府通过经济手段，如财政拨款方式，影响大学的发展和改革。

（6）政府运用意识形态，如通过媒体、价值观的改变、对质量要求的提高、人民群众对大学的期望等，影响大学的办学。

【政治环境实例】

国家战略：

（1）创新驱动发展。

（2）"一带一路"。

（3）中国制造2025。

（4）教育强国、科技强国和人才强国。

国家规划：

（1）《国家中长期教育改革和发展规划纲要（2010—2020年）》。

（2）《国家中长期人才发展规划纲要（2010—2020年）》。

（3）《中国教育现代化2035》。

国家政策：

（1）1999年从扩大内需和提高全民素质的角度考虑，国家提出的高等教育由适度发展转为扩大发展的要求（国家层面）。

（2）2015年国务院印发《统筹推进世界一流大学和一流学科建设总体方案（国家层面）》。

（3）2017年教育部、财政部和国家发展改革委三部委联合印发了《统筹推进世界一流大学和一流学科建设实施办法（暂行）》。

（4）教育部"高等学校本科教学质量与教学改革工程"（简称"质量工程"）。

（5）教育部"六卓越一拔尖"计划等。

法律法规：

（1）《教育法》。

（2）《高等教育法》。

（3）《民办教育促进法》。

（4）"中国共产党基础组织工作条例"。

财政拨款：

（1）生均拨款、基本建设专项经费。

（2）"双一流"建设经费，高水平大学建设经费。

（3）各省（市）重点大学、重点学科/专业建设经费等。

舆论：社会、媒体对高度教育质量的评价、批评、意见、建议等。

5.2.3　经济环境

经济环境包括世界经济发展的整体趋势、国家经济的总体状况、大学所在地区的经济发展状况、社会物价水平、居民收入水平等诸多方面。换句话说，经济环境是指构成大学生存和发展的经济发展水平、经济体制及经济结构等。经济环境是大学改革与发展的决定因素，既能够给大学带来众多的发展机会，也可能给大学发展造成威胁，大学的办学经费、办学成本、学科建设、专业设置等都要受到经济环境的影响。

1. 经济发展水平

经济发展水平是指经济发展的规模、质量、速度和所达到的水准。具体而言，与高等教育有关的反映经济发展水平的主要变量有国民生产总值、经济增长率、政府财政预算、就业率、居民可支配收入、居民人均支出、物价、通货膨胀率等。这些决定着高等教育的规模，影响大学人才培养层次、类型和质量，大学的发展水平与国家经济发展水平密切相关。例如，政府对高等教育的投入与国家经济发展水平相关，诸如高校生均拨款、人头费，"211 工程""985 工程""双一流"建设等专项建设费，各省（市）重点大学、国家和省重点学科建设项目经费等。

2. 国民经济结构

国民经济结构包括产业结构、技术结构、分配/消耗结构、地域结构等。大学的发展必须与这些国民经济结构相适应，其中对高等教育影响最大的是产业结构。与经济结构相适应的高等教育结构包括了科类结构——与产业结构相适应，层次结构——与技术结构相适应，形式结构——与消费结构相适应，地区结构——与国民经济的地域结构相适应，如图 5.3 所示，国民经济结构的变化必然导致高等教育结构的变化，与此同时，从面向未来的角度看，高等教育结构的调整也能够促进国民经济结构的调整。

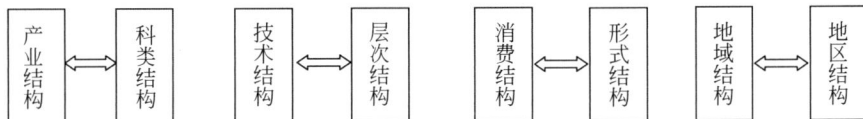

图 5.3　国民经济结构与高等教育结构的对应

对图 5.3 中 4 对结构之间的相互作用关系解释如下。

产业结构与科类结构：不同的产业布局、调整和升级将直接影响到大学学科、专业的设置、调整和重组。反之，大学面向未来的新的学科专业设置也将影响新产业的形成和发展。

技术结构与层次结构：技术结构反映的是国家和地区一定时期内国民经济各部门技术装备水平的状况，即不同技术和装备水平的比例关系。如现代化技术与一般技术的比重，智能技术、自动化、半自动化、机械化、半机械化和手工操作的比重等。层次结构是指大学培养不同层次人才的比重，这些人才掌握着不同层次的技术。因此，技术结构会影响大学不同学科专业人才培养的层次结构；反之，大学人才培养的层次结构也将改变国民经济各部门的技术结构。

消费结构与形式结构：消费结构指的是国民各类消费支出占总支出的比重。形式结构指的是大学人才培养的学习形式，如全脱产、在职、继续教育、开放大学等。因此，国民用于教育、培训、文化等方面的消费会影响到大学对不同人才培养学习形式的重视和发展。反之，大学不同人才培养学习形式质量水平和学习效益的提升也将引导国民在高等教育上的消耗。

地域结构与地区结构：国家从整体规划和功能布局的角度，对不同省或区进行了定位和安排，使得不同地域在产业类型、主体功能等方面均有分工，形成了系统的地域结构。高等教育层次、类型、规模等方面布局的地区结构需要与地域结构相匹配，以支持和满足不同地域支柱产业的发展和主体功能的发挥；与此同时，从发展规划的角度，国家可以提前调整和布局高等教育的地区结构，以引导和促进相应地域支柱产业的发展和主体功能的形成。

3. 经济体制

经济体制即经济运行制度，是指资源配置的具体方式或制度模式。经济体制的变革在很大程度上直接影响着教育体制的变革，反过来，大学的改革要适应经济体制的要求。从发展的眼光看，高等教育的改革应该引导经济体制的改革，为经济体制的改革在人才培养、科学研究、咨询服务等方面做好准备。随着社会主义市场经济体制的建立与不断完善，市场经济日益深刻地影响高等学校与政府、社会、学生之间的关系，以及大学内部的管理与运作。

5.2.4 社会环境

社会环境由社会、文化、人口和生态环境组成，对高等教育和大学有直接影响的因素主要包括人口构成、文化传统、价值观念、行为规范及生活方式等。

人口因素包括年龄结构、教育程度、性别、民族、社会阶层等,对大学发展的影响往往更直接、更迫切。例如,当可接受高等教育的适龄人口高峰逼近时,解决人们的入学或升学问题,不仅是教育问题,更是社会问题;当适龄人口降低时,大学不得不调整和压缩招生和办学规模。这种膨胀和收缩会给大学的经费预算、资源投入、基础建设、师资队伍等方面带来长期的影响。总之,可接受高等教育的适龄人口比例、人口老龄化程度、人口区域分布对高等教育的规模和培养方式都有重要的影响。

文化传统和价值观念对大学的影响主要指社会民众对文化教育的重视程度、对接受高等教育的需求,以及教育思想观念的转变等将引发高等教育和大学的变化。这些转变可以严重地影响社会对高等教育的需求,涉及人才培养的层次、类型、模式、规模、质量和结构等,从而影响大学的战略管理的全过程。如"终生学习"理念的提出就促使高等教育建立和完善开放的"终生教育"系统,以满足人们不断增强的知识更新、继续教育和终生学习的需要。

行为规范和生活方式对高等教育的影响主要表现在社会民众将接受高等教育作为提高个人素质、规范行为举止、改变生活方式和调整人生轨迹的重要途径和手段。这就意味着,高品质、多形式、多模式、灵活性、开放式的高等教育服务将成为社会对高等教育和大学的要求。

5.2.5　科技环境

科技环境是指大学所处的社会环境中的科技要素及与该要素直接相关的各种现象的集合,主要包括以下 4 个要素:社会科技总体水平及变化趋势、社会科技力量、国家科技体制及国家科技政策和科技立法等。

科技因素对大学的影响主要体现在人才培养、科学研究和办学条件上。

人才培养方面:科技进步使得社会对不同层次和类型人才的需求量及不同学科专业人才结构发生重大变化,因此,大学要主动适应市场需求,及时调整学科结构和专业布局,培植和发展新兴学科及专业,以满足社会、科技发展对人才的需要。

科学研究方面:科技进步及科技水平的提高,使大学拥有更加先进的科研仪器、设备和手段,具备更加完善的科研条件,能够胜任和承担更高水准、更大难度的科研项目。这就要求大学相应提高自身的研究水平,以更好地履行科学研究的职能。

办学条件方面:新技术对高等教育和大学的发展起到激励和促进作用,不仅改善和提升了包括教学设备、实验手段和实训条件在内的大学办学条件,也带来了课程体系、教学内容、教学方式、人才培养模式的重大改变,从而提升了人才培养质量。

5.2.6 国际环境

经济全球化进程必然要求高等教育的国际化,要求大学把国际化作为办学目标之一,为大学的发展带来新的机会和空间。这就要求加强高等教育的国际交流与合作,积极向各国开放国内高等教育市场,同时充分利用国际优质教育资源。为了适应高等教育国际化,大学在课程建设、教育内容、教学方式、教学环境、科研设备、科研条件等方面要适应国际交流与合作的需要。

高等教育国际化意味着大学竞争从本国市场走向国际市场,给大学发展带来了新的威胁和不确定因素。一方面,大学要面临国际强有力的同行、新的竞争对手的对国内高等教育市场的占领;另一方面,大学要走出国门在国际环境下赢得应有的地位。因此,大学要更新理念、转变思路、重新定位,在新的、动荡的国际高等教育格局中寻求健康发展路径。

国际经济一体化要求大学(尤其是高水平大学)积极参与本国经济的国际竞争。也就是要求大学在人才培养、科学研究、社会服务,以及文化传承与创新方面将提升国家的核心竞争力,建设创新型国家作为自身的一项重要任务。如在人才培养规格、模式和质量上的要求要满足培养具有国际意识,能够在多文化环境下交流、合作与竞争的人才需要。

国际、地区间在经济、政治、科技、文化等方面日益频繁的交流合作,也要求大学积极参与并扮演更加重要的角色,发挥更大的作用。大学不仅是从事高等教育的主体,也是文化交流合作、经济贸易促进、国际问题研究、重大决策支持的主力。

5.2.7 外部因素评价法

通过 PEST 分析模型确定的宏观环境中影响大学战略的关键因素后,可以对这些关键因素进行分析和评价,以确定大学对宏观环境的反应能力。本节介绍外部因素评价(external factor evaluation, EFE)矩阵,该矩阵可以帮助战略管理者归纳和评价经济、社会、教育、文化、人口、环境、政治、政府、法律、技术及竞争等方面的信息,也可用于对大学的外部关键因素进行分析和评价,可以帮助大学战略管理者对上述宏观因素分析进行归纳和进一步的分析。建立 EFE 矩阵的 5 个步骤如下。

步骤 1:列出已经确认的大学外部关键因素。因素总数 n 控制在 $10\sim20$。关键因素包括影响大学的各种机会和威胁两类。先列举机会,后列举威胁,要尽量具体,必要时可以采用百分比、比率和对比数字。

步骤 2：赋予每个因素 i 一个权重 β_i，满足：0.0（不重要）$\leq \beta_i \leq 1.0$（非常重要），$\sum \beta_i = 1$。每个因素的权重说明这个因素对于所分析大学在高等教育行业中取得成功的影响的相对大小。机会往往比威胁得到更高的权重，但当威胁因素特别严重时，也可得到高权重。确定权重大小的方法包括对成功的大学和不成功的大学进行比较，也可以通过集体讨论而形成共识。所有因素的权重之和必须等于 1。

步骤 3：按照大学的现行战略对关键因素的有效反应程度，为各关键因素进行评分。分值范围为 1~5，其中 5 分 = 反应很好，4 分 = 反应较好，3 分 = 反应一般，2 分 = 反应较差，1 分 = 反应很差。评分反映了大学现行战略的有效性，因此它是以大学为基准的，而步骤 2 中的权重是以高等教育行业为基准的。

步骤 4：计算每个因素的加权分数。用每个因素的权重乘以它的评分，即得到每个因素的加权分数。

步骤 5：计算加权后的总分。将所有因素的加权分数相加，即得大学的总的加权分数。

需要说明的是，无论 EFE 矩阵包含多少关键机会因素和关键威胁因素，一所大学所能得到的总加权分数的范围都在 1~5，平均分为 3 分。分数高于 3 分说明大学对外部影响因素能够做出积极而有效的反应。总加权分数为 5.0 说明大学现行的战略有效地利用了宏观环境的机会，并将宏观环境的威胁的潜在的不利影响降到最低。若总加权分数为 1.0，则说明大学的战略不能利用外部机会或回避外部威胁。

【案例】　表 5.1 给出了一个 EFE 矩阵的例子。其中"外部关键因素"是通过 PEST 分析模型确定的。值得注意的是，"经费投入每年增长 10%"的权重最高，为 0.18，因此是影响高等教育行业最重要的因素。该因素相应的评分为 4，说明了本案例中的大学采取了比较有效利用这一机会的战略。

表 5.1　一个 EFE 矩阵的例子

外部关键因素	权　重	评　分	加 权 分 数
机会			
经费投入每年增长 10%	0.18	4	0.72
校企研合作得到加强	0.10	3	0.30
吸引更多的高层次人才	0.16	5	0.80
获得更多国家级科研成果	0.14	1	0.14
威胁			

续表

外部关键因素	权　重	评　分	加权分数
生源质量下降	0.14	2	0.28
教师积极性得不到提升	0.13	4	0.52
办学声誉受到影响	0.15	3	0.45
总计	1.00		3.21

说明：表 5.1 中的总加权分数为 3.21，说明该大学在利用外部机会和回避外部威胁方面略高于同类大学的平均水平。

虽然 EFE 方法是评价外部环境因素的有效的辅助工具，但该方法也存在局限：

① 在确定外部关键因素时带有相当大的主观性。

② 各因素的权重和评分的确定取决于个人或集体的主观判断，对结果影响很大。

因此，虽然 EFE 方法的评价结果是量化的，但只能将其作为参考，而非完全客观的依据。

5.3　大学行业环境分析

行业是指一组生产相近产品或提供类似服务且可以相互替代的组织或机构的集合。根据这个定义，国家和地区的高等教育系统就是为经济社会和各行各业提供高等教育服务的，由众多可以相互替代各类高等学校组成的一个行业，因此，大学行业环境分析就是高等教育系统/行业分析。与大学宏观环境分析相对应，大学行业环境分析属于大学外部环境分析中的中观层次，它的内容主要涉及同一行业内所有大学共同面临的外部环境因素。这些因素往往是大学宏观环境诸多因素在大学行业环境（也称"高等教育行业"）中综合作用的结果，对大学战略管理的影响也更加直接和明显，为此，在对大学行业环境进行分析之前，有必要对高等教育行业的主要特征进行梳理。

5.3.1　高等教育行业的主要特征

1. 高等教育规模的普及化

美国高等教育家马丁·特罗（Martin Trow）以高等教育毛入学率和高等教育多样性为依据，于1972 年提出，高等教育毛入学率在 15% 以下为"精英型"高等教育；毛入学率在 15%~50% 为"大众化"高等教育;毛入学率在 50% 以上为"普及化"高等教育。根据这种划分办法,2002 年我国高等教育毛入学率就以达到 15%,提前进入高等教育大众化阶段。虽然,高等教育普及化被视为中国高等教育发展的远景目标和理想追求,但是,2019 年,中国高等教育毛入学率达到 51.6%,正式进入普及化阶段,之后普及化水平持续提高,达到 2021 年的 57.8%。值得注意的是,随着中国建成了世界上规模最大的高等教育体系,高等教育投入和高等教育质量仍将成为高等教育行业的突出问题。

2. 高等教育类型的多样化

高等教育类型的多样化有丰富的含义,主要表现为高等学校类型的多样化和人才培养的多样化。高等学校类型从办学主体看,由过去的国有公办,增加为国有、民办、中外合作;从层次看,有研究型、研究教学型、教学研究型、本科教学型和专科教学型;从定位看,每个学校都要寻求自己适合的定位,并在制度建设、资源分配、组织机构、师资队伍、课程建设、招生就业等方面形成内部一致的配合。人才培养的多样化包括学生入学方式、层次结构、学分学制、培养模式、学习方式多样化等。

3. 高等教育趋势的国际化

高等教育的国际化同样有着多重含义。首先,实施多种模式的国际合作教育:包括互派学生模式、合办学院模式和分段合作模式等;其次,开展多种形式的国际合作科研:包括参与对方的科研团队,联合申请科研项目、科研信息的共享和交流等;再次,开展广泛的国际交流:包括教师的国际交流、学生的国际交流和国际教育资源共享等;最后,营造国际化的办学环境:包括培养开放、包容、自由的校园文化,举办国际化的学术、文体、科技交流活动,提高外国留学生的比例等。

4. 高等教育投入的多元化

高等教育的投入由过去政府的单一投入转变为投资渠道逐渐多元化。在目前仍以政府投入为主的情况下,通过学费分担机制和全方位面向经济发展和社会进步服务,高等教育获得了越来越多的政府、社会、个人以各种形式的投资、捐赠和回报。但作为全球高等教育的普遍问题,投入不足、区域差别、资源分配失衡仍然是制约高等教育整体发展的主要因素。

5. 高等教育学习的终身化

高等教育在日益重要的全民终身教育方面注定要发挥越来越核心的主导作用。除学历教育外,高等教育将承担越来越多的继续教育、在职教育、短期培训等教育任务。联合国教科文组织曾对终生教育进行过研究,他们提出终身教育基于四个基本原则:"学会认知",将掌握广泛的普通知识和深入研究某些领域学科相结合;"学会做事",是获得能够应付生活中各种情况的工作资格、谋职能力、团体合作能力等;"学会共处",即培养与他人在一起生活的敏锐感知力;"学习生存",即了解你自己的愿望,培养自我控制行为的能力,做一个负责任的人。

6. 高等教育行为的社区化

高等教育机构与社会其他机构形成更紧密的互动关系。一方面,大学与地方政府建立更紧密的合作关系,全方位参与地方经济建设与社会发展事业;另一方面,大学与所在社区建立起密切服务机制,成为社区终身教育体系的枢纽,以满足社区民众的不同需求;与此同时,大学与所在区域的行业产业界建立起深度合作关系,以增强大学为社会服务的功能,促进区域行业产业的发展。

7. 高等教育作用的中心化

高等教育从过去的边缘组织已经成为社会的中心组织。高等学校不仅承担着国家人才培养、科学研究和社会服务的职能,而且在文化传承与创新、科技进步与创新、推动国家经济社会发展等方面发挥日益显著的作用。

高等教育的中心化与高等学校享有越来越大的自主权密切相关。大学的自主主要表现为学术自主,即大学在专业设置、研究领域选择等方面,将有更大的自主权;经济自主,即大学在市场的机能下调整发展方向,与社会取得更密切的良性互动,并独立担负起经济责任。

8. 高等教育水准的优质化

强调、重视和提高高等教育质量是政府和社会对高等教育的要求,也是高等教育不断努力的方向。近年来,各国政府纷纷加强对高等教育人才培养质量、科研水平、社会服务质量的评估和监督,旨在提升本国高等教育的国际竞争力,这不仅是全球高等教育改革和发展的一个重要趋势,也是中国从高等教育大国迈向高等教育强国的关键。

5.3.2 五种竞争力模型

与宏观环境相比,任何一个行业的行业环境对其竞争优势与效益的影响更为直接,一个行业中的竞争,远不止在原有竞争对手之间进行,美国著名战略管理学家,哈佛商学院的迈克尔·波特(Michael Porter)教授在其1980年出版的《竞争战略——分析产业和竞争者的技巧》一书中认为,在行业环境下存在五种基本的竞争力量,也就是说,行业的竞争状态是由五方面的竞争力量共同决定或综合作用的结果:新进入者的威胁、供应商的议价能力、购买者的议价能力、替代者的威胁,以及同行竞争者之

间的竞争。由这五种竞争力量构成的模型称为五种竞争力模型(five forces model)
(简称"五力模型"),如图 5.4 所示,为识别和分析行业内竞争因素的来源提供了一个
清晰的分析框架,得到战略管理界的公认和广泛使用。下面逐个分析这五种竞争力。

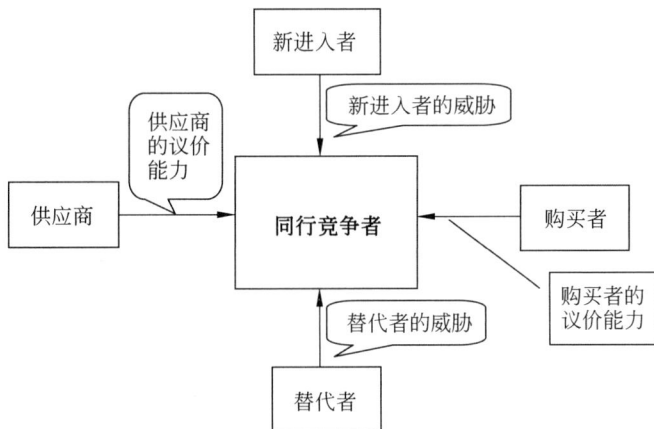

图 5.4　波特五种竞争力模型

1. 同行竞争者

同行竞争者是指在行业内现有的竞争者。同行之间为了争夺市场和资源进行的
竞争是最直接也是最重要的竞争,这种竞争是一个动态的、不断变化的过程——因为
各个同行竞争者会针对竞争态势不断地采取新的进攻性措施和防御性措施。与此同
时,为了应对其他四种竞争力,同行竞争者之间也可能采取合作的策略,因此,竞争与
合作在同行竞争者之间是变化不定的。

2. 新进入者

新进入者是指准备进入行业的机构/组织。作为一个潜在的竞争对手,新进入者
是行业重要的竞争者,它们对行业的进入威胁主要有两方面:一是要占领部分市场,
这将导致与现有竞争者的激烈竞争;二是要获取生产资源,这将导致生产成本的提
升。新进入者的威胁在下述条件下会增大:进入行业壁垒比较低,存在大量的新进
入者,现有竞争者不能或不愿积极抵御新进入者,行业对新进入者有较大的诱惑。

3. 替代者

替代者通过提供能够替代现有竞争者产品的替代品来参与行业竞争,虽然替代
品并非与被替代品完全相同,但只要其功能和获取代价上较被替代品有优势,就能够
构成对现有竞争者的威胁。替代者所带来的竞争威胁在下列情况下会增大:获得替
代品的代价诱人,替代品的功能强大,行业机构对替代品有偏好,行业机构购买的转

换成本很低。

4. 供应商

供应商是指提供行业机构生产产品所必需的原材料、部件或其他资源的机构或组织。一旦某个行业的供应商拥有足够的讨价还价能力，就能给某些行业机构造成竞争压力。供应商谈判能力的高低取决于以下因素：所供应资源/材料的价格、质量、性能和替代性，行业机构变更供应商的转换成本，供应商的集中度/数量。

5. 购买者

购买者是指购买行业机构/组织生产的产品或销售的服务的机构/组织。对行业机构造成的竞争压力源于其讨价还价能力。购买者谈判能力的高低取决于以下因素：购买者的购买产品或服务的数量，产品或服务的价格、质量，产品或服务的重要性，产品或服务的差异性和替代性，购买者改变购买对象的转换成本。

上述五种基本竞争力量的状况及其综合强度，决定着行业竞争的激烈程度，决定着行业中获得利润的最终潜力。

5.3.3 高等教育行业的"五力模型"

在市场经济环境下，高等教育系统同样存在着激烈的竞争。这些竞争就成为影响大学竞争优势与办学效益的行业环境。基于迈克尔·波特"五力模型"的结构，可以构建高度教育行业的五种竞争力模型，如图 5.5 所示，这五种竞争力直接影响着大学的办学行为和竞争行为。

五种竞争力模型的特殊意义在于拓展了竞争分析的领域，从以往的只注重直接竞争者扩充到各种可能的竞争者，透彻地阐述了某一特定市场上的竞争模式——五种竞争力的各自能力、五种竞争力之间的相互关系，以及行业内竞争的总体结构，为战略制定者提供了深入分析行业竞争态势的强有力的工具。

一般来说，高等教育行业五种竞争力量的状况及其综合强度，决定着大学面临的竞争激烈程度，其中任何一种力量越强，大学面临的竞争就越激烈。在图 5.5 中，其中一种强的竞争力量被视为对大学的威胁，因为大学可能因其而失去竞争优势；而其中一种弱的竞争力量则被视为大学的机会，因为大学可以因其而获得发展机遇。这五种竞争力量各自的强弱，可能随着时间和高等教育行业状况的变化而改变，大学战略管理者的任务是，认清五种竞争力量的动态变化如何给大学带来新的机会和产生新的威胁，从而制定出相应的战略：一方面抓住五种竞争力量形成的总体竞争结构带

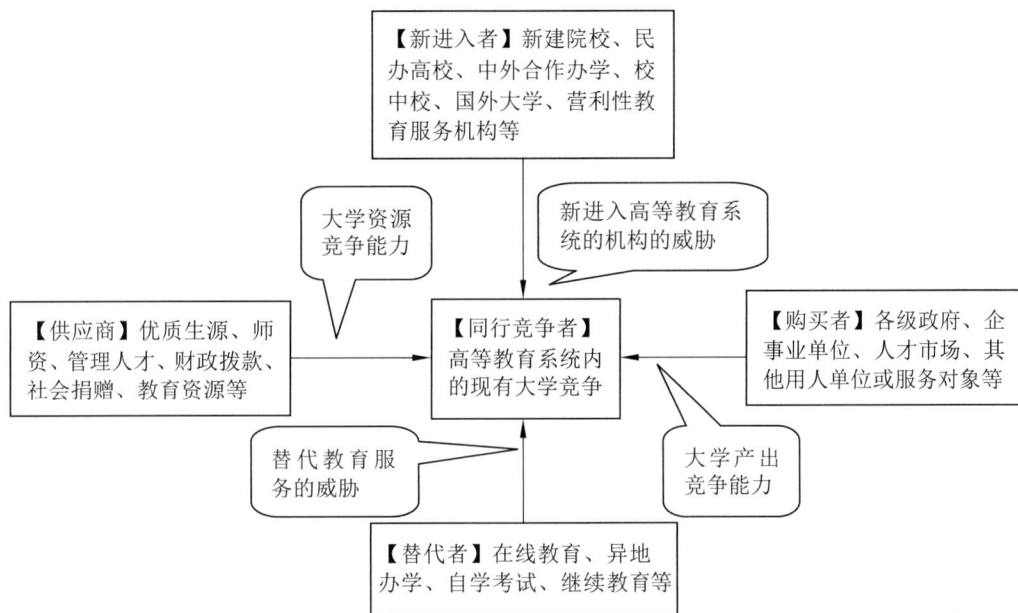

图 5.5 高等教育行业的五种竞争力模型

来的机会；另一方面尽可能使自己免受这五种竞争力量的威胁。此外，一所大学有可能通过自己战略的制定，改变高等教育行业的竞争态势，尤其是同类型大学之间的竞争，变被动为主动，转威胁为机会，从而形成自身的竞争优势。

在高等教育行业"五力模型"中，大学与这些竞争因素可能发生的战略关系包括以下几种。

（1）与用人单位及服务对象的关系：主要有服务与被服务，选择与被选择；

（2）与教育资源提供者的关系：主要有被服务与服务，被选择与选择；

（3）与合作者的关系：优势互补、互利互惠、合作竞争；

（4）与竞争者的关系：相互争夺、控制与反控制。

例如，在社会用人单位质疑大学毕业生质量的环境下，大学通过人才培养模式改革战略，按照社会需求，培养"适销对路"的人才，就能把竞争压力转变为竞争优势；又如，为了获得更多的社会资源，改善教育资源不足的状况，大学应该制定为资源提供者服务的战略，以吸引更多的投资者。

5.3.4 大学五种竞争力量分析

在应用高等教育行业"五力模型"之前，需要对其中每种力量进行细则的分析。

1. 现有大学之间的竞争

高等教育系统内现有大学之间的竞争是指高等教育行业内各大学之间的竞争关系和激烈程度。这里尤其要关注同一层次类型竞争对手的发展状况,关注其在人才培养、专业学科建设、科学研究、机构设置、内部管理、招生就业等方面的发展变化,以便及时采取措施。

【讨论分析】 主要讨论高等教育系统内部不同层次和类型大学之间的竞争,对某一类型大学的影响:

① 相邻层次大学间竞争分析。

② 高等教育新的改革政策对大学的影响。

③ 一所大学新的改革措施对其他大学的影响。

大学之间的竞争是相互、交叉和复杂的。影响现有大学之间竞争激烈程度的因素有很多,其中最主要的因素有以下 5 个。

(1)大量竞争对手。

在高等教育行业的某一领域如果存在大量的竞争对手,主要是势均力敌的同类型高校,那么竞争往往是十分激烈的。这种激烈程度会随着市场的大小而变化,市场越大,激烈程度越低。例如,在大学众多而生源有限的地区,大学间为了争夺优质生源的竞争就很激烈。

(2)市场趋于饱和。

当高等教育市场扩大时,大学会将教育资源用在不断扩充的学生或领域上,这时大学从竞争对手中争夺市场的压力要小一些。例如,在 20 世纪末高校扩招形势下,大学只要有充足的校舍等教育资源,就能招收大批新生。但是,当高等教育市场趋于饱和时,大学就要试图吸引竞争对手的客户来扩大自己的市场份额,这时的竞争将会十分激烈。例如,在招生规模和社会生源趋于稳定情况下,大学争夺优质生源的竞争就异常激烈。

(3)缺少差异化。

当大学提供的产品或服务没有自身的特色,与其他高校之间缺少差异化,就意味着这些产品或服务与其他高校的产品或服务基本相同,用人单位或服务对象就不可能忠实于原有的大学,他们就会在各大学间进行比较和选择,从而提高同类产品或服务的市场竞争激烈程度。

(4)转移成本低。

用人单位或服务对象的转移成本越低,竞争对手就越容易通过提供增值的服务或优惠的价格吸引消费者。因此,特色和个性化是大学提高转移成本,抵消竞争对手吸引消费者努力的有效策略。

（5）利益相关度高。

如果在高等教育某个领域获得成功是众多大学高度关注的,那么这个领域的竞争程度就会十分激烈。例如,大学虽然有四大职能,但无论是何种类型和层次的大学,人才培养始终是第一要务,而其中的教育教学质量是大学办学质量的基础和根本,因此,所有大学在教育教学方面的投入是巨大的,大学之间在这方面的竞争也就很激烈。

为了在激烈的高等教育市场竞争中赢得优势,高等教育行业内各大学之间竞争采取的主要方式有：①提高教育质量；②提供优质服务；③降低办学成本；④提高办学效益。

2. 新进入者的威胁

当高等教育行业前景乐观、处在一个大发展的阶段,就会吸引行业外或未进入原有系统者的加入,从而构成新的加入者对行业内原有高等教育机构的威胁。这些新进入者包括新建院校、民办高校、中外合作办学、现有大学校中校(如与国外大学合作的国际学院)、国外大学、营利性教育服务机构等。

【讨论分析】 新进入高等教育行业的教育机构的竞争力量及对现有大学的影响。
共同特点：学位的吸引要抢夺生源、瓜分教育资源。

新进入者是高等教育行业的重要竞争力量,会对高等教育行业带来很大威胁。这种威胁称为进入威胁。这种威胁一方面是由于新进入者带来了高等教育的学位,带来了对高等教育生源市场占有的要求,这将威胁到现有大学在高等教育市场的份额。另一方面,新进入者要获取高等教育资源开展教育教学活动,从而在高等教育资源的争夺上威胁着现有大学在高等教育资源的获取。

新进入高等教育行业的各种教育机构的进入威胁取决于进入障碍以及现有大学的抵制措施。如果进入障碍高,现有大学反应激烈,新进入者就难以进入高等教育行业,进入威胁就小。

新进入者的进入障碍主要如下。

① 资格认定。办学资格的获取,这方面取决于政府的控制。

② 资金需求。基本的教学场地、校舍、师资聘请、基本管理人员、日程运作经费等。

③ 市场生源。足够的生源以保证办学规模。

④ 师资队伍。胜任教育教学的教师队伍。

⑤ 市场认可。毕业生及提供的服务需要得到社会及用人单位的接受和认可。

现有大学也可能采取战略措施抵制新进入者以保持自身的利益。例如,通过降低录取分数吸引生源以避免新进入教育机构录取新生;再如,通过提供更周到的社会服务以防止新进入教育机构占领服务市场。

3. 替代教育服务的威胁

现有高等教育产品和服务的替代者所提供的替代教育服务与现有大学提供的教育服务具有相同的功能或类似的功能,包括在线教育、异地办学、自学考试、继续教育等。这种情况下其他教育类型就对现有大学形成了替代威胁。

【讨论分析】 其他类型教育服务对现有大学的影响。

一般而言,如果在职人员、社会及用人单位面临的转换成本很低甚至为零,或者替代教育服务的价格更低或者质量更好,则替代教育服务的威胁就很强。因此,现有大学在客户注重或认为有价值方面进行差异化,就可以降低替代教育服务的竞争力。

4. 供应商的讨价还价能力

供应商在这里是一个混合的概念,包括优质生源、骨干教师和管理人才,以及掌握政府财政拨款、决策社会捐赠、控制教育资源的组织和个人等。他们或者是大学从事教学、科研、管理等活动所需要的各种人力资源,或者是大学办学需要的经费资源和物资资源的控制者。

供应商的讨价还价能力也给大学的竞争造成压力,大学对优质生源、高水平人才和各种教育资源的追求将提高供应商的讨价还价能力,这就促使大学不得不通过提高自身的知名度和社会声誉赢得竞争。按照波特的观点,供应商的这种能力与大学的资源竞争能力是对应的,两者之间形成了此消彼长的关系。但事实上,这种关系是可以改变的,即大学通过培养和改善与供应商的关系,使供应商成为本校的延伸,成为大学直接的利益相关者。例如,通过与有意向加盟本校的高层次人才沟通,展示大学未来的发展前景,为他们描绘与大学发展同步的自身职业发展路径,从而提高其入职的愿望,降低其在薪酬待遇上过高的要求。

【讨论分析】 大学在各种教育资源竞争上的能力分析。

5. 购买者的讨价还价能力

购买者是指聘用大学毕业生的各级政府、企事业单位或其他用人单位等,以及购买大学科研成果、消费大学提供的各类服务的行业企业、其他组织机构、群体或个人等。

与供应商的讨价还价能力类似,购买者的讨价还价能力也会给大学带来压力和挑战,高等教育行业的竞争将提高购买者的讨价还价能力,这就促使大学必须提高人才培养质量、科研和社会服务水平来赢得行业内的竞争。按照波特的观点,这种能力与大学产出竞争能力也是对应的,两者之间形成了一种对立关系。但在今天的社会,这种关系也是能够改变的,即大学可以通过加强与购买者的沟通和交流,密切与他们的关系,甚至可以发展成为合作联盟,成为利益共同体。例如,通过与工业企业的沟通,掌握其对人才培养规格的具体要求,邀请他们一道修改人才培养方案,参与人才培养过程,从而使培养的人才更加精准地满足用人单位的要求。

【讨论分析】　大学毕业生和各种科研成果为社会所接受和认可的程度分析。

① 毕业生的质量及就业率。

② 毕业生的社会评价及认可度。

③ 大学为社会服务的能力。

④ 科研成果所产生的直接经济效益。

事实上,对于一所大学而言,图 5.5 所示的五种竞争力模型就是它必须直接面对的五种外部竞争力,如图 5.6 所示。

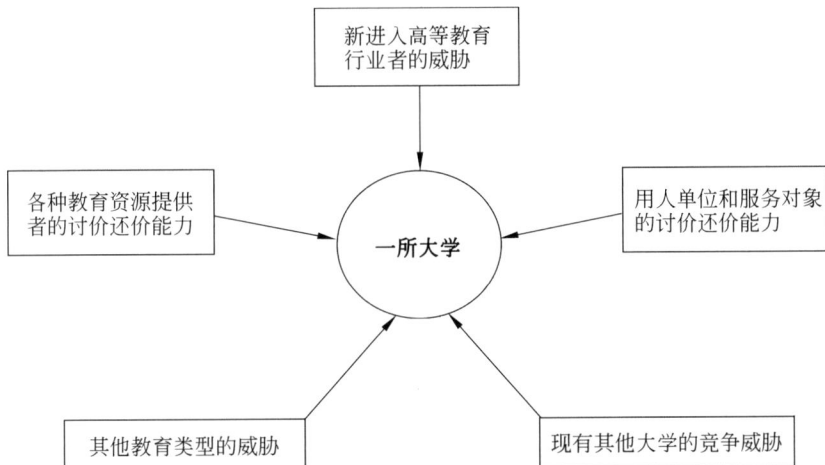

图 5.6　一所大学面临的五种外部竞争

5.3.5　大学"五力模型"的应用

"五力模型"的作用主要分为静态分析和动态分析两方面。

1. 静态分析

静态分析是通过分析五种力量的主要来源及其最终力量的大小,从而为大学设计一个相应的定位战略,使大学的优势和劣势与目前高等教育行业的结构相匹配。静态分析的步骤如下。

第一步:收集信息、评估影响。收集关于五种力量的信息,确认每个力量的特征,检查和评估它们对高等教育行业的影响。然后,将每种力量的相对强弱程度进行分级:取值范围为 1~5,其中 5 表示力量最强,1 表示力量最弱。这主要是确定每个竞争力是如何发挥作用的,以及它们在竞争中扮演什么角色。

第二步:综合评估大学面对这五种外部力量的竞争能力。最终目的是在给定这五种作用力的大小之后,确认大学能否具备成功地在高等教育行业中赢得竞争的能力。通过比较大学的资源和能力是否与五种作用力匹配,使大学对战略性机会和威胁有深刻的了解。

外部竞争力高低与大学的竞争优势呈负相关,也就是说,外部竞争力越弱,大学的竞争优势越强。如果一所大学的战略和在高等教育市场的地位能够使得大学有效地应对这五种力量,那么该大学就能获得显著的办学效益。即使五种力量中的一个或多个比较强,五力模型也能够帮助大学战略分析者在制定战略时进行必要的初步分析,使大学回避这些竞争作用力的影响。

2. 动态分析

动态分析就是进行动态的高等教育行业发展分析。动态分析可以使战略分析者利用行业结构的五种力量的变化,分析高等教育行业的发展趋势及其对大学竞争地位的影响,识别出大学的发展机会,为大学量身定制一个积极主动的战略来影响高等教育行业的竞争规律,从而有利于大学的发展。

行业发展分析要基于这样一个认知,即五种力量之间是相互依赖的——一个力量的变化将会影响其他力量的变化,最终导致行业结构和边界范围都发生相应的变化。分析行业发展的主要任务如下。

(1)预测每个作用力将来可能发生的变化。

(2)这些变化将如何影响其他力量。

(3)这些彼此相关的力量的变化最终将如何影响行业未来的发展。

(4)如果仍然采取目前的战略,预测在当前的行业地位上大学未来应该具有的实力。

(5)找出通过调整战略,以利用正在变化的行业结构,从而获得竞争优势的办法。

动态分析实际上可以看作由多个静态分析构成,因此动态分析流程就是多次重复上述静态分析的两步工作。

动态分析需要用到预测方法和技术,以分析高等教育行业发展的各种趋势。行业环境分析中常用的预测方法和技术分为定量和定性两类。

定量技术主要包括回归分析、趋势外推法和动态模型。回归分析是一种用一个或多个自变量的变化解释另一个因变量变化的统计学方法。趋势外推法是用过去的变化趋势估计未来趋势的方法。动态模型是通过因果和逻辑关系,找出各个环境变量与其他变量之间的联系并建立数学模型,然后通过计算机模拟预测系统的各种行为。

定性技术主要包括德尔菲法、头脑风暴法和关键事件分析法。德尔菲法是一种反复向群体成员匿名征求意见的预测方法。首先,通过问卷方式匿名收集群体成员的意见;其次,将意见整理汇总后又反馈给各群体成员,再次征询意见;如此反复多次,直到获得一致的预测意见为止。头脑风暴法是通过激活参与者的潜意识,诱发创造性想法,集思广益,以产生创意结果的方法。关键事件分析法是通过较少的几个关键事件的分析把握环境的整体状况,进而推导事物未来的趋势和走向。

在对高等教育行业发展进行静态分析和动态分析的基础上,大学战略分析者需要找到使大学的资源和能力能够与外部行业环境最匹配的战略。这就涉及三种类型的战略分析:针对竞争对手行动的应对战略;控制和影响各种竞争力量变化的主动战略;促使五种力量中的一种或多种发生变化的积极的战略。

总体来说,上述五种竞争力的互动关系影响着大学的办学效益与水平。大学面临的挑战在于,需要在高等教育系统中找到一个适当的位置,能够有效地影响或运用这些因素。大学只有营造一个有利于自身发展的行业环境,才有可能提高办学效益与办学水平。大学的战略要为五种竞争力量提供防卫,越能够以有利于大学自己的方式改变竞争压力,就越能够帮助大学建立持久的竞争优势,这一竞争战略也就会越有效。

5.3.6　"五力模型"的局限性

"五力模型"作为一种战略分析工具,为大学战略管理者提供了无论在理论上还是实践上均具有重要意义的工具。然而,源于企业战略分析的"五力模型"存在着一定的局限性,主要根源在于以下三个隐含的、重要的假设。

(1) 假设战略分析者能够掌握包括五种力量在内的整个高等教育行业的全部信息。

(2) 假设大学与同行或其他竞争力的关系只有竞争关系,而没有合作关系。

(3) 假设高等教育行业的市场大小不变,一所大学只有提供夺取其他大学手中的市场份额,才能占有更大的市场。

事实上，上述三个假设与客观世界之间存在较大差异。即使在信息时代的今天，几乎也没有哪个大学的战略分析者能够获得高等教育行业的全部信息；当代大学的发展越来越强调合作而不仅仅是竞争，这是因为没有哪一所大学能够"包打天下"；高等教育行业的市场空间和潜力不仅是动态变化的，也是巨大的，需要现有大学的发现、开拓和挖掘。

由此可见，在运用"五力模型"分析大学所处的高等教育行业环境时，大学战略分析者需要充分了解上述局限性，既借助"五力模型"分析行业环境，又清楚其存在的不足，仅将分析结果作为战略决策的辅助和参考。

5.4　大学战略组群分析

对大学行业环境分析之后，就要对图 5.5 中"同行竞争者"即现有大学之间的竞争进行分析，以研究一所大学在高等教育行业中的市场地位。在高等教育这样一个大学众多而不可能对每一所大学进行深度分析的行业，在对某一所大学进行深入分析之前，需要先比较每所大学的市场地位或将这些大学进行分类和归集到市场地位相似的群体，这时战略组群分析(strategic group analysis，SGA)，也称竞争地位分析，就是一个有效的分析工具。

大学战略组群(strategic group)是指在高等教育行业中采取相同或类似的竞争战略和具有相同或类似的战略位置的一组大学。大学战略组群是高等教育行业与个别大学之间的一个连接。对于大学战略分析者而言，大学战略组群的界定有助于了解高等教育行业的行业结构、战略组群彼此之间的差异性、行业内的主要竞争状态和竞争者之间的竞争情形等。因此，大学战略组群分析是大学行业环境分析的一项不可缺少的内容。

5.4.1　大学战略组群的划分

大学战略组群的形成，主要是在高等教育行业内各种类型的大学所采取的不同的战略态势和所处的不同的市场地位的缘故。战略态势(strategic posture)是指一所大学的战略意图。而战略行动(strategic moves)是指大学实现其战略意图的行动态势。由于时间、环境和资源的关系，战略态势和战略行动之间会存在某些差距。如战略态势需要通过一段时间才能落实到战略行动上；战略态势需要环境和资源的配合才能转化为战略行动。战略态势一般保持较长时期，也较为稳定；而战略行动在许多情况下只是一种短期的状态,也不够稳定。大学的市场地位就是大学在整个高等教育细分市场中所扮演的角色和发挥的作用,具有相同市场地位的大学向市场提供的产品和服务是类似的。因此,大学战略组群的划分应该以主导其战略行动的战略态势和具有的市场地位为标准。

不同类型的大学所采用的战略态势和所具有的市场地位显然存在很多差异,而同类型同区域(或称"相同服务面向")的大学由于面对相同的外部环境,拥有水平相当的资源和能力,往往会采取比较一致的战略态势并拥有相同的市场地位。因此,按照大学的分类或相同服务面向进行大学战略组群的划分符合战略组群分类的原则。图 5.7 按照研究型大学、研究教学型大学、教学研究型大学、本科教学型院校和专科教学型院校,将中国大学分为五个战略组群。

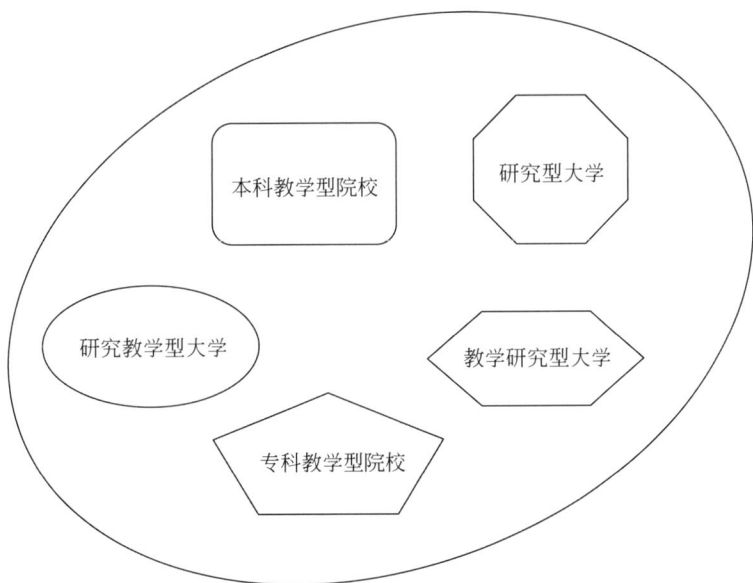

图 5.7　中国高等学校的战略组群

大学战略组群的划分可以有效地预测同一战略组群内大学和其他战略组群大学的竞争形态和方式。因此,关键问题并不在于战略组群间和战略组群内部的对立程度,而是不同战略组群可能表现出不同的竞争方式。在高等教育行业内,并非所有大学的毕业生或大学提供的高等教育服务都能够成为任何一所其他大学的替代品,只有那些竞争战略(战略态势)和战略位置(市场地位)相同或类似的大学之间的产品和服务才能成为替代品。这也就是大学战略组群划分的主要目的。

【讨论分析】 大学战略组群的划分是以什么范围为限？全球、全国，还是某省(市)？

不同大学的性质决定进行战略组群划分时所考虑的范围是不同的。确定战略组群的范围的根据是所分析大学的服务面向，也就是说，只有在该大学服务面向区域内提供相同产品或服务的大学，才有可能与该大学形成竞争关系，在其他不同服务面向区域内提供产品或服务的大学不可能参与该区域的竞争。

5.4.2 一所大学战略组群的归属

通过战略组群图的绘制，可以确定哪一所大学属于哪一个战略组群，步骤如下。

步骤 1：按照大学战略组群划分的标准，确定区分各所大学的因素，如办学层次、服务面向、办学规模、人才培养质量、科技水平、学术声誉、社会影响等。

步骤 2：将上述区分各大学差异化的因素分为两类，分别用横坐标 X 和纵坐标 Y 表示。

步骤 3：将要分析的所有大学在平面图上标出。

步骤 4：把大致落在相同战略空间内的大学归为同一战略组群。

步骤 5：给每一个战略组群画一个圆，使其半径与各个战略组群在整个行业所占的份额成正比，这样就得出一个平面战略组群图。这样，一所大学归属于哪一个战略组群就清楚了，如图 5.8 所示。

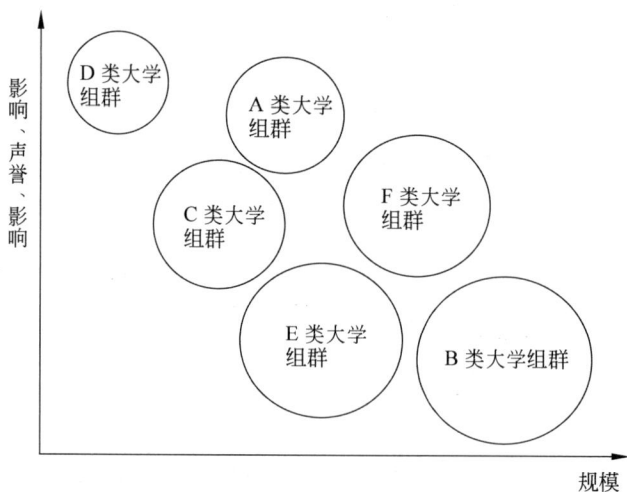

(a) 高等教育行业战略组群示例1

图 5.8 高等教育行业战略组群示例

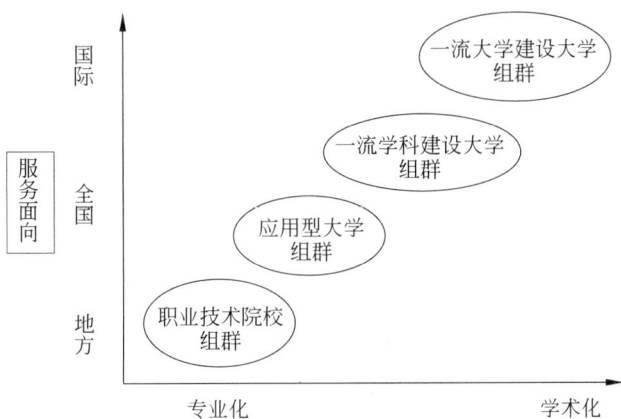

(b) 高等教育行业战略组群示例2

图 5.8　（续）

在整个高等教育行业的战略空间下确定各个战略组群的位置时必须遵循如下原则。

（1）作为战略组群图 X 和 Y 坐标的两类变量，不应该是高度相关的。否则，战略组群图上的每一个圆就会沿着一条倾斜线分布，结果战略制定者从该图上获得的各大学的相对位置的信息和按照一个变量所获得信息就没有多大区别。

（2）这两类变量要能够充分体现出各个大学之间的差异，才能作为判断哪一所大学属于哪一个战略组群的依据。

（3）这两类变量可以是常数、连续变量或离散变量，也可以是按类别界定的。

（4）各个战略组群的半径必须与该战略组群中所有大学在整个行业中所占的份额成正比，这样才能反映每个战略组群的相对规模。

5.4.3　大学战略组群的五力分析

五种竞争力对大学战略组群的影响分析，有助于大学战略分析者更深刻地认识和进行大学的战略选择。

1. 新进入威胁对大学战略组群的影响

【讨论分析】　新进入者对大学战略组群的主要影响是什么？如何减少这些影响？

通过提供比现有大学更有竞争力和价值的高等教育产品和服务，新进入高等教育行业者就会构成对包括各个战略组群在内的现有大学的威胁。例如，更先进的教学方式、更有效的培养模式、更灵活的培养方案、更低的学习成本等,对现有大学都是巨大的威胁,而所有这些均需要创新。因此,对于新进入者而言,最理想的战略是通过创新打破现有各战略组群的流动性障碍,达到占领高等教育市场的目的。

流动性障碍界定了一个战略组群的边界和结构。针对新加入者的威胁,构建或加强流动性障碍,即提高进入各战略组群市场的障碍,是保护各战略组群利益不受新加入者侵害的主要办法。流动性障碍能够使得战略组群之间的竞争结构得到加强,使得外来者的进入更加困难,因此,对各个战略组群的大学就必须在人才培养、科学研究和社会服务等方面有所创新,以提高质量、价值和针对性,阻止外来者进入。

2. 内部竞争对大学战略组群的影响

【讨论分析】 大学战略组群之间竞争的激烈程度是由什么决定的?

现有大学内部竞争对大学战略组群的影响,即大学战略组群之间竞争的激烈程度是由以下三个因素决定的。

(1) 整个高等教育行业组群的数量及高等教育市场份额在不同组群中的分配情况。

(2) 组群之间的战略距离,即组群之间的战略差异程度。

(3) 组群之间的市场依赖程度,即细分市场的重叠和组群之间产品或服务的差异。

一般而言,在战略组群图上,大学战略组群数量越多,它们之间的竞争就越激烈;组群之间的战略距离越近,说明它们采取的战略越接近,它们之间的竞争也越激烈,而相距甚远的战略组群之间几乎没有竞争;组群之间的市场依赖程度越大,则它们之间的竞争越激烈。

首先,同一战略组群中的大学是最直接的竞争对手;其次,相距最近的两个组群中的大学,如清华大学与一所新建本科院校分属不同的战略组群,二者之间几乎不存在任何竞争,但是,清华大学和北京大学都属于"研究型大学"战略组群,二者之间在诸多方面是直接的竞争对手。

3. 供应商和购买者的议价能力对大学战略组群的影响

【讨论分析】 大学战略组群如何影响供应商和购买者的议价能力?

总体而言,大学战略组群主要通过与供应商和购买者之间的供需关系影响其议价能力。

(1) 供应商和战略组群的供需关系。如果供大于求,那么供应商的议价能力被削弱;反之,需要通过分散供应商的方式降低现有供应商的议价能力。

(2) 战略组群与购买者的供需关系。如果供大于求,那么购买者有较强的议价能力,这时战略组群需要通过扩大购买市场的方式降低现有购买者的议价能力;反之,购买者的议价能力不强,战略组群已占据优势地位。

4. 替代教育服务对大学战略组群的影响

【讨论分析】　替代教育服务对哪些大学战略组群有影响?

替代教育服务不是对所有大学战略组群都产生影响,只有当一个大学战略组群所提供的教育服务的类型和功能与替代教育服务的类型和功能相同或类似时,替代教育服务才对该战略组群产生影响。换句话说,战略组群对替代教育服务的敏感程度越低,它对替代教育服务的承受程度越高。因此,减少替代教育服务对战略组群影响的主要方式是,降低所提供教育服务与替代者的相同或相似程度,注重教育服务的差异性。

5. 大学战略组群在行业中的竞争地位

【讨论分析】　如何确定某一战略组群在高等教育行业中的竞争地位?

一个战略组群在高等教育行业中的竞争地位主要取决于该组群提供的高等教育产品或服务的质量和数量。质量反映在用户或消费者的满意程度,数量表现在所占有的市场份额。因此,能够提供深受市场欢迎的高质量的产品或服务,并拥有大的市场份额的战略组群占据优势的竞争地位。

竞争地位可以分为引领地位、主体地位、追随地位、补缺地位等。引领者在产品质量或服务水平上引导着整个高等教育行业的发展方向和趋势。主体者的产品或服务占据着最大的高等教育行业的市场份额。追随者的产品或服务的质量和市场份额在高等教育行业中居于中间地位,在战略上采取追随引领者或主体者的策略。补缺者专注于被主体者忽略的某些细分的高等教育市场,是拾遗补缺者,在主体者的夹缝中求生存。

5.4.4　高等教育行业演变分析

大学战略组群分析对于分析处于不断变化和演变过程中的高等教育行业中具有挑战的战略性问题同样具有重要的价值。

【讨论分析】　大学在高等教育行业演变过程中如何借助战略组群发挥作用? 分析地方高校如何贯穿落实《教育部 国家发展改革委 财政部关于引导部分地方普通本科高校向应用型转变的指导意见》教发〔2015〕7 号文件?

在高等教育行业的发展和演变进程中,一所大学会面临以下多种战略性机会的选择。

（1）改变大学当前所在战略组群的竞争性结构（实力）或者大学在战略组群的地位。

（2）在寻找更合适的战略性结合过程中，转向更好的战略组群。

（3）转向另一个战略组群并巩固在新组群中的地位。

（4）创建一个全新的战略组群。

在高等教育行业演变过程中，对某一大学战略组群而言，也会产生如下一些战略性风险。

（1）其他战略组群大学的进入威胁。

（2）大学转型成本/障碍的降低。

（3）毕业生和服务的替代品的增多。

（4）为了提升转型成本/障碍或改善大学地位而给组群现有大学带来的投入风险。

（5）为了支付目前的转型成本/障碍或创建一个全新的战略组群而给拟转型高校带来的投入风险。

为了应对高等教育行业的演变，大学战略组群分析为大学战略分析者提供了如下两个基本的战略方向。

（1）适度应对战略。

这个战略主要关注的是保证大学的资源和能力，其基本的应对机制是加强对当前大学转型障碍的投入，目的是改善大学所处的战略群组的竞争性结构或者大学在这个组群的相对位置。这种应对战略的强度越高，就要求在资源和能力上有更大量的投入。

（2）积极的主动战略。

这个战略的目的是大学通过创新主动参与高等教育行业的变化或演变，而不是消极地被变化或演变所影响，或者更极端地说，大学应根据自身的实际资源和能力重新界定影响行业竞争的因素，而不是应对竞争对手的竞争行为所引发的变化。

5.5 大学同类院校分析

大学同类院校分析主要针对大学的竞争对手分析。这是因为，大学最主要、最激烈的竞争来自同一战略组群，即同类型的院校。具体地说，就是一所大学的直接竞争对手只存在向该大学的服务面向区域内提供产品或服务的同类院校，超出服务面向区域的其他大学往往不可能成为直接的竞争对手。同类型院校在生源、师资、市场、投入等方面进行直接的竞争,相互之间是最直接的竞争对手,竞争的激烈程度远远大于与其他类型院校的竞争,因此,同类型院校的分析,是大学外部环境分析的重要组成。

5.5.1　大学竞争对手的类型

在进行竞争对手分析前,首先要对其进行界定。根据所处的竞争地位,大学的竞争对手可分为以下四类。

(1) 引领者(leader):指在高等教育行业的毕业生、科技成果及其转化和社会服务等方面占有最大市场份额的一所和为数不多的几所大学。这些大学在人才培养质量、科技成果水平和社会服务力度等方面处于主导地位。

(2) 挑战者(challenger):指在高等教育行业中处于引领者次要地位的若干大学。挑战者往往以引领者为目标,试图采取创新的思路和理念,不断蚕食引领者的市场份额,或在创造新的市场需求,由此取而代之,成为新的引领者。

(3) 追随者(follower):指在高等教育行业中居于中间地位,战略上采取追随引领者策略的那些院校。这类院校为数众多,它们限于资源、积淀、地域等因素,不奢望成为行业的领头者,但也不甘为人后。

(4) 补缺者(nichers):主要是高等教育行业中新建的一些弱小院校,如一些独立学院,它们注重挖掘高等教育市场上被忽略的某些细分市场,通过占据这些被遗忘的地方而生存。

5.5.2　大学竞争对手分析

迈克尔·波特提出了分析竞争对手的架构,认为竞争对手的分析主要有四方面的内涵,即竞争对手未来的目标、当前的战略、重要假设和潜在能力。

对竞争对手的分析,一所大学主要需要获得以下四方面内容。

1. 竞争对手未来的目标

掌握竞争对手未来的目标主要目的是帮助大学预测这些竞争对手的战略,即他们对未来有何计划。竞争对手可能会因为对目前的地位和发展状况的满意程度不同,在未来采取相应的战略和应对市场的措施,这些战略举措可以通过了解竞争对手未来在办学规模、科研经费数额、科技成果水平、产学研合作程度等方面的打算来确认。

确定竞争对手未来的目标后需要回答的问题是:大学未来的目标与竞争对手的

目标相比如何？大学要把未来的重点放在哪里？大学应该采取什么样的未来战略？

2. 竞争对手当前的战略

首先，确认大学每个竞争对手当前的战略及类型。竞争对手当前的战略可以通过他们目前的行为予以确认。其次，进一步分析竞争对手在各个业务方面的职能战略。要了解的问题有：竞争对手正在做什么？他们能够做什么？竞争对手的短期行为是否与长远目标相一致？他们是否满足于当前的现状？应该清楚的是，如果没有重要的理由或外界的压力，就可以大致认为他们将会以过去相同的方式参与未来的竞争。

了解竞争对手当前的战略及其执行情况后需要回答的问题是：大学当前的战略制定得是否恰当？大学在战略实施过程中是否存在与竞争对手类似的问题？如果竞争对手调整未来战略，大学应该如何应对？

3. 竞争对手的重要假设

所有大学对自己和外界都有自己的认识和看法，这些认识和看法事实上是基于自己的假设，或者自身就是一种假设，因此就需要对这些假设进行分析。竞争对手的假设有两类：一是对自己的假设；二是对行业和其他竞争对手的假设。通过了解竞争对手的这些竞争性假设，可以使大学发现竞争对手潜在的不正确的假设或根本弱点。而这些根本漏洞往往正是大学的机会所在，也正是大学分析的关键所在。如果一个竞争对手的重要假设是正确的，并且这些假设已经反映到它面前的战略和未来的战略之中，那么这个竞争对手是难以对付的。

在竞争对手的各种重要假设中，要关注他们对本大学当前和未来有何重要的假设。

4. 竞争对手的潜在能力

竞争对手的未来目标、现行战略和重要假设将影响其采取应对策略的可能性、时间、性质及强烈程度等，而这些将决定竞争对手应对竞争环境的能力和采取行动的能力。评估竞争对手的潜在能力的重点是回答以下几个问题：竞争对手有何重要资源，尤其是稀缺资源？竞争对手有何重要能力和突出优势？这些资源和能力与本大学的资源和能力相比，相对的强弱如何？

以上四方面对竞争对手的分析，将有助于大学掌握、诠释和预测每一个竞争对手的行为和动机，这对大学战略的制定至关重要。这个分析架构可以用图5.9表示。

在对大学竞争对手分析时要注意避免以下问题。

（1）过分强调显现的竞争对手，而对潜在进入战略组群的大学往往没有给予足够的重视。

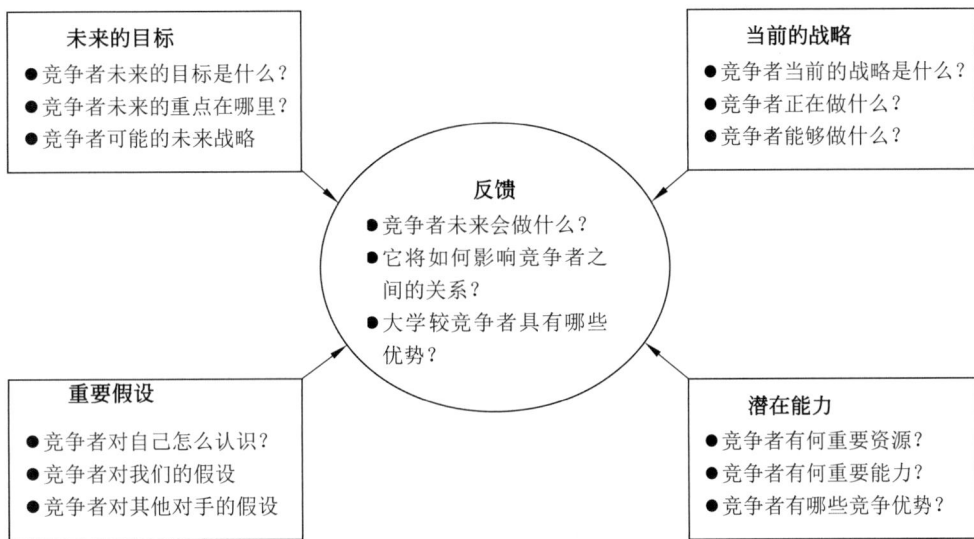

图 5.9　竞争对手分析架构

（2）过分强调大的竞争对手,而忽略了小的竞争对手。

（3）简单假设竞争对手在未来沿用当前的竞争手段。

（4）过度强调竞争对手的物质资源、市场地位及其战略,而忽略了无形资产,如大学文化、大学精神、办学理念等。

（5）认为战略的目的是战胜竞争对手,而忽略了战略的真正目的在于落实大学的定位和实现大学的使命。

5.5.3　大学竞争态势矩阵

在竞争对手分析中有不少常用的工具,但最常用的竞争对手分析工具是竞争态势矩阵(competitive profile matrix, CPM)。CPM 主要用于确认大学的主要竞争对手相对于本大学的战略地位,以及主要竞争对手的优势与弱势。在 CPM 矩阵中将竞争对手的评分和总加权分数与本大学自身的相应指标相比较,可以提供重要的内部战略信息。

1. 编制 CPM 的基本步骤

（1）确定高等教育行业的关键成功因素。

大学战略管理者必须先确定高等教育行业的关键成功因素。关键成功因素可能随着行业发展的不同阶段而有所不同。一般而言,战略管理者可以通过对行业的深入了解,以及与大学的高层管理者和校外行业专家的讨论确定关键成功因素。通常可以列出 5~10 项最重要的关键成功因素,以供 CPM 分析之用。

(2)给出各关键成功因素的重要性权重。

对所选定的每一项关键成功因素都赋予一个权重,以表示该因素对于在高等教育行业获得成功的相对重要性。权重的给定是主观的,主要基于大学战略管理者对高等教育行业的了解和经验。为了获得较为客观的权重,战略管理者可以对照行业中成功的大学与不成功的大学之间的差异,确定各关键成功因素的权重。权重的大小介于 1~10,其中"1"代表极不重要,"10"代表极为重要。另一种分配权重的方法是采用总权重分配,也就是设定权重总分,如 1 或 100,然后按照相对重要性将总分分配给各关键成功因素,使各因素的权重总和为 1 或 100。

(3)评估竞争对手与大学在各关键成功因素上的表现。

大学战略管理者就每一关键成功因素分别评估大学与主要竞争对手的强弱表现。一般而言,战略管理者要尽量依据所掌握的客观信息给以强弱分数,可以在 1(代表极弱)~10(代表极强)中选取一个数字,代表竞争对手在关键成功因素上的表现。

(4)计算每一个关键成功因素的加权分数。

针对每一关键成功因素,将竞争对手的强弱评分乘以其重要性权重,就得出竞争对手的加权分数。由此可以看出各竞争对手在该关键成功因素上的相对强弱程度。

(5)计算加权后的总分。

竞争对手加权后的总分是将竞争对手在各关键成功因素的加权分数加总后得到的。加权后的总分反映出大学与其他竞争对手之间的整体相对强弱。由此可以了解哪个竞争对手相对较强,哪个竞争对手相对较弱。

2. 大学竞争态势矩阵范例

按照以上步骤,表 5.2 给出了一个 CPM 范例。

表 5.2　竞争态势矩阵范例

关键成功因素	权重	所分析大学		竞争院校 1		竞争院校 2	
		评分	加权分数	评分	加权分数	评分	加权分数
学校社会声誉	5	6	30	5	25	4	20
生源质量	4	5	20	6	24	3	12
高层次人才聚集	8	7	56	4	32	5	40
科技成果水平	7	6	36	5	30	6	36
毕业生质量	8	7	56	8	64	5	40
加权后的总分			198		195		148

从表 5.2 可知,高层次人才聚集和毕业生质量这两项关键成功因素的权重均为 8,说明它们是关系到大学成败的最重要的因素;所分析大学在学校社会声誉和高层次人才聚集两方面均最强,评分分别为 6 与 7;竞争院校 1 在生源质量和毕业生质量两方面均最强,评分分别为 6 与 8;所分析大学和竞争院校 2 二者在科技成果水平方面均为最强,评分都为 6;在综合实力方面,所分析大学最强,但仅较竞争院校 1 高出 3 分,竞争院校 2 的综合实力最弱。

通过分析加权分数,可以进一步得知竞争对手在各个关键成功因素上的强弱。竞争对手的优势与劣势,一定程度上可以转化为所分析大学的威胁与机会。如竞争院校 1 在毕业生质量上的优势,构成了对所分析大学的威胁;而竞争院校 1 和竞争院校 2 在高层次人才聚集方面的弱势,形成了所分析大学的优势。因此,所分析大学应该充分发挥其在高层次人才聚集方面的优势,制定大学战略,克服在毕业生质量上的不足。

3. CPM 与 EFE 的比较

CPM 矩阵与 5.2.6 节讨论的 EFE 矩阵的权重和总加权分数的含义相同。但是,CPM 与 EFE 之间存在着明显的区别。首先,CPM 涉及多家院校:大学自身及大学的若干竞争对手;而 EFE 只涉及大学自身;其次,CPM 中的因素包括外部和内部两方面,而 EFE 中的因素分为机会与威胁两大类;最后,CPM 中的关键因素更为宏观和笼统,它们不包括具体的或实际的数据。

5.6　大学利益相关者分析

大学利益相关者(stakeholder)指的是那些能够从实质上影响一所大学的目标、决策、政策、行动和实践,或被大学所影响的团体或个人。显然,受关注大学与利益相关者之间的相互作用是双向互动的: 利益相关者可以影响该大学,该大学也可以影响利益相关者。

随着大学在一个国家经济社会发展中的地位和作用愈加显著,能够影响大学和受大学影响的团体或个人越来越多,大学与其利益相关者的依存度变得越来越高。从一定意义上说,大学和利益相关者已经成为利益共同体,大学应充分发挥各利益相关者的作用,在大学组织生态内外和谐相处,以合作伙伴关系共生共赢,共同实现大学的有效治理。因此,在进行外部环境分析时,大学利益相关者的分析已经越来越重要。

大学利益相关者分析的主要目的是给大学战略管理的各个环节提供支持。具体而言,进行大学利益相关者分析有以下几方面作用。

(1) 分析利益相关者的利益。

(2) 确认利益相关者之间的利益冲突。

(3) 识别利益相关者之间的关系,建立合作联盟。

5.6.1 大学的主要利益相关者

【讨论分析】 大学有哪些利益相关者? 其中哪些利益相关者是主要的?

大学的主要利益相关者可以分为政府、事业机构、社会团体、服务对象、教职工几种类型。政府方面有中央政府、政府部委和地方政府;事业机构有事业单位、研究院所、新闻媒体;社会团体主要有慈善组织、社区组织等;服务对象主要有学生、用人单位、校友、企业;教职工可分为教学科研人员、教育职员、合同制人员。

1. 政府

1) 中央政府

中央政府的角色是:教育部及其他部委属公立大学的主要投资者,高等教育政策、法律、法规的制定者,高等教育的宏观管理者。中央政府角色的扮演主要通过教育部、财政部、国家发展改革委员会等国务院部委。中央政府对大学的期望是:为经济社会培养各种层次和各种类型的高级专门人才;为科学技术的发展发挥主力军的作用;为各级政府决策支持、为企事业单位的发展等提供全方位的服务;为文化传承和创新发挥重要的作用。大学希望通过自身在人才培养、科学研究、社会服务、文化传承与创新四项职能的积极履行获得政府在办学经费和教育资源的更大的投入,得到政府在各种政策上更大的支持。

2) 政府部委

政府部委通过行业政策的制定影响大学的行为;同时,通过项目的形式与大学发生各种合作关系,成为与大学关系紧密的利益相关者。政府部委希望大学能够为部委所在行业、领域的重大决策、研究创新和整体发展发挥尽可能大的作用;大学则希望获得政府部委更多的专项研究经费,以补充办学经费的不足和扩大大学的影响力。

3) 地方政府

地方政府主要指大学所在区域的地方政府,它们既可以是地方大学的主办方,也可以通过制定各种政策及法律法规,影响所在区域所有大学的决策、行动和结果。地方政府与大学存在着密切的合作关系,它们一方面主导地方大学的发展,另一方面通过共建的方式支持部委属大学的发展,而各种类型的大学都希望通过服务当地的方式回报地方政府。地方政府也通过项目的方式与大学建立紧密的合作关系。一所为地方服务好的大学,在地方经济社会发展中的作用是十分突出的。

2. 事业机构

1）事业单位

事业单位主要包括从各级政府剥离出来的、受政府财政支持的那些事业单位。这些单位主要担负着政策研究与咨询、专业学术团体组织及政府的一些附属功能等。事业单位与大学之间存在着广泛的合作关系,它们依托大学开展政府政策研究和决策支持,同时希望大学能够积极支持和参与它们组织的各种学术交流活动,大学也能够一定程度上通过事业单位搭建的平台扩大自身的影响。

2）研究院所

研究院所主要是隶属于政府各个部委,或独立于政府部委的各种专业研究团体。它们承担着政府部委委托的各种行业领域的研究任务,但由于研究内容的交叉性以及研究人员结构的单一性,这些研究院所需要与大学建立长期的合作交流关系,进行优势互补,合作共赢。

3）新闻媒体

新闻媒体也称大众媒体。一般新闻媒体包括纸质媒体(报刊)和电子媒体(广播、电视)两种。随着互联网的兴起,作为"新电子媒体"的网络逐渐成为一种新的媒体类型。新闻媒体希望通过报道大学的一些能够引起政府和社会各界关注的新闻事件提高自身的影响力,而大学的新闻也在一定程度上会受到新闻媒体,尤其是具有重要社会影响力的新闻媒体,宣传报道的影响和左右。

3. 社会团体

社会团体是指为一定目的由一定人员组成的社会组织,可分为以营利为目的和以非营利为目的两类社会团体,这里主要讨论慈善组织和社区组织。

1）慈善组织

这些组织主要是大学办学经费和硬件设施的捐赠者,它们虽然不要求获得大学的直接回报,但它们希望对大学的支持能够产生明显的办学效益或在某一方面产生影响。因此,大学的社会声誉和影响、大学的办学质量和研究水平等会成为影响这些慈善组织捐赠行为的重要因素。

2）社区组织

社区组织主要指大学所在地区的各种政府组织和非政府组织。由于处在同一社区,大学与这些社区组织的关系将越来越密切。社区组织希望所在地大学把为社区服务为己任,在教育、科技、文化、决策等方面提供更多的服务,发挥更大的作用。大学也希望通过与社区建立更紧密的关系获得社区在政策、资源等方面更大的支持。

4. 服务对象

1）学生

大学中各种类型的学生，包括学历教育、继续教育、在职培训等方面的学生，是接受大学教学服务的主体，也可称为大学教育服务的消费者。大学与学生之间存在着相互选择和相互吸引的关系。知名大学靠它们的知名度和良好的社会声誉赢得大量考生和家长的青睐，吸引大量考生踊跃报考。学生方面，希望在学期间接受到高质量的高等教育，同时对大学的发展和改革也有着自己的愿望和期待。大学方面，要求学生在校期间努力学习，并积极参与学校的发展建设；希望学生毕业后能够成为各行各业的骨干人才，在经济社会发展中取得优异成绩，成为母校的自豪和骄傲。

2）用人单位

大学毕业生的用人单位与大学之间的关系是一种既合作又对立的关系。在合作关系上，用人单位希望大学能够为它们提供满足它们规格和要求的人才，并愿意提供建议和可能的帮助，甚至参与大学的人才培养；而大学也希望更好地按照用人单位的要求培养"适销对路"的各种人才。在对立关系上，用人单位因不满意大学培养的学生而对大学批评指责，甚至拒绝接受一些大学的毕业生；而大学也可能忽视了一些用人单位对人才培养的专门要求。

3）校友

校友的含义使得他们对母校的影响不可忽视。毕业生、工作过的教职工，以及接受过培训的人员都属于校友的范畴。一般而言，校友出于对母校的感恩之情，对母校的作用和影响是正面的、积极的。在经济上有成就的校友，尤其是毕业生，愿意慷慨捐赠，支持母校的发展建设；在社会上有地位的校友，会通过自己的影响力从各个方面支持母校。校友是各国大学，尤其是名校发展的一支日益重要的力量。当然，校友，特别是位高权重的校友，对母校的期望会很大程度上影响和左右大学的发展方向和路径。作为母校，大学也希望能够为在各行各业工作的校友提供全方位的服务和支持。因此，校友和大学的关系是一种良性互动、相辅相成的关系。

4）企业

企业是大学社会服务的主要对象，企业的规模、性质、类型等为大学的社会服务提供了巨大的空间。大学希望通过向企业提供良好的服务提高自身办学的经济效益和社会效益，并增强大学的办学活力。企业希望大学在项目研究、产品开发、技术创新、经营管理、人员培训等方面开展紧密的合作，支持企业的发展壮大。大学与企业的关系是一种买方和卖方的博弈关系,大学提供的各种服务如果是"物美价优",或者为企业的发展发挥关键作用,则企业希望与大学建立长久的合作关系,并予以大学积极的回报;否则,大学和企业的合作就容易成为"一锤子买卖"。

5. 教职工

1)教学科研人员

大学教学科研人员包括教师系列、教学科研系列和研究系列人员,他们是大学教职工的主体,承担着全校所有的教学、科研和社会服务的任务。不同层次和类型的教学科研人员有着不同的目标追求,这些追求可能与大学的追求存在较大差异;而大学又期望教学科研人员目标一致地为实现学校的战略而努力;这就需要大学在教学科研人员的个人目标和学校目标之间建立一种机制,使得他们在实现学校目标的同时也达到了自己的目标。另一方面,教学科研人员工作的投入程度和绩效水平的高低影响着大学的办学效益,因此,大学在教学、科研、管理等各方面要制定有效激励、切实可行的政策和制度,以最大限度地调动广大教学科研人员的积极性和创造性。

2)教育职员

作为大学的另一群体,大学各职能部门和院系机关的主要工作人员属于教育职员系列,他们是大学各项政策措施的执行者,他们的执行力的大小关系着大学职能战略的实现程度和院系工作的效率。他们工作的主要职责是服务教学科研一线,但他们个人的追求和在大学的地位应该受到与教学科研人员一样的满足和尊重。通过建立与部门职能相吻合的职业生涯发展规划,把教育职员的自身发展与大学的发展紧密结合起来,从而建立起一支素质高、服务意识强、精干高效的专业化、职业化的教育职员队伍。

3)合同制人员

大学合同制人员承担着学校机关和院系大量日常的重复性工作,虽然他们在学校的各类人员中收入水平较低、话语权小、稳定性差,但他们一样有自己的追求和期望,他们个人追求和期望的实现程度会直接影响他们的工作态度和质量。他们的主要追求是个人收入的提高和工作的稳定性,同时期望作为大学的一分子,受到与其他系列人员一样的尊重。对于大学而言,合同制人员给学校的人力资源和岗位管理带来了活力,也是大学需要重视的一支不可或缺的力量。因此,大学应该建立有效的考核激励机制,尊重和关心他们,使他们安心本职工作。

大学的利益相关者也可以分为外部和内部两方面。外部利益相关者包括政府、事业机构、社会团体、用人单位、校友等。内部利益相关者主要指大学的领导者、教职工、学生等。

5.6.2 利益相关者重要性分析

大学关键的利益相关者是那些能够对大学的战略产生重大影响,或他们的利益、需要和期望是制定大学战略需要优先考虑的组织或个人。因此,大学利益相关者的重要性分析可以从其对大学的影响力的大小和其对大学而言的重要性的高低两个维度分析。一个利益相关者对大学的影响力其实就是其所拥有的影响大学的权力的大小,包括对大学需要的经费、资源、声誉、政策等的支配权力。利益相关者的影响就是能够说服或影响他人进行决策、影响他人决策的实施的程度。大学利益相关者的重要性是指其利益、需要和期望在大学的战略中需得到重视的程度,重要性越大,大学就需要越重视。如果一个重要的利益相关者没有从大学的战略中受益,那么这些战略就需要修改。

从重要性角度,中国大学的利益相关者可以分为四层:第一层是大学的核心利益相关者,包括教师、学生、教育职员,即师生员工;第二层是大学的重要利益相关者,包括大学投资者、大学服务面向区域的政府、所在社区政府、校友和捐款者;第三层是大学的一般利益相关者,包括与大学有契约关系的合作者,如产学研合作者、科研项目委托方、贷款提供方等;第四层是大学的边缘利益相关者,包括新闻媒体、社会公众、政府边缘部门等。

从影响力角度,中国大学的利益相关者可以分为三层:第一层为大学的高影响利益相关者,包括大学领导层、知名教授、主干学科和重要职能部门负责人、大学主办方、政府部门、所在社区政府、战略合作伙伴等;第二层为大学的一般影响利益相关者,包括大学教职工、校友、社会捐款者、新闻媒体等;第三层为大学的低影响利益相关者,包括大学学生、大学合作方、贷款提供方等。

图 5.10 把影响力和重要性结合起来,将利益相关者分成不同的群体,以便于分析利益相关者的重要性。

(1) 处于区域 A 的利益相关者的利益具有高度的重要性,但他们的影响力低,对大学战略的影响不大。这就说明如果他们的利益想得到保证,大学就需要为他们制定专门的战略。例如,培养学生是所有大学的第一要务,其重要性不言而喻,但学生在大学重要事务中不具有决策权,不掌控大学资源的分配权,因此,学生的期望需要大学制定专门的战略来保证。

(2) 处于区域 B 的利益相关者不仅对大学战略具有大的影响力,而且他们的利

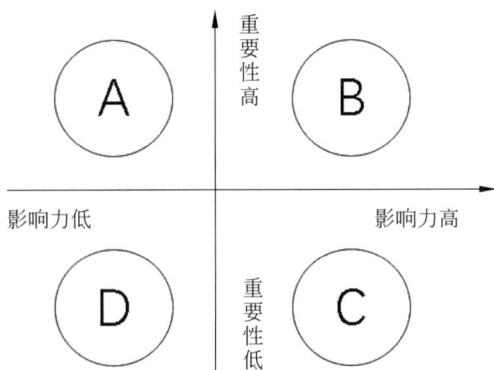

图 5.10　大学利益相关者的重要性分析

益也具有高度的重要性。这就说明大学需要与这些利益相关者建立良好的工作关系，以确保他们的支持。对于这样关键的利益相关者，出于对他们利益诉求的保证，他们既可能为大学战略提供支持，成为战略制定和战略实施过程中的合作者，也可能产生负面的影响和作用。例如，针对服务面向区域政府要求大学提高本地区的人才素质的期望，大学可以将此作为学校的战略目标之一，通过与区域组织建立良好的关系，获得他们的支持，并共同实施。

（3）处于区域 C 的利益相关者对大学战略具有大的影响力，但他们的追求与大学的目标不一致。这种利益相关者可能给大学带来重大的风险，需要大学高度重视和密切关注。处理与这类利益相关者关系的主要办法是进行沟通和交流，以降低风险。例如，一些政府部门对大学战略具有很大的影响力，但如果他们不考虑高等教育的规律，对大学提出不符合大学实际的要求，就可能对大学构成风险。

（4）处于区域 D 的利益相关者对大学战略影响力低，他们的利益不是大学战略需要重视的。大学只需对他们予以必要的关注，而不需要在大学战略层面上考虑他们的利益。例如，大学合同制人员对大学影响力低，针对他们想转变身份成为教育职员的要求虽然大学里的职能部门可以予以必要的考虑，但不可能成为大学战略的一部分。

用图 5.10 评价利益相关者的影响力和重要性，及其对大学战略的影响，不仅有利于对各种类型利益相关者进行区别对待，而且将一些风险显现出来。一般而言，那些处于区域 C 的利益相关者具有高度的影响力，但他们的利益或期望与大学的追求不同，因此，源自这些利益相关者的风险就显而易见，他们有可能对大学战略的实施制造障碍或阻力。因此，对利益相关者影响力和重要性的分析，尤其是找出需要防范的风险是十分必要的。

必须明确指出,一个利益相关者对大学的影响力和重要性不是固定不变的,将会随着时间的推进和双方市场地位的变化而改变。例如,随着政府简政放权的深入,政府对大学的影响力将减小,随着大学办学经费的多元化和政府财政拨款比重的下降,政府对大学的重要性也将降低,与此同时,社会慈善组织和非政府组织等捐赠机构随着捐赠力度的增加,其对大学的影响力会得到提高。

5.6.3 利益相关者对大学战略的影响

分析大学的利益相关者对大学战略是合作(即机会)还是反对(即威胁),对大学战略管理者是十分重要的。大学利益相关者都是从自身价值出发,对大学战略施加影响。下面分别从大学外部利益相关者和大学内部利益相关者予以分析讨论。

1. 外部利益相关者对大学战略的影响

大学外部利益相关者主要有政府、社会团体、用人单位、各类企业、教育资源捐赠者、社区群众、各种媒体等。

1)对大学竞争环境的影响

外部利益相关者通过对现有大学的现有竞争状况、替代教育服务的竞争状况和新进入者的竞争状况的影响改变大学的竞争环境。例如,政府通过发布对高等教育系统实施分类指导和分类管理的指导意见,改变高等教育行业整体的竞争格局;再如,政府通过出台政策、法律、法规,既可以允许新进入者加入高等教育行业,也可以阻止它们进入。

2)对大学竞争优势的影响

外部利益相关者通过对大学各种教育资源的影响改变大学的竞争优势。例如,用人单位通过合作教育方式加强与大学的合作,提升人才培养质量和毕业生就业水平,并提升大学在人才培养上的竞争优势;再如,捐赠者通过对大学的捐款,改善大学办学条件,提高办学质量,从而提升大学的办学优势;还有,新闻媒体通过对大学的正面宣传和评价,促进大学社会声誉和知名度提升,从而吸引更多的优秀人才加盟。

3)对大学战略决策的影响

外部利益相关者通过宏观手段或重要影响力对大学战略决策产生影响。例如,政府颁布的经济社会发展规划和国家教育发展纲要,对大学战略目标的制定产生直接的影响;再如,与重要战略合作伙伴,如境外高水平大学的深度合作,一定程度上影响大学战略方向的选择;还有,通过校友的影响力建立起大学和区域的合作关系,也会影响大学的战略布局。

2. 内部利益相关者对大学战略的影响

大学内部利益相关者主要有学校领导者、中层干部、教职工和各类学生等。

1）大学领导者决定着大学战略的制定

大学战略目标的制定虽然需要得到广大利益相关者，尤其是校内教职工的认可，但在制定大学战略目标过程中起决定性作用的是大学领导者。他们必须基于大学使命、愿景和定位，在完成大学内外部环境分析的基础上，结合大学的具体实际，综合教职工的意见，科学、理性、客观、前瞻性地制定大学战略目标及其相应战略。因此，大学领导者个人的理念、视野、胆识、远见和魄力在大学战略制定中具有决定性作用。

2）大学教职工影响大学战略实施的效果

虽然骨干教师和中层干部需要参与大学战略的制定，但他们对大学战略的主要贡献在于战略实施阶段。在这个过程中，他们既要充分理解大学战略的深刻内涵，更要在分解大学战略的基础上，不折不扣地在本职岗位上实现大学战略分解后的落实，只有全体教职工通力合作和密切配合，最终才能实现既定的大学战略目标。否则，如果教职工的追求与大学战略目标不一致，他们就可能影响或阻碍大学战略的实施。因此，教职工是大学战略成功实施的关键。

3）大学学生对大学战略实施和评价产生影响

大学学生作为高等教育服务的消费者对大学战略实施和评价的影响表现在几方面：首先，学生既是大学战略实施的重要参与者，他们的积极参与将保证大学战略实施到位，也是大学战略实施结果的部分体现者，在他们身上能够反映出部分大学战略目标的实现程度；其次，学生对大学战略实施效果具有发言权，他们能够对大学战略给予客观的评价并给出积极的、建设性的建议。

总之，控制大学需要的各种资源的利益相关者，如果与大学合作，则增加大学发展的机会，否则会给大学发展带来威胁；掌握各种权力（包括行政权力、舆论权力等）的利益相关者，如果他们的权力更大，则会对大学构成潜在的威胁，这种威胁只有在与大学合作时才能成为机会；采取行动支持大学的利益相关者，会增加大学发展的机会，而减少大学受到威胁的可能性。

第 6 章　大学内部条件分析

　　第 5 章对大学外部环境分析进行了介绍,主要目的是确定大学可能选择做什么。本章则是对大学内部条件进行分析,主要目的是进一步确定大学能做什么。大学内部条件是大学战略能否顺利实施的重要保证,良好的内部条件有利于大学抓住机会,回避威胁,赢得竞争优势。大学内部条件分析也就是大学微观环境分析,主要分析大学的资源、能力、核心竞争力、竞争优势,找出大学的优势和不足,从而为 SWOT 分析以及大学战略制定奠定基础。大学的资源、能力、核心竞争力和竞争优势的关系是:大学资源是大学能力的来源,大学能力是大学核心竞争力的来源,大学核心竞争力是大学持续竞争优势的基础,更是大学持续竞争的优势,或称办学特色的基础,这些关系可以用图 6.1 表示。

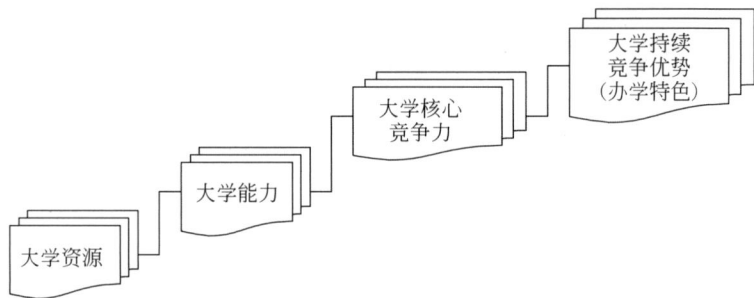

图 6.1　大学内部条件分析的核心要素

【讨论问题】 你认为大学内部的哪些条件对大学的发展至关重要?

6.1 大学的资源与能力

6.1.1 大学的资源分析

【讨论问题】 大学有哪些资源?大学的资源与企业的资源有何区别?大学应该重视何种资源?

一个组织的资源是其生产过程中所需的各种投入,是指该组织所拥有或控制的能够实现战略目标的各种生产要素的集合。大学的资源就是大学在履行四大职能过程中所需的各种投入,是大学所拥有或控制的实现大学战略目标的各种投入要素的集合,这些集合可分为有形资源、无形资源和人力资源三类。

1. 有形资源

有形资源是指那些看得见、摸得着、可以量化的资源。大学的有形资源主要指学校的物质资源和财务资源。

物质资源主要包括学校基础设施、图书资料、仪器设备和信息化资源四大部分。学校基础设施指教学、科研及办公用房、图书馆、实验实践场地、学生宿舍、体育馆、运动场、食堂、餐厅、招待所等。图书资料包括纸质图书、电子图书、纸质期刊、电子期刊、各种数据库等。仪器设备指教学仪器设备、科学研究设备等固定资产。信息化资源指信息网络资源、教育信息技术、远程教育手段等。对物质资源的评价是通过固定资产管理水平、物质资源利用率和损耗情况等反映的。

财务资源主要包括政府拨款、专项经费、学费、纵横向科研经费、社会捐赠等。评估财务资源主要包括资本运作情况、办学效益、生均成本、负债情况、财务预算的制定与执行情况等。

多数有形资产是创造无形资产的基础。

2. 无形资源

无形资源是不可见、隐蔽的、难以量化、长期形成的资源,主要包括信誉、影响、品牌、形象、知识、技术、文化等。大学的无形资源主要指大学的社会声誉、大学的影响力、大学在高等教育界的地位、人才培养质量、科学技术研究水平、大学精神以及大学文化等。

在大学的无形资源中,包括人才培养质量和科学技术研究水平在内的知识资源称为大学最重要的战略资源。一所大学的知识资源是通过长期积累,并在大学的环境和氛围下不断产生、发展和形成的。知识本身具有不可替代性、非磨损性、可共享性和无限增值性,使得知识成为大学办学效益、社会声誉和价值优势最深层的决定性因素。

必须特别指出的是,声誉这种无形资源是大学长期努力和积累而形成的结果,它是大学的一种重要的竞争优势的来源。声誉为大学在获取资源、赢得市场、形成竞争优势方面发挥了重要的作用。

无形资源虽然是一种不以任何实物形式存在的资产,但却能通过与有形资源的相互作用产生效益。对多数大学而言,无形资源比有形资源对大学的贡献更大。由于无形资源较难被竞争对手了解、模仿或替代,因此,相对于有形资源而言,无形资源是大学能力和核心竞争力更重要的基础。实际上,一种资源越不可见,在它之上建立起来的竞争优势就越具有持久性。与大多数有形资源不同,无形资源的另一个优势是,它们的价值可以被更深地挖掘。对于无形资源来说,使用者之间的联系越多,对每一方而言,收益就越大。如大学教师之间的知识共享,对于其中任何一位教师而言,共享知识的价值不但不会被减少,反而常常会创造出对于共享各方来说都是全新的知识,这些新知识能够帮助大学获取竞争优势。

3. 人力资源

人力资源介于有形资源和无形资源,是一种特殊的资源。从生物学意义上说,人有血有肉,有骨有筋,是有形的;但人所拥有的知识、所具有的素质和能力却是无形的。人的知识是形成其素质和能力的基础;人的素质包括文化素质、心理素质、专业素质、敬业精神、职业道德等;人的能力包括学习能力、思维能力、实践能力、创新能力、合作能力等。

作为第一资源的人力资源,是现代经济社会中最重要的资源,其在大学的极端重要性更显突出,离开人力资源,大学就不成为大学。大学的人力资源主要指以教师为主的师资队伍状况、人才激励机制及对优秀人才的吸引力、教学科研条件等。师资队伍状况包括教师队伍规模、年龄结构、学历结构、学缘结构、学术与研究水平等,其中两院院士、国际知名教授、国内权威专家、国内外有影响的学者等代表了大学的学术水平和地位。人才激励机制是指大学是否营造了激励和稳定人才发挥作用的环境和机制,用人环境和发展环境是否具有活力。对优秀人才的吸引力是指大学薪酬系统对外是否具有竞争力,对内是否具有公平性。教学科研条件是指大学是否提供良好的教学科研条件。

对大学的资源分析的主要目的在于找出其优势和劣势,以便运用 SWOT 方法制定战略。

6.1.2　大学的能力分析

【讨论问题】　大学有哪些能力？大学的能力与企业的能力有何区别？大学应该重视何种能力？

资源是大学从事人才培养、科学研究、社会服务、文化传承和创新四项职能的基础和前提，但资源本身并不能自动产生效益和创造价值，资源的使用效率很大程度上取决于大学的能力。

能力是指组织能够将其各种资源加以有效运用和整合以完成预期任务或实现既定目标的作用力。大学的能力就是大学有效地运用和整合大学各种有形资源、无形资源和人才资源，履行四项职能的作用力。

大学能力主要包括教育教学能力、研究开发能力、知识创新能力、社会服务能力、运营管理能力和动态适应能力。这些能力是所有大学应该具备的基本能力。

1．教育教学能力

教育教学能力也称人才培养能力，包括提供的学历教育层次，能够达到的教育教学水平，为社会输送合格的专门人才，人才培养的质量保证，满足特殊人才培养的需要等。

2．研究开发能力

研究开发能力是指承担各级各类科学研究、技术开发项目的能力，具体可以通过国家级重点学科带头人、"两院院士"、博士生导师数量，国家及省级重点学科和重点实验室数量，在研国家重大、重点科研项目数量，获得国家级科技成果奖的数量，拥有发明专利、技术专利的数量，获得纵横向科研经费总额等反映。

3．知识创新能力

大学通过教育教学活动进行知识传承和交流，通过科学研究和技术开发实现科学发现和技术创新，因此，知识创新能力是大学有别于其他组织的核心能力，直接影响着大学的学术水平。知识创新能力是通过大学的创新氛围的营建、创新机制的形成、创新组织的建立和管理体现的。

4．社会服务能力

社会服务能力是指大学在人才培养、科学研究、技术开发、决策咨询、人才培训等方面服务于各级政府、社会各界、行业企业及其他组织的能力。这对大学声誉的提升、影响力的增强，以及获得更多的资源投入是十分重要的，也是大学价值和社会竞争能力的体现。

5. 运营管理能力

运营管理能力主要是指符合大学的组织特征和大学教师的工作性质的各种保证大学高效运行的管理制度、政策措施、运行机制,以及有利于提高办学效益和增强大学竞争优势的内部管理体制等。大学运营管理能力的高低直接影响到大学的办学效益及可持续发展。

6. 动态适应能力

动态适应能力是指大学动态地适应经济社会发展变化及高等教育市场动态变化和发展的自我调整与及时适应能力,以保证大学在激烈的高等教育竞争市场中占据优势地位。这是一个开放的社会组织必须具备的基本能力。

6.1.3 大学的资源与能力类型

大学内部条件分析实质上是其核心竞争力的分析,而大学的资源和能力是其核心竞争力的基础,资源可以发展为能力,而能力的运用结果既可以拓展资源,又可以产生新的资源。因此,资源和能力之间存在着高度的互动性和交互影响性。一般而言,可以根据大学对资源和能力的自我判断、认定或评估,将大学分为四种资源能力类型,如图 6.2 所示。

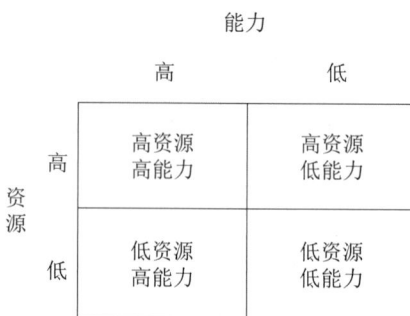

图 6.2　大学的资源与能力类型

在图 6.2 中,处于第一象限的高资源高能力大学是最具有竞争力的,而且未来发展的潜力也最大。处于第二象限的高资源低能力大学虽然有着丰富的资源,但是资源的运用、转换和整合的能力有限,办学效益不高,需要重视大学内部管理体制的改革、管理水平的提高和运行机制的创新。处于第三象限的低资源高能力大学是将资源转换为能力很强的大学,其发展的关键问题是缺乏足够的资源,因此,大学应该集中精力争取从外部获得更多的资源,使本校成为具有竞争力的大学。处于第四象限的低资源低能力大学在高等教育行业中处于最弱势的竞争地位,他们的发展任务十分艰巨,不仅要丰富各种资源,尤其是战略资源,而且要通过内部调整和改革,将资源有效地转换为能力。

大学的资源和能力与大学战略之间存在着密切的关系。一方面,大学资源和能力是大学获得竞争优势的关键要素,大学资源和能力通过与众不同的独特组合形成与其他大学的差异性,从而带来了本校的竞争优势,形成了大学战略的基础;另一方面,大学战略的实施结果不仅实现了大学战略目标,而且将大学带到一个新的高度,站上了更有利的战略地位,从而能够产生未来新的资源和能力;这样,在大学资源和能力与大学战略之间就形成了良性的互动循环,如图 6.3 所示。

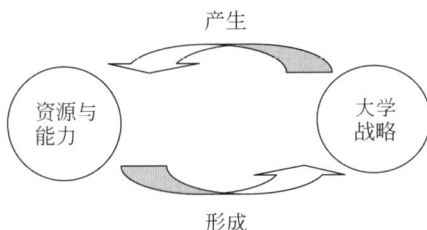

图 6.3 大学战略和资源与能力的关系

6.2 大学的核心竞争力

资源和能力为大学提供了竞争和发展所必需的基础,但不是所有的资源和能力都有一样的重要性,对大学各种资源和能力的重要性的甄别、分析和研究,就成为针对大学核心竞争力的研究。

6.2.1 大学核心竞争力的内涵

1. 大学的比较优势

【讨论问题】 什么是比较优势? 什么是大学的比较优势?

比较优势(comparative advantage):是一个经济学概念,它倾向对组织的资源禀赋的比较研究,是在静态情况下两个组织之间进行的比较。由于资源稀缺性约束了组织的效益,因此**在资源占有方面具有优势**的组织就具有比较优势。传统的比较优势概念源于李嘉图的比较成本说。比较优势指各国在土地、劳动力及金融资本等有形资源禀赋上存在着差异,而使一个国家可以在某类产品的国际贸易中形成比较生产费用优势,据此说明其参与国际分工的依据和条件。因此,比较优势的定义是:如果一个国家在本国生产一种产品的机会成本(用其他产品衡量)低于在其他国家生产该产品的机会成本,则这个国家在生产该种产品上就拥有比较优势。

大学的比较优势:在大学竞争力的定义中,也是从资源的角度确定比较优势的,因此可以**定义大学的比较优势为:在资源和能力占有上,大学相对于其竞争对手所具有的优势**。由此可见,比较优势是一个相对的概念,也可以称为相对优势。事实上,中国的田忌赛马故事也反映了这一比较优势原理。田忌所代表一方的上、中、下三批马,每个层次的质量都劣于齐王的马。但是,田忌用完全没有优势的下马对齐王有完全优势的上马,再用拥有相对比较优势的上、中马对付齐王的中、下马,结果稳赢。

2. 大学的竞争力

【讨论问题】 什么是竞争力?什么是大学的竞争力?

竞争力(competencies):**指的是组织拥有的与竞争者不同的资源和能力**,也就是说,**竞争力是那些能够为组织带来比较优势进而形成竞争优势基础的资源和能力**。在现实世界中,并不是具有比较优势的就一定是具有竞争力的,就一定能够赢得竞争。在一个只有一个竞争对手的市场上,比较优势就是竞争力。在一个具有多个竞争对手的市场上,如果各个竞争对手的资源或能力要素禀赋完全不同,那么,具有比较优势的组织仍然具有竞争力。然而,事实上并不是所有竞争对手的资源和能力要素禀赋完全不同,它们常常是相似或相同的。当几个具有相似比较优势的组织在市场上竞争时,能够取胜的组织就取决于其竞争优势而不是比较优势了。

大学的竞争力(university competencies):大学的竞争力同样要从其拥有的资源和能力入手。大学的资源和能力可以简单地分为两类:一类是所有大学基本上都具有的;另一类是大学之间不相同的。前一类资源和能力是大学生存和日常运行的基本条件,在大学竞争力形成方面不产生作用,称为基础性资源和能力。后一类资源和能力是大学与其竞争对手的差异所在,能够为大学带来比较优势,是大学竞争优势的基础,称为差异性资源和能力。因此,从这个意义上说,可以把大学的竞争力定义为:**能够给大学带来比较优势并形成竞争优势基础的大学不同于其他高校的差异性资源和能力**。

3. 竞争优势

【讨论问题】 什么是竞争优势?竞争优势与比较优势的主要区别是什么?

竞争优势(competitive advantage):强调组织的战略策略行为,它强调组织通过动态的管理行为而获得的优势。竞争优势的概念最初是在20世纪80年代,由迈克尔·波特基于国家层面提出的。波特的国家竞争优势是指一个国家使其公司或产业在一定领域创造和保持优势的能力。波特国家竞争优势理论的中心思想是一国兴衰的根本在于该国在国际竞争中是否赢得优势,它强调不仅一国的所有行业和产品参与国际竞争,并且要形成国家整体的竞争优势。而国家竞争优势的取得受四个基本因素和两个辅助要素的整合作用(也称为"钻石模型"或"菱形理论")。这四个要素是生产要素,需求条件,相关和支持性产业,企业战略、结构与竞争状态。两个辅助要素是机会和政府。"钻石模型"如图6.4所示。

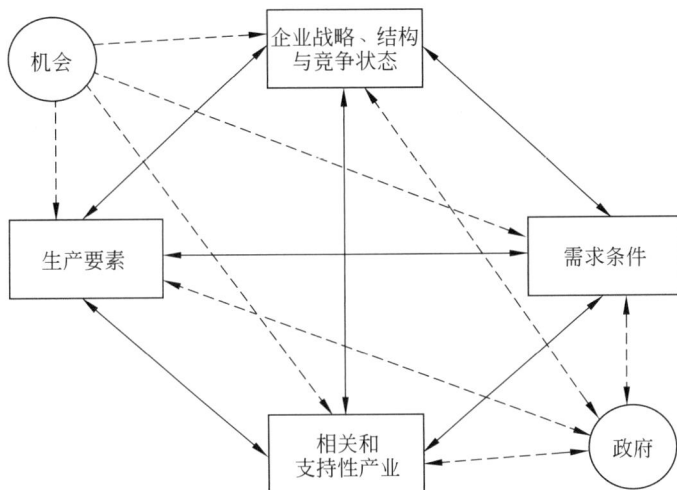

图6.4　钻石模型

从一个组织的角度,**竞争优势是指组织以自身独特的资源和能力为基础,在市场竞争中通过组织的动态管理行为,能够为用户提供比竞争对手更有价值的产品或服务的优势状态或地位**,是组织动态行为的结果。

【说明】　比较优势和竞争优势的关系就好比一个天生个子高的人,他具有打篮球的比较优势,但他如果没有通过系统有效的训练,不掌握篮球的基本功和技能,那么他的比较优势就不能转化为打篮球的竞争优势。

4. 大学的核心竞争力

【讨论问题】　什么是核心竞争力?如何定义大学的核心竞争力?

核心竞争力(core competencies):**指的是组织拥有的形成相对于竞争对手的竞争优势的资源和能力**。它能够帮助组织在竞争中脱颖而出,使组织超越竞争对手,创造出更具价值的产品和服务。

战略性资源和能力:在成为大学竞争力的差异性资源和能力中,可以将其进一步分为一般性与关键性两部分。一般性资源和能力虽然是竞争对手当前不具有的,但却是容易获得、能够模仿、可以替代的,因此,这些资源和能力与竞争对手的差异性容易消失或淡化;关键性资源和能力与竞争对手的差异性则难以取消,它们是大学竞争力要素中根本的、决定性的和超越其他要素的核心要素,是大学的战略性资源和能力,它们是大学竞争优势形成的关键。基于此,可以更准确地定义:**核心竞争力是组织拥有的形成相对于竞争对手的竞争优势的战略性资源和能力**。

大学的核心竞争力（university core competencies）：学术界对大学核心竞争力的定义有多种，以下是一些例子。

- 大学（核心）竞争力是指大学在竞争性的大学环境中，一所大学所具有的能够持续地比其他大学更有效地向社会提供教育服务，并由此赢得资源、发展机会和获取生存与发展优势的综合能力。

- 高校核心竞争力是高校参与市场竞争形成的，具有足够特色的、相对竞争对手的巨大优势和持续竞争的能力，以及充分利用资产资源的整合能力。

- 大学的核心竞争力是基于大学本质和独特资源，促使大学不断创新、不断追求卓越的积累性学识，是大学组织的集体学习能力，以及协调大学多种多样知识、技术和能力的一体化能力。

事实上，**大学的核心竞争力是那些能够为大学带来相对于竞争对手的竞争优势的关键性、战略性资源和能力**。或简单地说，**大学的核心竞争力是大学获得竞争优势的关键性因素**。基于此，本书将大学的核心竞争力定义为：**大学在动态、竞争的环境下，运用独具特色的关键性战略资源和能力，形成并保持相对于竞争对手的竞争优势的能力**。

从大学核心竞争力的定义可知：

（1）核心竞争力是大学竞争优势的根本。

（2）一所大学的核心竞争力是这所大学所独有的，不同大学有不同的核心竞争力。

至此，可以基于大学核心竞争力给出大学竞争优势的定义：**大学在市场竞争环境下，通过整合、组织、管理和运作其核心竞争力，能够为社会提供比其他大学更高的质量和价值、更满足需要的人才、科研和服务的优势状态或市场地位**。

大学核心竞争力与大学竞争优势的关系是：竞争优势以核心竞争力为支撑，核心竞争力以赢得竞争优势为目的。

需要指出的是，大学核心竞争力本身不会自动地转化为大学竞争优势，它需要通过大学的动态管理行为才能形成大学竞争优势，也就是说，对构成大学核心竞争力的资源和能力的整合、组织、管理和运作是形成大学竞争优势的关键。但是，对大学核心竞争力实施不同的动态管理行为将形成不同的结果，而这些结果并不都是大学的竞争优势。能够形成大学竞争优势的动态管理行为是科学可行的战略规划及其切实有效的执行体系。或者说，**大学核心竞争力需要与大学的竞争战略相结合或在大学竞争战略的作用下才能给大学带来竞争优势**。

本章至此，从对大学资源和能力的分析到定义大学核心竞争力及大学竞争优势的整个过程可以用图 6.5 简要描述,这就构成了大学核心竞争力的资源能力说。

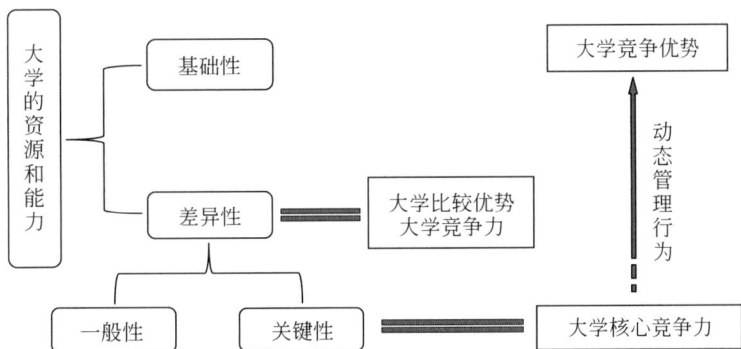

图 6.5　从资源和能力到大学核心竞争力

大学核心竞争力与大学竞争力之间存在着相互转换关系。随着时间的推移,大学核心竞争力所具有的优势会发生改变,既可能蜕变为竞争力,也可能作为核心竞争力继续存在。因此,不仅大学核心竞争力的形成需要大学重视,而且大学核心竞争力的保持更需要大学持续不断地高度重视。

6.2.2　大学核心竞争力的特征

【讨论问题】　大学的核心竞争力有何特征?

大学核心竞争力是形成大学竞争优势的关键,因此,大学核心竞争力的基本特征应体现在能否成为形成大学竞争优势的关键因素(资源和能力)。这些基本特征构成了识别大学核心竞争力的若干标准,主要包括以下 5 方面。

1. 价值性

价值性体现在大学核心竞争力能够在高等教育竞争环境中,为大学利用机会、降低威胁,为国家的振兴、社会的进步、大学的发展和个人的进步创造有用的价值。大学核心竞争力的价值性应重点表现在创造核心价值上,包括知识的创造、科学的发现、技术的发明、文化的创新等。

价值性的价值有两个含义:一是为用户所需要的价值,从这个意义上说,用户是大学的某种资源和能力是否为核心竞争力的最终决定者;二是能为大学带来效益,这里的效益包括经济效益和社会效益。价值的表现形式有成果和服务两方面,如教育教学服务、科研成果、发明专利、咨询服务等。

2. 不易模仿性

不易模仿性是指形成大学核心竞争力的资源或能力难以被竞争对手所复制。如果有价值的资源或能力是大学竞争优势的一个来源,那么它们就应该能够持续地保持这种状态。而容易被复制或模仿,或通过努力可以很快获得或建立的资源或能力就可以很快地在竞争对手中传播,就不可能给大学提供持久的竞争优势。具有以下一条或多条性质的资源或能力是难以被模仿的。

(1) 持久不变性,指的是资源或能力在较长时期内维持其价值不变的特性。不同的资源和能力其价值的持久性是不同的。如大学的声誉和知名度就拥有很强的持久性,它们为大学带来了竞争对手难以获得的教育资源和市场机会,以及难以企及的持续竞争优势。

(2) 路径依赖性,指的是大学核心竞争力是经过独有的发展路径才形成的。在这个发展路径中,当时的历史背景、特定的发展环境、特有的发展方式是不可能重复出现的,因此,这种核心竞争力的形成也是不可模仿的。

(3) 来源模糊性,指的是大学核心竞争力的来源模糊不清或因果关系不明,而使得竞争对手找不到模仿的途径。许多模糊的东西往往涉及复杂的流程、不明的规则和深刻的背景,这就使得看似简单的事情却无从下手,更谈不上模仿了。

(4) 界限模糊性,指的是大学核心竞争力和大学竞争优势的界限不清晰。在这种情况下,竞争对手无法清楚地了解大学如何将它的核心竞争力作为其竞争优势的基础。结果是,竞争对手不能确定他们需要建立什么样的竞争力,才能得到与大学的战略所获得的同样的利益。

(5) 低流动性,指的是作为大学核心竞争力的资源或能力在不同的大学之间转移很困难。这样一来,具有低流动性的大学核心竞争力就难以被模仿。这种低流动性往往是由于大学所在地域、大学特有的内部机制、资源或能力的依赖性等因素形成的。

(6) 关系复杂性,指的是大学内部的关系和大学外部的关系的复杂性。大学内部的关系包括教职工之间的关系、部门以及院校间的关系、相互间的信任程度、合作的默契程度。大学外部的关系包括与政府、政府部门、社会团体、企事业单位等的关系。这些关系的复杂性对大学相当重要,但又难以被掌握和复制,因此,成为大学难以被模仿的能力。

3. 独特性

独特性是指形成大学核心竞争力的资源或能力是独特的、稀缺的,为大学所独占。如每个省(市)的"211"大学,它们在省属大学中处于龙头老大的地位,这种地位对于其他省属院校而言,就是独特的、稀缺的资源。这样的大学在获得省里财政及专项支持方面就处于优势地位。

大学核心竞争力的独特性往往建立在大学的专有历史、专有文化、专有环境、专有人才和专有学科上,是竞争对手难以逾越的进入障碍,决定了大学之间的异质性和办学效益的差异性。

4. 不可替代性

不可替代性是指形成大学核心竞争力的资源或能力不能被其他资源或能力所替代,否则这种资源或能力就不能称为核心竞争力。如在大学的各种资源中,人力资源中的两院院士、国际著名科学家是不可替代的。又如,在大学的无形资源中,大学文化、大学精神具有不可替代性。

但在大学的各种能力中,也存在可以被替代的能力,如研究开发能力,容易在经过一段时间后被竞争对手采取赶超后的能力所替代。对于这些可能被替代的能力,大学自身要在发展过程中不断提高自己的能力水平,以避免被替代。

5. 可延展性

可延展性包含两层含义:一是大学核心竞争力是一种基础性能力,它是大学各项工作的基础,为各项成果的获得提供了坚实的平台,是大学其他各种能力的统领;二是大学核心竞争力具有"溢出效应",通过其溢出、扩散、辐射和渗透作用,能够为大学进入更广阔的市场和开拓新的领域提供巨大的潜在机会。

例如,大学的知识创新能力就具有明显的可延展性的特征。

6.2.3　大学核心竞争力的构成

【讨论问题】　大学的核心竞争力是由哪些要素构成的?

大学的核心竞争力是一个多维、动态、综合的概念,其中多维说明大学核心竞争力由多个要素构成,单一要素难以成为核心竞争力;动态是指这些构成要素不是一成不变的,它们会随着大学的发展和外部竞争形势的变化而改变;综合指的是核心竞争力作用的发挥需要这些构成要素的有效组合和相互作用。

1. 大学核心竞争力构成的各种说法

大学核心竞争力的构成有各种各样的说法,以下是一些例子,供批判性地分析讨论。

说法一:大学的人力资源、办学能力和创新能力。也就是说,大学的核心竞争力水平主要取决于其自身具有的人力资源、办学能力和创新能力。物质资源、无形资源和整合能力可以看成大学人力资源运用、办学能力和创新能力发挥的结果和积累。

说法二：大学核心竞争力是高校长期积累、发展而形成的知识技能、独特文化、机制所决定的巨大的发展实力和能力，其要素主要包括四方面：核心知识技术能力、竞争要素整合能力、对外影响能力、应变转换能力。

说法三：不同层次、不同类型的大学核心竞争力往往是不同的，而具有相同核心竞争力的高校评价指标也可能存在差异。以教学与科研为主的大学核心竞争力评价指标体系如表 6.1 所示。

表 6.1　大学核心竞争力评价指标体系

大学核心竞争力													
学科队伍			科学研究				人才培养			学科效益		融资能力	
队伍层次地位	中青年状况	队伍来源	科研经费	科研项目	科研论著	科研奖励	生源规模和就业	培养质量	教学成果	科研效益	教学效益	融资渠道	资产负债能力

说法四：牛津大学前校长柯林·卢卡斯认为高校核心竞争力必须具备 10 个要素：品牌、国际化、资金、科研质量、基础设施、教员素质、资源调配、发展思路和灵活性、品学兼优的学生、面向综合领域的研究方向。

说法五：经统计分析得出。依次对《中国教育报》和《光明日报》发表的高校资料进行统计分析，对"中国教育科研网"上公布的中国高等学校简介进行检索分析，对《中国高等学校年鉴大全》资料进行分析，对全国 120 位高校校长和 170 位高校青年干部进行问卷调查，得出大学核心竞争力基本构成要素，如表 6.2 所示。

表 6.2　高于平均认可度的大学核心竞争力基本构成要素

大学核心竞争力												
显性要素							隐性要素					
学术生产能力			人才生产能力				管理力				文化力	
名师	学科竞争力	学问生产能力	生产规格	生产数量	生产质量	就业率	管理者	争取发展机会和空间	创建良好的学术环境	提高办学效益	校园精神	校园文化	校风

【讨论问题】　你对表 6.2 的指标是否认同？为什么？有何改进的地方？

2. 大学核心竞争力的构成

尽管人们对大学核心竞争力的构成有不同的说法，但从本质的和核心的角度出发，可以给出如下的构成要素。

1）大学文化

文化是一所大学在长期的办学实践过程中逐渐形成和不断丰富的大学思想、制度和精神层面的混合体，是大学的精髓、灵魂和本质所在，是大学全体师生员工共同的价值观体系。大学文化有形和无形地影响着在大学工作、学习、生活的广大师生员工，成为大家自觉行动和自主决策的依据和引领，是构成大学办学实力和核心竞争力的重要组成部分。

2）先进办学理念

先进办学理念包括大学校长和学校领导班子形成共识的办学思想、大学使命、发展定位、办学思路等诸多方面的指导思想和原则，是大学领导班子对大学发展的认识、构想、追求和展望，是形成大学办学特色的基础。其中，大学校长的敬业精神、管理能力、创新思维、战略眼光和教育思想是至关重要的。校长是大学的领航者，校长的领导是大学发展过程中最具影响力的因素之一。

3）师资队伍素质

师资队伍素质是大学核心竞争力要素的核心和关键。教师是先进办学理念的落实者，教师素质决定着大学的办学质量，一所大学能否成功的关键在于是否拥有一支高水平的一流教师队伍，包括教师队伍的学科结构、知识结构、年龄结构、学缘结构、经历结构，学术带头人的专业素质、学术水平和组织能力，教师整体教学水平、科研能力和敬业精神等多方面。

4）人才培养质量

人才培养是大学的第一要务，人才培养质量集中显现了大学在教育教学方面的核心竞争力。一流教育质量的基本特征有16个，集中体现在以下四方面：在大学的地位、办学资源和条件、人才培养过程、满足经济社会对人才的需求。一流人才培养需要有一流人才培养机制、制度和平台，以及一流的质量保障机制。其中面向未来、动态适应、柔性化、按专业大类培养是保证人才培养质量符合经济社会发展学院的关键。

5）学科发展优势

学科发展水平是一所大学在高等教育行业地位的主要标志，彰显了大学在学科及科研方面的核心竞争力，代表着大学的特色和水平。学科发展优势反映在以下几方面：一是本领域学科专业发展的引领者；二是具有创新性的学术成果；三是高质量人才培养的基础；四是教师队伍建设的有效平台；五是高水平社会服务的保障。学科发展要适应科技发展规律和趋势，要适应国家和社会发展需要，结合本校实际，办出特色和水平。

6）学校管理水平

在资源和能力以及投入不变的情况下，学校管理水平就成为大学在运营管理方面的核心竞争力，它保证大学各项资源和能力的协调、整合、优化与使用达到最佳效果，是提高办学效益、赢得和保持大学竞争优势的关键。学校管理水平取决于现代大学制度建设并体现在大学内部管理体制的完善上：一方面，要有精简高效的组织机构，在学校运行、管理、服务和效率上达到高水准；另一方面，要有激励宽容的运行机制，激励教师积极主动、创造性地投入，在战略实施过程中形成和保持竞争优势。

除以上6方面，针对不同的大学还可以提出自身独有的其他核心竞争力的构成要素。需要强调的是：无论一所大学核心竞争力的构成要素有多少，它们共同努力才能构成大学核心竞争力，其中任何一个要素的或缺都会使大学的核心竞争力受到影响；所有这些要素的简单累积和叠加并不能形成核心竞争力，大学核心竞争力强调的是各构成要素的有效组合和互动发展，强调的是大学整体的运行机制。

6.3　大学持续竞争优势

大学的核心竞争力是能为大学带来相对于竞争对手的竞争优势的战略性资源和能力。大学竞争优势是大学在高等教育市场竞争中具有的在人才培养、科学研究、社会服务、文化传承于创新等方面拥有的相对于竞争对手的优势状态或市场地位。分析大学核心竞争力的目的是为了分析大学竞争优势，并为深入研究大学持续竞争优势做好准备。然而，在讨论大学持续竞争优势之前，还需要研究大学竞争优势的形成机理，以支持对前者内涵的深刻把握。

6.3.1　大学竞争优势的形成

6.2.1节给出了基于大学核心竞争力的大学竞争优势的定义，明确了核心竞争力是形成大学竞争优势的关键能力，然而，大学竞争优势的形成受多方面因素的影响，仅靠其核心竞争力是不够的，需要多方面因素的相互作用和共同努力。

1. 影响大学竞争优势形成的"钻石模型"

参考图6.4波特提出的"钻石模型"，可以给出影响大学竞争优势形成的四个关键因素和两个影响因素。这四个关键因素是"教学科研要素""市场需求""生源与支持性资源""大学战略、组织结构与同业竞争"，两个影响因素是"机会"和"大学管理"，如图6.6所示。

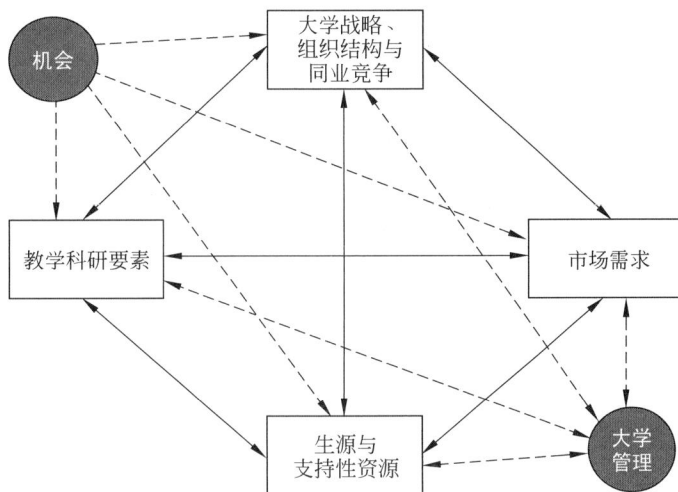

图 6.6 影响大学竞争优势形成的"钻石模型"

【讨论问题】 您是否认可图 6.6 所示的构成要素？如果有不同意见，请说明理由。

2. "钻石模型"各因素及其影响分析

图 6.6 中四个关键因素的内涵及对其他因素的影响分析如下。

1）教学科研要素

大学的教学科研要素包括基本要素和优势要素。其中基本要素是每所大学都有的，对大学竞争优势的形成不起作用。教学科研要素中的优势要素是指一所大学所具有的能够支持大学形成竞争优势的在教学科研方面的战略性资源和能力，包括充足开放的教学实验实训实习条件、合作共建的校外实践基地、先进的教学设施和环境、高素质的教师队伍、高水平的教学科研管理体系、先进的教育教学理念、柔性且适合大类专业的培养方案、开放共享多学科交叉的课程教学资源、以学生为中心的教学组织形式和教学方法等。

教学科研要素对其他三个关键因素和"大学管理"因素产生影响。具有优势的"教学科研要素"能够较好地满足并在一定程度上改变"市场需求"，能够吸引高质量的"生源与支持性资源"，会影响"大学战略"的制定、"组织结构"的调整，并影响"同业竞争"状态，会影响"大学管理"模式和行为。

教学科研要素作用的发挥需要有"生源与支持性资源"的支持，需要在"大学战略、组织结构与同业竞争"的作用下，通过有效的"大学管理"满足"市场需求"，进而促进大学竞争优势的形成。

2）市场需求

市场需求指的是经济社会对高等教育产品和服务的各种需求，对一所大学而言，市场需求指的是其服务面向区域对高等教育产品和服务的各种需求。具有以下性质的市场需求有利于大学竞争优势的形成。

- 需求多样性。多样的市场需求，如人才层次和类型需求的多样性，促使大学具备培养各种层次和类型的能力。
- 需求复杂性。复杂的市场需求，如在社会服务方面的需求涉及多学科交叉领域，促使大学在多学科交叉领域有所建树。
- 需求动态性。动态的市场需求，如对人才规格和要求的动态变化，促使大学有灵活、柔性的培养方案和模式。

"市场需求"因素对其他三个关键因素和"大学管理"因素产生影响。不断提高变化的"市场需求"因素会促使大学改善和充实"教学科研要素"，以最好地适应外部需求环境的变化；"市场需求"会影响大学对"生源与支持性资源"的需求；"市场需求"会直接影响"大学战略"的制定、"组织结构"的调整，并改变大学的"同业竞争"状态；不同的"市场需求"要求采取不同的"大学管理"模式。

3）生源与支持性资源

生源是指达到大学入学要求的潜在学生的来源情况；支持性资源主要指市场优秀的人才资源、政府财政拨款、社会捐赠及其他教育资源等。生源质量对培养高素质人才有重要影响，对实现大学人才培养目标有直接关系；市场优秀的人才资源对建设高水平的教师队伍和管理队伍至关重要；教育经费的投入是大学竞争优势形成的经费保证；其他教育资源，如相关行业企业提供的教育教学场地、科研实验平台等对提高人才培养质量和科研水平均是不可或缺的。

"生源与支持性资源"因素对其他三个关键因素和"大学管理"因素产生影响。优质生源与充足的支持性资源是形成大学竞争优势的重要资源，这些资源一方面支持和保证"教学科研要素"的改善和提升，会影响大学对"市场需求"的接受程度，更好地满足不断变化的"市场需求"；另一方面支持更有利于实现大学愿景的大学战略、促进大学组织结构和同业竞争状态的改变，同时，充足优质的"生源与支持性资源"将充分发挥"大学管理"应有的作用。

4）大学战略、组织结构与同业竞争

大学战略是形成大学竞争优势的重要途径和方式，精简高效的大学组织结构是大学战略实施的组织保障，同业竞争，尤其是服务面向区域同类院校之间的竞争状态，决定着大学采取何种战略形成竞争优势。

"大学战略、组织结构与同业竞争"因素对其他三个关键因素和"大学管理"因素产生影响。"大学战略"的实施、适应的"组织结构"和良好的"竞争状态"有利于提高"教学科研要素"水平或获取新的优势要素;"大学战略、组织结构与同业竞争"影响大学对"生源与支持性资源"的吸引,影响"大学管理"模式和方式,其运行结果作为大学的输出,会改变"市场需求"的结构。

图 6.6 中两个影响因素的内涵及对其他因素的影响分析如下。

1) 机会

机会对大学竞争优势的形成是可遇不可求但又十分重要的因素。机会包括对大学发展和竞争优势形成都十分关键的所有外部因素,可以是新颁布的国家政策、国家对高等教育的新要求、国际高等教育发展新动向、相关行业的转型升级等。

外部市场"机会"对所有四个关键因素均产生单向的影响。"机会"会导致"教学科研要素"的整合、重组或更新、调整,以更好地抓住"机会";"机会"促使"大学战略、组织结构"的调整,以更好地抓住"机会",同时,"机会"的出现容易打破同业间的竞争平衡,形成新的竞争状态;"机会"会改变大学所需要的"生源与支持性资源"的构成和来源;"机会"也将在不同程度上改变现有的"市场需求",既可能是在量和质上的提升,也可能是在多样和多元上的变化。

2) 大学管理

大学管理是大学赢得竞争优势的重要因素,涉及大学内部管理的各个方面,包括教学、科研、学生、人事、财务、后勤等诸多部分,其中最为关键的是现代大学制度的建立、大学内部管理体制的改革、教职工队伍薪酬制度的建立等,这些关系到科学、高效、激励、可行的大学政策、制度、环境和氛围的建设和形成,是大学竞争优势形成的"软"保障。

"大学管理"因素与所有四个关键因素之间的影响是相互的。高效的"大学管理"能够有效地整合"教学科研要素",并最大限度地发挥其在竞争优势形成中的作用;有效的"大学管理"会吸引更多更好的"生源与支持性资源";有效的"大学管理"能够制定出科学可行的"大学战略"、调整设置出高效的"组织机构"、为大学获得良好的"同业竞争"状态;高水平的"大学管理"产生的大学高质量的产品和服务也能够在一定程度上影响现有的"市场需求"。

【讨论问题】　上述四个关键因素和两个影响因素及其之间的相互作用。

3. 大学竞争优势形成的环境分析

大学竞争优势的形成往往伴随着大学外部环境的变化。虽然外部环境的变化并不能直接给大学带来竞争优势,但外部环境的变化往往意味着大学发展出现了的新的机遇,对这种机会进行识别并做出快速反应,就可以为大学竞争优势的形成赢得机会和时间。

适应外部环境变化而形成竞争优势需要大学具备两方面条件或能力。一是对外部环境变化的预测分析能力。大学要能够通过对国内外经济社会发展、高等教育市场需求变化、国家高等教育政策调整等因素的分析,抓住大学未来发展成功的机会和关键因素,以及时调整自身战略。二是灵活地应用自身的资源和能力适应外部环境变化并抓住发展机会的能力。这里的灵活性既指大学资源和能力快速重组和调整的能力,也指大学的组织结构、决策系统、管理机制、运行模式、大学文化等适应外界动态变化而调整和改变的柔性程度。

随着高等教育市场竞争程度的不断提升,大学竞争对手均具有很强的核心竞争力,利用外部环境变化形成竞争优势的关键是反应速度,即要求大学能够迅速调整战略、对自身资源和能力进行快速的重新组合和调整,能够有效迅速地实施新的战略。

外部环境堵塞变化为大学竞争优势的形成提供了机会,同时,大学竞争优势的形成与大学内部环境的创新氛围也有直接的关系。这里的创新氛围主要指大学的创新文化,包括大学领导层、管理者和教师的创新思维、创新意识和创新精神,体现在大学办学理念、办学思想、制度政策、管理模式、运行方式等方面。这种创新氛围对大学竞争优势的形成和保持具有至关重要的作用,它不仅能够使得大学的核心竞争力成为相对于竞争对手的绝对竞争优势,而且能够使得大学有限的核心竞争力的作用能够得到充分发挥,成为赢得市场竞争的关键。

在当今高等教育行业中,各级各类大学在拓展和增强自身的资源和能力上不遗余力,在这种情况下,大学内部环境的创新氛围无疑在发挥本校资源和能力的最大效益上具有关键的作用,也是大学在众多势均力敌的竞争对手中具有竞争优势、赢得市场的关键。

大学竞争优势形成后的持续保持需要长期的不断投入、悉心维护和自主创新,从而产生了持续竞争优势的概念,这正是 6.3.2 节重点讨论的主题。

6.3.2　持续竞争优势的内涵

通常所说的竞争优势是指一所大学在某个时点上胜于竞争对手的一种态势,它是一个静态概念。然而,迈克尔·戴尔(Michael Dell)曾经说过:“没有任何竞争优势和成功是永久的。赢家是那些不断进步的人,在商业中唯一不变的就是变化。”竞争优势的创造和维持,或持续竞争优势的获取和保持,一直是理论界和产业界普遍关注的问题,是战略管理研究的中心议题。

大学不仅希望在短期内或在某个时间点上获得竞争优势,更希望能够长期保持已有的竞争优势,并不断创造新的竞争优势。换句话说,大学期望获得持续竞争优势(sustainable competitive advantage),这是大学的竞争环境和竞争特征所决定的。

1. 持续竞争优势内涵及"持续"含义

那么,什么是持续竞争优势?与竞争优势相比,持续竞争优势的内涵可以定义为**一种在迅速变化、动态复杂的环境下形成并能长期保持的战胜竞争对手的差别优势**。对于大学而言,**持续竞争优势还可以定义为大学针对市场竞争的需要积累和形成的能给大学带来持续地超越竞争对手的优势或能力**。

【讨论问题】　持续竞争优势中的"持续"意味着什么?

持续竞争优势与竞争优势的区别在于竞争优势的"持续"。这里的"持续"实际上包含两种含义:一是大学具有的某一种竞争优势的持续;二是大学在长期的发展过程中始终保持有至少一种竞争优势。对于第一种含义而言,如果大学处于比较稳定的经济社会和高等教育发展环境,在某一方面具有长期、稳定和坚实的积累,所形成的竞争优势不仅明显超越主要竞争对手,而且还予以其积极的维护和保持,那么这一方面的竞争优势就有可能在较长的时间内得到延续和保持。对于第二种含义来说,尽管某种竞争优势迟早要消退或瓦解,但是,只要大学存在以下两种情况之一:一是大学拥有不仅一种竞争优势;二是大学始终能够在其发展过程中及时地形成和产生至少一种新的竞争优势;那么,即将消退的竞争优势将被取代,大学在总体上仍拥有相对于竞争对手至少一种的竞争优势,从而保持持续竞争优势。

事实上,大学持续竞争优势中的"持续"并不意味着一种竞争优势必须是永远保持、长期不变的,而是要求相对于竞争对手的大学竞争优势是持续存在的,也就是说,如果大学没有一种能够长期保持的竞争优势,那么,不同竞争优势的不间断"接力"和替代也是大学具有持续竞争优势的一种方式。这就为大学保持持续竞争优势给出了两种思路:一是在外部环境平稳时期,高度重视相对于竞争对手具有明显优势的竞争优势,努力长期保持其优势状态和地位;二是在外部环境动荡变化时期,重视培育和形成一种或多种新的竞争优势,以及时替代可能出现消退的现有一种或多种竞争优势,从而在总体上保持大学的持续竞争优势。

从竞争对手的角度分析,大学持续竞争优势是大学在一时间点上的竞争优势,在经历了竞争对手长时间的所有模仿和尝试超越后,仍然延续和保持的竞争优势。在这里,"持续"既可能是某一种竞争优势,也可能是多种"短期"竞争优势构成的"持续"竞争优势"链",还可能是多种竞争优势链接形成的"多链条"持续竞争优势。

2. 大学与企业持续竞争优势的区别

【讨论问题】 大学持续竞争优势与企业持续竞争优势有何区别?

大学竞争优势的形成过程赋予其"持续性"。从大学核心竞争力的构成可知,其构成是多要素的;从图6.6的构成及其相互影响分析可知,大学竞争优势的形成是多因素综合影响和作用的结果;因此,大学的竞争优势是多因素形成、多要素构成的,大学竞争优势的产生和形成是一个需要较长时间的复杂过程。这说明,竞争对手没有较长时间的努力是不可能超越大学的竞争优势,大学竞争优势自身就能"持续"相当一段时间。

企业持续竞争优势与大学的区别主要在两方面:一是构成要素;二是形成时间。组织属性、产品及服务性质等方面的不同使得企业和大学的持续竞争优势的构成要素存在较大差异,企业持续竞争优势除在品牌、声誉等与大学相同外,主要体现在生产技术、研发能力、产品质量、可靠性及售后服务等方面。因为现代企业基本上是技术密集型的产品生产者,因此技术是其竞争优势的核心,而技术的获取很大程度取决于资金,也就是说,如果有充足的资金,企业能够迅速获得先进/一流的技术,就能赢得在技术上的竞争优势。而大学仅靠先进/一流的教学科研设备不足以赢得竞争优势,大学的关键在于教师队伍的整体水平和素质,这方面需要较长的时间建设。由此可见,在研究大学持续竞争优势时,不能简单照搬企业持续竞争优势的理论,而需要注意二者间的区别。

3. 大学持续竞争优势与大学办学特色

【讨论问题】 大学持续竞争优势与大学办学特色有何关系?

大学办学特色可以有如下多种定义。

(1) 大学的核心竞争力在内外部多种因素的相互作用下获得并长期保持的在办学上不同于竞争对手的独有的风格、形式和特征。

(2) 大学在迅速变化、动态复杂的环境下形成并能长期保持的在办学上不同于竞争对手的独有的风格、形式和特征。

(3) 大学针对市场竞争的需要积累和形成的能给大学带来持续地超越竞争对手的在办学上独有的风格、形式和特征。

(4) 大学在市场竞争环境下,通过整合、组织、管理和运作其核心竞争力,能够为社会提供比其他大学更高质量、更有价值、更满足需要的人才、科研和服务的独有的风格、形式和特征。

"特色"二字一般仅出现在表述大学的办学优势上,主要以"办学特色"出现。对于企业而言,基本不谈"特色",主要关注"竞争",这与企业在残酷的市场中以竞争求生存密切相关。

企业在战略管理上常用的术语是"竞争力""核心竞争力""竞争优势"和"持续竞争优势"等。大学在战略管理上也采用基本相同的术语，与企业的区别主要在常用"办学特色"替代"大学持续竞争优势"，这方面主要基于以下原因。

（1）大学在竞争激烈程度上不及企业。虽然企业的竞争早已从过去的"红海竞争"转向"蓝海竞争"，即从过去单纯的"竞争"转向现在的"竞争与合作"（简称"竞合"），但作为追求利润最大化的企业，赢得市场竞争仍是其主要目标，这也是为什么企业的竞争往往是你死我活，世界各地每时每刻都有企业破产的缘故。大学虽然也强调竞争，但大学间的合作也是必要的，大学的竞争虽然也是残酷无情的，但从大学破产关闭的情况看，其竞争程度没有企业那么激烈。因此，大学在战略管理中采用"办学特色"替代"大学持续竞争优势"的目的在于区别大学与企业的竞争。

（2）"办学特色"在内涵上与"持续竞争优势"一致。从上述大学办学特色的逐条定义可知，在大学办学特色的定义上是用"办学上不同于竞争对手的独有的风格、形式和特征"替代大学持续竞争优势的定义上的"战胜/超越竞争对手的竞争/差别优势/能力"，或用前者的"独有的风格、形式和特征"替代后者的"优势状态或市场地位"。

总之，在大学战略管理中，大学办学特色与大学持续竞争优势内涵相同；如果考虑到大学竞争优势的持续性特征，大学办学特色的内涵甚至也与大学竞争优势基本一致；大学持续竞争优势就是大学办学特色；构成大学持续竞争优势的各竞争优势形成的整体优势状态应该在长时期上得到保持和延续，才能成为大学的办学特色。

6.3.3 办学特色的极端重要性

如果一所大学能够表现出不同于其他大学的鲜明特色，就可以说在相当程度上体现出了自身的准确定位。同样，如果一所大学能够准确定位，也就必然有利于学校特色的形成和建设。办学特色对大学来说至关重要，从字面上来说它是学校在办学过程中所形成的特色，是办学主体追求的特色，但办学特色更关键的是追求办学的个性化，以满足特定的服务面向需求，适应经济社会建设和发展的需要。大学必须依据特定的社会需求及市场需求准确定位，发挥自身优势，形成鲜明的办学特色。大学要提高自身的知名度，树立好自身的品牌，只有通过形成特色寻找突破口。只有寻找到这样的突破口，才能通过局部的率先突破，实现整体的跨越式发展。

办学特色的极端重要性主要体现在以下 4 方面。

1. 大学生存与发展的基础

大学的发展要不断适应社会经济发展的需求,因此,大学只有主动适应外部经济社会环境,在激烈的高等教育市场竞争中积极寻求发展的突破口,充分发挥自身的有效资源和能力,形成自身鲜明的办学特色,才能不断拓展生存空间,以求得更多的发展机遇。

2. 大学赢得社会地位的关键

在目前的市场经济情况下,整个高等教育市场放开,服务对象对高等教育服务水平要求更高,要赢得社会地位,就必须有特色。你声誉高,你就能吸引更多的优秀人才,教师和科研队伍素质就高,这样你就能吸引好的生源,生源好,你的特色就更容易形成,优势就更明显。更鲜明的特色又可进一步提高大学声誉,提高学校的生源质量,这是一个良性循环,所以特色是赢得社会地位的关键。

3. 大学优势的集中体现

一所大学的优势不可能体现在所有学科专业领域,即使是一所世界一流大学,也不是它所有的专业都是一流。举一个很典型的例子:作者 20 世纪 90 年代初在英国读书的母校——兰卡斯特大学(Lancaster University),从 20 世纪 80 年代到现在,管理科学方面在英国连续排名第一,虽然它的名气比牛津大学小,但牛津大学的管理学院 1990 年成立时,第一任院长是兰卡斯特大学管理学院的一位教授。所以,不要认为一流大学什么都是一流的,那是不可能的。一所大学一般只在一两个学科或几个学科上长期积累形成优势,通过集中这个优势带动其他学科乃至全校其他专业的发展。只有集中优势,选准办学特色突破口,才会使特色不仅成为一所学校的集中体现,也会成为带动学校全面发展的龙头。

4. 大学参与竞争的前提

没有优势怎么竞争,大学的竞争是在生源、教学资源、教师资源、教育市场等方面的竞争,这些竞争都要体现出大学优势和办学特色,将其作为大学参与竞争的前提或"本钱",否则就失去参与竞争的条件。例如,在讨论制定一所大学战略规划时一定要强调和注重有特色的东西。不要看到别的大学做了,你也照着做,如果要做也可以,但要做得与其他大学不一样,有自己的独到之处,有其他大学做不了的事情,否则这个规划就会与其他大学趋同,甚至可以照抄其他大学的,那就不叫规划。

6.3.4 办学特色的主要特征

办学特色是指大学在长期的办学过程中积累形成和发展的明显区别于其他大学

的独特的大学精神、办学风格、独到的办学理念、价值取向,以及在人才培养、学科专业建设、科学研究、管理机制、社会服务、校园文化等各方面表现出的一系列相对持久稳定的优良特性。大学的办学特色必须具备以下 6 个主要特征。

1. 独特性

一所大学的办学特色必须明显区别于其他大学的办学特色且是该校所独有的特性。与其他大学没有区别,就不能构成特色,但区别本身并不等于特色。这些区别必须优于其他大学,或者对其他大学而言是学之不像,移之不活的优势。这就像企业的核心竞争力/竞争优势一样,它是企业独有的,且其他企业难以模仿、学不去的东西。总之,办学特色的独特性体现在人无我有,人有我优,人优我特。办学特色的独特性要求大学在履行基本职能的共性基础上,寻求或培养与众不同的个性——"优势"或"强项",采取措施,扶优扶强,逐步形成大学在某些方面的办学特色。

2. 有限性

大学有限的办学资源与日趋激烈的高等教育市场竞争决定着任何一所大学只能在有限的几方面或领域形成自己的办学特色。一个大学的办学特点可能很多,但并不是所有的办学特点都能成为办学特色。大学确定自己潜在的办学特色时要注重科学、理性和可行,坚持有所为,有所不为的原则。具体来说,要以大学的定位为基础,分析高等教育的发展趋势和大学内外部竞争环境,比较同类型大学优劣势,找出自身的"优势"和"强项",根据可支配的办学资源,选择若干有积累、有个性、有潜力、有优势的强项作为潜在的办学特色。

3. 不易模仿性

大学办学特色应该是难以被其他大学所复制或模仿的,否则就不具备其独特性的特征。大学办学特色的不易模仿性主要源于以下原因:①办学特色形成的源头是模糊不清的,它既有深刻的背景、历史,也有特定的条件;②办学特色的形成路径是独特的,它既与经济社会发展进程有关,也与高等教育发展过程关联;③大学内外部关系的复杂性,这些关系是大学办学特色得以形成和保持的土壤;④低流动性,指的是大学办学特色对大学文化、制度、机制、管理等的依赖。

4. 不可替代性

大学办学特色不能被存在竞争关系的其他大学用它们自身的某种优势所替代,否则这种办学特色就不能称为大学的办学特色,如大学文化、大学精神等就具有不可替代性,但教学能力、先进的教育资源等就不具备不可替代性。因此,大学在挖掘和凝练办学特色时要将不可替代性作为判别是否办特色学校的一个重要的衡量标准,只有这样才能避免大学在形成和发展办学特色时在资源和能力投入上的浪费。

5. 稳定性

因为大学的办学特色是在长期的办学过程中逐步积淀而形成的,因而具有稳定性。特色的内涵一旦确定,高校就必须为特色最终的形成坚持不懈地作出长期的努力,因而特色不能总变,否则特色就不可能形成。然而,特色并非绝对不能变,办学特色既需要不断积累,也需要不断完善,特色的形成是一个相对稳定的过程。高等教育市场的激烈竞争既要求大学通过长期办学实践的不断积累形成独特的办学特色,即竞争优势,又要求大学根据内外部环境和条件的变化及时地修正和完善办学特色,以保持和增强竞争优势,即持续竞争优势。办学特色一旦形成,它所产生的影响是长远的,人们将其视作大学的办学风格、形式、特征和传统。

6. 发展性

经济社会的发展要求大学坚持可持续发展,国际高等教育的发展规律也要求大学坚持可持续发展,因而办学特色具有发展性。一方面,由于办学特色不仅是对过去历史的总结,也要着眼于未来大学的发展前景和规划,因而要用战略发展的眼光确定特色的内涵,使特色能在大学长期发展过程中形成和保持办学优势;另一方面,既然办学特色是一种发展方式,它对未来发展有指导作用,因而对办学特色的内涵要不断丰富,不断发展,与时俱进,使之随着时代的进步和学校的发展而不断发展。

事实上,上述办学特色的主要特征与 6.2.2 节所讨论的大学核心竞争力的特征基本一致,这也说明大学核心竞争力是大学办学特色的重要基础。

6.3.5 办学特色的确定

一所大学办学特色的确定是大学在高等教育市场竞争中必须认真、慎重完成的一项关键性的重要工作。大学办学特色的存在形式是多种多样的,既可以是显现的、人们公认的办学特色,也可以是不清晰、需要挖掘和凝练的办学特色,还可能是需要进一步培养才能形成的办学特色。但不论何种形式的办学特色的确定,都需要遵循以下"七个要"原则。

1. 要建立在深入细则的调研分析的基础上

一所大学的办学特色的确定不能简单地由几个人拍脑袋决定,而要建立在深入细则的调查研究和认真分析的基础上。首先,办学特色蕴含在大学的主体工作和日常运行中,不是局限在某个部门或岗位;其次,教职工对办学特色的认识因角度差异而不尽相同;最后,办学特色的形态和表现形式并非一种模式。只有通过与二级单位负责人和各院系骨干教师等的座谈讨论,通过认真细致和全面系统的梳理比较、分析研究,才能集思广益、统一认识、发现归纳和提出大学在若干方面可能的办学特色。

2. 要具备办学特色的各项主要特征

大学办学特色要符合独特性、有限性、不易模仿性、不可替代性、稳定性和发展性等主要特征,做到"创新立异","创新"性地凝练办学特色,达到"立异"的目的,"立"出与众不同、别具一格、"异"于其他大学的办学特色。只有具备了这些特征,才能体现出办学特色的价值和精华,才能使大学在高等教育的市场竞争中具备优势、赢得地位、得到发展。

3. 要进行同类型院校的比较和分析

办学特色是否具备各项主要特征不应该是主观判断和自我认识,还需要通过与本校的主要竞争对手,即服务面向区域同类型大学的比较和分析。一方面,大学初步提出的一些办学特色可能与其他大学的相类似,没有明显的优势,不能最终确定为本校的办学特色;另一方面,一些看似不明晰、不确定的办学优势通过比较后反而凸显其办学特色的各项特征;同时,与其他院校的比较分析也有利于本校办学特色的凝练和完善。

4. 要坚持有所为、有所不为

大学办学特色的内涵涉及大学文化、大学精神、办学理念、办学风格、办学模式、学科专业、人才培养、科学研究、社会服务、校园文化等诸多方面。但对一所大学而言,办学特色不可能面面俱到,不需要也不可能在所有方面都形成自己的办学特色。办学特色的确定要坚持"有所为、有所不为",这一原则对任何层次和类型的大学都很重要。办学特色也可以理解为大学的个性化,大学只有根据学校自身特点和条件,把有限的资源集中在有限几方面,才能使大学办出特色,办出水平,办出一流。

5. 要具有长期保持和增强的可行性

作为大学持续竞争优势,大学所确定的办学特色要具有长期保持和增强的可行性,否则就难以担负起在高等教育市场上赢得优势地位的责任。一方面,大学在保持和增强已确定的办学特色上要有明确和清晰的长期的计划安排,包括经费、人力和物力等方面的投入;另一方面,大学要有针对性的政策和措施以保障这些办学特色能够在良好的制度环境下得到保持和增强;与此同时,大学要注重培养潜在的、新的办学特色,以替代预计不得不消退的现有的办学特色,达到大学长期具有办学特色的目的。

6. 要使最终成效落实在履行基本职能上

大学办学特色的最终成效或落脚点必须落实在履行大学的四项基本职能,尤其是在人才培养和科学研究上,只有这样才能体现大学办学特色的真正价值,否则就难以称为办学特色。成功大学的经验表明,只有能够聚焦在四项基本职能上的办学特色,才能得到业内和社会各界的认可,才有理由重视、培养和保持。例如,大学精神和大学文化看似与人才培养没有直接联系,但却能潜移默化地影响在大学学习、工作和生活的每一个人,对学生品格素质、行为态度、处事风格的培养和形成等均有重要的影响。

7. 要得到骨干教职工的广泛认可

最终确定的大学办学特色还需要得到教职工,尤其是骨干教职工的广泛认可,只有这样,才能起到两方面作用:一是理解和支持大学在办学特色方面的政策措施、经费投入和资源保障;二是在各自的工作岗位上为办学特色的培养、形成、保持和发展而共同努力。事实上,办学特色的形成、保持和发展不是少数人的事,更不仅仅是校领导的事,而是包括相关院校、学科在内的全校教职工共同的事,需要全校上下共同理解、重视和努力。

【实例】 美国大学在学科专业上的办学特色。

(1) 哈佛大学:工科很弱,不是该校强项;经济管理、社科人文是世界一流的,哈佛商学院、肯尼迪政府学院举世闻名,因为这是它的重点。

(2) 加州理工学院:学校不大,甚至不设人文学科,它的重点在理科和工科上,这所大学在全美高校排名中多年位居榜首。

(3) 宾夕法尼亚大学:学科优势是医学和商学,医学院和商学院在全美享有良好的声誉;最著名的是沃顿商学院,虽然与哈佛商学院齐名,但又具个性与特色。

(4) 霍普金斯大学:学科优势和特色是医学和生物学,医学专业闻名于世,医学院著名又具个性与特色;生物学各专业在全美有着广泛的影响和很高的知名度。

人才培养是一所大学的根本任务,上述四所大学在为数不多的学科专业上办出一流、办出特色,从而带动本校的学科专业整体提高,形成重要的社会影响和国际声誉,充分体现了大学的办学特色必须坚持"有所为、有所不为"、必须落实在大学履行四项基本职能上。

6.4 办学特色实例分析

【说明】 作为办学特色实例,建议读者对本节内容从历史的角度进行分析,从当前的角度进行批判性的讨论并提出完善意见。

作者在担任××大学校长期间,从实现大学的办学方针和办学目标的需要出发,于1999年提出要在人才培养、科研和社会服务、对外交流与合作、内部管理四方面形成该校的办学特色并对每一方面的特色予以具体的表述。该校"十五"和"十一五"规划均围绕这四大办学特色的形成制定。××大学"十一五"战略构成如图 6.7 所示。本节以此介绍这四大办学特色。

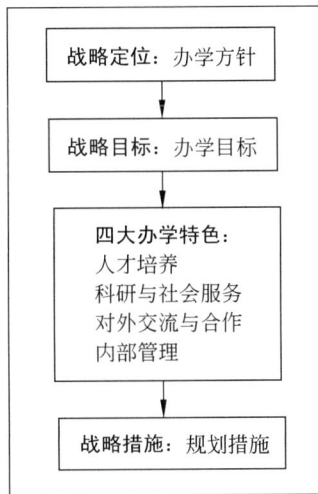

图 6.7　××大学"十一五"战略构成

6.4.1　人才培养特色

"人才培养特色"表述:

在打好基础的前提下,重点强调学生实践能力的培养和创新精神的形成

"打好基础"是为学生全面素质的形成和终身学习打下良好基础,对培养应用型人才为目标的××大学,要解决好如何使学生在有限学制内获得有效知识,打好必备的基础的问题。基础方面要强调的是:怎样教有效的知识,怎样在有效的时间内,在国家规定的学制不变的情况下,使教师传授给学生的知识是有效的,他能够通过这些基础,今后自己再学习再发展。人类文明历史是漫长的,一二十年是根本学不完的。应该根据现在社会的发展,教他怎样获得新的知识。所以,××大学强调的是在打好基础的前提下,而不是强调宽厚的坚实的基础。

"实践能力"主要强调的是动手能力及创造性应用知识的能力,使我们的毕业生尽快适应用人单位的要求,素质高,上手快。把"实践能力"放在第一位来"重点强调",是根据学校的办学方针、办学目标、学生的面向和学校所处的位置确定的。从那几年用人单位对××大学毕业生的反映说明强调实践能力是很重要的。

"创新精神"也很重要,把它放在"实践能力"之后,是因为如果没有动手与实践的能力,就不可能获得实践的机会,更无法体现"创新精神"。"创新精神"主要强调在工作实践中的创新意识、创新素质。就创新精神来讲,对今后创业意识的形成是非常重要的。但××大学主要强调实践能力,这是因为社会和用人单位是很实在的,他们希望能够立竿见影,希望学生上岗后能够立马上手。国家教育部提倡的是"创新能力和实践能力",××大学一方面把它倒过来说,这样更切合该校的特点和对人才培养的要求,因为没有实践何谈创新;另一方面,只提创新精神,而不提创新能力,这是因为作为地方大学,要求本科毕业生具备创新能力有一定难度,而具有创新精神是可以做到的。这一点从该校的就业率看做得是比较成功的。××大学人才培养定位与诸如清华、北大这些名校的区别在于:在基础方面,强调"打好基础",而不是"宽广坚实的基础";在能力方面,重点在"实践能力",然后才是"创新精神",而不是先一步到"创新能力",而后才是"实践能力"。

为了实现"人才培养特色",××大学在"十五"规划中提出的针对性措施有:全面落实人才培养定位,加强产学合作基地建设,完善具有实践能力培养和创新精神形成的实验教学体系,建立较为完善的人才培养质量保障体系,大力推进产学合作教育使之成为实践能力培养的重要依托,努力提高学生就业率和受社会欢迎的程度。

6.4.2 科研与社会服务特色

"科研与社会服务特色"表述:

> 以应用研究、技术开发为主,在力所能及的情况下支持理论研究

这一特色是学校办学方针、办学目标的具体体现。虽然有些学科搞一些理论研究也是应该支持的,但学校的定位、性质和投入决定着该校不能像重点高校那样开展大量的理论研究,而应该将重点放在应用研究和技术开发研究,在力所能及的情况下支持理论研究。这是根据学校当时情况和学校所处的位置和社会对该校的要求,尤其是学校所在地区对它们的要求而定的,也应该是比较符合实际的。该校所具有的地缘及地域优势,要求学校建立和完善面向大企业的科技创新体系,建立面向小企业的科技服务体系,加快科技成果向现实生产力转化等方面发挥重要作用。这一特色定位为学校的发展带来广阔的空间,注入新的活力。

为了形成这一特色,学校制定了一系列新措施,制定了为地方服务的倾斜政策,充分调动教师从事科研工作,为地方服务,积极承担横向课题的研究,尤其注重科研成果的转化和效益,切实解决企业和政府的科技、经济、管理、社会、文化发展的问题。例如,该校为当地一企业进行的发展战略及战略实施研究成果,应用在该企业发展

中,取得良好的经济效益,成为所在省同行业出口创汇一流企业;该校进行的地方文化、华侨研究等项目,已形成特色,并产生重要影响,进而为世界文化遗产申报做好充分准备。那些年,该校科技服务所涉及的学科领域和行业都增多了,特别是在环保、机电、自动控制、软件开发、企业管理等方面,为地方做了大量工作,同时还承担了为地区许多企事业单位大量的咨询和培训任务,为当地经济发展提供了有利的技术和人才支持,受到社会的高度好评。

为了形成"科学研究和社会服务特色",××大学在"十五"规划中提出的针对性措施有:"十五"期间力争若干学科点进入省先进行列。争取到 2005 年与当地企事业横向合作研究项目每年不少于 10 项。同时,积极参与地方政府有关社会、科技、经济、文化发展的各种调研、论证、决策等工作,为地方政府提供咨询和决策支持,使学校成为地方政府决策和企业发展的思想库和智囊团。

6.4.3　对外交流与合作特色

"对外交流与合作特色"的表述:

> 重视发挥侨乡优势和地缘优势,加强与境外高水平大学的实质性交流与合作,促进人才培养质量及学术水平的提高,营建国际化的办学环境和办学机制

从××大学自身发展的需要看,在高等教育大众化进程中,高校的市场竞争十分激烈,这就需要通过对外学术交流与合作达到三个目的:一是通过教学内容、手段、方法及教师业务知识的交流,提高人才培养质量;二是通过科研合作、参与等方式提高学校整体的学术水平;三是通过广泛的交流活动,扩大学校的影响及提高学校的知名度。因此,对外学术交流十分重要。

××大学处于著名侨乡,又毗邻港澳。一方面,应充分利用地理位置的优势,加强同海外和港澳乡亲的联系,通过他们加强与境外的联系,不断扩大对外交流;另一方面,作为一所受到广大海外乡亲支持的学校,也有义不容辞的责任——通过对外交流,促进学校发展。

对外交流与合作的环境及机制:

(1)发挥侨乡优势和地缘优势。在××大学三个"具有"一个"领先"的办学目标中的"第三个具有"就是具有地方特色和侨乡特色,这是该校的特色,也是该校的优势,是很多学校不具备的,这个特色如果不利用起来,确实是一个重要资源的浪费。当地众多的华侨,尤其是欧美华侨,他们希望通过他们建立家乡大学与其他欧美学校的关系,他们在这方面是比较热心和积极的,也希望看到××大学在这方面的发展,因

此,应充分利用这方面的人力资源。此外,毗邻香港和澳门,这种对外交流的渠道和地理位置是很多内地院校不具备的。

(2) 加强与境外高水平的大学的实质性交流和合作。一是要高水平的大学;二是要实质性合作。强调高水平不是说与国外一些社区院校就不合作了,一样也要,而且还要长期坚持下去,这可以为该校的教师(包括职工、干部)提供更多的机会到外面开阔眼界,了解国外的情况,提高对国外高等教育的认识。这里讲的高水平的大学是希望通过与高水平大学的合作更快地提高该校的学术水平,提高该校的人才培养质量,这是该校的根本目的。但是,寻求高水平的大学要适可而止、切合实际,这是一个两相情愿的事,如果境外大学水平比该校高很多,或者说不在一个层次上,他们是不可能也不愿意与该校合作的,因为合作应该是互利互惠的,如果对方得不到"利"和"惠",它就不会有合作的动机。强调实质性交流与合作,不是签个协议就算了,应该在人才培养、科学研究和学科建设等方面有相互交流与合作的具体内容和实质性成果。

(3) 营造国际化的办学环境。这一般包括两方面:①交流环境。第一就是课程和教学内容的国际化,要培养国际化的人才,使学生能够参与国际竞争,这不是我们愿不愿意做的问题,而是我们不得不做的问题。这要考虑到增加国际经济、国际法、国际政治、西方文化和社会、现代管理等一些内容;第二就是要强调外语教学,开展双语教学,这也是国际化办学环境的一个内容。同时,要与国外大学进行实质性的合作办学,这样才能更好地营造一个国际化的办学环境。②科研环境。科研环境也就是国际化的科研工作条件,包括科研人员的查询资料、信息、情报的获取等应该有一个比较好的工作环境。宽松的学习氛围、学术自由在高校是要重视的,没有学术自由就不可能有创新,不可能有个性发展。还有,在科研环境方面和境外机构要有实质性的科研合作。

(4) 建立国际化的办学机制。主要是学习国外大学的经验和传统的一些做法,教师到国外去,不管是短期访问还是长期学习,都会感到国外大学在办学方面和国内大学有很大差别,但××大学当时的一些做法可以说与国外的一些大学是类似的,比如后勤方面社会化比较明显,教学科研方面的改革和做法也有和国外大学类似的地方。

为了实现"对外交流与合作特色",××大学在"十五"规划中提出的针对性措施有:充分发挥侨乡拥有众多海外乡亲,并与欧洲北美有广泛社会联系的优势及地处珠三角、毗邻港澳的优势,使对外学术交流成为学校办学特色的重要方面。"十五"期间的基本目标是每个教学系部至少有 1 个以上,学院有 2 个以上相对稳定的、具有较高水平的境外合作伙伴。

6.4.4 内部管理特色

"内部管理特色"的表述：

　运用现代管理理论与方法,结合学校具体实际,形成高效、激励、创新的内部管理体系

由于该校当时的发展面临新的挑战：首先是高等教育发展市场化的趋势日益显现,竞争日益激烈;其次是政府对学校的投入有限,学校的自我发展能力不强;最后是作为新建院校,更要有忧患意识和竞争意识。因此,必须在内部管理上狠下功夫,向管理要效益,建立起一种有利于吸引人才、稳定人才和激励人才的机制,创造有利于学校进一步发展的制度环境。

下面对内部管理特色的内涵进行说明。运用现代管理理论和方法是科学管理的基础,结合学校具体实际是形成学校办学特色的前提,不结合学校具体实际那是空谈。

高效包括两层含义：一是办学效益要高。过去很多国内大学都强调社会效益和办学规模,对经济效益强调比较少。这里所讲的高效是包括经济效益的,办学效益要高,投入产出要高,社会效益也要强调。二是办事效率和工作效率要高,从干部人数和机构的设置来说,就是为了保证办事效率和工作效率高。

激励反映在几方面：一是学校组织机构设置要责权对等,也就是学校组织机构的负责人既有责任也有相应的权利,这是对等的,才能激励他们发挥自己的潜能,做好工作;二是人力资源管理方面包括学校人事分配制度改革、工资改革等要能够有效激励全校教职工努力工作,把学校的教学、科研和社会服务做好;三是制度管理,怎样通过学校的制度建设,保证对学校的重大决策要充分征求广大教职工的意见,使教职工能够全员参与学校内部管理和监督,发挥大家的积极性,群策群力把学校的工作做好。

创新是一切工作的根本,是一个民族的灵魂。没有创新就没有学校的发展,创新应该反映在学校和处级单位工作的方方面面。学校工作的创新是关键,这就要求学校领导要有创新意识和创新能力,在国家及省教育行政主管部门的领导下,根据经济社会发展的需要,结合学校自身的条件和特点,构建有利于学校特色形成及核心竞争能力培养的机制和环境。处级单位的创新是基础,各部门应该按照学校的工作部署创造性地开展工作。因为学校每年的工作要点或学校的规划制定不可能把每个部门每个院系的工作考虑得那么具体,只能相对宏观提出目标,那么各个部门要根据自己的工作性质、内容和各人的特长有发挥地、创造性地开展工作。

为了实现"内部管理特色",××大学在"十五"规划中提出的针对性措施有:进一步完善人事分配制度和后勤社会化等方面的内部管理体制改革,运用科学管理的理论方法以及先进的信息管理手段,形成独具特色的内部管理体系。

6.5 内部因素评价矩阵

通过本章前面部分对大学内部的资源和能力、核心竞争力和竞争优势的分析可以确定大学内部各个职能领域在高等教育行业竞争中的主要优势和劣势。大学可以运用内部因素评价矩阵(internal factor evaluation matrix,IFE 矩阵)对大学的优势和劣势进行综合评价,并为识别和评价各个职能领域之间的关系奠定基础,以帮助大学战略管理者制定有效的战略。在建立 IFE 矩阵过程中,对矩阵中的各个因素的透彻理解,往往比实际数字更为重要。因此,大学应将数据分析和直觉判断进行适当结合。

与外部因素评价矩阵类似,内部因素分析矩阵可以按照以下 5 个步骤建立。

(1)列出在大学内部条件分析过程中确定的关键因素。通常列出 10～20 个为宜,包括优势和劣势两方面因素。先列出优势,再列出劣势。

(2)给每个关键因素一个权重,以表明该因素对于大学在高等教育行业中成败影响的相对大小,或对大学战略的**相对**重要程度,因此,权重是以高等教育行业为基准的。权重的取值范围为 0.0(表示不重要)～1.0(表示非常重要)。通常对大学战略有较大影响的因素给予较高的权重,所有因素的权重之和等于 1.0。

(3)为各因素以大学为基准给出 1～4 分的评分。评分 1、2、3、4 分别代表相应因素对于大学战略而言是主要劣势、一般劣势、一般优势和主要优势。

(4)将每一个因素的权重乘以它的评分,即得到该因素的加权评分数。

(5)将每一个因素的加权评分数加总,即得到大学内部条件的优势和劣势情况的综合评分数。

无论一个 IFE 矩阵包含多少关键因素,由于权重之和总是等于 1,总加权评分数的范围都会落在 1.0～4.0,平均值为 2.5 分,成为评价大学内部条件的一个分界线。总加权评分数大大低于 2.5 分的大学,其内部条件处于劣势地位,而总加权评分数大大超过 2.5 分的大学,其内部条件处于强势。大学的总加权评分数越高,它的竞争地位就越强。

当某种因素既构成优势又构成劣势时,该因素将在 IFE 矩阵中出现两次,而且被分别予以权重和评分。例如,一些大学的在校生规模,从数量上说,规模越大就有越多的家长了解它,对扩大大学的影响面有帮助;从质量上说,太大的规模可能影响人才培养质量,可以使社会对其质量保证降低信心。

【案例】　表 6.3 为某大学内部因素评价矩阵分析。

表 6.3　某大学内部因素评价矩阵

关键内部因素	权　　重	评　　分	加权评分
优势		(3 或 4)	
先进教育理念	0.08	4	0.32
实践能力培养	0.08	3	0.24
创新意识养成	0.09	3	0.27
校企合作机制	0.11	3	0.33
科技创新能力	0.09	3	0.27
大学社会声誉	0.12	3	0.36
内部管理体制	0.13	4	0.52
劣势		(1 或 2)	
地区经济水平	0.07	2	0.14
教师队伍结构	0.10	2	0.20
校友影响能力	0.05	1	0.05
科研成果转化	0.08	1	0.08
总权重	1.00	**总加权评分**	2.46

从表 6.3 中可以看出,该大学的主要优势在于先进教育理念和内部管理体制,评分均为 4 分;该大学的劣势在于校友影响能力和科研成果转化,评分均为 1 分。从加权评分方面看,内部管理体制为 0.52,大学社会声誉为 0.36,这两个因素对大学战略产生的影响较大。该大学的综合加权评分为 2.46,说明该大学内部条件的综合地位处于行业平均水平(2.5 分)之下,形势不容乐观,应该引起大学领导层的高度重视。

对于当前存在的"巨型大学"或有多校区的大学,直接建立全校的 IFE 矩阵往往有较大难度,在这种情况下,可以要求其重要职能部门、主干学院、各个校区建立各自的 IFE 矩阵,然后再将这些矩阵综合起来就构成了制定大学总体 IFE 矩阵的基础。

6.6　大学 SWOT 分析

在完成对大学外部环境和内部条件分析之后,就应该对大学面临的形势进行综合分析。SWOT 分析方法是一种最常用的组织内外部环境条件战略因素综合分析方法,由安索夫于1956年提出。SWOT是英文缩写,每一个字母分别表示 Strengths(优势)、Weaknesses(劣势)、Opportunities(机会)和 Threats(威胁)。SWOT 分析方法是分析组织所面临的形势的主流分析方法之一,主要用于评估组织内部条件(即组织自身的优势和劣势)和外部环境(即组织面临的机会和威胁)之间是否相适应,从而寻找二者相互适应、最佳可行的战略组合。

通过 SWOT 分析,大学可以利用自身的优势寻找和开拓机会,可以发现自身的劣势并回避潜在的风险和威胁。运用 SWOT 分析方法时,主要有以下几方面内容。

6.6.1　评估大学内部条件和外部环境

SWOT 分析的第一步是以列表的形式来评估大学的优势、劣势、机会和威胁。而这些机会和威胁、优势和劣势可以分别运用外部因素评价矩阵 EFE 和内部因素评价矩阵 IFE 列出。

具体内容如下。

1. 优势

优势(strengths)是指那些可以使大学比其他竞争对手更具有竞争力的因素,包括所需的各种资源和能力。优势也可以指组织在工作时,显而易见的长处或超越竞争对手的资源。事实上,优势是能力或资源的组合,它使得组织能够有效地完成战略目标。

一所大学的优势可以表现在诸多方面,如品牌影响力、社会声誉、毕业生质量、环境优势、资源优势、组织优势等。

2. 劣势

劣势(weaknesses)是指大学内部存在的缺点、不足和约束等因素,这些因素影响大学优势的发挥,使大学不能实现战略目标,对大学产生负面影响。劣势也指组织的低效率,或者相对于竞争对手而言,组织较低的能力和不足的资源。

一所大学的劣势可以表面在几方面,如组织结构制约、教育质量不高、科研和学术水平问题、师资队伍制约等。

3. 机会

机会(opportunities)包括大学外部环境中任何目前或未来对大学有利的状况,如某种发展趋势、变化,市场对高等教育新的需求、国家政策、法规的调整,经济全球化的影响等。这些因素说明了用户对高等教育产品和服务的需求,并促使大学强化其价值地位。

一所大学可能有多种发展机遇,如政策机遇、合作机遇、发展机遇、改革机遇。

4. 威胁

威胁(threats)包括任何对大学当前或者未来不利的因素、趋势或变化,它将削弱(或威胁)大学的竞争能力。威胁可以是壁垒、约束,以及任何可能破坏、损害、伤害大学,或给大学带来麻烦的因素,如国外大学的进入、适龄人口的减少等。

一所大学可能遇到不少威胁,如竞争威胁、生源不足、毕业生就业率低、行业转型。

大学的优势和劣势(即大学的内部条件)是由相对而言可以控制的因素构成的。这些因素包括大学的资源、文化、系统、团体行为,以及大学管理者的个人价值。大学的机会和威胁(即大学的外部环境)是由相对来说不可控的因素构成的。这些因素包括整体需求、市场饱和程度、政府的政策,经济、社会、生态、科技、文化和道德的发展,以及波特的五力模型中的 5 个要素(即同行竞争者、新进入者威胁、替代产品威胁、购买者议价能力和供应商议价能力)。

以上信息的收集和转化是一个彼此相关、反复咨询的过程,需要与大学管理者、职能部门负责人、团队成员以及战略管理专家等智囊机构充分讨论。

【实例】 马里兰大学(The University of Maryland)2008 年战略规划中的内部条件和外部环境分析。[①]

马里兰大学在制定 2008 年战略规划的初期,客观、准确、深刻、全面地分析和评估了自身的优势、劣势、机会和威胁,包括从教工、职工、学生、校友和其他利益相关者身上收集到很多有益的意见和建议。

1. 优势

● **地理位置**。大学校园距离首都华盛顿及政府部门、研究机构、大使馆、智囊团、非营利机构、立法机构、执法机构和许多重要企业等很近,是所有公立大学中地理位置最好的。此外,高度受教育的马里兰州人口成就了充满活力的知识型经济发展。这些为马里兰州和所在区域提供了一系列世界级大学兴旺发展的可能。

● **旗舰地位**。马里兰大学是马里兰大学系统中的旗舰院校,这给予它特殊的使命和因此发展的机遇。学校的未来发展建立在马里兰州赋予的最好资源上。大学致力于通过教育、研究和延伸项目追求卓越,培养一个贯穿这个校园的不屈不挠的精神,达到更高的水平。在与马里兰州的合作关系中给马里兰州

---

① 马里兰大学战略规划(2008 年 5 月)http://www.sp07.umd.edu/PlanApril20.pdf.

市民一个国家顶级的旗舰院校。

- **学术项目的质量和广度**。马里兰大学在研究、学术及创造和表演艺术的领导地位是非常强大和广阔的。排名不是衡量地位的完美方法,但是对于马里兰大学,可以看到一个明显的上升趋势。今天,马里兰大学拥有超过 90 个排名前 25 和 20 个排名前 10 的学术项目。过去十年,在国际院校中大幅增长的竞争性研究项目经费和 3 倍增长的教职工数量,马里兰大学的优势跨越了几乎所有主要的学科领域。这个优势是无价的资本。

- **多样性**。随着马里兰大学学术质量的不断提高,学生、教师和员工的多样性也随之扩大。马里兰大学将多样性作为所有活动的核心驱动力,支持和促进开创性学术项目的多样性。我们的多样性是追求卓越的基础,丰富了我们的知识群体界。马里兰大学作为一个映射国家和世界的群体,教育学生为 21 世纪工作和生活及成为研究和学术的领导者的能力大大提高。

- **势头**。马里兰大学是过去十年全国发展最快的州立大学。在 U.S.News《美国新闻与世界报道》排名上,马里兰大学在国家公立学校中的排名在过去十年里从 30 名升到 18 名。另外,在上海交通大学的世界大学学术排名上,马里兰大学全球排名升到 37 名。研究经费在 2007 年达到 4 亿,相比十年前只有 2.03 亿,有 4000 个平均 GPA 3.9,SAT 1300 的学生在接下来的第一个秋季入学。过去十年,校友的荣誉也逐渐增多,获得了双倍的捐款和经费支持。马里兰人比以往更加充满激情和信心,坚定地推动学校成为世界一流大学。

- **创新、合作和伙伴关系文化**。21 世纪最伟大的大学是那些愿意并有能力成为先驱者的学校,联系和整合不同学术学科,与政府、商业和非营利性社区,以及其他的学术和艺术机构建立伙伴关系。作为政府馈赠土地建立的院校,马里兰大学要对重要的智力和社会问题做出回应,与其他机构共同丰富学生的教育经历、更新知识和激发创造力。我们的创新、合作和伙伴关系文化是一项独特而重要的资本。

2. 劣势

- **通识教育项目**。马里兰大学的核心通识教育课程已经为我们提供了将近 20 年的良好服务,但在 21 世纪需要重新审视和修改。好的学校需要周期性地反省教育项目作为学习和学术载体的有效性。马里兰大学必须鼓励教师参与到对通识教育项目的严格审查中。

- **研究生教育**。优秀的研究生课程是优秀研究型大学不可或缺的组成部分。马里兰大学无法确认其所有研究生项目是否都一样优秀,以及这些项目能否给研究生提供完整的教育经历,包括知识储备、社会和经费资源,这些对研究生教育的成功非常重要。

- **国际影响力**。马里兰大学的教工在全球各地都参与了研究和学术活动,但是这个校园并没有反映出这种国际化的影响。不到2.5%的本科生是国际学生,太多的项目缺乏国际视野,更多的本科生应该受益于有意义的出国经历。但是,有利的地理位置使我们有机会打造本州最具活力的国际化项目。

- **长期资金不足**。作为一个长期筹集资金的院校,马里兰大学从来没有享受过我们同行可以得到的运营支出,也没有资金来维护与世界一流大学相匹配的基础设施。十多年来,马里兰州拨给每个马里兰大学每位学生的经费至少比马里兰州的教育计划少3000美元。这个计划是基于同行业的平均经费。这个不足是我们实现卓越的一个障碍。因此,意料之中的是马里兰大学面对超过6亿美元的延期维护费用,现有项目、教工和学生场地的不足,以及在技术和图书馆服务的投入不足。找到新的途径和方法支持硬件和技术基础设施建设对马里兰大学是极其重要的。

- **资源分配**。马里兰大学的预算流程是烦琐而过时的。在学术和招募上遇到的新机遇、需求或者变化,都没有系统的制度方法来评估资源分配并做适当的调整。为了更好地利用现有资源,学校需要一个谨慎但灵活的预算流程,以奖励英才和激励创新和创造力。

3. 机会

- **研究、学术和艺术**。马里兰大学不断提升的学术地位和项目的质量和广度、优越的地理位置,以及它的创新、合作和伙伴关系的文化和合伙关系为它提供了一个成为在研究、学术和艺术领域领导者的非凡的机会。

- **留住马里兰州最好的学生**。全国数据显示大学毕业生通常会留在就读的大学所在的区域工作。马里兰大学已经是强大的磁石,吸引着本州最优秀的高中毕业生。马里兰州25%的有才能的学生被马里兰大学录用,其他8%则进入这个州其他的学院和大学。很多有才华的学生仍然到其他州的大学上学。作为旗舰大学,马里兰大学有义务和机会减少"大脑流失"到其他州,为在马里兰州的领导作用准备吸引更优秀的学生。

- **促进共同体和包容性**。马里兰大学对成为这个国家最具多样性的校园而自豪。超过33%的本科生属于有色种族,3000个国际学生正在攻读本科和研究生学位。我们向全球表示我们的学生会从马里兰大学毕业。但是我们不能通过这些数字满足多样性。我们有机会和义务成为一个真正具有包容性的校园,能够包容被忽视的群体、不同价值观者,积极营造不同文化和背景的人们成长和相互学习的环境。优秀的大学是一个无界限的学习共同体。

- **伙伴关系和创业行动**。马兰里大学文化包罗了伙伴关系和创业行动,但无论是在学术领域、地理位置,还是在技术方法上,机遇是没有界限的。作为人文学科技术应用的先驱,马里兰大学的在线课程加强了高校科学教师的能力,在不影响原产业情况下创造了新的酒精生产商业机会,这将使马里兰外围扩展服务的创造力和影响力超越现有水平。

- **沟通及校友的参与和支持**。从各个方面看,马里兰大学的知名度、声誉和校友的兴趣与参与在过去十年里急剧提升。然而,还可以做更多。马里兰大学仅在二十年前建立了校友会,它的第一个筹款活动在 2002 年结束。建设世界一流大学将需要一个在能力和成效上与国内其他大学一样的提升计划。

- **发挥技术的力量**。马里兰大学有一个在技术及其相关领域建立自身优势的特别机会,以影响大学生活的诸多方面。一流的技术基础设施应用在一系列整合教育、研究和行政运作,将使大学处于领先地位。发挥技术力量可以改善学生的学习经历,开创研究和学术上技术应用的新范式,扩张学校的领域,以及提高行政运作的效率。

4. 威胁

- **不稳定和无法预测的州经费**。建立一个好的大学需要稳定和可预测的收入来源。然而,马里兰州拨款流程的本质导致每年会有突然增加或者减少的变动。马里兰大学应该寻找减少本州筹款和学费配置流程波动性的方法。

- **周围社区**。大学公园城是一个很好的社区,但是 1 号线途经太多地方,这个地方被看成是不安全的。华盛顿特区-巴尔的摩-安纳波利斯区域的住房和生活费用都是全国最高的,而且这个地区的道路十分拥堵。马里兰大学需要和更大的社区合作,整合它的知识、经济资源和政治关系,为所有人营造一个更有吸引力和宜居的环境。

6.6.2　构造 SWOT 矩阵

SWOT 分析的第二步是将以上分析得出的影响大学发展的内部条件优势与劣势和外部环境机会与威胁这 4 部分按照影响程度大小进行排序,将那些对大学发展产生直接、重要、深远影响的因素优先排列出来,将那些产生间接、次要、短暂影响的因素排在后面,这样便构造出大学的 SWOT 矩阵,如表 6.4 所示。

表 6.4　战略环境问题的确认和分析

内 部 优 势	内 部 劣 势
1. _____	1. _____
2. _____	2. _____
3. _____	3. _____
4. _____	4. _____
等	等
外 部 机 会	外 部 威 胁
1. _____	1. _____
2. _____	2. _____
3. _____	3. _____
4. _____	4. _____
等	等

　　这一步最重要的是,大学战略管理者要具有洞察力、预见性,能够评估每部分内容中每一项构成的相对重要性,形成统一的优先次序(或重要程度)排列标准,这样管理者才能更好地理解这些问题的优先顺序。

6.6.3　大学内部条件与外部环境的匹配

　　SWOT 分析不是对大学内部条件的优势与劣势和外部环境的机会与威胁各因素进行简单列举,接下来 SWOT 分析的第三步是在表 6.4 的基础上将大学内部条件的优势与劣势分别与大学外部环境的机会与威胁进行匹配,为 SWOT 分析提供框架,如表 6.5 所示。

表 6.5　大学内部条件与外部环境的匹配

		内 部 条 件	
		优 势	劣 势
外部环境	机会	1. 内部优势与外部机会相匹配	2. 内部劣势与外部机会相关
	威胁	3. 内部优势与外部威胁相匹配	4. 内部劣势与外部威胁相关

　　象限 1:内部优势与外部机会相匹配。这是最理想的匹配,即大学内部的资源能力和外部环境的机会达到最佳的匹配。

　　象限 2:内部劣势与外部机会相关。这时需要权衡二者之间的关系,底线是失去外部机会。

象限 3：内部优势与外部威胁相匹配。这时也需要权衡二者之间的关系，底线是避免威胁对大学造成影响。

象限 4：内部劣势与外部威胁相关。这虽然是大学最不愿意看到的情况，但是，高等教育市场竞争的复杂性和不可控性，使得这种情况的出现是不可避免的。

6.6.4　运用 SWOT 分析模型制定大学战略

SWOT 分析的最后一步，也是其最终目的是基于表 6.5 提供的大学内部条件与外部环境的匹配情况，运用 SWOT 分析模型制定出有效的大学战略，以应对大学外部环境问题。

大学战略是总结过去、立足当前、着眼未来的行动规划，运用 SWOT 分析模型制定大学战略的基本思路是：发挥大学优势因素、克服大学劣势因素、抓住大学机会因素、化解大学威胁因素，在各种因素相互匹配的基础上，从系统和整体的角度进行综合分析，提出大学应对各种外部因素的相应战略。

表 6.5 帮助大学管理者更好地理解和应对那些对大学战略目标最有实际影响和潜在影响的因素，在此基础上，大学管理者可以制定 4 种战略应对各种外部形势：SO 战略（优势-机会战略）、WO 战略（劣势-机会战略）、ST 战略（优势-威胁战略）和 WT 战略（劣势-威胁战略），从而构成了如表 6.6 所示的 SWOT 分析模型。

表 6.6　SWOT 分析模型

		内 部 因 素	
		优势：A，B，C，…	劣势：A，B，C，…
外部因素	机会：A，B，C，…	SO 战略 战略意图：利用优势、抓住机会	WO 战略 战略意图：利用机会、克服劣势
	威胁：A，B，C，…	ST 战略 战略意图：利用优势、规避威胁	WT 战略 战略意图：最小化劣势并规避威胁

SO 战略也称为进攻型战略（aggressive strategy），其战略意图是：充分利用内部资源能力优势，抓住外部发展机会，最大限度实现大学战略目标。SO 战略面临大学最佳状态，可以通过如下两种方式强化大学的竞争优势：第一，通过找出最佳的资源能力组合抓住机会，获得竞争优势；第二，通过提供资源强化、扩展已有的竞争优势。

WO 战略也称为多样化战略（diversification strategy），其战略意图是：利用外部的机会改善内部的劣势。否则，大学只能将机会让给竞争对手。事实上，有利于大学发展的机会是客观存在的,但大学内部的劣势却可能妨碍大学利用这些机会,如地方经济建设往往需要地方大学解决某些科技方面的难题,面对这样一个机会,由于缺乏这方面的人才的地方大学可能选择放弃。积极的办法是地方大学通过 WO 战略获得这方面的人才,如专门引进这方面的人才或与有这方面人才的大学合作,结为战略联盟。

ST 战略也称为转型战略(turnaround-oriented strategy),其战略意图是:利用大学的优势规避或减少外部威胁的冲击。比如,高等教育的发展(尤其是大量新大学的涌现)使得不少大学,甚至一些重点大学同样面临优秀生源不足的问题。在这种市场环境威胁下,这些重点大学可以通过专业设置、人才培养方案和模式的改革、创新和调整吸引优秀的生源。ST 战略有二:一是通过重新优化配置、组合大学资源和能力强化现有竞争优势,将威胁转化为机会;二是大学通过采取防守战略,避免威胁对大学造成影响,目的是抓住其他象限中有前景的机会。

WT 战略也称为防御性战略(defensive strategy),其战略意图是:最小化内部劣势和规避外部威胁带来的不利影响。如果一个组织面临很多的外部威胁和内部劣势,它就的确处于一个极为不稳定的位置,在制定战略时就要降低威胁和劣势对组织的负面影响。这虽然是大学最不愿意看到的情况,但是,高等教育市场竞争的复杂性和不可控性,使得这种情况的出现是不可避免的。例如,在经济欠发达地区的新建地方大学如果面临教育经费不足和生源不足两种情况,就应该采取控制招生规模、精简机构、提高办学效益、集中化等战略,以克服劣势,避免外部威胁。

SWOT 分析模型的价值在于它是一种直观的、有效的、可以处理大量数据和信息的方法。SWOT 分析模型的分析结果是一个简短的、清晰的、初步的分析结果。以上四种战略只是大的战略方向,在每个战略方向下,还将有很多细的战略选择,每所大学都应该依照自身独特的 SWOT 分析结果,量身定做适合自身条件的战略,如此才能获得最大的战略绩效,以有利于达到大学所有追求的战略目标。

SWOT 分析的最难之处在于将外部环境和内部条件结合起来分析,这不仅需要扎实的理论功底和丰富的实践经验,还需要战略的直觉判断且不遵循固定的模式。SWOT 分析模型为研究者理解和管理大学的运营环境构建了一个大体的框架。该模型试图通过对 SWOT 四个基本因素进行仔细分析,使研究者抓住大学所面对的主要问题。然后,战略管理者就能够把战略的制定形式化为对关键因素的解释。

第 3 部分

大学战略制定

　　在完成对大学的内外部环境分析,即完成外部环境和内部条件的分析之后,就进入大学战略管理的第三环节：大学战略制定,主要包括大学战略目标制定和为了实现战略目标所采取的策略的制定等。

　　制定大学战略是发挥自身优势、克服存在不足、抓住发展机遇、应对外部挑战、赢得和保持竞争优势,实现大学使命、愿景及战略目标的基础和前提。对大学战略的认识和理解可以从不同的角度展开。从与外部环境的关系上,大学战略制定能够协调大学与环境的关系,促进大学与环境更好地协调发展,是实现大学愿景的最佳方法；从与内部条件的关系上,大学战略制定能够综合运用自身的各种资源和能力,在优化资源配置和科学能力组合的情况下,有效地实现大学战略目标；从面向未来的角度,大学战略制定是大学基于现状、面向未来,针对规划期发展设想而进行的一种整体性、系统性的设计；从市场竞争的角度,大学战略制定为大学持续竞争优势的形成和在高等教育市场地位的获取提供了可操作的框架和指南；从内部协调的角度,大学战略制定通过全校上下认同的战略目标增强各方面的凝聚力,协调院系部处和教职工之间的行动,使得单位和个人的发展与学校的发展协调一致；从管理效率的角度,大学战略制定有助于大学形成强调系统性、全员主动参与、追求办学质量、注重社会效益的发展观。

　　本部分集中讨论大学战略制定的主要内容,包括大学战略目标、大学战略结构和战略制定原则、大学总体战略、大学竞争/专项战略等。

第 **7** 章　大学战略目标

　　作为明确大学发展方向的重要组成部分,战略目标的制定应在重新审视,确定大学使命、愿景,并完成大学定位后进行,这也是一些战略管理教科书或专著的普遍做法。但事实上,如果对大学外部环境和内部条件没有清晰的了解和把握,即不清楚大学面临的机会和威胁、大学具有的优势和劣势,而盲目制定大学战略目标是不可能的,也就成为没有"目标"地制定战略目标。此外,将大学战略目标制定作为大学战略制定的组成部分,也有利于制定或选择实现战略目标的策略。

7.1　大学战略目标的内涵

　　大学的使命、愿景和定位从总体上描述了大学存在的价值、理由、发展前景和总体方向,但大学使命、愿景和定位的落实还必须将它们转化为更为具体的战略目标,从而更好地引导大学的运行、管理和发展。实际上,大学战略目标是大学领导者对在特定时间内大学发展和建设达到某一具体程度向利益相关者做出的承诺,这种承诺必须与大学的使命、愿景和定位直接联系起来。大学战略目标是大学制定战略的基本依据和出发点,正确的大学战略目标对大学在规划时期的行为有重大的指导作用。

大学战略目标的内涵一般应包括五方面要素。

（1）以大学使命、愿景和定位为基础/是大学使命、愿景和定位的具体化。

（2）以外部环境和内部条件为背景。

（3）大学事业发展方向和奋斗目标，包括大学办学水平、学术地位、学校规模、社会影响和服务方向等诸多方面。

（4）具体明确的战略目标实现期限，如果是一个规划期的战略目标，一般为5年。

（5）可以有具体的数量特征，以明确对大学战略目标的具体要求和完成程度。

上述要素中前两个是大学战略目标内涵的基础和背景，后三个是对大学战略目标内容、完成期限和数量特征的要求。基于上述要素，可以给出大学战略目标的定义：**大学战略目标是指大学基于其使命、愿景和定位，充分考虑外部环境和内部条件，在特定期限内的发展方向和奋斗目标，或大学战略目标是大学使命、愿景和定位的具体化，是大学在分析外部环境和自身条件基础上提出的在一定时期需要达到的发展程度和要求取得的办学成效**。如一些大学制定的在"十四五"期间的战略目标就是该大学在五年期内的发展目标、发展重点和预期成果。

具体地，大学战略目标是大学领导层的共同追求和全校上下的一致意愿，是大学发展的具体方向和路径。大学战略目标表述的是大学在一个战略规划期要发展的重点领域、努力方向和发展水平等。大学战略目标带有概括性，它用清晰的语言针对性地说明大学未来所要完成的任务、达到的水平和取得的业绩。

与大学战略目标不同的是，大学使命、愿景和定位的表述一般没有具体的数量特征及时间限定，这说明了它们的相对宏观性和长远性；而大学战略目标的表述则可以是定性的，也可以是定量的，这就说明其更加具体和明确，可以进行定量或定性的评价。

战略目标明确了大学的发展方向，体现了大学的具体期望，表明了大学的坚定信念；战略目标是大学战略实施的指导原则，能够集中和整合大学的各种资源和能力，协调大学内部的关系，提高管理效率和办学效益；战略目标是大学战略控制的评价标准，它必须是具体的和可衡量的，以便对其最终是否实现进行比较客观的评价考核。因此，制定大学战略目标是制定大学战略的前提和关键。

在英国，各大学在制定战略规划时的首要任务是明确大学的定位和战略目标，将大学定位作为学校的行为模式，并在此基础上制定与大学定位密切相关的可以分解量化，具有可操作性的战略目标体系。在英国高校的各层决策，尤其是在资源配置中，都围绕大学定位和战略目标进行，各层决策者无不以学校的定位和战略目标为宗旨和出发点。英国大学战略规划的主要特征之一是：定位明确、目标清晰，将战略目标与具体工作紧密结合,在学校不同年度、不同部门和学院制订计划中分解落实,指标具体,具有可操作性。

需要说明的是,在表述大学战略目标时容易与大学定位联系在一起,一些大学将大学定位和战略目标混在一起,难以分辨。如××大学 2010 年的战略目标是这样陈述的:

"初步建成一所世界知名的高水平、研究型大学,造就一批真正能够站在世界科学技术前沿的学术带头人和高水平的管理人才,全校多数学科居国内一流水平,其中若干学科居国际先进水平,在国家获得地方的经济建设和社会发展中发挥更加重要的作用。"

实际上,"初步建成一所世界知名的高水平、研究型大学"以及"全校多数学科居国内一流水平,其中,若干学科居国际先进水平"主要是学校的水平和类型定位,也是学校的奋斗目标。

【实例】 耶鲁大学不同时期战略目标的调整。

进入 21 世纪,耶鲁大学时任校长理查德·雷文认为耶鲁大学压倒一切的战略目标是:真正成为全球性的大学,即吸引和培养全世界的一流师生,保持图书收藏和其他研究资源的优势,积极致力于优异的本科教育,培养在学术、行业和公众生活中的领袖人物,为美国和全世界培养领袖级人才,促进知识的开拓,为人类社会的进步与文明服务。

2005 年,耶鲁大学推出《耶鲁国际化:2005—2008 战略框架》,指出全球化背景下耶鲁大学的战略目标:为学生在日益相互依赖的世界发挥领导和服务作用做好准备;吸纳全球最有才智的学生和学者;把耶鲁大学建设成为全球性大学。

经历 14 年的发展后,2019 年耶鲁大学推出《耶鲁大学全球化战略 2019—2022》,提出修正后的、能在未来十年实现的战略目标是:成为培养学生成为全球公民和领导者的最好的大学;成为全球重要事务世界范围研究领导者;成为拥有最有效全球网络的大学。

7.2 大学战略目标的构成

严格地说,大学战略目标应该由大学总体战略目标和大学专项战略目标或关键指标两部分组成。大学总体战略目标,简称**总体目标**,是以大学使命、愿景和定位为基础制定出的,往往用一段文字简洁地予以表达,包括目标要求、主要指标、完成时间等内容。

大学专项战略目标是对大学总体战略目标的具体化或细化,是大学主要功能领域和重点建设方向或优先发展领域的战略目标,可以包括人才培养战略目标、科学研究战略目标、社会服务战略目标、文化传承创新战略目标等以大学主要功能领域为基础的功能性战略目标;这一级的战略目标可统称为功能或专项战略目标,或简称为**专项目标**。

专项目标是为了实现大学总体战略目标服务的,每个专项目标都应该支持大学总体战略目标中至少一个目标的实现,或为大学总体战略目标的实现提供和创造条件。

【**实例**】 清华大学一流学科建设目标。

为了达到建设世界一流大学的目标,必须有一批达到世界一流水平,进入世界一流学科前列的学科,为此,清华大学提出世界一流学科建设的专项战略目标:

到 2020 年,一批学科达到世界一流水平,若干学科进入世界一流前列,形成卓越的创新人才培养体系、科学技术创新体系、社会服务支撑体系、文化传承创新体系、国际交流合作体系。

到 2030 年,更多优势学科进入世界一流学科前列,部分学科达到世界顶尖水平,服务国家战略的能力更加突出,在国际学术领域的地位显著提升。

到 2050 年前后,办学声誉获得世界公认,成为学术大师和各国优秀学子向往的高等学府。

清华大学一流学科建设方案包括工科、理科、文科和生命医学 4 大学科领域,20 个学科群和 8 个学科。

图 7.1 给出了大学战略目标。

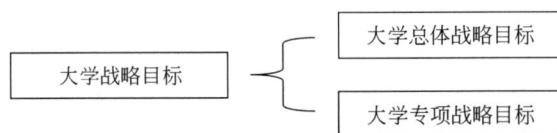

(a) 大学战略目标的构成

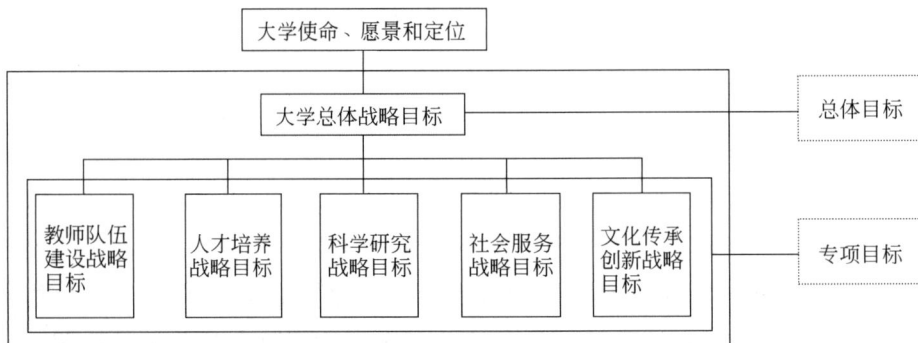

(b) 大学战略目标的具体构成

图 7.1 大学战略目标

7.3　大学战略目标体系

作为大学层面的战略目标,大学战略目标统领着大学在战略规划期必须实现的方向和总体要求,这些总体要求需要进一步分解落实到大学各职能部处和教学院系成为大学二级单位的战略目标,称为大学战略二级目标,然后再继续分别分解为职能部处的管理人员以及教学院系教师的聘期责任目标,称为大学战略三级目标,从而最终形成大学战略目标体系,如图 7.2 所示。由此可知,大学战略目标体系的建立是将大学使命、愿景和定位转化为具体的多层次战略目标的过程。

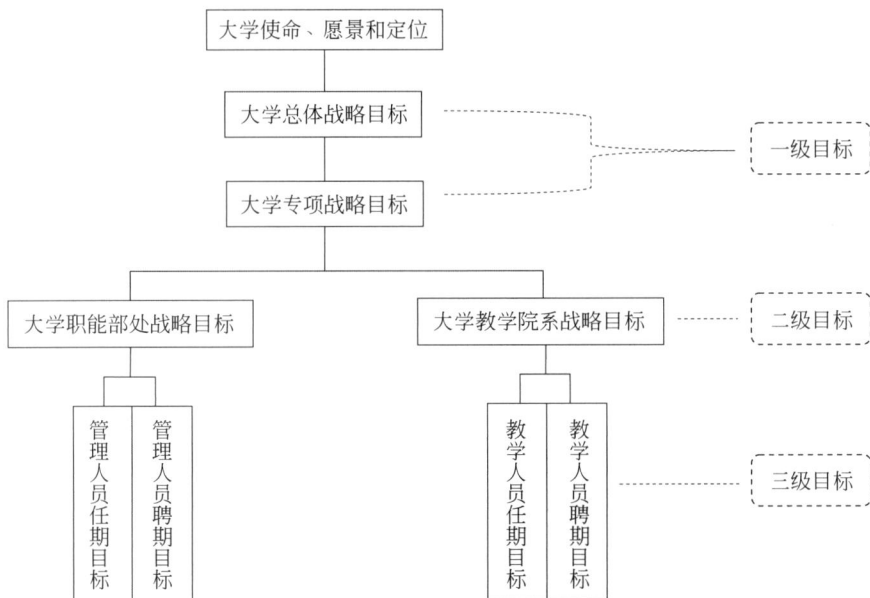

图 7.2　大学战略目标体系

大学战略目标分解到职能部处的目标称为职能战略目标,简称职能目标,是各职能部门在大学战略规划期内履行本部门职能要完成的目标任务。大学战略目标分解到教学院系的目标称为院系战略目标,简称院系目标,是各教学院系在所在学科专业领域围绕大学战略目标的实现所必须完成的目标任务。

大学战略二级目标是实现大学战略目标的核心部分,尤其是那些承担实现专项目标任务的主要职能部门和教学院系,只有让这些二级单位有明确清晰的目标任务,采取相应的行动,并对行动结果按照目标要求进行评价,才能保证大学战略目标的实现。

职能部处战略目标分解到所在部门的负责人和管理骨干,分别成为他们任期和聘期的责任目标;教学院系战略目标分解到所在院系的负责人、学科专业负责人及骨干,分别成为他们任期和聘期的责任目标。这些责任目标要分别写入各人的任期或聘期任务书,成为考核评价其任期或聘期的主要指标。

大学战略三级目标是实现大学战略目标的基础部分,尤其是那些主要职能部门的负责人和主要教学院系的负责人,他们一方面要督促本单位全体人员认真履行职责,完成各自的责任目标,另一方面要保持与学校层面及相关部处和院系的沟通,以确保在大学战略实施阶段如期完成目标任务。

大学战略目标体系各层级的目标之间相互联系、相互支撑、相互制约,从而使大学战略目标体系整体优化,反映出对大学战略的整体性要求。

必须明确指出,大学战略目标体系的形成不可能在大学战略制定阶段完成。这是因为从大学层面的战略管理角度,大学战略目标的制定属于大学战略制定阶段的任务,而大学战略目标的分解,即大学战略二级目标和大学战略三级目标的产生则属于大学战略实施的范畴,需要在大学战略实施阶段完成,具体过程详见"大学战略实施概要"一章。

7.4　大学战略目标的特征

大学的战略目标是大学的使命、愿景和定位与大学实际工作之间的一座桥梁。大学战略目标的确定要为大学战略的制定提供指南,为大学战略的实施提供方向,为大学资源的配置提供依据,为大学战略的评估提供标准。大学战略目标的特征包括可接受性、有挑战性、可实现性、可分解性和可评估性。

7.4.1　可接受性

大学战略的实施和评价主要是通过教职工和其他利益相关者完成的,因此,大学战略目标应为大学的利益相关者理解和接受并符合他们的利益。要达到这一点,战略目标的制定就必须经过自上而下和自下而上的反复过程。一方面,使大学领导层的源于学校使命、愿景和定位的办学理念和办学方向能够让全校教职工得到理解;另一方面,要鼓励全校教职工积极广泛地参与大学战略目标的讨论和制定,具体可以通过各种会议,如教代会、座谈会等形式开展信息收集、交流和反馈,并通过网站、微信等方式接纳大学的建议和意见。只有这样,才能在广大教职工理解接受的基础上,制定出反映学校的使命、愿景和定位,表述明确,具有实际内涵,能够使全校上下目标一致地共同努力的大学战略目标。

7.4.2 有挑战性

目标本身是一种激励力量,尤其是当大学战略目标充分体现了大学教职工的共同利益,大学战略目标能够很好地与教职工个人的目标结合起来时,就会极大地激发教职工的工作热情和积极性。因此,大学战略目标的表述必须具有激发全体教职工积极性和发挥他们潜力的巨大动力,即目标要具有感召力和鼓舞作用。然而,作为一般周期为五年的大学战略规划,战略目标不能定得太高,否则,战略目标可望不可及,不可能实现,"望梅止渴",不可能实现教职工的个人目标,就失去了应有的激励作用。但是,战略目标也不能定得太低,否则,这种"唾手可得",不经过努力就能达到的目标也会失去激励效果和战略目标制定的意义。因此,战略目标定得要具有挑战性,即可望可及,正如"跳起来摘桃子"那样,应该是需要通过一定努力才能达到的目标。

7.4.3 可实现性

大学战略目标要注重实际,具有可实现性。"实际"就是要在全面分析大学外部环境的利弊和内部条件的优劣基础上,从大学的实际情况出发,立足校情,充分考虑学校资源和能力的可行性。注重实际并不意味着只顾当前,大学战略目标的制定要坚持适度超前。这个"超前"体现了战略目标并非停留在已实现的目标或已取得的成绩上,而是要对大学未来的发展做出科学预测,敢于拓展发展空间,敢于追求新的高度;"适度"则是对"超前"做出的规范,战略目标的制定是立足于现实、面向未来,敢想而非空想,敢做而能做到,是通过努力可以达到的,是可以实现的。

7.4.4 可分解性

大学战略目标是一个总体概念,它必须是可以分解的。大学战略目标应可按照层次和时间进度进行分解,使每一个目标只包含单一明确的主题,使其能够将应完成的任务、应拥有的权力、应承担的责任和完成期限,具体分配给大学的各个职能部门、教学院系、科研单位乃至个人,从而构成一个战略目标体系,使大学的每个职能部门、每个教学院系乃至每个教职工都能有自己在规定的时间范围内必须完成的任务和实现的目标。

事实上,大学战略目标往往偏宏观,规划期越长的战略目标越宏观,因此,大学战略目标的分解需要战略目标制定者的参与,以避免大学战略目标的具体内涵在分解过程中缺失或遗漏。

7.4.5 可评估性

大学战略目标应该是具体的、可评估、可检查的目标,具体的目标是可评估的前提,可评估的目标才可检查,这样才能在日后准确地衡量大学战略目标的实现程度和效果。

首先,大学战略目标必须明确、清晰、具体地说明目标任务、结果要求(完成程度)和完成时间,这是战略目标能够层层分解的要求。其次,目标可评估的最有效办法是要求其可量化。可量化的目标有三方面优点:一是便于层层分解,可以将战略目标按照年度分解为年度目标,同时可将战略目标分解为各院系和学校职能部门的目标,以实现战略目标的具体落实;二是便于检查考核,量化的目标有利于对实现过程进度的把握和对结果的考核;三是便于教职工明确任务要求,清晰工作的努力方向。然而,不是所有的战略目标都能量化,时间跨度越长,战略层次越高的目标就越具有模糊性,越难以量化。对于这样的战略目标,应该用定性的术语明确清晰地表达其要达到的程度,一方面明确战略目标实现的时间,另一方面具体说明目标任务的要求,这样,在目标层层分解后,就能采取定性的方法对其进行评估和检查。

总之,大学战略目标及其分解后各个层次的子目标都应有明确清晰的定性或定量的规定和时间要求,这样,大学战略目标才会具体而有实际意义。

7.5 大学制定战略目标存在的问题

大学战略目标的重要性使得制定大学战略目标成为一件必须认真对待而且需要慎之又慎的工作。但是,一些大学在制定战略目标时出现的这样或那样的问题却又使得制定出的战略目标发挥不了原本应有的作用,因此,重视这些问题对于避免重蹈覆辙和提高效率是十分必要的。概括起来,大学在制定战略目标时主要存在以下 3 个问题。

7.5.1 脱离实际、好高骛远

大学战略目标是大学在规划期内发展的总体目标,它必须结合大学当前和未来校内外实际情况,而不能脱离实际、好高骛远。这方面主要的问题如下。

第一,与大学所在区域的经济社会发展实际情况不符。大学战略目标的制定要与其所在区域的经济社会发展相结合,否则,大学战略目标的实现将得不到外部社会的支持,也无法满足经济社会发展需要。

第二,与大学的使命、愿景和定位的要求不符。脱离总领大学发展的使命、愿景和定位,大学战略目标将失去意义和价值,无法发挥其应有的作用,也就不能称为大学的战略目标。

第三,与大学当前的发展状况脱节。大学战略目标建立在大学现有发展水平和在高等教育行业中市场地位的基础上,是对历史的延续和对当前的发展,任何脱离现实起点的战略目标都将失去实现的基础。

第四,大学的资源和能力不足以支撑。大学战略目标的实现必须依赖于充足的大学资源和能力,如果大学能够拥有和支配的各种有形资源、无形资源和能力资源等难以对其全面支持,则无法实现的战略目标只能束之高阁。

总之,大学战略目标的制定必须密切结合大学校内外的具体实际,必须有充分的可行性分析。

7.5.2　盲目攀比、相互趋同

在制定大学战略目标过程中,盲目攀比战略目标的"高度""难度""水平",趋同或盲从于同类型大学中"样板"学校或更高层次大学的战略目标等,是一种较为普遍的现象,反映出一些大学领导者对战略目标的不重视或急功近利的倾向。这方面的主要问题如下。

第一,大学战略目标与本校应有的定位不符。这反映出大学没有清晰的定位,这样就容易迷失发展方向,也难以确定发展目标,容易将其他大学看似"高大上"的战略目标通过简单的文字修改后据为己有。

第二,不明确大学在高等教育市场的地位。一所大学在高等教育市场的地位决定着该校应该承担的社会责任,关系到其战略目标的制定,如果模棱两可、模糊不清,就难以把握本校的战略目标,也就容易"学习"他校的目标。

第三,没有凸显本校的特色和优势。大学战略目标的核心是强调"个性化",需要通过强化自身优势和彰显本校特色确定未来的发展方向和目标定位。缺乏个性化的原因有二:一是忽视了本校独有的办学特色和优势;二是大学没有凝练或形成自身的特色和优势。缺乏个性化的结果是与其他大学的趋同。

第四,与本校的发展规律不符。不同类型的大学有各自不同的发展规律,大学战略目标要符合本校的发展规律,如果缺乏对高等教育未来发展的研究,尤其是对本校未来发展趋势的研究,就不可能清晰本校的发展规律,所制定的战略目标就不适合本校。

总之,大学战略目标的制定必须建立在全方位了解本校的基础上,注重凸显本校与众不同的"个性化"。

7.5.3 面面俱到、缺乏重点

大学战略目标强调的是大学在战略规划期内学校发展和建设中事关全局性、战略性和关键性的工作目标,而不能像工作总结那样,事无巨细、面面俱到,否则就不能称为大学战略目标。这方面主要的问题如下。

首先,包括大量重复性的日常工作任务。一些大学的战略制定往往是由下而上形成的,这样各职能部门、各教学院系就可能从自身的角度提出这样那样的"战略目标",如果学校层面没有进行认真分析、筛选、整合和凝练,就可能将大学大量重复性的日常工作任务上升为学校战略目标。

其次,没有突出大学在改革发展中的重点。大学战略目标突出的是大学改革和发展的方向和重点,如果这方面在校内没有形成共识,或者没有通过广泛的讨论和分析摒弃分歧,就可能将一些不重要的工作作为大学战略目标对待。

再次,一些目标只能作为大学战略二级目标。存在着这样的现象,一些大学的战略目标事实上只能作为某个职能部门在战略规划期的职能战略目标,这方面或者是分管校领导和职能部门负责人过于强势,或者是学校领导层没有厘清学校层面战略目标的全局性要求。

最后,目标是平衡校内各方利益诉求的结果。如果某项工作任务成为大学战略目标就能够彰显其重要性,虽然一所大学的各个方面是大学的有机组成,缺一不可,但是它们的重要性是有差异的,否则,就可能为了平衡校内各方的利益诉求,将各方提出的工作目标均作为大学战略目标。

总之,大学战略目标的制定者必须抓住大学改革与发展的关键核心问题,排除各种因素干扰,重点突出地制定大学战略目标。

7.6 制定大学战略目标要考虑的因素

制定一个既科学合理又切实可行的大学战略目标不是一件容易的事。目标定得太高,没有考虑自身实际,结果无法实现,成为空中楼阁;目标定得太低,毫不费力就能实现,结果耽误了学校的发展机遇。因此,战略目标的制定常常是一些大学的校长们煞费苦心、苦思冥想的问题。那么,制定大学战略目标需要考虑哪些因素呢? 本节讨论的四方面因素是需要予以重点考虑的。

7.6.1　大学自身的办学条件和特色

办学条件主要指大学长期的积累和成就,现有的资源和条件,以及其他有利因素。办学特色主要指大学持续地超越竞争对手的在办学上独有的风格、形式和特征等。大学战略目标的制定首先要考虑大学自身的办学条件和特色,主要基于以下原因。

1. 办学条件是实现大学战略目标的保证

大学战略目标的实现需要有充足的条件保证,除基本办学条件外,关键是那些支持大学战略目标实现的资源条件,如优秀的教师队伍、充足的经费预算、优秀的生源质量、先进的教学科研条件,以及先进的管理措施等,这些在制定大学战略目标时都需要充分地予以测算、分析和考虑。事实上,许多优秀的大学校长,苦于没有足够的资源条件实现自己为大学发展设计的美好目标。

发挥办学条件对实现大学战略目标的作用在于整合关键资源条件并发挥最大效益。也就是说,相同的资源条件可以取得不同的效益,因此,考虑办学条件不能简单地看关键资源条件的数量和质量两项指标,而应该注重如何使这些资源条件的作用能够得到最大的发挥,包括通过合理的资源配置、先进的管理手段和有效的激励机制等。

2. 办学特色是大学战略目标个性化的关键

办学特色是大学的持续竞争优势,是大学长期保持的在办学方面超越竞争对手的独有的风格、形式和特征,因此,除办学条件外,在制定大学战略目标时更应该关注的是大学的办学特色,主要理由有以下三点。

(1) 办学特色是以大学核心竞争力为基础,包括大学具有竞争优势的关键性的资源和能力,这些是大学得以发展并赢得市场竞争的关键,也是实现大学战略目标的关键性的资源和能力。

(2) 办学特色是大学独有的,基于办学特色制定的大学战略目标能够充分彰显大学战略目标的个性化,虽然在表述上可能存在相似之处,但大学战略目标的内涵是有本质差异的。

(3) 办学特色是优于竞争对手的,基于办学特色制定的大学战略目标在高度和要求上也能够超越对方,这样不仅保证了大学战略目标的个性化,也使得战略目标在引领大学发展上发挥了应有的作用。

7.6.2 大学在高等教育行业的地位

一所大学在整个高等教育行业中的地位一定程度上影响着大学战略目标的制定。一方面,大学战略目标追求的是通过改变大学的现状提升大学在高等教育行业中的地位;另一方面,高等教育行业发展的现状也会制约大学战略目标的实现。因此,在制定大学战略目标时必须考虑大学在高等教育行业的地位或状况。

首先,大学在高等教育行业的地位是制定大学战略目标的起点。这一起点不同于考虑大学办学条件和特色是从大学内部的角度,而是为大学提供了一个从行业的视角衡量大学战略目标高度的基准,用以判断和衡量大学拟提出的战略目标是否可行,难度或高度是否合适等,任何脱离大学现实状态而制定的大学战略目标都可能是不可行的。

其次,对大学在高等教育行业地位的分析有助于把握大学的竞争态势。大学战略目标的制定不可能随心所欲,不仅要考虑自身的条件和能力,还要考虑外部环境对大学拟提出的战略目标的包容性,如果外部环境对某一目标不支持,或者实现其障碍重重、可能性不高,那么该目标是否能够作为大学战略目标是值得商榷的。

总之,考虑大学在高等教育行业的地位能够帮助大学战略目标制定者从行业的角度回答大学应该制定怎样的战略目标? 大学如何制定大学战略目标? 等问题。

7.6.3 高等教育与科技发展的趋势

除自身办学条件和特色以及在行业中的地位,高等教育和科学技术发展趋势也是在制定大学战略目标时必须考虑的一个重要方面,这是因为一所大学的发展不可能超越高等教育发展趋势范畴,科学技术的发展对大学的发展有密切的影响。

国家高等教育发展是国际高等教育发展的缩影,其发展特点和趋势对大学发展有直接的影响。一方面,大学的发展离不开本土高等教育发展氛围,要适应本国高等教育发展规律和趋势;另一方面,大学战略目标的制定需要基于对本国高等教育前沿发展的充分了解,包括改革动向、改革热点和最新进展等。

国际高等教育发展是各国高等教育发展的汇总,其发展和趋势对大学发展有间接的借鉴作用。对本国高等教育发展趋势的了解为大学战略目标的制定提供了底气,而国际高等教育发展趋势为大学战略目标的制定提供了广阔的参考和借鉴的空间。一方面,处于国内各类高校前列的大学是该类高校的示范和引领者,需要掌握国际高等教育的发展趋势,以制定出具有引领作用的战略目标;另一方面,不处于同类高校前列的国内其他大学,能够从国际高等教育发展趋势中得到思考和启发,为制定具有追赶型战略目标开拓思路。

科学技术的发展趋势对大学战略目标的影响主要有三方面:一是课程教学内容和培养目标。最新的科技方法、手段和成果将不断更新和充实大学课程教学内容,掌握和运用最新的科技方法和手段将成为修订人才培养目标的缘由。二是教学和科研手段及平台。新的科学技术发展成果将促使大学的教学、科研设备和条件得到改善,进而提高教学效果和科研水平。三是科研定位和学科发展目标。科技发展趋势将影响大学战略目标中的科研定位和学科发展目标,包括科研目标、成果水平、社会服务重点等,学科调整、布局、建设重点等。

7.6.4 经济社会发展的未来需要

大学战略目标的制定不能脱离经济社会未来发展对高等教育的需要。这种需要一方面要求大学主动满足,另一方面需要大学积极引导。这是高等学校从过去的社会边缘组织转向在经济社会发展中占据中心地位所要求和决定的。

主动满足经济社会发展未来需要,意味着大学战略目标的方向和要求必须与大学服务面向区域未来经济社会发展对高等教育的要求和期盼相吻合。一方面,离开经济社会发展需求,大学自身就失去了存在的价值,就违背了大学的使命和愿景,大学战略目标就没有任何意义;另一方面,战略目标是面向未来的,是着眼于至少 5 年时间的大学发展,因此,大学战略目标必须针对经济社会发展的未来需要,如果仅考虑经济社会当前的需要,那么大学的发展将会滞后于经济社会发展实际需要。

积极引导经济社会发展未来需要,意味着大学应该根据对经济社会发展趋势的科学预测和分析,为各行各业提前培养人才、提前准备各种技术和科研成果,引导它们向新的领域或方向发展。一方面,全球和区域范围内新技术、新产业、新业态和新模式层出不穷,各行各业面临新的挑战和更激烈的竞争甚至淘汰的风险,这需要大学的参与和引导;另一方面,从国家和区域竞争的角度,在新技术、新产业、新领域发展上,应该也需要从过去的跟随、追赶,走向一定程度上的引领,而大学在形成国家和区域竞争优势上具有责无旁贷的使命和担当。因此,大学需要将自身的这些责任担当反映在其战略目标上。

总之,国家和区域经济社会的未来发展需要大学的主动服务和积极引导,这些应该在大学战略目标上得到体现。

7.7 制定大学战略目标的原则

大学战略目标的制定必须遵循一定的原则,才能使其发挥应有的作用,这些原则有系统原则、关联原则、时间原则、平衡原则和权变原则。

7.7.1 系统原则

大学是在开放环境下运行的提供高等教育服务的组织,大学战略目标的制定必须将大学作为社会大系统中的一分子,作为高等教育系统中的一员,作为同类型大学中的一个子系统,明确本校在社会大系统中扮演的角色,在高等教育系统中具有的地位,在同类型大学中的竞争态势,通过分析大学外部环境可能带来的机会和威胁,通过分析大学内部资源和能力所具有的优势和不足,在此基础上,才能系统全面地制定出本大学的战略目标。

7.7.2 关联原则

关联原则要求战略目标的制定必须与以下三方面关联:一是要与大学的使命、愿景和定位关联,成为它们的落实和具体化;二是要与大学的人才培养、科学研究、知识创新等关键业务领域或优先发展领域紧密关联,以更好地履行大学的四项基本职能;三是要与经济社会发展对高等教育的需求关联,以承担大学应有的社会责任。

在强调上述三方面关联时,要避免本校战略目标与其他大学战略目标趋同化。虽然履行四项基本职能是所有大学的共同职责,但是大学之间在历史、积累、环境、条件、特色的不同以及在使命、愿景和定位的区别,要求各自在战略目标上应有差异,以体现本校的特点和专注。

7.7.3 时间原则

战略目标要有时间进度要求:实现战略目标的时间要求是制定战略目标的必须,只有既有内涵又有期限的战略目标,才能反映出其真正价值,才能为大学的发展和市场竞争在期望的时间点上发挥应有的作用;没有时间进度要求的战略目标也不能称为"目标"。

在大学战略目标制定时容易出现的问题是,所有战略目标的完成期限均是战略规划期。这种问题的结果会造成不良后果:一是影响应该提前实现的战略目标完成的时效性,延长的完成时间不能及时体现战略目标达成时应该产生的效果;二是在不同完成期限战略目标之间产生影响,这是因为不同期限战略目标在时间进度安排、工作强度、投入要求等方面存在差异,相互之间容易产生不利影响。

7.7.4　平衡原则

为了满足与大学关联的不同利益主体在未来发展等方面的要求,大学在制定战略目标时需要达到以下三方面的平衡。

1. 大学总体战略目标与教职工个人目标之间的平衡

大学领导层制定的大学战略目标往往不可能与每位教职工的个人目标相吻合,这就需要在大学战略目标和多数教职工个人目标之间寻求平衡,使得大学战略目标的实现成为多数教职工个人目标实现的必要条件,这样,全校上下才能齐心协力,共同为大学战略目标的实现而努力。

2. 近期目标与远期目标之间的平衡

只顾近期目标,不顾远期目标,大学难以在未来继续发展;相反,只顾远期目标而不顾近期目标,大学也难以为继。因此,大学战略目标的制定必须兼顾大学长期和短期的利益,处理好二者之间的关系:一方面,近期目标是远期目标的阶段性基础,没有近期目标的实现及一连串近期目标的积累,远期目标不可能实现;另一方面,远期目标是大学在规划期的最终追求,是大学近期目标的共同指向,近期目标要以实现远期目标为目标。

3. 大学总体战略目标与大学资源和能力之间的平衡

大学内部条件是实现大学战略目标的基础,因此在制定大学战略目标时要充分考虑到大学现有资源和能力的可行性,要确保每个大学层面的战略目标均有充足的资源和能力去实现它。换句话说,制定大学战略目标时要做到目标有限、重点突出。

7.7.5　权变原则

大学战略目标一旦制定,就需要保持相对稳定。经常变动的战略目标,如由于内外部环境的一些变化、大学主要领导更迭、教育行政主管部门要求变化等就对战略目标进行调整,不仅会使战略目标无法实现,而且也造成前期工作无效。

但是,如果战略目标依存的外部环境和内部条件确实发生了重大变化,则应该对其进行相应的调整和修正,以适应这种内外部环境的变化。一般而言,战略目标应具有适应动态变化的灵活性和保持战略目标方向不变的稳定性。具体而言,为了适应环境的动态变化,长期目标中应具有灵活性,以便进行适当的调整和修正;而近期目标则应保持相对的稳定性,以确保既定目标的实现。换句话说,时间越长的目标的灵活性应越大,时间越短的目标的稳定性应越高。

7.8 大学战略目标的作用

基于大学使命、愿景和定位制定出的大学战略目标在大学全校上下多层目标的一致性上,在大学四项基本职能之间、各部门院系之间各种工作和对象各项活动之间的协调性上,在战略制定、实施和评价过程的标准的统一性上等方面发挥着十分重要的作用。

7.8.1 大学战略目标的纵向一致性

1. 大学战略管理的目的是实现大学整体绩效的最大化,需要校内各层次目标一致地努力

这个最大化是强调整体的最优,而不是局部的最优,各个局部的工作的最优并不一定带来整体的最优,只有在局部分工明确、定位准确、目标统一的情况下,才能达到整体的最优。大学每一项决策的落实都需要学校领导层面、机关职能部门层面、院系学术单位层面,以及各单位教职工的层层投入和努力。这意味着大学内部各职能部门和教学院系的工作都要围绕实现大学战略目标而开展,也就是说,大学战略目标是大学全校上下各个机关部处、各个教学院系、各个科室,以及每位教职工共同努力的方向。因此,大学战略目标在全校上下起到协调一致的作用。

2. 大学战略目标是校内各单位目标和教职工个人目标设立的依据

大学总体战略目标需要落实到校内各个院系部处,这些二级单位战略目标的制定必须以实现大学战略目标为宗旨,明确在实现大学战略目标中的作用和贡献,并进一步细化到具体的行动方案和采取的措施中。每位教职工在聘期内的目标也必须围绕如何为大学战略目标的实现发挥作用和做贡献上。例如,在建设世界一流大学这个大学的总目标下,大学人力资源部门的目标就是建设满足世界一流大学要求的教师队伍和管理队伍,因此要制定出台相应的人才吸引、稳定和激励政策,要配合和支

持各个院系做好相关的工作等。在这样一个大学战略目标下,大学学术带头人或学科负责人在科研与学术方面的聘期目标就是承担国家级的重大项目或在国际有重要影响的项目,获得国际一流的科研成果,在该领域组织的国际一流的学术会议上担任主席或副主席,在国际学术组织中担任主要职务等。

3. 大学战略目标是大学内部资源分配的依据

任何一所大学的办学资源都是有限的,有限的资源必须分配到最需要的地方,才能发挥最大的效用,而大学资源分配的依据正是大学战略目标。按照大学战略目标确定的校内院系部处的分目标是制定各单位战略规划的根据,决定着各部门战略规划的具体内容、行动方案和保障措施等。其中的保障措施主要包括需要资源的类型和强度,这些必须按照各部门分目标在大学总体战略目标中所占的分量或分目标对总体目标的贡献度对该部门所需的资源进行分配。只有这样,才能有效防止资源稀释,使得大学能集中有限资源办大事,保证"好钢用在刀刃上",才能实现大学整体绩效的最大化。

7.8.2　大学战略目标的横向协调性

1. 大学战略目标是协调四项基本职能之间关系的根据

大学在履行人才培养、科学研究、社会服务和文化传承与创新四项基本职能时要面临这样一些问题:每项职能的责任究竟该如何履行,学校资源在各项职能之间怎样进行分配,职能之间的相互关系应该如何处理和协调等。解决这类问题均要以最大程度上支持大学战略目标的实现为标准。例如,在以服务地方为总体战略目标的地方大学,就应该在四大功能中突出社会服务功能的发挥,这样,科学研究功能对社会服务功能的履行就应该起到保证和支持的作用,而社会服务反过来又会对科学研究提出具体实际的要求。

2. 大学战略目标是各部门之间关系协调的基础

大学各院系部处虽然在学校工作上有明确的分工,但各部门之间的通力合作和密切配合对学校工作的完成才是至关重要的,关系到大学总体战略目标的最终实现,而部门间合作协调的基础正是大学总体战略目标。例如,以建设世界一流大学为战略目标的大学的房管部门,在教师住房政策制定上必须与人力资源部门制定的人才引进政策相配合,以支持一流人才的引进,共同为建设世界一流大学的战略目标而努力。

3. 大学战略目标是学校各项活动保持动态平衡的要求

大学一项新政策的出台、一个新举措的实施等都可能引起连锁的反应,甚至影响到学校战略目标的实现。例如,为了吸引和引进人才而制定的特殊的薪酬政策,将影响校内先期引进的高层次人才的积极性;对某一重点学科的专门投入和支持,将引起其他重点学科的不平衡;某个部门政策与条例的变更和修改,可能促进大学其他政策的调整。因此,只有各部门的活动从大局出发,从大学战略目标的要求考虑,才能对各项活动进行统筹和协调。也就是说,任何一项决策都应该在大学总体战略目标的指引下,综合考虑该决策对学校整体或某一方面的影响,才能保持各项活动的动态平衡,才能有利于大学战略目标的实现。

7.8.3 大学战略目标的整体标杆性

大学战略目标在大学整个战略管理过程中是规范各个环节行为的统一标准。

在大学战略制定过程中,大学战略目标决定着大学战略规划的内容。大学战略规划的内容涉及大学的方方面面,除人才培养、科学研究、社会服务和文化传承与创新外,还有规模和结构、质量与效益、声誉和影响、国际化等。大学战略规划应该由哪些内容组成,每项内容应该有什么作用,各项内容之间应有什么样的关系等,都应该以是否有利于大学战略目标的实现为衡量标准。实现大学战略目标的方式和途径多种多样,在决定战略规划内容时,不应仅考虑每项内容各自的作用,而应该选择那些具有最佳组合效应的一组内容。也就是说,要运用系统思维的方法,要着重考虑各项规划内容组合带来的整体效应,即选择在实现大学战略目标上具有最优综合效应的内容组合。

在大学战略实施过程中,大学战略目标影响大学战略任务的分工与合作。战略目标好比方向,决定了大学在进行战略实施阶段是否做"正确的事"。大学战略的实施需要对战略规划内容进行层层分解和落实,需要明确分解后每项任务的目标和作用,需要清晰各项任务之间的关系,需要强调各部门之间的密切合作,需要克服可能出现的各种阻力等,所有这些都应该以如何有利于大学战略目标的实现为依据。在这方面,需要考虑的一个核心因素是大学组织结构的适应性。如果现行的组织结构对大学战略的实施造成障碍或影响,或者不利于大学战略任务的分工与合作,那么,大学应该考虑对这种组织结构进行调整或整合。

在大学战略评价过程中,大学战略目标是绩效评价和考核的标准。进行大学战略评价需要建立相应的绩效评价标准体系,包括教师绩效考核标准、职员业绩考核标准、管理干部业绩考核标准、学术单位绩效评价标准、机关部处绩效评价标准、学校专项工作评价标准、大学整体绩效评价标准等。所有这些评价标准的制定都应该以大学战略目标为唯一的基准。只有这样,才能确保大学全校上下在各自的岗位、同心协力、目标一致地为实现大学战略目标而不懈地努力工作。

7.9　大学战略目标实例

【**实例 1**】　康奈尔大学在其 2010—2015 年战略规划中提出该大学的总体目标及其在不同领域的具体目标,由五方面构成的总体目标界定了康奈尔大学战略规划的主要目标领域,蕴含了康奈尔大学标志性的理念:独特的教育、世界领导地位、杰出的学者和教师、公众参与,成为该规划文件后续各节的指导原则。[①] 在该规划后续部分提出的针对各个主要目标领域的具体目标可以理解为相应总体目标的分解,即分目标。

本实例的目的有两个:一是了解世界著名大学是如何在众多领域中选择战略重点领域并确定若干学校战略目标的;二是每个大学战略目标是如何分解成为具体目标任务的,或者说,需要完成哪些具体目标任务才能实现某个大学战略目标。

康奈尔大学有广泛的、全面的目标,这些目标是永恒和持久的。它们表达了发生在规划期间的长期承诺,因此采用“伞形目标”(umbrella goals)这个术语。战略规划咨询委员会在广泛地咨询了大学各界人士后,制定了以下 5 个总体目标。

(1) 尽可能招收和教育那些最值得培养、最有前途和最多样化的学生群体,并授予他们学位。为所有学生(本科生、研究生、专业人员)提供创新的、有特色的、最高品质的教育,激发他们学习的热情。(**卓越教育**)

(2) 保持和加强在研究、学术和创造力方面的世界领导地位。(**卓越研究**、**学术和创造力**)

(3) 保持和加强努力,招募、培养和保留由杰出的学者和教师组成的多样化的师资团队,以及能够为教师和学生提供杰出支持的多样化的员工队伍。(**卓越教师/卓越员工**)

(4) 加强当地、国内和国际社会公众对大学教育、研究和临床项目的参与,符合作为具有公共使命的学术杰出的私立大学的声望。(**卓越公众参与**)

(5) 建立和维护促进和支持学术卓越的组织结构和流程。(**卓越组织管理**)

上述 5 个总体目标涉及 6 个目标领域,康奈尔大学在规划中为每个目标领域制

[①]　康奈尔大学 2010—2015 年战略规划 http://www.cornell.edu/strategicplan/docs/060410-strategic-plan-final.pdf.

定了4~7个具体目标(任务)和实现这些具体目标所要采取的行动(措施),其中各个目标领域的具体目标如下。

(1)卓越教师:

① 在具有重要战略意义的学术领域增加师资队伍的规模和质量。

② 通过聘用新员工和留住员工,增加师资队伍的多元化。

③ 确保有竞争力的教师薪酬。

④ 制定和实施留住高水平教师的政策。

⑤ 设计和实施新的机制或政策,奖励优秀教师和持续评估教师的表现。

⑥ 通过提供更多对话和接触的机会,营造令人兴奋的知识环境。

⑦ 制定方法,使教师能够集中精力在他们的核心学术活动中高效地工作(研究、学术和创造力;教学;公众参与)。

(2)卓越教育:

① 创造和维持一种支持所有学术单位卓越教学的文化。

② 加强促进教学创新的制度结构,无论是在学校还是在学院和项目内部。

③ 为康奈尔大学本科生提供更加统一和共享的教育体验。

④ 加强国际机会和经验对学生的教育影响。

⑤ 将促进学生(本科生、研究生和专业人员)的健康和幸福作为学业和生活成功的基础。

⑥ 加强吸引和培养优秀、多样化的本科生群体。

⑦ 加强研究生和专业项目的建设,以招收和教育多样化的最优秀的学生。

(3)卓越研究、学术和创造力:

① 增加康奈尔大学在各自领域取得世界领先地位的院系或学位点的数量。

② 在精选的学系的下列广泛的领域内,建立和保持世界领先地位:人文和艺术;生命科学和农业科学;自然科学与工程;社会科学;专业学校和项目。

③ 加强对重要跨学科领域的支持和认可,同时确保卓越学科作为基础。

④ 显著改善全校范围的管理服务和支持研究经费(包括政府、基金会和行业资助)的服务。

⑤ 保持并有选择地以具有成本效益的方式加强研究、学术和创造力的核心基础设施,特别是包括图书馆和共享研究设施。

⑥ 鼓励参与伊萨卡岛项目的师生之间以及威尔康奈尔医学院和研究生院的师生之间进行富有成效的、互惠互利的合作。

（4）卓越公众参与①：

① 让公众参与成为康奈尔大学教育的显著特色。

② 为大学的公众参与使命构建统一的理念和愿景。

③ 对所有外联和推展项目进行严格和系统的评估。

④ 将公众参与和校内研究与教育优势紧密联系起来。

⑤ 促进大学和利益相关者之间更强的合作和伙伴关系，以利用和加强康奈尔大学的研究（例如，企业、K-12学校、非营利组织、政府）。

（5）卓越员工：

① 由于大学需要重组以解决预算压力，因此要优先保留重要岗位高素质的员工。

② 为康奈尔大学吸引有才华和多样化的员工。

③ 成为所有员工的模范雇主。

④ 在各种场所为员工提供工作技能培训。

⑤ 保持并尽可能提高工作场所和员工队伍的灵活性。

⑥ 与当地社区合作，保持伊萨卡和汤普金斯县生活和工作的活力。

（6）卓越组织管理：

① 确认组织管理的一般原则。

② 持续改进对财务资源的管理。

③ 促进对现有建筑和自然环境的有效管理。

④ 为信息技术提供具有成本效益的基础设施。

总体而言，上述目标表明，康奈尔大学在六大目标领域采取行动，以应对快速变化的环境，增强学术实力，积极参与市场竞争。这些目标可以在五年内逐步实现，虽然资源的限制（例如经费和时间）在某些情况下会影响目标的实现，但大多数目标都有低成本（甚至无成本）的行动项目。

【实例2】 清华大学不同时期关于建设世界一流大学战略目标的提法。

（1）1985年，清华大学第七次党代会上首次提出"世界一流大学"：

从现在起的10年，是把清华大学逐步建设成为世界一流的，具有中国特色的社会主义大学的重要发展阶段。

（2）1993年7月，清华大学暑期干部会上提出：

到2011年清华大学建校100年之际，争取把清华大学建设成为世界一流的、具

---

① 这个目标领域实际上就是社会服务。

有中国特色的社会主义大学。

（3）2003年，根据党的十六大提出的全面建设小康社会的战略部署，清华大学提出了"三个九年，分三步走"的战略目标：

1994—2002年：调整结构，奠定基础，初步实现向综合性的研究型大学过渡。

2003—2011年：重点突破，跨越发展，力争跻身世界一流大学行列。

2012—2020年：整体推进，全面提高，努力在总体上建成世界一流大学。

（4）2017年7月，清华大学按照党和国家的要求，紧密结合自身的发展使命，在校第十四次党代会提出建设世界一流大学战略目标：①

到2020年，达到世界一流大学水平。

到2030年，迈入世界一流大学前列。

到2050年前后，成为世界顶尖大学。

【实例3】 ××大学战略目标分析。

××大学是一所成立于1985年，位于侨乡的地方本科院校。作者1998年出任该校第二任校长，在对该校外部环境和内部条件进行认真的分析研究之后，1999年给该校确定了"面向地方、服务社会"的办学定位，在此基础上根据该校肩负的高等教育任务以及地处侨乡和经济较发达地区等外部环境要求并结合自身特点，提出了"三具有""一领先"的办学目标，即长期战略目标："把××大学建设成为具有较强的自身发展能力，具有重要的社会影响，具有地方特色与侨乡特色，在同类型院校中处于领先地位的大学"。

第一，战略目标是大学办学定位的具体化。"三具有""一领先"的战略目标是基于该校的办学定位而提出的，可以理解为是对后者的具体诠释和解读，是对大学未来发展方向的明确阐述。其中，"三具有"充分体现该校的具体实际和发展特色，"一领先"是在"三具有"基础上应该达到的发展高度。

第二，"具有较强的自身发展能力"是基于该校资源投入状况而提出的：由于该校所在区域经济欠发达，地方政府投入十分有限，期望政府在短期内加大投入的可能性不大，因此，需要改变传统的"等靠要"的思想，通过大学面向地方、服务社会，增强自身的造血功能，提升自身的发展能力。

第三，"具有重要的社会影响"包含两方面内容：一是强调大学在地方经济社会发展中的作用，要参与地方经济社会发展的各个方面，包括各类人才培养、行业企业发展、产品研究开发、政府决策咨询、各类人员培训等；二是希望得到政府和社会各界

---

① 《清华大学一流大学建设方案》，2017年12月28日发布。

的广泛认可,以得到各方更多的支持。

第四,"具有地方特色与侨乡特色"既要突出该校作为地方院校,必须以服务地方经济社会发展为首要任务,又要突出该校在全国第一大侨乡在对外交流、投资贸易、侨乡文化等方面应该发挥的独特作用。

第五,"在同类型院校中处于领先地位"是在"三具有"基础上学校在较长时间在高等教育系统中应该达到的地位,其中"同类型院校"指的是与该校同时期建校的一批地方院校。

第 **8** 章 大学战略结构和战略制定原则

制定完大学战略目标之后，就应该着手解决实现战略目标的手段、方式、措施和途径等问题，这就是大学战略的制定。一个没有战略的目标是无法实现的，一个没有目标的战略更是毫无意义的。战略制定是大学战略管理的一个重要环节，在进行大学战略制定之前，一方面需要对大学战略结构有一个清晰的了解，以明确大学战略的构成及各层次间的关系；另一方面需要把握好大学战略制定的原则，以更好地制定大学战略。

8.1　企业战略结构

大学战略结构(strategic structure)与企业战略结构类似，可以认为是在参照企业战略结构基础上提出的，因此有必要先了解企业的战略结构。

战略和组织的结构是密切相关的，也是分层级的，从整个组织结构的角度看，战略的层级和组织的层级具有一定程度的契合，因此，战略层级一定程度上与组织结构对应，从而构成组织的战略结构。

从战略实施的主体角度看，具有多个经营部门或事业单位的企业，其战略可划分为三个层次，即公司战略、事业战略和职能战略。

公司战略(corporate strategy),是公司/集团层面的战略,作为企业最高层次的战略,它决定了各经营部门/事业部的战略和各职能部门的战略,也称为总体战略。对于小的企业而言,如果它仅有单一方面的业务,那么它的总体战略也就是业务战略。

事业战略(business strategy),是业务层面或业务单元战略,是单一行业/产品/市场的企业,或者是集团下属从事单一业务的子公司、事业部所采取的战略,它决定了企业各个职能部门所采取的战略。由于这个层面的战略是就某一方面采取的竞争行为,以改善其市场地位,因此一般称为竞争战略。

职能战略(functional strategy),是公司各职能部门的战略,是公司内部在生产、市场、研发、财务、人事等各个职能部门所采用的战略,它由企业的总体战略和竞争战略所决定。职能战略的主要目的是在职能领域内实现该职能能力的最大化,以支持事业战略的执行。

总体战略、竞争战略和职能战略之间的关系如图 8.1 所示。其中,处于上层的战略对下层的战略起到指导、规范和限定的作用;而处于下层的战略对上层战略起到落实、支撑和服务的作用;如此层层相扣、相互呼应,就形成高度一致和密切协调的战略结构。

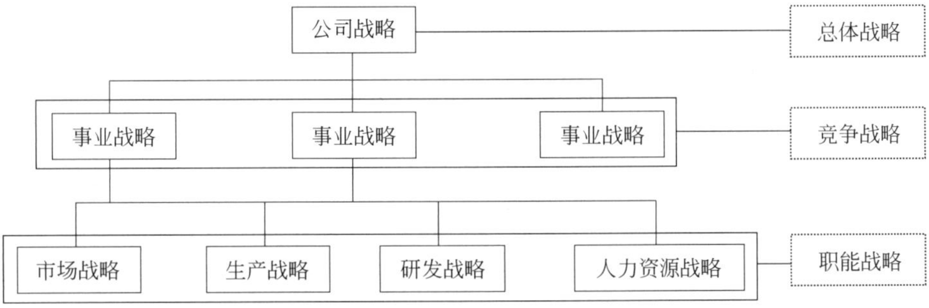

图 8.1　跨行业经营企业的战略结构

8.2　大学的战略结构

大学的战略结构与企业的战略结构既类似又有区别,类似之处在于大学也是一种类型的组织,它提供教育、科研和社会服务;区别之处是,大学的组织结构与企业的不同,是一种矩阵结构。大学的各院系不仅与学校的各职能部门之间存在着直接的职能上的关系,而且大学各院系之间也存在着密切的合作关系。因此,大学的战略也可分为三个层面,但第三个层面有两种不同类型的战略,说明如下。

大学战略,是学校层面的战略,也称为大学总体战略,是围绕大学总体战略目标的实现而制定出来的,包括大学总体战略目标和实现该目标需要的战略措施、手段、方法和方案等。作为大学最高层次的战略,大学总体战略决定了其他两个层面的战略。

专项战略,是业务层的战略,也称功能战略或竞争战略,其核心是提升和加强大学的竞争优势,它是大学从实现总体战略的角度,履行人才培养、科学研究、社会服务和文化传承与创新四大功能方面,以及完成其他重要的专门性任务时所采取的战略,是围绕专项目标的实现而制定出来的,包括大学专项目标和实现该目标所需要的战略措施、手段、方法和方案等。专项战略/竞争战略属于大学第二层面的战略,决定着大学第三层面的战略。

职能战略,也就是大学机关各职能管理部门的战略,它是根据大学总体战略、竞争/专项战略,并结合本职能领域的具体实际,围绕实现本部门职能战略目标而制定出来的,包括本部门职能战略目标以及实现该目标所需要采取的战略措施、手段、方法和方案等。职能战略是大学第三层面战略中的一种战略。

院系战略,也称基层战略,是大学各个院系的战略,它是根据大学总体战略、竞争/专项战略,并结合本院系的学科专业特点,围绕实现本院系的战略目标而制定出来的,包括本院系战略目标及实现该目标所需要采取的战略措施、手段、方法和方案等。院系战略与职能战略一起,构成大学第三层面两种战略的另一种。因为院系是大学履行四大职能的基本单位,因此,院系战略要在不同程度上涉及这四方面,这也是大学战略结构不同于企业战略结构的主要方面。

从以上大学战略结构的分析可知:大学战略结构由3个层面的战略构成,如图8.2所示,大学总体战略决定着大学专项战略和职能/院系战略,大学专项战略决定着大学职能战略和院系战略;大学职能战略和院系战略支持并服务于大学专项战略和大学总体战略的实现,大学专项战略是实现总体战略的具体部分。大学战略的实现需

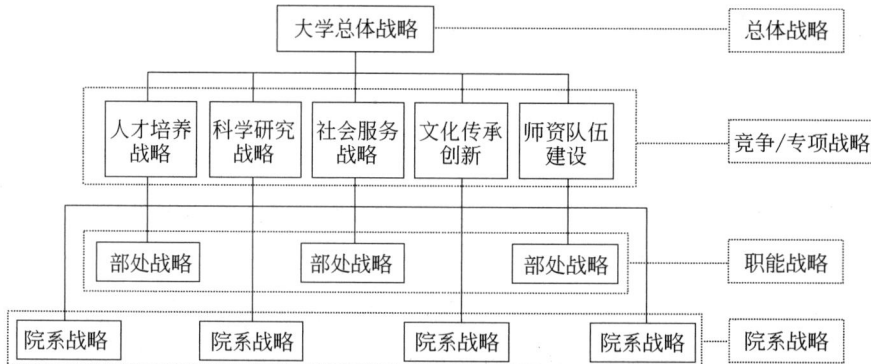

图 8.2　大学的战略结构

要通过在各个层面的分解并实施才能达到。

需要特别指出的是,在大学战略制定阶段的任务是制定大学总体战略和大学专项战略,而职能战略和院系战略则由于不属于大学层面的战略,是大学战略实施阶段首先需要完成的工作,因此要留到大学战略实施阶段再予以制定。

8.3　大学战略的制定原则

大学战略(包括大学总体战略和竞争/专项战略)的制定关系到大学战略目标(包括总体目标和专项目标)能否充分实现,是大学战略规划中的一个重要、关键和复杂的环节,需要考虑诸多因素及其相互关系,是一项既涉及全局性、系统性、前瞻性的任务,又关系到动态性、可行性、操作性的工作,需要遵循一定的制定原则。

1. 目标导向原则

大学战略是围绕大学战略目标制定的全方位的行动方案,整个制定过程是由大学战略目标导向的,需要从如何在战略规划期内最有效地实现战略目标的角度着手制定大学战略,包括实现战略目标需要的各方面的战略措施、手段、途径和方案等强有力的保障支持,涉及大学各类资源和各种能力的投入、各种配套政策措施的出台、多样管理手段和方法的运用等。

2. 系统整体原则

大学是社会系统中的一个子系统,它受社会政治、经济、科技和文化等因素的影响;同时大学自身又是由教学、科研、行政、财务、后勤等部门构成的一个相对独立的系统。因此,制定大学战略时,既要从系统的角度分析和兼顾大学发展与社会发展之间的互动关系,又要从整体的角度统筹大学内部各要素之间的关系,合理配置内部资源、优化内部结构,避免顾此失彼。

3. 持续发展原则

现在是过去的积累,未来是现在的继续。一所大学的发展需要持续不断的发展和长期不断的积累,才能形成自身的办学优势和特色。大学战略制定是对历史的继承、对现在的延续和对未来的拓展,因此,要将历史、现在和未来有机地衔接起来,既要注重大学过去的发展历史,又要分析发展现状,更要注重未来的发展方向,只有这样才能有效地实现大学战略目标。

4. 前瞻性原则

大学战略是服务大学战略目标、针对大学未来发展的总体设计,因此,要在立足学校现状的基础上,面向大学的未来发展。在制定大学战略时,要在科学预测经济社会发展趋势的基础上,在尊重高等教育规律的前提下,在实现大学战略目标的宗旨下,制定具有适度超前,适应未来大学发展内外部环境的战略措施、手段、途径和方案。

5. 注重特色原则(差异化原则)

即使一所大学的战略目标可能与其他大学类似,但实现战略目标的战略措施和方案等也应该有所区别,这种区别是通过注重发挥本校与众不同的特色和优势体现的。具体而言,主要包括两方面:一是大学战略制定要综合自身基础和特点,选择与其他大学不一样的特定发展空间和领域,在一定范围内形成独特的优势;二是要坚持"有所为,有所不为",在有些方面选择能够发挥本校优势和特色的发展路径。

6. 动态适应原则

大学处于动态变化的经济社会发展和高等教育竞争环境,因此,大学战略要具有动态适应性,能够使大学与外部环境和内部条件保持动态平衡,而不影响战略的实施及战略目标的实现。一方面,大学战略要保持适度的弹性,以适应未来大学内外部环境可能的变化;另一方面,要允许在实施过程中对大学战略措施、手段和方案等进行必要的调整和修正。

7. 可行性原则

大学战略制定涉及大学各种资源、条件和能力的投入和保障,涉及大学外部宏观环境的支持,任何超越大学自身最大投入和宏观环境允许的战略都是不可实施的,因此,大学战略的制定必须充分考虑战略实施的可行性。因此,在制定大学战略时需要对战略实施期间的各种投入和宏观环境进行必要的可行性分析,以避免出现大学战略无法落地的现象。

8. 可分解原则

从战略实施的角度,大学战略必须能够分解成为下一层的战略,即大学总体战略要可以分解到大学专项战略,大学专项战略要能够分解到职能战略和院系战略;同理,大学职能战略和院系战略也必须能够分别分解落实到本部门管理骨干和本院系主要教师;只有这样才能保证大学战略能够层层落实并最终完成。事实上,不可分解落实的大学战略将失去其自身的价值,更谈不上实现大学战略目标。

9. 可操作性原则

大学战略的提出不能仅考虑实现战略目标的需要,而应该充分考虑到具体实施层面的可操作性,包括构成大学战略各部分的措施、手段、方法和方案的可操作性以及大学战略实施需要的各种条件和环境的支持性,涉及大学组织结构、文化传统、管理模式、制度环境等诸多方面,这些都需要在制度大学战略时予以充分的考虑和论证。否则,不具有可操作性的大学战略将无法实施,战略目标就不能实现。

第 **9** 章　大学总体战略

　　大学总体战略是大学整体层面上的战略,它确定了大学在战略期内希望达到的总体目标,达到目标的方法和途径,采取的相应策略,以及资源保障措施等。大学总体战略涉及大学的全局性、长远性、方向性、整体性、基础性和协同性,体现了大学的使命、愿景和核心价值观。而大学的专项战略、职能战略和院系战略为实现大学总体战略提供方法和途径。

　　9.1 节首先对大学总体战略进行概述,讨论在制定大学总体战略时面临的各项决策和管理问题,并分析康奈尔大学战略规划文本的构成;后续各节依次重点讨论大学总体战略的几种主要类型:特色化战略、综合化战略、多元化战略、增长型战略、国际化战略、联盟化战略等;最后一节讨论如何围绕办学特色制定总体战略。

9.1　大学总体战略构成及决策

9.1.1　大学总体战略构成

　　大学总体战略涉及整个大学,覆盖大学所有的功能领域,即人才培养、科学研究、社会服务,以及文化传承创新等。它不仅包括这些功能领域在大学总体战略中的地位、重点和发展方向,还包括这些功能领域发展的途径、措施和相应的策略,以及为这些发展提供的资源分配。因此,大学总体战略常常涉及整个大学的财力、物力、人力资源的安排和组织结构的调整等方面的问题。

制定大学总体战略的主体是大学领导层。此外,参与总体战略制定的人员应该包括机关主要职能部门的负责人、教学院系主要领导,以及教授代表。大学总体战略的初步方案既可以由大学领导层高屋建瓴、审时度势地提出,也可以从大学各个院系和职能部门提出的各种方案中选择并汇总出来。但不论如何产生,总体战略的初步方案都需要经过上上下下、反反复复的讨论才能趋于完善,经过校务委员会和党委会的讨论通过,最后通过大学教职工代表大会的审议和批准。

从组织管理的角度说,大学总体战略就是大学整体上的战略规划,简称大学战略规划,应该由以下要素构成。

- 大学的使命、愿景。
- 大学外部环境及内部条件分析结论。
- 大学战略目标(即中长期发展目标)和竞争战略或专项战略目标。
- 实现战略目标的策略或行动(总体战略和竞争战略或专项战略中的措施、手段、方法、途径及方案等)。
- 总体战略和竞争战略或专项战略中的优先事项(相关战略实施的重点)。
- 各项战略的责任落实和时间跨度(制订年度工作计划的依据)。
- 对战略中关键活动和资源的战略安排。
- 可行性分析(含财务和资源等)。
- 定量和定性的绩效指标(用于评估战略目标的实现情况)。
- 战略实施过程中的主要监控手段和方法等。

需要指出的是,虽然以上列出的是一所大学战略规划应有的构成要素,但是这些要素会因每所大学的具体情况而有所调整或增减。事实上,世界上每一所大学都是独一无二的,因此,每所大学的战略规划文本也是独立的,甚至同一所大学在不同规划期的战略规划文本也会由于大学主要领导的变动或外部环境及自身条件的变化而在构成要素上有所不同。

制定大学总体战略要重点考虑以下问题。

- 如何保持和提高人才培养、科学研究、队伍建设和社会服务的水平?
- 如何更好地发挥大学在经济社会发展和国家战略目标实现上的作用?
- 如何增加财政资源与教育教学资源等?
- 如何保持和提升大学的持续竞争优势(包括影响力、社会声誉等)?

9.1.2 大学总体战略决策

大学总体战略的根本目标是保持和提升大学的办学水平和质量,提高大学的经济效益和社会效益,在高等教育系统中占据优势地位。因此,制定大学总体战略时将涉及多项决策与管理问题。

1. 发展模式或路径的选择

大学发展模式或路径的选择,就是要确定大学发展应采取的战略模式或路径,主要有以下几种选择:一是名牌化模式。这一模式的重点是大学努力扩大学校在社会公众心目中的知名度和美誉度,提出诸如创建国际一流大学、国际知名高水平大学、国内一流大学、地方一流本科院校等目标。二是特色化模式。这一模式就是使大学在人才培养、教育教学、科学研究、社会服务等方面别具一格,具有独特性或在一定领域和区域具有不可替代性。三是专一化模式。这一模式是通过将资源集中在某一方面或某一点上,以更高的效率、更好的效果为某一方面的战略对象服务,取得独树一帜和突出的成就。

2. 确定重点发展领域和优先发展顺序

大学要认真分析和研究前期进行的大学战略分析的结果,扬长避短,有所为,有所不为,慎重选择具有潜力和发展前景的领域。事实上,任何一所大学,即使是世界一流大学,都不可能面面俱到,样样突出,事事优秀。

确定重点发展领域就是要在大学的 4 个功能领域中选择在战略期要重点发展的领域,也可以是某一领域中的其中一方面。例如,确定人才培养为大学战略规划期的重点发展领域,也可以将重点突出在本科层次的人才培养上。又如,确定科学研究为重点发展领域,也可以将其中的提高学术水平或增加创新性科研成果作为重点。优先发展顺序是指在有多个重点发展领域的情况下,将这几个重点发展领域按各自在大学发展中的重要性排出优先顺序,从而为大学政策制定、资源分配等提供依据。

3. 主要功能领域间的战略协同

大学在总体战略上有一个重点或多个重点,可以体现在大学的专项战略上,但无论如何,大学都必须履行其被赋予的 4 个功能,更何况这 4 个功能领域之间是相辅相成、唇亡齿寒的关系。因此,大学要建立这几个功能领域之间的协同关系,将彼此间的协同作用转化为对重点发展领域的支持,转化为大学的整体竞争优势。例如,重视人才培养质量的大学战略重点应该将科学研究作为提高人才培养质量的支撑和保障,通过将科研成果转化为教学内容,通过吸引学生参与科研项目,通过科研创新活动的开展,使得学生在知识获取、能力培养和综合素质提升方面得到充分的提高。

4. 支持性专门项目的确定

实现大学总体战略目标需要一些专门性项目的支持和保证,这些项目是实现大学总体战略目标的关键和重点。因此,在完成上述 3 方面问题的决策之后,大学领导层要认真分析,考虑并确定实现大学总体战略目标或重点所必须具有的基础性、支撑性和保障性的专门项目,作为大学战略的重点,同时明确这些专门项目的目标、作用,以及经费和资源保证等。

9.1.3 大学战略规划文本构成实例

康奈尔大学(Cornell university)成立于 1865 年,是一所历史悠久的世界著名一流研究型大学,也是美国常春藤盟校之一,致力于排名世界大学前十位,积累了丰富的大学管理和治理经验。本节介绍康奈尔大学 2010—2015 年战略规划文本[①]的构成,以供借鉴和参考。

概要(executive summary):简要说明将康奈尔大学作为单一实体制定战略,大学的抱负,具体目标和行动,战略优先(重点)及措施,评估等。

第 1 部分 前言(preamble)。说明为什么要制定战略规划?回顾 2009—2010 年战略规划制定过程,完成规划任务的途径,规划文本的构成等。

第 2 部分 康奈尔大学持久的承诺(cornell's enduring commitments)。包括大学的使命,核心价值观,大学战略目标(university goals,详见 7.9 节实例 1),大学的愿景等。

第 3 部分 大学及其环境(the institution and its environment)。这部分是大学的内外部环境分析,包括在变化世界中学生的胜任力、办学经费的挑战、康奈尔大学的战略挑战、宽阔的战略方向、大学治理问题等。

第 4 部分 目标领域:目标和行动(goal areas:objectives and actions)。这部分是该战略规划的主体,其中,目标领域是由战略规划第 2 部分中的大学战略目标确定的,在概括介绍 5 个目标领域的具体目标后,本部分分别详细阐述了针对这 5 个目标领域的专项战略:卓越教师(faculty excellence),卓越教育(educational excellence),卓

---

① 康奈尔大学 2010—2015 年战略规划 http://www.cornell.edu/strategicplan/docs/060410-strategic-plan-final.pdf.

越研究、学术和创造力(excellence in research, scholarship, and creativity),卓越公众参与(excellence in public engagement),卓越员工(staff excellence)等。

每个专项战略由 3 部分组成:前沿、目标和行动、战略重点(priorities)。目标和行动部分包括若干具体目标(objectives)任务及为了实现每个具体目标将采取的若干行动(actions)措施。其中,卓越教师专项战略的 7 个具体目标分别有 5、7、3、3、5、4、4 个行动;卓越教育专项战略的 7 个具体目标分别有 6、5、4、5、5、8、9 个行动;卓越研究、学术和创造力专项战略的 6 个具体目标分别有 5、5、6、7、7、4 个行动;卓越公众参与专项战略的 5 个具体目标分别有 6、6、3、4、7 个行动;卓越员工专项战略的 6 个具体目标分别有 6、9、4、5、3、3 个行动。各部分最后的战略重点明确并解释了在各专项战略的若干具体目标中的战略优先事项。

第 5 部分　战略行动(strategic initiatives)。本部分是基于战略规划主要优先事项而提出 7 项需要全校范围内的合作努力才能完成的战略行动以及启动这些行动的一系列步骤。

第 6 部分　卓越组织管理(excellence in organizational stewardship)。这部分既是战略实施的组织保障,也可以看作本战略规划第 2 部分中大学战略目标确定的 5 个目标领域外的第 6 个目标领域,包括 4 个具体目标任务及其相应的 8、8、10、2 个行动。

第 7 部分　150 周年的康奈尔大学(cornell at its sesquicentennial)。这部分强调成为被广泛认可的世界前十大研究型大学之一的 3 个理念:一个康奈尔(one cornell)、关注(focus)和联系(connectivity),7 项全校性的战略行动相互关联性,以及对成功实施战略规划的若干考问。

附录 A　2010 年制定战略规划的结构和过程(structure and process of strategic planning 2010)。这部分包括制定战略规划的小组、成员及步骤等。

附录 B　康奈尔大学关于多样性的声明(cornell's statement on diversity)。强调基于敞开大门、敞开心扉和开放思想理念的多样性。

附录 C　学生的学习产出(student learning outcomes)。这部分包括康奈尔大学学生核心能力指标、评估学生学习成效的实施计划和基准。

附录 D　评估进度(assessing progress)2010—2015。这部分包括两方面内容:一是评估大学战略目标和具体目标实现情况以及全校性战略计划进展情况的通用方法、系列假设及其核心指标;二是评估 6 方面的指标——大学卓越(声誉),卓越教师,卓越教育,研究、学术和创造力,卓越公共参与,卓越员工和组织管理。

9.2　大学特色化战略

特色化战略是指大学走的是一条追求与众不同的、具有鲜明个性的办学特色的道路。特色化战略就是将大学的发展重心放在潜在的或是已经形成的几个特色方面,将大学的各项工作都围绕在如何实现、保持和增强这些特色上。

大学选择特色化战略不仅要求所追求的办学特色必须具备本书 6.3.4 节提出的独特性、有限性、不易模仿性、不可替代性、稳定性和发展性等主要特征,而且要求从大学战略的高度、从大学发展建设的角度选择和确定办学特色,包括从以下几方面理解和认识办学特色。

(1)办学特色是大学办学优势的集中体现,是大学在主体功能领域中少数几个或若干方面的独特的竞争优势。

(2)办学特色应该是得到业内公认的办学优势,如人才培养的适应性、科研对地方经济发展的贡献、产学研合作教育等。

(3)办学特色应该能够确立大学的地位和影响,对大学的发展和建设具有联动和辐射作用,能够带动大学整体的可持续发展。

(4)办学特色具有多元性特征,不同大学之间的办学特色因校而异、具有不完全可比性,更没有统一的评价标准。

(5)办学特色的形成往往源于优势学科对经济社会发展的贡献和影响。

(6)办学特色的形成也源于教师的学术成就和社会贡献,以及毕业生的社会认可和影响。

(7)办学特色具有鲜明的时代性和社会性。为了适应和满足经济社会发展对高等教育的需要,办学特色具有与时俱进的时代内涵和社会特征。

此外,办学特色与大学的"高、大、全"没有直接关系。

(1)办学特色与大学办学层次没有直接关系。或者说,具有博士学位授予权的大学不一定办学特色突出,专科教学型院校不一定没有办学特色。

(2)办学特色与大学办学规模没有直接的关系。也就是说,大学规模越大并不一定办学特色就越明显,相反,办学规模越小也不一定就没有办学特色。

(3)办学特色与大学的综合性也没有直接关系。或者说,学科门类齐全的大学不一定有办学特色,相反,单科或多科院校也可能有办学特色。

大学选择特色化战略必须充分认识到形成办学特色与特色化战略之间的联系和区别。它们的联系是:二者均以形成办学特征为核心要务。它们的区别是:形成办学特色是从建设特色项目开始,以最终形成业内公认的办学特色为目标;而特色化战略不仅要完成特色项目建设,而且需要以办学特色为纽带,带动大学的整体建设和发展。事实上,特色化战略着眼于经济社会发展需要,着重于挖掘、培育和形成大学的潜力和特长,对内以形成持续竞争优势即以办学特色为驱动力,充分调动教职工的积极性和主动性,提高学校各项工作的成效,力争将大学办得与众不同;对外以办学特色为大学的名片,扩展服务领域和区域,为经济社会提供高质量的高等教育服务,扩大社会影响,赢得更广泛的支持,获取更大的教育资源,进一步拓展大学的发展空间。

大学一旦选择特色化战略,就需要在后续的多个战略规划期继续选择,只有这样通过持续不断地实施特色化战略,才能使得大学办学特色得以形成、保持和增强。

特色化战略应该成为相当一部分大学的选择。追求个性化发展是经济社会发展对高等教育多样化的要求,是高等教育发展多元化的重要途径。任何一所大学都具备其他大学所不具有的独特的条件、环境或资源,都能够走与众不同的发展道路,在高等教育市场中都能赢得自己的发展空间。否则,如果不考虑本校实际,一味追求"高、大、全",不仅会丧失在高等教育市场上的地位,而且会失去其存在的价值。因此,选择特色化战略,对相当一批大学,尤其是一些地方大学和新建院校尤为重要。这些大学/院校虽然短期内不可能成为世界一流大学,并不一定要追求本校的各项综合指标名列前茅,但它们一样可以办出自己的特色,一样能够在本地区同类型院校中脱颖而出,一样能够在本校办学特色领域成为一流。

【案例】　加州理工学院的"小而精"特色战略。

加州理工学院(California institute of technology),简称 Caltech,创立于 1891 年,是世界顶尖的私立研究型大学。该校通过实施"小而精"特色战略,在全球科技界久负盛名,曾于 2012—2016 年连续 5 年位列泰晤士高等教育世界大学排名世界第一,2019—2020 年度排名世界第二,在物理学、化学、天文学和空间科学等领域均为世界顶级。

加州理工学院"小而精"特色战略中的"小"表现在办学规模小和院系、学科门类少:在校生仅 2000 人左右,生师比一直保存在 3∶1,即使在美国高等教育大众化时期也不例外;全校仅设置 7 个系,即生物学、化学及化学工程、工程与应用科学、地质学及行星学、人类学和社会科学、物理与数学和天文学系。"精"则表现在教师及其成就、学科设置和人才培养:截至 2019 年 10 月,有 74 位校友、教授及研究人员获得诺贝尔奖,6 位图灵奖得主以及 4 位菲尔兹奖得主;精选基础学科并注重学科交叉;注重培养领袖型精英人才。

强调办学特色应成为其他类型大学总体战略的支持和基础。一所大学不论采取何种总体战略,均应该强调其与众不同的办学特色,强调优于其他校的办学优势,事实上,但凡是世界一流大学或世界著名大学,都具有鲜明的办学特色,这些是其他高校难以比拟的优势和强项,是衡量办学水平的重要标志,是其成为世界一流大学或世界著名大学的基础。具体而言,本节后续部分讨论的综合化战略、多元化战略、增长型战略、国际化战略、联盟化战略和质量战略中都应体现各大学自身独有的特色和优势,从而使之成为本校真正意义上的总体战略。

9.3　大学综合化战略

综合化战略(comprehensive strategies)指大学走的是一条追求学科门类齐全、学科结构合理、优势学科突出、办学层次完整、综合效应明显的大学发展道路。这里的"学科门类齐全"主要指所设置学科涉及理、工、文、医、经、管、史等大类学科,其中,工学和医学是传统的"综合性大学"所欠缺的,而人文社会科学是过去的理工科大学所不足的。"学科结构合理"指的是所设置学科的基础性,学科之间的互补性和支持性;也就是说,所设置学科是该学科所在学科门类的基础学科,其中某一学科的发展离不开其他学科的支持,新学科的形成需要所设置多学科的交叉融合。"优势学科突出"指的是在所设置的多学科中,必须有一个或几个学科作为重点学科,在其他支撑学科的支持下进行建设和发展,进而成为大学的优势学科。"办学层次完整"是指包含本科、硕士和博士这样一个完整的学历层次以及博士后阶段。"综合效应明显"指的是大学综合化的结果明显体现在全校多学科、多领域之间相互影响和综合作用上。

需要说明的是,大学的综合化战略并不意味着学科越多越好,也不要求所有设置学科都成为优势学科。因此,学科的数量取决于大学重点发展的学科专业领域及其需要的支撑或辅助学科,取决于各层次人才培养需要的知识结构、学科结构和专业范围。大学的优势学科是为数不多的能够发挥大学资源和能力优势,能够在其他学科的支撑和辅助下得到充分发展并凸显办学特色的学科。

此外,大学的综合化战略并不意味着办学规模越大越好。因为任何一所大学,即使是国家重点建设的大学,其资源和条件都是有限的,在人才培养需要大量投入但大学办学经费仍然不足的情况下,大学只能集中有限资源,在具有优势和特色的学科专业领域尽可能多地培养经济社会发展需要的高水平的各层次各类型人才,而不能盲目地设置专业或者扩大招生规模,力不从心地追求办学规模最大化。

了解和把握综合化战略对大学发展建设的影响是大学选择综合化战略的前提。大学综合化对大学发展的作用主要有以下3方面。

（1）有利于培养现代社会需要的复合型、交叉型人才。经济社会对人才的要求越来越强调知识的综合、学科的交叉、能力的复合、素质的全面以及动态适应性,这些对大学的多学科门类、学科间交叉融合等均提出要求,从而促使大学向综合化发展。

（2）有利于学科建设和发展,包括优势学科、新兴学科和交叉学科建设。现代学科的发展越来越呈现出交叉综合的趋势,不同学科间的交叉、渗透和融合成为常态,大学综合化不仅为现有学科的发展提供了良好的条件,也为新兴学科和交叉学科的形成创造了平台。

（3）有利于大学整体实力的提升。大学整体实力集中体现在履行四大功能的程度,综合化将使得大学在人才培养层次、类型、结构和质量上得到提升;使得大学的科研领域和方向得到拓展,科研水平得以提高,科研成果更加多元化;使得社会服务面得到拓宽,社会服务水平得以改善;使得文化传承和创新的能力得到丰富和加强。

综合化战略对大学的物质资源、经费资源和人力资源的要求很高,并需要大学的长期投入,因此,不是任何一所大学都能够选择的。有条件采取综合化战略的大学主要是国家重点建设的高水平大学,以及地方政府重点投资建设的省级重点大学。

大学综合化是以学科综合化为基础和重点的。学科综合化不仅表现在学科门类和布局上要"综",更体现在打破学科壁垒的学科间的"合"。因此,要从服务面向区域经济社会当前和未来发展的需要出发,着重做好5方面工作:一是从学科整体规划布局入手,在大学原有学科基础上,确定重点学科、一般学科和支撑学科,优化学科结构,处理好重点建设和统筹兼顾的关系;二是以重点学科为基础,依托多学科辅助和支撑的作用,建设有本校特色的优势学科;三是加强学科整合,促进学科之间的交叉、渗透和协作,发展有本校特色的学科群;四是瞄准学科前沿领域和战略性新兴产业发展方向,在优势学科和学科群支撑下,积极发展有本校侧重的新兴学科和交叉学科;五是形成学科整体布局动态调整机制,根据学科发展和未来需要及时调整学科建设方向和重点。

大学综合化是一流大学建设的需要。一流大学之所以成为一流,是因为它们有一流的教师队伍、一流的学科专业、一流的人才培养、一流的科研成果和一流的社会贡献,而大学综合化为这些"一流"的形成提供了条件和平台。第一,一流的教师队伍不仅在于每个教师个体的"一流",还在于教师队伍的构成及教师间的密切合作,大学综合化为教师队伍的多学科背景创造了条件;第二,一流的学科专业建设和发展需要有相关支撑学科构成的学科群,学科专业优势的保持和基于学科交叉形成的新学科专业都离不开多学科的环境;第三,一流人才的培养需要多学科知识构成的通识教育,需要培养学生综合运用多学科知识,解决综合性、复杂性、前沿性问题的能力,大学综合化在这些方面能够提供更好的条件和环境;第四,一流的科研成果往往需要多学科的密切配合和相互支持,离不开大学整体的科研实力,显然,综合化的大学更具备承担和完成跨学科复杂科研项目的能力;第五,一流的社会贡献源于大学在更大的范围为经济社会发展提供更高质量的服务,综合化的大学无疑在教育教学能力、研究创新能力、社会服务能力等方面具备更好的基础和条件。

大学综合化是保持大学持续竞争优势的需要。根据本书 6.3.2 节对大学持续竞争优势的分析,大学保持持续竞争优势有两种途径:一是在外部环境平稳时期,高度重视相对于竞争对手具有明显优势的竞争优势,努力长期保持其优势状态和地位;二是在外部环境动荡变化时期,重视培育和形成一种或多种新的竞争优势,以及时替代可能出现消退的现有的一种或多种竞争优势,从而在总体上保持大学的持续竞争优势。事实上,在经济全球化的进程中,高等教育面临的外部环境迅速变化,综合化的大学能够为持续竞争优势的保持提供更为综合、完整的资源、条件和能力:一方面,能够更好地应对外部环境的变化,及时调整大学战略的重点和方向;另一方面,既可以丰富现有竞争优势的内涵,及时对其进行补充和充实,也可以培育一种或多种新的竞争优势,保持竞争优势的持续性。

大学综合化是更全面服务经济社会发展的需要。经济社会发展对大学在履行四大职能上的要求越来越高、越来越全面:在人才培养上,存在着人才层次和类型的多样性、人才规格和质量标准的多元性、人才能力和素质的综合性等;在科学研究上,涉及跨学科、学科交叉、新兴学科、未来学科等具有交叉性、复合型、前沿性的研究领域;在社会服务上,跨越知识服务、技术服务、成果转化、技术创新等多领域;在文化传承和创新上,从传统文化的传承到先进文化的凝练、创新和传播。为了更好、更全面地满足以上要求,必将促使大学朝着综合化的方向努力和发展。

采取综合化战略的大学并不意味着必须追求全面综合化。在一些大学建设高水平综合性大学的进程中,往往出现过于强调办学规模大、学科门类齐全和学历层次全覆盖等“摊大饼”的现象,从而导致资源投入平均化、优势学科不明显、核心竞争力下降、办学特色弱化,进而不同程度地陷入追求规模和保持特色的两难困境。事实上,对于在办学资源、办学实力和办学条件相对不足的大学,在实施综合化战略时,应该立足本校发展实际,不必追求全面综合化,可实施有限综合化。“有限综合化”强调的是有限度地实现综合化,包括学科总数的有限综合、学生规模的有限扩大、研究领域的有限拓展和社会服务的综合。学科布局强调跨门类设置基础和核心学科,以点带面,而不追求学科总量;专业设置强调专业点的覆盖面,而不追求专业数量;人才培养强调学科间有效的交叉融合,现有学科资源的充分利用;科学研究强调学科间的合作与协同,注重研究成果质量和科研总体实力的提升;社会服务强调学校整体作用的发挥,不同学科的整合优势,避免单一学科孤军奋战。

采取综合化战略要处理好与特色化之间的关系。事实上,世界各国的综合性大学都将特色化融合在综合化过程中,都是具有特色的综合性大学。换句话说,大学的综合化,并不要求其所有学科齐头并进、各个领域全面领先,而是要求其发挥多学科综合优势,在有限学科、有限领域,集中主要资源,重点发展,形成大学的优势和特色。放眼全球,即使是世界一流大学都不可能在全方位超越其他大学,也只能在大学综合化进程中将自身的特色体现在有限方面的办学优势上,从而赢得全球声誉和世界影响力。

9.4　大学多元化战略

多元化战略(diversification strategies)是相对于大学专一化战略而言,是指大学同时追求在四大功能领域中的多个方面取得卓越办学成就的一种发展战略。大学选择多元化战略主要为了充分利用自身的各种资源和条件,开展多元化运营,规避可能的风险,实现资源共享,产生 1+1>>2 的效果,主要目的有三:一是综合利用本校各种教育资源,提高办学效益;二是避免专一化战略可能的风险,形成大学持续竞争优势;三是开拓新的市场或服务领域,寻求新的发展空间。首先,如果大学资源和条件有限,将其发展聚焦在单一领域,将有利于大学在该领域加快形成竞争优势,在高等教育市场占据领先地位。其次,对于有丰富教育资源和办学积淀的大学,多元化战略将成为其合理的选择:一方面,在多个发展领域的资源共享不仅能够提高资源利用率,而且能够加强各领域之间的联系和支撑;另一方面,能够避免"将所有鸡蛋放在一个篮子"的风险,使大学在多领域形成相互关联、相互支持的持续竞争优势。第三,对于发展空间受到挤压或不满足于发展现状的大学,在外部环境出现新的机会及自身条件许可的情况下,寻求或开拓发展空间为大学发展提供了一条新的途径。

多元化战略中的多元可以表现在四大功能领域中包括人才培养在内能够形成战略匹配关系的诸多方面,也就是说,人才培养必须是多元中不可缺少的一方面,其他方面既可以是科学研究、社会服务、文化传承与创新中与人才培养形成支撑和促进关系的某些领域,也可以仍是人才培养中的其他领域。这是因为:首先,人才培养是大学的中心工作,大学的首要任务是培养高质量的人才;其次,科学研究、社会服务、文化传承与创新不能脱离人才培养,应该围绕人才培养而开展;最后,大学四大功能是一个有机整体,各功能之间相应作用、相互促进,不能分离和割裂,如大学的科学研究是人才培养的重要平台,而人才培养能够为科学研究提供研究力量。由此可见,多元化战略为各种类型的大学提供广泛的多元选择空间。

【示例1】 对于一所选择多元化战略的地方大学,如果确定了培养复合应用型人才作为该校在人才培养上的目标定位,那么在科学研究上就可以考虑将重点放在解决实际问题的应用型科研,在社会服务上可以将重点放在面向行业企业的研发创新上,由此形成在人才培养、科学研究和社会服务三大功能领域中的多元发展方向。

【示例2】 一所大学在本科人才培养质量上赢得了很高的社会声誉,如果该校希望在人才培养方面采取多元化发展战略,那么它可以以本科人才培养为基础,将人才培养的多元化拓展到学术型硕士和专业型硕士两方面,也可以拓展到本科层次留学生学历教育等其他方面。

一所大学在战略上追求的最终价值既可以是为社会提供的服务和产品的价值,也可以是大学整体价值的体现,如社会声誉和影响力等,这些均可以作为大学总体战略目标的内涵。从价值链角度看,每所大学为社会提供的各种价值是各不相同的,这种不同源于各大学价值链的异质性,不仅因为各大学价值链的构成不同,也因为价值链中价值活动的重要性不相同。多元化战略中"多元"的选择和确定可以借助价值链分析进行,包括识别和界定价值活动、确认每项价值活动的价值贡献、确认价值链结构性因素 3 个环节。

1. 识别和界定价值活动

识别和界定价值活动的目的在于厘清价值链上有哪些价值活动,这些价值活动具体发挥什么作用。一方面要分清哪些活动属于价值链中的活动,哪些活动不是;另一方面要界定价值链中每项价值活动在价值链中的作用。

价值链中的每项价值活动存在于价值链中的意义在于其能够创造价值。在价值链中不同价值活动发挥不同的作用,有些是直接的、有些是间接的,有些是主要活动、有些是支持活动,但不论如何,必须清楚每项价值活动在价值链上的意义和作用。

2. 确认每项价值活动的价值贡献

确定每项价值活动的价值贡献的重点在于确定对大学追求的最终价值,具体分为有重要贡献的价值活动和资源投入相对集中的价值活动。

- 有重要贡献的价值活动:就人才培养而言,大学在学生能力和素质形成过程中需要经历各种价值活动,包括课堂学习、课下学习、社会实习、生产实践、科研活动、学术交流等诸多活动,从多元化战略角度,大学要识别和界定对学生能力和素质最终形成有重要贡献或对形成毕业生竞争力有关键价值的活动,这些活动的改进和完善在大学整个战略中占有重要地位,是需要得到关注和重视的。

- 资源投入相对集中的价值活动：就科学研究而言，大学为了提高科研成果的创新性，往往在政策措施、经费资源、设备条件等方面有大量的集中投入，如果在科研产出绩效上远低于预期或不尽人意，那么完善科研政策措施、提高科研设备的使用效率、降低和控制科研活动中不必要的成本等将成为多元化战略中需要考虑的重要内容。

3. 确认价值链结构性因素

确认价值链结构性因素就是确定价值链中各项价值活动之间的关系，以及大学价值系统中各价值链之间的联系。从根本上说，正是这些构成价值链结构的各种关系和联系影响着大学追求的最终价值的大小，成为大学持续竞争优势提升的基础。如果这些关系和联系合理、结构优化、相互促进，不仅能够为大学追求的最终价值的形成发挥关键作用，也能使得大学服务和产品具有独特性，使竞争对手难以模仿和复制，实现与其他大学的差异化。基于此，这些重要的关系和联系也应成为多元化战略中需要重点关注的内容。

总之，通过价值链分析，具有重要贡献的价值活动、资源投入相对集中的价值活动，以及价值链结构中重要的关系和联系应该成为多元化战略考虑的重点。

一所大学选择多元化战略之前需要进行一些基本的分析判断：

（1）当前的战略是否为大学未来发展的最合适选择？在大学面临同类院校激励竞争和大学持续竞争优势面临削弱的情况下，应该考虑采取不同的战略。

（2）大学的资源和条件是否适应多元化战略？资源和条件是实施多元化战略的基本条件，大学的发展不达到一定规模和水平是难以实施多元化战略的。

（3）多元化战略能否综合并充分利用本校各种资源和条件？这是选择多元化战略的前提之一。

（4）多元化战略中的多元能否形成相互促进和相互支持的作用？相互独立、没有关联的"多元"将失去选择多元化战略的意义。

（5）大学的运营管理能力是否适应多元化战略的实施？多元化战略对大学的组织结构、运行管理、合作机制、协调能力等均提出更高的要求。

（6）多元化战略的实施能否形成大学的综合优势并最终成为大学的持续竞争优势？多元化战略形成的竞争优势应该是多要素作用而成的、本校独特的、其他大学难以模仿的。

多元化战略对于提高和完善大学内部治理和管理水平、发挥教育资源的综合作用并提高办学效益、增强和保持大学的持续竞争优势等均具有重要的作用。但大学在选择多元化战略时必须明确以下几点。

（1）多元化必须在已有核心领域形成核心竞争力的基础上，循序渐进地实施多元化战略，只有这样，大学才能在继续保持核心领域优势地位的同时提升自身的整体竞争力，否则，没有核心领域的竞争优势作为基础和支撑，大学难以在多元方面取得成效。

（2）"多元"并不是越多越好，应该取决于大学资源和条件的丰富程度、对各类资源和条件的协调统筹能力，以及大学对多元化的运营管理能力等，超越自身能力的过度多元化容易造成关键资源分散、管理难度增加、办学绩效降低等，因此，要注重"多元"的"专而精"，而不是"广而泛"。

（3）"多元"之间应该是相互关联的，因为只有这样才能发挥"多元"的系统和整体效用，否则，非关联的多元化容易降低办学效益，除非是那些资源十分丰富和运营管理能力很强的大学。

（4）多元化可能影响大学核心竞争力的保持，这不仅是因为重要资源分散、管理难度增大，而且是因为如果新的业务领域发展不顺利，非但不能形成多元之间的协同效应，反而可能对大学原有核心领域的优势地位造成影响，从而影响大学核心竞争力的保持。

9.5　大学增长型战略

增长型战略是指大学在现有战略基础上向更高一级的目标发展的战略。该战略以发展为导向，引导大学在现有的战略领域从质量、规模、效益上朝着新的目标高度不断努力，以提高大学的竞争地位，增强大学的核心竞争力。正确运用增长型战略，能够使大学由小到大、由弱到强，获得不断的增长和发展。

由于增长型战略是以现有战略为基础，是围绕现有战略的核心领域（现有战略领域）而展开的，因此增长型战略可以进一步分为集约型增长战略和一体化增长战略两种主要形式。

1. 集约型增长战略

集约型增长战略是指集中大学的资源和条件，以现有战略领域为基础，并围绕已有竞争优势的高等教育服务和产品，通过扩大高等教育市场占有、开发新的高等教育市场，以及提供新的高等教育服务和产品3种主要形式，实现大学的发展和增长。

（1）扩大高等教育市场占有：主要通过提升高等教育服务水平和产品质量，如吸引更好、更多的高质量生源，赢得更多用人单位对毕业生的青睐，获得社会各行各业更多的合作要求,得到各级政府在参与重大决策上的更多期待等。

扩大高等教育市场占有不仅取决于大学在高等教育市场的竞争地位和整体实力,还取决于高等教育市场自身的特性,包括经济社会发展对高等教育市场的影响和政府对高等教育市场的干预。因此,大学必须抓住各种有利时机,及时地扩大高等教育市场占有。

(2)开发新的高等教育市场:主要指利用大学现有的具有竞争优势的高等教育服务和产品开发新的高等教育市场。开发新的高等教育市场的主要方式包括:扩大学生的招生区域和名额,参与新的经济开发区的建设,拓展海外高等教育市场,与新市场所在区域的大学合作等。

大学开发新的高等教育市场需要具有一定的条件:一是大学现有的高等教育服务和产品是新市场所需要的,这方面需要大学事前进行必要的市场调研和分析;二是大学拥有开发新市场所需要的资源和能力,这是因为开发新市场比扩大现有市场需要更大的投入。

(3)提供新的高等教育服务和产品:主要指在现有高等教育市场内,以现有高等教育服务和产品为基础,开发出市场需要的新高等教育服务和产品。如在优质本科教育的基础上,从线下教育拓展到线下和线上教育相结合,从四年制教育拓展到弹性学制教育,从单纯本科教育拓展到本硕连读等。

面向现有市场提供新的服务和产品是大学对高等教育市场机遇和挑战、大学自身优势和劣势进行全面的、前瞻性的分析后做出的战略选择。在这个过程中有两点尤其需要大学明确:一是新的高等教育服务和产品是现有高等教育市场需要的。因此需要广泛的市场调研和分析,在此基础上决定开发哪些新的服务和产品,从而避免大学盲目、随意地开发没有市场价值的服务和产品。二是大学拥有提供新服务和产品的资源和能力,包括新服务和产品的开发,以及提供新服务和产品全过程的管理等。

2. 一体化增长战略

一体化增长战略,也称整合战略(integration strategy),是指大学以现有战略领域为核心,向高等教育产业链其他方向延伸发展的战略。根据延伸的方向不同,一体化增长战略又可以分为纵向一体化(也称垂直整合)战略和横向一体化(也称水平整合)战略两种。

1)纵向一体化战略

纵向一体化战略是指向高等教育产业链上下游两个方向,扩大大学业务领域的一种发展战略。从价值链的角度看,构成一体化的产业链中的每个环节都可能有其自身的附加价值,因此,纵向一体化是试图对整个产业链上各环节的价值进行整合,以创造出更多的附加价值或产生价值协同,从而推动和实现大学的发展。

纵向一体化战略往往是一所大学已经发展到相对规模,大学所能提供的高等教育服务和产品在高等教育市场逐渐趋向饱和时所采取的战略。这种战略的目的在于强化大学现有战略领域的核心作用,巩固大学在高等教育市场的地位,从战略领域方面提高大学的竞争优势,增强大学的整体实力。

整体而言,纵向一体化战略比较适合以下状况。

① 大学现有战略领域在高等教育市场具有独特的优势,竞争对手与大学之间在该领域存在较大差距。这方面能够给予大学足够的空间实施纵向一体化战略。

② 大学具备实施纵向一体化战略即扩大业务领域的大学文化、组织结构、运行机制、管理能力和资源条件等。这是纵向一体化战略对大学运营管理提出的高要求。

③ 大学领导层能够根据外部环境的变化灵活地对纵向一体化战略进行必要的调整。例如,在新冠疫情暴发以后,如果大学能够及时地将原先实施的各种形式的课堂教学和多种类型的实验室实验调整为线上教学和计算机仿真虚拟现实实验,就能较好地避免教学效果和质量的降低。

大学选择纵向一体化战略时必须十分慎重,要对以下几点有清晰的认识。

① 拟一体化的业务领域在高等教育市场上有充分的需求和良好的效益。这是大学整合新的关联业务领域的前提,也是确保大学通过一体化可以获得更好的效益。

② 拟一体化的业务领域能够从大学现有优势领域中获得充分的支持。如一所在基础理论研究上具有优势的研究型大学希望拓展它的优势到应用研究上,那么基础研究教师队伍及研究条件应该能够为应用研究提供充分的支撑,包括教师从面向纯理论的基础问题向面向实际的应用问题的拓展,科研实验室、设备条件等的功能和手段的适应性或新的投入的可行性等。

③ 大学具有成功管理拟一体化业务领域的充足资源、条件和能力。因为纵向一体化战略需要进入新的业务领域,往往资源投入较大,同时,如果对新的业务生疏,加之管理跟不上,也可能导致效率低下,从而影响现有优势领域的效率。

如果一所大学决定选择纵向一体化战略,那么大学整合产业链上的业务领域的数量应该逐渐递增,即先采用部分纵向一体化战略,而后再逐渐拓展到较全面的一体化战略,从而避免出现因经验不足和环境变化而出现的难以应对的问题和危机。

2) 横向一体化战略

横向一体化战略是指大学通过与自己存在竞争关系的大学或其他高等教育机构的兼并扩大自身具有竞争优势的业务领域规模的一种发展战略。这种战略的目的是通过对竞争对手资源的控制和拥有,扩大本大学业务范围,增加市场占有,增强大学的竞争能力。

横向一体化战略往往是在市场竞争比较激烈的情况下的一种战略选择,这种选择可以发生在以下两种情况下。

① 在大学所提供的服务和产品在高等教育市场成熟化的过程中,成为大学增强竞争实力的重要方式。例如,办学质量和水平高的大学,为了扩大市场占有及在高等教育系统的话语权,可以通过合并其他高校的方式,一方面扩大本校的办学规模,另一方面提高其他高校原有的办学质量,从而提升本校在高等教育系统的地位。

② 在大学提供的服务和产品在高等教育市场成熟化之后,成为避免过度竞争和提高服务和产品质量的手段。例如,在高等教育市场供大于求的情况下,竞争的激烈程度会不断提高,众多大学为赢得竞争需要付出更大的代价。在这种情况下,处于劣势地位的大学就容易被处于优势地位的大学合并,或具有直接竞争关系的大学容易联合或建立联盟,从而避免不必要的竞争。

整体而言,横向一体化战略比较适合以下状况。

① 大学现有战略领域在高等教育市场具有独特的优势,包括品牌、质量、声誉、管理、资源等,具备兼并其他高等教育机构的条件。这是实施横向一体化战略的前提条件。

② 增加经济规模可以给大学带来竞争优势。如果大学现有办学规模已经接近规模经济的饱和水平,则不能采取兼并的横向一体化战略。

③ 大学具备实施横向一体化战略所必需的大学文化、组织结构、运行机制、管理能力和资源条件等。这是横向一体化战略对大学运营管理提出的高要求。

横向一体化战略的主要优势在于以下几方面。

① 能够在减少竞争对手的同时做大自己。

② 通过规模经济效益给大学带来竞争优势。

③ 在特定的业务领域获得市场垄断地位。

大学选择横向一体化战略时必须注意以下两点。

① 扩张的规模应该适度。过度扩张可能给大学带来潜在的风险,一旦市场需求发生变化,将对大学的转型造成压力;如果是兼并其他高校,不能仅关注资源的获取和规模的扩张,还应认真考虑被兼并方的资产负债、教师队伍的素质、离退休人员的负担等。

② 被兼并高校基本属于同类型。大学的合并需要一定的磨合期,也会直接影响大学横向一体化战略实施的效果,因此,在考虑被兼并高校时,不能仅看到该校的校

舍、占地面积和规模等,还需要注重该校的层次类型、发展历史、学校文化、教师队伍等对双方融合起关键作用的因素。事实上,相同类型的大学有较大的包容性。

9.6 大学国际化战略

国际化战略是指大学走的是一条追求国际化的办学环境、培养国际化人才、加强国际学术交流与合作、提高大学国际知名度的发展道路。经济全球化使得高等教育的国际化成为一种全球性的趋势,它不仅要求有国际化的办学理念、营造国际化的办学氛围、实施国际先进的教育方式、开展国际化的交流与合作,而且期望培养出的人才能够参与国际合作与竞争、学术水平得到国际认可、大学在国际上具有良好声誉等。

大学国际化战略的实施是一个国家高等教育国际化的主要途径,其主要目标包含以下几方面:开展广泛的人才培养、科学研究、文化传承方面的国际交流与合作;学习、吸收和借鉴发达国家高等教育的办学理念、办学模式和成功经验;积极吸引和共享国外优质教育资源;促进人才培养质量和科学研究水平的提升;推动我国高等教育走向世界,提升大学的国际影响力。

大学国际化战略的目标确定后,必须具有国际化的办学理念。大学应该从高等教育的本质属性出发,从高等教育长远发展的需要考虑,树立服务国家、面向世界、面向未来的办学理念,具有在经济全球化进程中主动承担人才培养、知识创新、科技进步、文化交流等方面的责任意识。这些办学理念和责任意识需要在办学实践中予以落实。

实现国际化战略目标的途径有以下几方面内容。

1. 构建国际化的课程体系

国际化课程体系是在本国富有特色的教育理念和积淀的课程体系的基础上,吸收国际上先进的教育理念和成果,通过人类有效知识和文化的融合,实现学生知识水平和知识结构的先进性和国际性。国际化课程体系的构建可以从国际化课程的设置和国际化教学内容的充实两方面完成。

国际化课程的设置可以有多种形式:一是知识性讲座,集中介绍和讨论其他国家和国际性的问题,使学生了解各国历史文化及其差异;二是专题性报告,使学生了解人类社会面临的共同问题,重视未来;三是国际性课程,专门学习和讨论作为国际性人才需要了解和掌握的国际知识和技能,使学生通晓国际规则,以利于日后在国际环境下工作;四是研讨性课程,针对国际化的需要开设专题研讨性课程,开拓学生的国际视野;五是前沿性课程,由一系列学术主题组成,每个主题集中研讨一个与本学科专业领域相关的国际上共同关注的前沿性问题,使学生及时了解最新研究成果;六是语言性课程,通过跨学科和跨专业的外语教学,或者选用能体现学科发展前沿的国外先进的原版教材,使学生能够原汁原味地获取其他学科专业或本学科专业的国际性知识及其最新进展。

国际化教学内容的充实可以分别在现有的通识性课程和专业性课程中进行。通识性课程国际化教学内容的充实的总体要求是:从全球视野下客观公正地取舍和选择教学内容,加大国际知识、比较文化和跨文化内容在整门课程教学内容的比重。专业性课程国际化教学内容的充实主要从两方面入手:一是把最新的科技成果和学科的发展趋势及时地补充到课程教学内容中,就是要及时更新教学内容,淘汰陈旧和过时的知识,以保证教学内容的有效性、先进性和国际性;二是增加与主要教学内容相关的国际知识,介绍不同民族与文化观点或国际上的潮流或趋势。

课程教材、专著和参考文献的选择也有利于课程教学内容的国际化。本科层次可以通过选择国外出版的再版次数多、众多高校选用并及时更新的教材作为课程教材、课程某些章节的教材或课程的主要参考书;硕士生层次可以指定一些国外教材、经典书籍或权威专著作为课程的参考书,挑选一些国际刊物的论文作为课程学习的参考文献;博士生层次可以指定相当数量的国外权威专著作为课程的参考书,选择一组本学科领域主要国际刊物的论文以及其他发表的文献资料作为课程学习的阅读和参考文献。这样不仅有助于课程教学内容的国际化,而且能够使学生了解和掌握本学科领域国际上的最新成果和发展动向。

2. 建设国际化的教师队伍

建设国际化的教师队伍是实现国际化战略目标的关键,教师背景和经历的国际化对教师队伍国际化具有最显著的作用,主要表现在以下两方面。

(1) 增加教师到国外高水平大学进修和交流的机会。通过政策倾斜和增加经费等方式,鼓励教师到国外知名大学学习和交流,了解和掌握本学科最新成果和发展动向,学习先进的教育理念和教学方式,拥有宽阔的国际视野、丰富的国际知识。在派出教师出国进修和交流的过程中,参与高校应该注重与国外高水平的高等院校建立长期、稳定的交流合作关系,通过制定长期的教师出国进修计划,为更多的教师提供出国进修学习的机会。

(2) 面向世界招聘教师。世界著名大学十分注重教师队伍的国际化,主要表现在教师队伍中较大比例教师来自国外,强调教师背景、学缘、学历、经历等方面的多元化。教师招聘的形式可以采用面向全球招聘或面向某一国家和地区招聘,聘任方式可以是长期引进或短期聘请,聘任的性质可以是专职或兼职,每个聘期应该与学制相同。一方面注重全时聘请在世界著名大学毕业及工作的华人学者和外籍学者,另一方面兼职聘请在世界著名大学工作的知名学者,还可以考虑聘请少量曾在国外大学工作的身体健康的退休学者。

3. 实施多模式的国际合作办学

开展与不同国家和地区形式多样的合作办学是高等教育国际化最有效的形式之一。通过中外合作办学,借助发达国家一流的教育教学资源,从教育理念、办学特色、课程建设、教材编写、教学方式,到教师队伍建设、教学管理、学生管理等各方面均能与国外合作院校进行深层次、全方位、面对面的交流和合作,学习、吸收和借鉴国外院校的成功经验,发现、保留和发扬国内高校已有的优势、特色和成功经验,在中外合作办学的过程中不断提高和完善本校的办学水平、教育质量和国际化程度。同时,通过与国外院校的学分互认、学位联授、学位互授或学生获得的国际学历,为国内高校专业的国际互认和所培养人才进入国际市场打通快捷的渠道。

国际化合作办学主要有 3 种模式。

(1)互派学生模式。

这种模式有计划地组织派遣学生到境外高校学习多门课程、完成培养计划中的某些教学环节、获得相互承认的学分。其作用不仅是为学生提供在国外教育教学环境下学习知识和获取技能的机会,更重要的是为学生了解和熟悉他国文化、增长和积累国际知识、接触外国学生创造条件。这种模式的合作基础是学分互认,对吸引和鼓励中外学生跨国学习具有积极的作用,要求中方高校提高教师教育教学能力,包括能够采用全外语授课,在课程设置、教学内容、教学组织形式、教学方法和教学效果方面能够达到对方高校的要求。

(2)合办学院模式。

这种模式是由中外高校联合创建二级学院,其特点是强强联合,即各方分别用各自在人才培养上的强项和特长进行合作办学,以培养国际市场急需和紧缺的高素质、复合型专业人才为目标。学院一般设置在中国境内,中外双方各派一名院长,中方的主要职责是提供校舍、场地,负责学生事务和日常管理,承担通识课程和部分专业课程的教学;外方的主要职责是派遣教师承担核心专业课程的教学,负责教学质量的评价。人才培养方案重视学生外语水平、专业技能、创新能力和国际能力的培养,在主要课堂教学任务完成后,往往安排一定时间送学生到国外实习或到外方高校完成其他教学任务。此外,中外双方还会在教师队伍建设、课程和教材建设、人员交流和科学研究等方面开展合作。这种模式是我国高校在人才培养方面与国外高校进行紧密和实质性合作的最好形式之一,对全面提高我国高校教育水平和教学质量,进入高等教育国际市场具有不可低估的重要作用。这种模式的优势是:人才培养国际化程度较互派学生模式高,培养成本较直接到国外留学低,学生能够获得中外合作高校联合授予学位。因此,能够吸引优质生源并使学生具有就业优势。

随着中国高等教育整体水平迅速提升,"走出去"创建二级学院成为合办学院模式的另一种形式,其中最典型的实例是清华大学携手美国华盛顿大学和微软公司于2015 年 6 月 18 日在美国华盛顿州西雅图合作创建的全球创新学院(global Innovation eXchange institute,GIX)。GIX 是清华大学继苏世民书院、清华-伯克利深圳学院等国际化战略实施之后的又一个重要战略部署,是清华国际化战略布局中里程碑式的一步。

GIX 重点针对战略性创新领域开展教育和研究,提倡融合创新;清华大学和华盛顿大学分别选拔优秀师资任教,采取多方师资联合聘用制度,吸引全球优秀教师;微软公司将通过选拔企业优秀员工担任实战导师、提供实训项目等方式参与人才培养的全过程。学院不设任何院系架构,全部采用项目学习的教学理念授课,学生在完成相应学分后,同时获得由清华大学、华盛顿大学两校相应的学位。时任清华大学校长邱勇指出:"全球创新学院的建立表明,清华大学在推动国际化办学方面达到一个新的层次;这也反映出在全球化背景下,世界高等教育各类资源融合办学的新趋势,当然也体现了中国高等教育走出去的自信。"华盛顿大学校长安娜·玛丽·科斯表示:"全球创新学院将为学生提供无限机遇,融合来自不同领域的学生、教师、专业人员、行业领袖和企业家,扩展四维空间,培养富有探索精神和灵活解决问题能力的未来领导者。"

(3) 分段合作模式。

这种模式采取的是学生在不同学习阶段在不同国家学习的合作办学方式,前一阶段学生在国内学习,达到赴国外学习的资格后,直接进入国外高校完成后一阶段的学习。本科阶段的分段合作模式主要有"2+2""3+1""1+3""1+2+1"等形式,例如,"2+2"指在国内学习 2 年,然后到国外再学习 2 年;"1+2+1"指在国内学习 1 年,然后到国外学习 2 年,最后回到国内学习 1 年。研究生阶段的分段合作模式可以更加灵活,如可以在国内完成核心学位课程学习并通过学位论文选题报告后,再到国外根据需要选修少量课程并开展与学位论文选题相关的研究工作,然后回国完成学位论文的撰写。这种合作模式需要中外双方共同制订合作培养计划,认可对方的学位课程并相互承认学分,学生修完培养计划规定的双方各自开设的课程并获得足够的学分后,即可获得双方高校颁发的相关证书。这种模式的优势在于不仅为学生提供了国际化的教育和在国外学习与生活的经历,而且由于一部分学分是在国内获得的,而使教育成本大幅降低,为众多工薪阶层的子女青睐。

4. 开展广泛的国际交流与合作

开展广泛的国际交流与合作是高等教育国际化的基本形式,包括教师的国际交流与合作、学生的国际交流和国际教育资源的共享。

(1)教师的国际交流与合作。

教师是推进高等教育国际化的主力军,教师的国际交流与合作要紧密结合其所承担的教育教学任务和所从事的学科方向研究进行,主要有4种形式:一是教师的出国交流,包括派出教师到国际知名大学进行短期学术交流、实地参观访问等;二是参加国际学术会议进行学术交流,共同研讨学术前沿问题;三是合作开展学科领域和教育教学的学术研究,包括合作申请国际组织项目和本国国家基金项目、共同参与国际组织项目等;四是邀请国际著名大学的学者来华进行短期访问和讲学、担任客座教授等。

(2)学生的国际交流。

学生是高等教育的主体,其知识、能力和素质,尤其是国际能力和素质方面应该通过广泛的国际交流得到培养和提高。学生的国际交流主要有两种形式:一是"派出去",包括公派留学、学生交换等。公派留学主要通过国家留学基金委和学校的经费资助实现,交换主要通过学生国际交换项目来实施。二是"招进来",招收和吸引外国学生来华留学,主要以学历教育为主,留学生在华学习和生活与本国学生融为一体,有助于形成国际化的学习环境。

(3)国际教育资源的共享。

国际教育资源的共享主要通过互联网实现。可用于共享的国际教育资源主要源于3种渠道:①商业化的国际资源数据库,由国际著名的教育、文化、科技集团开发,并逐年更新、添加的网络数据库;②外国政府和社会公益组织建立的对社会公开的网站,提供国家历史、文化、政治、经济等多方面信息资源;③国外高校自身拥有的电子期刊、图书和文献数据库,通过购买国外商业化资源数据库的使用权、通过校园网建立与国际公开网站的链接、通过协议与国外大学教育资源库互相开放等途径,使得本校的师生能够通过互联网及时地获得国际优质教育资源。这种方式在国际交流上的最大优势在于资源丰富、形式多样、全天候、可复制,对于扩大师生国际知识面、及时获取各方面的信息、了解学科专业的最新发展等无疑是经济和快捷的。

5. 营造国际化的学习环境

学习环境对于学生的成长至关重要。从学习和生活的关系,以及课内和课外的作用分析：学生在大学接受教育期间，生活与学习是密不可分的，他们在生活中也在学习各种知识；正式教育包括课堂教学和培养方案规定的其他教学环节，不能取代非正式学习，即课外学习和其他课外活动，而学生在课外接触到的方方面面就成为其非正式学习内容的重要组成部分。事实上，大学文化与价值观、大学精神和办学理念、学校管理模式与风格、课外活动和生活氛围等，即学生在接受教育期间的学习环境，对学生的教育作用及其人生的影响是巨大和深远的。从"走出去"方式的国际化效果分析：经费等条件制约，限制了到国外学习交流的学生人数、学习时间和交流深度等，为此，在校内营造国际化的学习环境，是补充"走出去"方式的一种现实而有效的途径。

影响学生学习的环境因素主要涉及大学文化、办学理念、运行模式、社会活动等诸多方面。从人才培养国际化的角度，大学文化应突出对多元文化的包容、接纳和认可；办学理念应强调面向全球、服务国家的开放的教育思想和办学方向；运行模式应提倡民主的管理方式和自由的学术氛围；社会活动应包括在校内外开展的涉及国际间的各种文化、教育、科技、体育等活动。常见的有效的国际化的社会活动包括在校内外举行的由中外学生参与的各种活动、国际间的文化体育交流和科技竞赛活动、国际性的学术会议等。

中外学生参与的各种活动与参与高校招收的留学生人数和接收的国外交换生人数直接相关。留学生和交换生是他国文化的携带者和传播者，他们将自己民族、国家和地区的不同文化、传统、理念和思维方式带进同一所高校，很大程度上丰富和繁荣了大学校园文化，开阔了本国学生的视野，培养了学生对多元化的理解、认同和接受能力。外国学生不仅与中国学生一道学习和生活，如同堂上课和交叉住宿等，而且还一起参加由学校、学生社团和学生自发组织的各种活动，从而形成了中外学生紧密接触、交流互动的国际化的学习环境。因此，要通过扩大留学生教育的规模，为中外学生共同营造国际化的学习环境。

国际间的文化体育交流和科技竞赛活动主要通过不同国家和民族文化的交流、群体性体育项目的比赛，以及体现创新理念并具有挑战性的科技竞赛活动，达到本校学生与国外高校学生在文化、体育和创新方面的专项交流。这类交流活动的受益者不仅是亲身参与交流活动的学生，而且还会波及这些学生所在的班级、年级和院系的同学，也就是说，这类交流活动将使整个国际化的学习环境进一步得到强化。因此，可以在与国外高校的往来中重视举办和组织学生参与这类交流活动。

国际性的学术会议能够吸引学生参与学科专业领域的研究，为他们提供接触国际学术前沿和国外专家学者的机会。通过参加国际性的学术会议，能够使学生在多元学术文化氛围中丰富国际知识、开拓国际视野、增长国际交往能力、了解学科专业的最新进展和发展趋势。此外,在本校召开的国际性学术会议不仅对参会的学生,而且对参加会议组织和接待工作的学生志愿者以及他们的同学,同样会产生一种身临国际多元文化大环境下的心理感受,他们会自觉地学习国际交往礼仪、热情地面对所有来宾、积极主动地服务会议、努力成为国际化的积极参与者。因此,可以通过在本校举办不同规模、层次和形式的国际性学术会议,为本校学生形成具有浓厚学术氛围的国际化学习环境。

6. 与境外高校建立全方位合作关系

与国外著名大学建立校际间全方位的合作关系是较为普遍的一种方式。这种方式主要包括两种形式:一是校际间的合作;二是参与国际性的高等教育合作组织。涉及的合作领域可以涵盖方方面面,从大学的四大功能领域到经济、社会、科技、政治等诸多方面,从学生和教师的个体到团队和项目的群体,从学校层面到区域和国际层面的重大问题等。

这种合作关系的建立需要注意几方面:一是合作对象的选择,应该基于优势互补的原则选择一个或多个合作对象,包括资源、水平、地区、声誉等;二是合作内容的确定,应该基于共同兴趣的原则,以达到各方的重视和投入;三是合作方式的选择,应该基于注重实效的原则,即以投入产出最大化选择合作方式;四是合作成果的追求,应该基于互惠共赢的原则,使得合作各方均能获得各自需要的利益,以保持和继续合作。

7. 大学管理和治理的国际化

大学管理和治理的国际化是实现大学国际化的重要基础。中国大学在办学理念、管理水平、治理效率、机构设置等诸多方面与世界著名高校和一流大学还存在一定的差距,因此,学习和借鉴国外著名大学的成功经验,结合中国大学的具体实际,形成行之有效的、具有中国特色的现代大学管理制度和体系、治理体系和结构,是中国大学面向世界、走向世界必须完成的一项重要的基础性任务。

在大学管理和治理的国际化方面,中国大学应该因校而异地在诸多方面开展工作,但无论如何,均应该围绕提高办学效益和提升办学水平开展。在办学效益上,要重视提高资金资源、物质资源和人力资源等的投入产出效益,使有限的资源发挥最大效益,因而需要先进的管理手段和方法的支持,需要建立先进的管理制度和体系。在办学水平上,要建立现代大学制度,处理好教学与科研、学术与行政、个人与组织、学校与国家等诸多方面的关系,建设一支结构合理、创新能力强、综合素质高、具有奉献精神和家国情怀的高水平教师队伍,建设一支专业化和职业化的高素质职工队伍。

【实例】　《清华大学全球战略》。

《清华大学全球战略》(简称《全球战略》)是清华大学整体战略的重要组成部分，确立了清华大学建设世界顶尖大学的目标定位，三项中心任务和九大战略方向，通过整合国内外资源，走内涵发展、特色建设的道路，全面提升学校国际化办学水平，卓越地服务国家、贡献世界。

指导思想：实施全球战略、建设全球顶尖大学，坚定不移地坚持世界一流、中国特色、清华风格的发展道路。

总体目标：2020 年整体进入世界一流行列，若干学科进入世界一流学科前列；2030 年进入世界一流大学前列，一批学科进入世界一流学科前列；2050 年成为全球顶尖大学，整体进入世界一流大学前列。

全球战略目标任务：

① 着力培养具备"全球胜任力"的拔尖创新型人才。

② 切实开展服务国家和世界的研究。

③ 全面提升国际化办学能力与全球影响力。

实施原则：坚持传承、创新、开放、协调、融合的发展理念。

目标任务分解：

战略方向 1.1——全球胜任力。构建"全球胜任力"人才培养体系，坚持价值塑造、能力培养和知识传授"三位一体"的培养模式，造就有志于奉献国家发展和人类文明进步的全球拔尖人才。

战略方向 1.2——全球学程。统筹规划校内、国内和海外一体的国际化和跨文化人才培养全过程，建立全学程贯通、全球培养的人才培养新模式。

战略方向 1.3——全球学生。加强国际学生招收和培养工作，结合国家发展战略和学校一流大学建设，对国际学生来源和规模做好战略布局，构建具备国际竞争力的全球学生群体。

战略方向 2.1——全球师资。面向全球，加快培养和引进一批活跃在国际学术前沿、满足国家重大战略需求的一流学者、科学家、学科领军人物和创新团队，聚集世界优秀人才。

战略方向 2.2——全球研究。制定战略性、全局性、前瞻性的科研发展规划，在重要基础科学、技术、工程等学科领域进行全球战略布局，建设跨学科、跨领域的国际科研合作平台。

战略方向 2.3——全球合作。巩固和深化与海内外高校、政府、学术团队和国际组织之间的教育科研合作，拓展合作领域，形成层次合理、重点突出的合作新格局。

战略方向 3.1——卓越管理。加快完善中国特色现代大学制度,进一步深化行政管理改革,建成适应国际化办学的管理体系,建设高素质、专业化的国际化管理与服务队伍。

战略方向 3.2——国际化校园。改善校园国际化软硬件环境,建设以中国文化为主导、多元文化兼收并蓄、兼容并包、适宜中外师生和谐相处、共同发展的国际化校园。

战略方向 3.3——全球声誉。全面提升学术水平和学科发展能力,建立和完善符合国际规范的学科发展评估体系,全面提升学校全球声誉和影响力。

国际化战略对大学有较高的要求,但是任何一所大学都可以以自己独有的方式进行国际化,或在某一方面实施国际化战略。因此,除了将国际化战略作为大学的总体战略外,一些学校也可将国际化战略作为本校的专项战略/竞争战略,或者作为学校"国际处"的职能战略。

9.7　大学联盟化战略

联盟化战略是指大学与其他组织,包括大学、企业、研究机构、政府部门、行业组织等采取相互合作、互相支持、利益共享的联合行动,旨在实现分工合作、优势互补、互惠共赢。大学与其他院校的联盟可以是不同地区大学之间的合作,也可以是不同类型大学之间的合作,或是不同学科结构大学之间的合作;大学与企业的联盟可以是在人才培养上的合作,也可以是在产品研发上的合作,还可以是技术创新上的合作;大学与研究机构的联盟可以是科研项目的合作,也可以是技术攻关的合作,还可以是人才培养上的合作;大学与政府部门的合作可以是政府为大学提供政策和经费支持,大学为政府提供决策支持、服务政府提出的战略、支持政府经济社会发展计划;大学与行业组织的合作可以是人才培养上的合作,包括制定人才培养行业标准等,也可以是在实施行业发展规划上的合作,还可以为大学与企业的合作提供桥梁作用。

大学联盟化战略的提出基于 20 世纪 90 年代企业战略管理和合作经营中出现的战略联盟(strategic alliance)思想和方法。战略联盟是指两个或两个以上的企业,为了实现某一战略目标而自愿组织的一种企业间松散的、以契约形式为纽带而结成的相互信任、平等合作、优势互补、互惠互利、共同发展的战略伙伴关系。战略联盟的核心思想是结盟的组织将自身的资源和能力专注于自己有优势的核心活动中,而将自身无优势的其他活动交由这方面有优势和能力的联盟伙伴完成,这样既可以使各个联盟伙伴原有的优势和能力得到发挥,也可使整个联盟组织形成强大的整体优势和核心能力,从而实现"优势互补、互惠共赢"。

　　大学联盟化战略是在经济全球化和高等教育国际化发展趋势下增强大学竞争优势的一种不可或缺的方式。当一所大学通过与其他组织建立联盟,开展实质性的深层次合作,取得了仅靠它自身努力所不能取得的关键性资源和能力,并且因此具有了相对于竞争对手一定的优势的时候,该大学就拥有了在高等教育市场上的竞争优势。或者说,大学战略化联盟的一个重要特点是,大学借助合作伙伴的资源和能力,调整和优化自身的资源和能力,从而形成大学新的竞争优势。简言之,联盟化使得联盟各组织分散的资源和能力更具有竞争价值。

　　联盟化战略是一种非零和博弈、有效实现多赢的合作战略,它突破了传统的竞争战略,是一种全新的思维和观念,是经济社会从恶性竞争向合作竞争转化的重要战略模式,是合作战略的基本形式,它应该成为现代社会各种类型大学发展的一种战略形式。具体而言,大学在下述情况下需要实施联盟化战略。

　　(1) 通过包括与境外合作伙伴的联盟,迅速进入一些具有重要意义的国家的高等教育市场,加速提升在全球高等教育市场上的地位。

　　(2) 通过与市场占有者和当地合作伙伴的联盟,开辟新的高等教育市场和开展高等教育的区域;

　　(3) 提升大学的竞争优势,巩固和加强大学在高等教育市场中的地位,扩大大学的话语权和影响力;

　　(4) 迅速学习和掌握本校不具有的新的办学和教育理念、新的发展方式、新的人才培养模式等,促进大学快速发展;

　　(5) 适应高等教育迅速发展的需要,解决大学发展中自身资源和能力不足的瓶颈,突破大学单独发展的局限;

　　(6) 减少或缓解与潜在竞争对手之间的矛盾和竞争关系,集中大学的有限资源和能力,更好地实现目标。

　　大学联盟化战略可以从两个层面进行:业务层面和大学层面。业务层面合作战略(business-level cooperative strategy)的目标在于提高大学在主要业务层面,如人才培养、科学研究、社会服务、知识创新等在高等教育市场上的竞争优势。因此,业务层面的合作战略意味着通过与一个或多个联盟伙伴之间进行相关资源和能力的共享或合成能够提高大学在人才培养质量、科学研究水平、社会服务水准、知识创新成果等方面的竞争优势。

　　业务层面的合作战略主要有四种形式:互补型联盟战略、应对竞争联盟战略、规避风险联盟战略、减少竞争联盟战略。

　　(1) 互补型联盟战略。这是联盟化战略的主要形式,其目的是将联盟各方彼此在相同业务层面的资源和能力通过互补的方式结合在一起,从而形成 n 个 1 叠加大于 n 的竞争优势放大效果。这种联盟主要注重大学某一业务领域的长期发展和竞争优势的保持和增强,包括共同提升高等教育服务质量、共同巩固在高等教育系统中的地位、共同开发和拓展海内外高等教育市场等。常见的主要模式有学生交换、互认学分、合作办学、协同育人、校企合作、合作研究、资源共享等。

(2)应对竞争联盟战略。这种联盟战略方式就是通过联盟的形式,而无须自己拥有相关资源和能力,以达到应对、响应或回击竞争对手行为的目的。如一所没有博士授予权的地方大学为了应对存在竞争关系的大学为地方培养高层次人才的竞争行为,可以与区域外有博士学位授予权的大学结成联盟,自身在博士生招生和培养过程中承担力所能及的工作,实现为地方培养博士层次人才的目标。

(3)规避风险联盟战略。这种联盟战略方式的主要目的在于在迅速变化的高等教育竞争环境中和在不确定的环境下为大学的业务活动规避或降低风险。如一所大学在进行新技术研发时为了降低研发失败的风险以及该项新技术缺乏市场的风险,可以联盟其他组织,如科研院所和高新技术企业,后二者或者有充分的研发资源和经费,或者对技术市场动向有较好的把握,能够较好地抵御和防范风险,从而增强联盟各方的竞争力。

(4)减少竞争联盟战略。这种联盟战略也称为"共谋战略",其主要目的有两个:一是通过联盟使得联盟各方在高等教育市场可能的竞争领域达成共识,在提供高等教育服务的层次、种类、范围等方面相互不冲突,以减少相互间的直接竞争;二是通过联盟允许联盟一方加入联盟其他各方的业务活动,将联盟前的竞争关系转变为合作关系,从而达到避免相互间的竞争。这种联盟战略容易使得整个联盟在高等教育市场上某一业务领域形成垄断行为,从而构成不正当竞争,因此需要予以避免。

大学层面合作战略(university-level cooperative strategy)的目标在于提高大学作为一个整体在高等教育市场上的竞争优势。事实上,大学层面的合作往往涉及大学多个业务层面的活动,关系到大学的整体发展,对提升大学的学术声誉、影响力、社会地位等具有重要的作用。如地方大学在转型过程中通过与其他优势高校和组织的联盟,使得大学能够学习、借鉴和借助其他高校的资源和能力,缩短转型时间、提升转型效益。又如,大学为了实现海外扩张,在境外创立实体校区,可以通过与境外大学和相关组织联盟,借助联盟方的优势资源,快速实现联盟战略目标。再如,从服务国家"一带一路"战略出发,我国大学与"一带一路"沿线国家和地区的高校联盟,共同为"一带一路"建设展开全面深度的合作。

联盟化战略的成功实施需要联盟各方的共同努力,否则会存在竞争风险并使联盟化战略以失败而告终。联盟化战略失败的主要原因有：①联盟合作协议不完善，使得合作过程出现难以协调的问题；②联盟合作某一方不具有先前所表示的优势资源和能力；③联盟一方未能让其他联盟方获得它所保证提供的互补型资源；④联盟合作方之间缺乏信任而又缺失监控机制。

需要指出的是，联盟化战略与国际化战略一样，除作为大学总体战略外，也可以作为一些学校的专项战略/竞争战略，或者作为大学职能部门的职能战略。

9.8　围绕办学特色制定总体战略

在全球高等教育市场竞争日趋激烈的国际环境下，办学特色是一所大学区别于其他院校的标志和优势所在，也就成为各种类型大学赢得市场竞争的一项重要追求。因此，大学总体战略的制定应该围绕办学特色的凝练、形成和增强来制定。

一所大学的办学特色应从履行大学四大职能和大学内部管理等方面体现，具体如下。

（1）人才培养：重点体现在专业设置与建设、教师队伍建设、人才培养定位、人才培养层次、人才培养类型、人才培养规格、人才培养模式、人才培养国际化、人才培养质量，以及所培养人才的服务面向等方面。

（2）科学研究：重点体现在高水平科研团队/队伍建设、重点学科建设、一流学科建设（如一流学科建设数量）、国家级科研平台/中心/基地、原创性科研成果、本学科领域学术声誉和国际影响力等方面。

（3）社会服务：重点体现在为服务面向区域经济社会发展所开展的各种类型和形式的服务，包括对政府的决策支持和咨询建议、对企业的产品研发和技术服务、对社会各界的继续教育和在岗培训等方面。

（4）文化传承与创新：密切结合我国经济社会发展、人民对美好生活的不断追求以及中华民族伟大复兴的需要，对中华传统文化进行梳理、传承、创新和发扬，充分发挥先进文化在国家未来发展中的作用。

（5）内部管理：主要包括适应高等教育未来发展的大学治理体系和治理能力建设、现代大学制度建设、内部管理体制和运行机制改革、大学管理和运营方式方法创新、教职工激励机制和制度建设等方面。

大学的建设和发展是一个长期积累、不断完善、改革创新的过程，在这个过程中，大学要目标明确地凝练、形成和增强自身的办学优势和特色，而战略管理正是实现这一目标的最有效的途径，作为实现这一目标的第一步，需要大学从凝练、形成或增强学校优势和办学特色的角度制定总体战略。

围绕办学优势和特色制定大学总体战略主要包括以下几方面工作。

（1）确定大学办学优势和特色：大学要在内外部环境分析的基础上，从未来长远发展和赢得竞争优势的角度确定本校所具有的、潜在的或期望形成的优势和特色。

（2）分析大学需要的努力：分析这些优势和特色的形成、增强或保持需要做好哪方面的工作和具备什么条件，作为总体战略中供选择的工作任务。

（3）明确大学战略目标：根据大学现有的资源和能力，围绕办学优势和特色的形成、增强或保持的需要，结合(2)的分析结果，明确大学战略目标。

（4）选择实现战略目标的任务：从(2)的分析结果中选择实现战略目标需要做好的若干项重要的工作任务，作为战略目标任务。

（5）形成实现战略目标的策略：制定完成战略目标任务需要的具体措施、手段、方法、途径或方案，形成实现大学战略目标的策略。

（6）战略目标任务的资源配置：优先考虑和重点保证完成战略目标任务所需的各种资源。

【实例】

××大学"十五"和"十一五"规划均是围绕学校确定的四大办学特色的形成制定的。××大学"十五"规划中为实现"十五"目标的主要措施有以下几个。

（1）在人才培养方面：全面落实人才培养定位，加强产学合作基地建设，完善具有实践能力培养和创新精神形成的实验教学体系，建立较为完善的人才培养质量保障体系，大力推进产学合作教育使之成为实践能力的培养的重要依托，努力提高学生就业率和受社会欢迎的程度。

（2）在科学研究和社会服务方面：以应用研究、技术开发为主，在力所能及的条件下支持理论研究。"十五"期间力争若干学科点进入省先进行列。争取到 2005 年与当地企事业横向合作研究项目每年不少于 10 项。同时积极参与地方政府有关社会、科技、经济、文化发展的各种调研、论证、决策等工作，为地方政府提供咨询和决策支持，使我校成为地方政府决策和企业发展的思想库和智囊团。

（3）在对外交流合作方面：充分发挥侨乡拥有众多海外乡亲与欧洲北美有广泛社会联系的优势及地处珠三角、毗邻港澳的优势，使对外学术交流成为学校办学特色的重要方面。"十五"期间的基本目标是每个教学系部至少有 1 个以上，学院至少有 2 个以上相对稳定的、具有较高水平的境外合作伙伴。

（4）在内部管理方面：进一步完善人事分配制度和后勤社会化等方面的内部管理体制改革，运用科学管理的理论方法以及先进的信息管理手段，形成独具特色的内部管理体系。

第10章 大学竞争/专项战略

10.1 概述

竞争战略指的是大学第二个层面的战略,是业务层面的战略,也称专项战略或功能战略,其核心是提升和加强大学的竞争优势。竞争战略是大学从实现总体战略的角度,在履行人才培养、科学研究、社会服务和文化传承与创新四大功能方面,以及完成其他重要的专项任务时所采取的战略,是围绕某一业务目标或专项目标的实现而制定出来的,充分体现在大学管理层为了取得某一业务领域的成功而制定的行动方案和管理模式中。极端情况下,对于一家仅从事单一业务的院校而言,如仅培养人才,竞争战略就是总体战略,二者并无区别。

竞争战略着眼于大学某一功能领域的局部性战略问题,是大学为了取得在该功能领域的成功而制定的行动方案和经营模式,在一定程度上影响大学总体战略的实现。竞争战略的目的是通过向大学的服务对象提供比竞争对手更好、更高质量的服务或产品赢得竞争,其核心是建立和加强大学在选定功能领域或高等教育市场中的竞争优势,最终将这种优势体现为市场上的竞争地位,这也就是将业务层战略或专项战略称为"竞争战略"的缘由。

著名战略管理学家迈克尔·波特在《竞争战略》一书中针对企业的情况提出三种基本竞争战略。

（1）低成本战略。通过内部加强成本控制，以低的总成本向客户提供产品或服务，进而获得竞争优势。

（2）差异化战略。在产品或服务的各个方面寻求与竞争对手的差别化，形成卓越于竞争对手的独特优势。

（3）集中战略。集中于某一部分市场，通过服务特定的客户群而赢得比较优势。

事实上，大学作为提供高等教育服务、科学研究成果、决策咨询服务等的独特企业，波特提出的上述三种基本竞争战略同样适用于分析和研究大学的竞争战略。首先，降低办学成本、提高办学效益是大学赢得竞争的重要途径；其次，寻求与众不同，追求办学特色是众多大学在竞争的高等教育市场中立足的根本；最后，集中资源和能力，在高等教育激烈市场竞争的某一领域寻求突破，也是大批高校赢得竞争的主要策略。基于此，可以初步给出大学三种基本竞争战略，如图 10.1 所示。

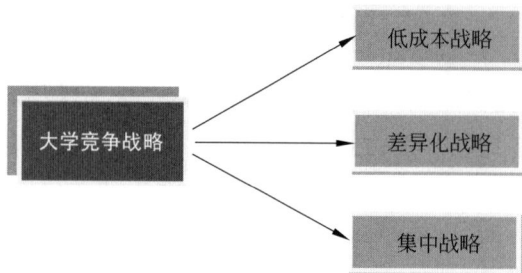

图 10.1　大学三种基本竞争战略

除上述三种基本竞争战略外，大学的竞争战略或专项战略主要围绕履行四大功能中的其中一项或多项以及完成其他重要的专项目标任务而制定。为此，本章首先依次讨论三种基本竞争战略，然后分别讨论教师队伍建设、人才培养、科学研究、学科建设、社会服务、国际化等专项战略。

需要指出两点：一是作为大学战略的重要组成部分，对大学竞争战略或专项战略并没有统一的要求，确定一所大学竞争战略或专项战略的依据主要是大学在规划期内需要重点发展和突破的内容；二是大学竞争战略或专项战略的制定必须以实现大学战略目标和服务大学总体战略为宗旨，从系统的角度、全局的高度和长远的视野予以完成。

10.2　低成本战略

低成本战略(cost leadership strategy),也称成本领先战略,是指在用户可以接受的服务或产品的性能和质量水平的情况下,采取一系列活动,如通过规模化生产,高的专业化程度或依靠独特的生产资源,以比竞争对手低的成本提供服务或生产产品,并借助低廉的价格获得低成本和高于平均办学效益的竞争优势的一种战略。

低成本战略是最普遍和最通用的竞争战略之一,主要适用于三种类型的大学:一是办学经费不充足、资源有限的高校,如一些民办高校、处于经济欠发达地区的高校;二是希望扩大办学规模,降低办学成本的大学;三是服务面向区域注重办学成本的高校。低成本战略主要通过规模效应实现低成本优势,因此在大学中主要作为人才培养领域的竞争战略。

需要着重指出的是,除上述三类大学,即使在同一地区的大学,从大学内部管理体制改革和完善的角度,低成本战略也不乏是可选之策。一方面,大学的人才培养、科学研究、社会服务等各项业务都是长期的主要工作,因此,在这些方面的各种资源和能力的投入是长期和大量的,降低成本对大学长远可持续发展意义重大;另一方面,大学内部运营和管理水平的高低直接关系到办学成本的高低,事实上,一些地区存在着不少投入有限但办学效益高的大学。

采用低成本战略要注意以下 5 个问题。

(1) 低成本战略的目标是获取比竞争对手相对低的成本,而不是获取绝对的低成本,但办学效益要高于具有竞争关系的同类院校的平均值。与企业单纯追求低成本不同的是,大学在低成本战略中的追求是高于平均值的办学效益,其中不仅是经济效益,更要注重社会效益。因此,在办学成本和办学效益之间要找到平衡。

(2) 成本领先是持续的、竞争对手难以复制的成本领先,否则,小幅度、一时的成本领先很难成为竞争优势。

(3) 在服务特色和成本领先之间的取舍。要注意用户对服务特色和消费价格的敏感性,因为成本的降低可能会以牺牲服务的某些特色为代价,是降低成本还是强调服务特色,需要慎重考虑和权衡。

(4) 低成本战略利用低成本优势获得高的办学效益的方式有两种:一是通过制定比竞争对手低的价格,如学生学费,扩大市场份额,通过薄利多销提高办学效益;二是选择与竞争对手相同的价格,如学分收费标准,维持现有的市场份额,利用比竞争对手低的成本优势提高办学效益。

（5）低成本战略并不是指为用户提供价格低廉的劣质服务或产品，而是在同样的质量上，以相对于竞争对手低廉的价格提供服务或产品。

低成本战略的理论基础是规模效应（即单位产品成本随生产规模增大而下降）和经验曲线效应（即单位产品成本随累积产量增加而下降）。一方面，大学要最大限度地获取规模经济，不仅要着眼于学校内部规模的调整，还要通过收缩纵向规模，如学历层次类型，扩张横向规模，如做大某一层次规模，以获取规模经济效应；另一方面，经验曲线效应表明，一项工作做得越多，获取的工作经验也越多，完成这项任务的代价就越少。也就是说，随着大学从事某项教育服务的数量的增加，经验的不断积累，服务成本将不断下降，而且大学某项业务的市场份额越高，体现在这项业务上的经验曲线效应也就越显著。根据波士顿咨询公司的经验，如果一个企业某项业务的市场份额是竞争者的两倍，那么该企业在该项业务上就具有 20%～30% 的成本优势。

大学获得成本优势的主要途径有以下 6 种。

（1）规模经济。扩大规模将使得分摊到每一项产品或服务的固定费用或管理费用降低，从而导致成本降低，但要注意避免出现规模不经济问题。

（2）资源共享。教育教学、科研开发等校内资源的充分共享，可提高资源的使用效率，如不同学历层次使用相同的教育资源，教学与科研使用同一资源，打破院系资源所有界限，建立校级教学资源公共平台，各种资源的开放共享等。

（3）精简机构。科学合理地设置大学机关和院系机构，精简职工队伍，明确岗位职责，强化岗位管理，通过管理提高效益。

（4）控制成本。通过大学内部管理体制的改革，大学资源的优化配置，在价值链上的每一个创造价值的活动上控制成本，使大学生均办学成本降低，提高大学的办学效益。

（5）后勤社会化。与校外服务型企业结成战略联盟，将大学不擅长的非主业交由外部专业公司负责，不仅降低成本，而且提高质量。

（6）降低人员经费。办学成本的主要部分是人员经费，如延长教师退休年龄，采取灵活的聘任方式等。

大学实施低成本战略，应该充分意识到如下 4 种潜在的风险。

（1）竞争对手的模仿。当大学提供的服务和产品具有竞争优势时，竞争对手往往会采取模仿的方式降低自身的成本，提供与大学相似的服务和产品，参与竞争，后来居上。这时，大学就会丧失原有的成本领先地位。

（2）用户偏好的改变。原先目标用户对服务和产品的注意力由性价比等价格因素转为非价格因素，如追求个性化、特色化，更注重服务和产品质量，强调用户自身特定需求的满足等。这时,成本领先的优势将动摇。

（3）质量标准的变化。大学提供的服务和产品的质量要求/标准发生变化时,意味着大学需要增加在资源和能力上的投入,这将打破服务和产品的成本构成并提升成本,使大学原先的成本领先的优势受到影响。

（4）过分追求低成本。赢得市场竞争优势后,如果大学一味追求低成本,将导致服务水准下降和产品质量受损,从而突破用户能够接受的底线,大学将逐渐失去已经占据的市场。

低成本战略的道路是崎岖不平的。一些成本是刚性的,不能随意降低,即使能够降低,也有一个底线。因此,大学要从根本上获得竞争优势,不能一味地压缩成本空间,而应结合其他竞争战略。

10.3　差异化战略

差异化战略(differentiation strategy),也称差别化战略,是指大学通过服务或产品的一种或数种对用户有价值的独特性,以形成相对于竞争对手的有利差异,获得竞争优势的一种战略。大学实施差异化战略,就应该通过各种创新活动,使自己的服务和产品独具特色、与众不同,在广阔的领域和空间上充分发挥本校的办学优势。

作为大学竞争战略的差异化战略与作为大学总体战略的特色化战略的区别主要表现在两方面:一是特色化战略强调的特色是大学相对于其他大学的优势,而差异化战略强调的是与其他大学的不同之处;二是虽然二者都需要持续保持各自的特色和差异,但特色化战略的特色是难以被模仿和替代的,而差异化战略的差异是可能被模仿和替代的,因此需要持续寻求新的差异并予以保持。

差异化这个概念是定位学派竞争战略理论中最精妙之处,是精华和精要之所在,为了更好地理解差异化战略,需要注意以下 4 点。

（1）差异化不仅表现在大学提供的服务和产品的质量、性能和附加功能上,而且反映在提供服务和产品的方式和渠道上,还可以反映在提供服务和创造产品的人力资源上。如大学提供在线教育课程,不仅从课程教学内容、教学质量以及满足学生需求上可以有差异;而且在提供课程的方式和渠道,包括采用的在线平台、学生的便利性上也可以有差异;还可以在授课教师的学术造诣、知名度和影响力上有差异。

（2）差异化战略是提供与众不同的服务或产品,以满足用户的特殊或专门的需求,这里的关键是服务和产品的独特性。然而,独特性往往需要付出额外的代价,包括人力、物力和财力,不计这些额外投入而一味追求这些独特性是差异化战略的一大误区,因此在实施差异化战略时,在考虑用户对服务或产品独特性的要求的同时,要注重与差异化所付出代价的平衡,否则差异化战略难以长期实施。

(3)差异化战略成功的关键在于用户对服务或产品差异性的认可。用户一旦在心目中对某一服务或产品形成良好的知觉后,可能就会长期不变,坚持使用,即使竞争对手不断努力,但要改变客户的知觉仍不容易。事实上,一项服务或一种产品可以差异化的内容较多,只要这种差异化能够为用户产生价值,就可以实施差异化战略。这方面问题的关键在于如何识别和界定用户真正认可的有价值的差异属性和特征。例如,知名品牌的价值一般称为品牌权益(brand equity),往往十分昂贵,但却是用户充分认可的。最明显的例子就是,尽管一所地方性大学不断努力、地方政府加大投入,但却很难改变高水平大学在人们心目中作为品牌大学的地位。

(4)差异化强调的是持续的差异化,因此需要大学持续不断地投入、改进、创新和提高。服务和产品的独特性迟早要被竞争对手所模仿和替代,为了保持与竞争对手在独特性方面的差距,需要持续地投入、创新,不断改进和不懈努力。

大学采用差异化战略的外部条件如下。

(1)存在着多种方式、方法和途径为大学与竞争对手之间在为用户提供的服务和产品上形成差异。

(2)高等教育市场上用户对服务和产品的需求是多元化的,为大学采用差异化战略提供了发展空间。

(3)在服务面向区域,采用与大学类似的差异化战略的竞争对手很少。

大学采用差异化战略的内部条件如下。

(1)大学在教育教学、科学研究、社会服务和文化传承等方面具有很强的创新能力。

(2)大学人才培养质量和学术水平上具有很高的社会认可度和声誉。

(3)大学拥有自己独特的办学风格、办学优势和办学特色。

(4)大学具有主动适应国内外高等教育市场动态变化的机制和能力。

(5)大学内部部门协调、院系合作,使得差异化战略能够得到创造性实施。

符合上述内外部条件的大学均可采用差异化战略。

大学实施差异化战略要做好以下4方面工作。

(1)研究用户个性化的需要。学习型社会对终身学习的要求,科学技术的发展对大学的依赖,经济社会的发展对大学的要求等,形成不同人群、不同组织、不同地区对大学各种各样的需求,这就要求大学要认真研究服务面向区域用户对大学的多种需要,结合自身的优势,提供满足社会各种需要的差异化的服务和产品。

（2）研究和比较竞争对手的情况。大学要密切关注具有竞争关系的同类型院校向社会提供的服务和产品的各种变化，努力把自身服务和产品的属性和特征与竞争对手明显地区别开来，避免差异化的"雷同"和"撞车"，更不应该盲目复制自身不具备条件而其他大学独特的办学特色，在此基础上寻找和发展本校的差异化。

（3）运用创新思维获取差异化。本质上，差异化就是创新，就需要大学运用独具匠心的创新思维，结合自身卓尔不群的竞争优势，提出别具一格的差异化战略的思路。这里要强调创新思维的重要作用，其目的在于大学服务和产品的独特性上要打破常规、别出心裁、推陈出新。只有这样，才能保持差异化战略的长期实施。

（4）面向未来预测分析差异化。大学的各项主要职能不是简单地满足经济社会发展当前的需要，而是要满足经济社会未来发展的需求。基于大学提供差异化服务和产品需要一段时间，当下用户的个性化需要并不一定是未来用户的个性化需要。因此，对市场和用户的个性化需求的分析要面向未来，要通过充分的调研和预测，找准差异化的具体内涵。

【课堂讨论问题】　大学实施差异化战略的途径有哪些？

大学实施差异化战略的途径有以下 6 方面。

1. 提升大学的品牌和知名度

大学的品牌和知名度集中反映了大学的办学优势、社会影响力和公众认可度，其一旦形成，就会在人们心目中留下长久和深刻的烙印，不会轻易地被竞争对手所取代，它们不仅会吸引良好的生源，带来大量的政府和社会需求，被要求承担重要的经济社会发展责任，而且容易得到政府的重视，会吸引更多的政府和社会投入，因此，它们能够为大学获得持续的差异化。但是，大学品牌和知名度需要经过长期的努力和不断的积淀，才能逐渐形成和获取，因此应该作为大学实施差异化战略时的长期追求。

2. 建设大学的名牌专业和优势学科

大学差异化战略的制定要结合自身的办学优势，办好与众不同的名牌专业，形成独具特色的优势学科。这些名牌专业和优势学科不仅是一所大学与其他大学的差异化所在，也会整体上对本校其他专业和学科的发展起到重要的示范和促进作用。例如，几乎所有的世界知名大学都有若干誉满全球或享誉本国的名牌专业和优势学科，哈佛大学在工商管理、政府管理等领域，麻省理工学院在原子科学、航天技术等领域处于全球领先地位。

3. 培养"适销对路"的各种类型的人才

人才培养是大学的首要功能，一所大学由于办学规模和资源的限制，因此只能培养有限数量的人才,这些人才的培养目标要满足学生就业地区行业和企业的要求,这就为不同的大学实施差异化战略提供了条件和空间。因此,不同类型的大学要调研和分析服务面向区域的经济社会发展对人才的需求情况,结合学校的办学条件,制定相应的人才培养目标和标准,采取配套的人才培养模式,培养出与其他大学不同,满足该区域需要的各种类型的专门人才。

4. 重视为服务面向区域经济社会发展服务

任何一所大学都只能在有限的地域内履行大学的四大功能,不同类型的大学有不同的服务面向,不同区域的大学应以服务本地区为主要职责。因此,不同大学在为不同区域经济社会发展服务的内容、形式和途径上存在着差异。基于这一点,大学在制定差异化战略时应该准确定位,明确本校的服务面向和要履行的责任,结合办学优势和本校的资源和能力,制定出服务地方的差异化战略。例如,地方性大学应该重点为本地区的政府、各个行业、各种类型企业提供科研开发、管理咨询、决策支持、继续教育、技术服务等方面的工作;而具有行业背景的大学应该重点为本地区相关行业企业提供专门化的各种服务。

5. 保持大学规模、重视教育质量

高等教育的大众化的发展,使得相当一部分大学盲目扩张,放松了对教育质量的重视。加上高的入取率,使得不少考生进入知名大学的可能性得到提高。然而,就业问题和学生生涯发展使得大学必须提高教育质量,而重视教育质量的前提条件就是保持学生规模的稳定,只有这样才能使大学有限的教育资源满足人才培养的需要,才能使教师有充足的时间用于人才培养的质量提高上。教育质量提高之后,毕业生的高就业率和良好的社会评价将吸引更多的优质生源,这样就形成一个良性循环。所以,保持大学办学规模,重视教育质量是一所大学可以采取的与目前相当一部分大学不同的差异化战略。

6. 坚持创新发展,提升竞争优势

创新是推动大学发展的重要动力,是大学获得竞争优势的源泉。在人才培养方面,可以通过创新人才培养模式、重构课程体系、改革教学组织形式、采用新的教学手段等提升人才培养质量、凸显不同的办学特征;在科学研究方面,可以通过政策导向、评价标准、激励机制等引导教师注重科研成果的创新性、标志性、认可度、影响力和社会价值,注重发挥科研在人才培养中的作用;在社会服务方面,可以通过广泛深入的市场调研,准确把握服务面向区域的需求,开拓服务渠道,创新服务方式,及时提供需要的、个性化的服务;在内部管理方面,需要重视大学管理体制和运行机制的创新,创新管理模式,营造自由、包容、宽恕、和谐、创新的文化氛围,提高运行效率和管理水平,提升办学效益。

【课堂讨论问题】 除以上这些途径,还有哪些实施差异化战略的途径?

可能的答案:如承担的科研项目的性质——理论研究、应用研究、复合研究。

差异化战略和低成本战略之间似乎没有必然的联系,差异化战略是通过与竞争对手在服务和产品之间的差异化赢得优势,而低成本战略则是通过较竞争对手更大的规模赢得竞争,二者之间,鱼与熊掌似乎不可兼得。然而,二者之间并没有绝对的冲突,也就是说,大学可以通过不同的价值链组合,同时兼顾低成本和差异化,达到二者的兼容。例如,对于某一类型专业有专门要求的人才培养,可以采用"规模化定制"的方式进行,既保证人才培养的数量要求,又满足个性化的专门要求,其中,规模化表征低成本,定制化表征差异化。由此可见,大学在制定竞争战略时,应该根据所面临的的外部发展环境和内部资源条件,灵活创新地制定最有利于本校发展的战略方案。

10.4 集中化战略

集中化战略(focused strategy),也称聚焦战略、集中战略或专一化战略,是指大学将有限的资源和能力集中在某一方面,包括细分的高等教育市场、某一具体的用户群体或大学四大职能中的某一职能领域等,通过满足该市场或用户群体的需要,或在某一职能领域取得卓越的办学成就而赢得竞争优势。

相对于低成本战略和差异化战略所针对的宽广的市场而言,集中化战略需要大学将有限资源和能力集中在某一特定细分的高等教育市场,满足具体用户的需求,在办学上不追求面面俱到,仅追求重点突破,办出成效、办出影响、出类拔萃,使之成为大学最具影响力的地方和办学优势所在,因此,集中化战略对于资源有限、规模不大的地方性大学或新建高校是可以选择的。

集中化战略的主要优势是显而易见的。首先,由于是集中和聚焦在细分的高等教育市场上,大学就能够集中优势资源把服务和产品做到"小而精""小而专""专而优"等,从而提供比竞争对手更好的服务和更高质量的产品。在这种情况下其他竞争对手不易与之竞争,故其竞争优势的地位较为稳定。企业中的例子如麦当劳公司的汉堡加薯条,吉利公司的剃须刀,可口可乐公司的饮料等。大学中的例子如加州理工学院以航天科技为主,欧林工学院以本科工程教育为主等。其次,由于集中化战略将整个大学的资源和能力用于服务某一特定的目标,因此其战略目标明确,战略实施简单,战略评价和控制容易,从而降低了大学管理的难度。

集中化战略也有一些潜在的风险。首先,由于大学将所有或绝大部分资源和能力投入某一特定细分的高等教育市场,如果用户对大学所提供的服务或产品的要求或偏好发生了变化或市场出现强有力的竞争者时,大学所提供的服务或产品的市场需求将会下降,从而会削弱大学的市场地位和竞争优势。其次,一旦大学所聚焦的高等教育细分市场的重要性得到提升,将吸引竞争对手通过模仿或采取更加聚焦的战略手段进入这一市场,大学的市场份额会逐渐被蚕食,市场地位会逐渐被削弱。对于这些风险,一方面,大学必须与用户保持经常性的联系,及时了解和掌握用户的需要变化;另一方面,大学必须坚持对服务和产品质量的持续改进和不断提升,阻止潜在的新进入者。

集中战略的关键之处在于找出某一特定细分的高等教育市场中的专门用户,同时界定这些用户与其他用户之间的需要差异。这方面就需要通过战略分析,包括与同类型院校,尤其是与那些服务面向相同的同类型院校的分析比较后才能确定。例如,一些地方院校的集中战略可以是专门为地方培养适应性强的本科应用型人才,专门强化大学为当地经济发展服务等。

集中化战略的适用条件如下。

(1)提供高等教育服务的市场存在不同的用户群,不同群体的需求存在差异,为大学提供多种实施集中化战略的机会。

(2)特定细分的高等教育市场足够大,具有很好的增长潜力,能够作为一所大学在相对一段时期内的重点聚焦目标。

(3)在大学服务面向区域内相同的高等教育细分市场中,其他竞争对手不准备实施集中化战略,也不是大的竞争对手的兴趣所在。

(4)大学的资源和能力有限,实力较弱、规模不大,不足以在广阔的高等教育市场中进入更多的细分市场,只能选择与自身优势和能力相符的细分市场。

(5)大学具有有效服务细分高等教育市场的资源和能力,可以通过提供用户满意的服务和用户的忠诚度防御挑战者。

在上述情况下,集中化战略往往能够取得最好的效果。

从上述适用条件可以知道集中化战略主要适用于以资源有限、整体实力不强、规模不大,不足以在广阔的高等教育市场上赢得竞争优势的新建院校和一些地方性大学,如建校时间短、办学规模不到千人的欧林工学院,就将办学目标聚焦在培养创新型工程人才上。

集中化战略的有效采用往往需要与低成本战略或差异化战略相结合。采用集中化战略的大学在选定所要服务的目标细分市场后,就可以通过低成本或差异化的方式,形成集中战略,即利用降低成本取得成本或效益优势的低成本集中战略和利用差异化取得竞争优势的差异化集中战略。例如,针对欠发达地区经济发展的需要,地方院校可以提供成本低廉的科技人员培训,即采取低成本集中战略;为了扶持小微民营企业的发展,地方院校可以针对性地提供个性化的技术支持,即采取差异化集中战略。

【课堂讨论问题】　大学实施集中化战略的途径有哪些?

就地方大学或新建院校而言,实施集中化战略的途径有以下 4 方面。

1. 明确办学定位,以服务地方为主(聚焦服务面向)

理论上说,一所大学可以为全国各地乃至世界任何一个地方服务,但是,一所大学成立伊始就有自身的使命和愿景,这就决定它应该有自己的主要服务区域,也就是说,任何一所大学的主要服务面向是有限的。因此,一所大学首先要明确自己的办学定位,确定主要服务区域,这样才能把本校的资源和能力集中在为该区域的发展服务。地方院校更应该集中做好为本地区经济社会发展服务的各项工作。

2. 人才培养的重点是本科层次人才培养(锁定核心专业)

地方经济社会的发展需要大量的本科层次人才,而地方大学在履行大学的四大功能时首先要考虑的是为本地区培养本科层次人才,以更好地履行大学的使命。因此,地方大学要在充分的市场调研、分析和预测的基础上,集中有限教育资源,努力培养本地区需要的各种类型本科层次人才,将其作为地方本科院校的最根本性的任务,而不是将主要精力放在申请硕士授权单位和博士授权单位,或放在搞"高大上"的科研上。

3. 科学研究以应用型研究为主(注重关键学科)

大学的科学研究功能可以包括基础性研究、理论性研究、应用性研究和技术开发等多个方面,但不是每一所大学在科学研究上都能够或有必要涵盖所有这些方面,一所大学要根据本校的使命、愿景、定位决定自己的科研定位。对于地方大学而言,服务地方,面向地方经济建设和社会发展主战场是其一项重要的使命,因此,地方大学的科学研究应以应用型研究为主,要根据地方经济社会和支柱产业发展的需要确定开展科学研究的关键学科领域,只有这样才能使地方大学有限的科研资源聚集在有用武之地上。

4. 社会服务以技术服务和继续教育为主(开展有选择的服务)

大学的社会服务有多种形式,包括研究开发、技术创新、技术服务、咨询服务、继续教育、人员培训等。地方大学社会服务的主要对象是服务面向区域的各类企事业单位、各级政府部门、各类社会团体及民众个体等。地方大学需要根据社会服务的主要对象对大学的需求情况确定进行社会服务的主要形成,开展有选择的社会服务。

一般而言,地方企业生产设备换代、技术更新、技术咨询,各类企业人员的在岗技术培训,事业单位人员的继续教育等是地方大学社会服务的主要内容。

需要指出的是,大学采取集中化战略并不意味着在其他功能领域无所事事。事实上,大学的四大功能领域之间是相辅相成的,也就是说,它们之间不是截然分开的,如科学研究成果能够为教育教学提供新的内容,社会服务内容有助于确定科学研究方向,文化传承与创新可以产生社会服务新的内涵等。因此,采用集中化战略的大学仍然需要在聚焦领域之外的其他领域开展必要的工作,一方面支持集中化战略的实施,另一方面为大学竞争战略的调整做好应变的准备。

10.5 教师队伍建设专项战略

教师是大学的核心资源,教师队伍整体的数量、结构、层次和质量是大学持续竞争优势的源泉,中外任何一所大学的发展都离不开教师队伍建设,因此有针对性的教师队伍建设即专项战略往往是大学战略制定中必须考虑的重要内容。

教师队伍建设专项战略的制定要遵循以下原则:一是服务大学总体战略原则,就是要从大学整体战略实施和大学战略目标实现的需要出发,而不是从部门或院系角度出发,制定大学在规划期的教师队伍建设专项战略;二是可持续发展原则,就是要从大学长远发展的角度,而不是当前或近期需要的角度,全方位考虑教师队伍的年龄、专业、学历、职务等结构要素,形成强有力的支持大学不断发展的专项战略;三是以人为本原则,就是要认真分析每位教师的具体情况,充分考虑每位教师的兴趣、特长和志向,将教师的职业发展与大学的发展密切结合起来,形成有利于教师队伍建设的政策、制度和环境。

教师队伍建设专项战略主要包括以下 4 部分内容。

(1)教师队伍现状分析。这部分内容必须从三方面进行整体分析,才能为后续三部分内容的制定提供科学依据:一是大学长远发展的角度;二是实现大学战略目标的需要;三是与同类院校尤其是具有竞争关系的同一战略组群中的中外高校的比较。具体分析可以包括教师队伍的数量是否足够,队伍结构是否合理,高层次人才是否满足需求,整体创新能力如何,重点学科团队状况如何等。

(2)教师队伍建设目标。教师队伍建设目标必须结合实现大学战略目标的需要确定,要突出大学拟重点发展的学科和领域,保证这些学科和领域所需要的教师数量、教师队伍整体结构、学科带头人等高层次人才数量。上述目标应该能够进一步分解以利于专项战略的实施和控制,如队伍结构需要能够从年龄、学历、职称、学缘、专业结构比例上予以落实,高层次人才数量需要落实到具体的学科和领域上,重点学科需要在学科带头人和团队建设上予以落实。

（3）教师队伍建设重点。在确定建设目标的基础上,需要明确教师队伍建设的重点,以此作为规划期教师队伍建设的主要着力点。这部分内容的确定既要满足实现建设目标的需要,也要考虑教师队伍现状的实际情况,虽然可以涉及教师队伍建设的方方面面,但是应该是教师队伍现状中与建设目标差距最大的几方面,如学科带头人的引进和培养、教师团队建设、教师创新能力的提升、重点学科或优先发展学科的教师队伍等。

（4）主要配套政策措施。教师队伍建设需要大学制定和出台紧密结合本校实际的相关政策措施,营造有利于人才成长、激励人才和人尽其才的制度环境和机制,以确保教师队伍建设目标的实现。主要配套政策措施可以有以下几方面：一是完善教师岗位聘任制度,实行"公开招聘、择优聘任、合同管理"的用人机制;二是建立激励型教师薪酬制度,加大对有突出贡献教师、高层次人才和重点岗位的倾斜;三是结合每位教师的兴趣、志向和特长和所在院系发展需要为其制定职业发展规划,并提供相应的条件予以落实;四是健全科学合理的教师考核与评价体系,引导和激励教师在完成聘期目标任务的同时实现个人职业发展阶段目标。

衡量教师队伍建设的专项指标主要有以下几个：教师中具有博士、硕士学位的比例,教师中具有海外留学或研修经历的占比,教授、副教授、助理教授的比例,两院院士、长江学者、杰出青年科学基金获得者、国家级和省部级教学名师、国家百千万人才计划人才等人数,国家级和省部级科研创新团队、教学团队等。

【实例】　康奈尔大学（Cornell university）战略规划中的卓越教师专项战略。[①]

康奈尔大学在其 2010—2015 年的战略规划中提出六项专项战略：卓越教师,卓越教育,卓越研究、学术和创造力,卓越公众参与,卓越员工,卓越组织管理。其中卓越教师专项战略主要包括 7 个具体目标（任务）、相关的理由和实现这些目标需要采取的若干行动（措施）,这些对大学制定教师队伍建设专项战略均具有积极的、建设性的参考和借鉴价值。具体内容如下。

卓越教师（faculty excellence）

引　言

鉴于未来 10~15 年预期的教师退休,主动地更新教师队伍是非常必要的。我们

---

①　康奈尔大学 2010—2015 年战略规划 http://www.cornell.edu/strategicplan/docs/060410-strategic-plan-final.pdf.

必须及时了解和应对激烈的师资竞争,通过加强挽留措施减少优质教师的流失,并抓住这一历史性机遇增加师资的整体多样性。本节强调这些问题。

目标和行动

目标 1:在具有重要战略意义的学术领域,增加师资队伍的规模和质量。

理由:与同行机构相比,康奈尔大学的许多院系已经相对较小,因此,在规模太小的杰出院系中保持或有选择地增加教师队伍规模,并有能力在具有巨大潜力和机会的领域增加教师的职位是至关重要的。

行动:

a. 强调未来 5 年底层(招募新的博士和"后起之秀")的教师招聘战略,同时认识到这可能并不适用于所有单位或一个给定单位的任何时候。

b. 在具有重要战略意义的领域,有相当比例的高质量教师即将退休,在未来五年提前填补未来十年预期退休教师的相当比例。

c. 加强和维持最先进的双职业努力和支持,旨在抵消地理上孤立的小社区的不利因素。

d. 为了加强优先领域,建立定期、系统和透明的在各学术单位之间重新分配教师职位的机制。

e. 通过优先筹措资金增加对新教师职位的投入。

目标 2:通过聘用新员工和加强留住员工的努力,增加师资队伍的多元化。

理由:多样性是未来五年的优先事项,学校的核心价值和重要的教育价值对学生和项目在原则上是重要的。由于学生群体和社会日益多样化,因此拥有更多样化的教师也很重要。考虑到未来的教师退休,未来 5~10 年将是康奈尔大学增加其教师多样性的一个不同寻常的机遇期。

行动:

a. 为所有考虑有效候选人的范围和单位或领域内关键群体的重要性的单位,制定教师的性别、种族和民族多样性的具体目标。

b. 在可能的情况下,通过更广泛地定义教师职位扩大招聘教师的范围。

c. 加强种族和民族多样化的教师候选人的渠道,与历史上教育非裔美国人、西班牙裔或印第安人学生的机构的教师建立更紧密的联系。

d. 确保各学院和院系在整个招聘过程中,从确定职位到候选名单和面试名单,直到最终决定阶段,对多样性给予适当的重视。

e. 根据公认的最佳做法,在每所学院建立一种有效的机制,以监测搜索和保留工作的进展(例如,将这项任务分配给个人或教师委员会)。

f. 做出更积极主动和迅速的努力,减少对大学社会性别和种族/民族多样性作出贡献的高质量教师的流失。

g. 在大学的中心和学院建立更好的资助机制,以促进和鼓励积极努力招募、培养和保留一个不同性别和种族的多样化教师队伍。

目标 3:确保有竞争力的教师薪酬。

理由:在过去的 10 年里,大学投入了大量的资源来提高教师的平均工资,使其在同行中具有竞争力,不能在这方面失去优势。

行动:

a. 保持教师平均工资处于或高于同行院校的中位数。

b. 衡量和定期评估附加福利,以确保这些福利(包括工作、生活两方面)与竞争保持同步。

c. 基于比较的目的定义一组条件相当的大学,评估和衡量科研启动经费及对研究的持续支持。

目标 4:制定和实施留住高水平教师的政策。

理由:高等教育的竞争环境使保留优秀的教师成为一个关键问题和日益增长的挑战。最有效的策略是预防,也就是说,确保高水平的教师有充满活力的知识环境、优秀的学生(本科生、研究生和专业人员),以及实现他们的专业目标和抱负的资源。与此同时,当高水平的教师被其他大学看中或录用时,积极主动并及时沟通是很重要的。

行动:

a. 通过确保他们的研究、教学和公众参与得到强有力的支持,努力留住高水平的教师。

b. 在努力留住被其他大学录用的高水平教师时,要积极主动,及时提出还价,并尽早解决工作与生活的问题(例如,双重职业)。

c. 做出积极和非凡的努力,留住职业生涯早期至中期的“后起之秀”或极具前途或在其职业生涯阶段取得成就的教师。

目标 5:设计和实施新的机制或政策,奖励优秀教师,持续评估教师的表现。

理由:为了留住和培养优秀教师(包括非终身教职教师),所有可用的认可和奖励手段都很重要,而不仅仅是工资。相对温和的措施可能会带来显著的效益。这也意味着评估研究、教学和公众参与质量的好理解的方法或指标,适合于该学科或领域。

行动:

a. 建立教务长基金,为杰出的学术成就提供特别的金钱奖励(奖金、暑期工资和研究种子基金）。

b. 评估在学院和院系内部的薪酬决策中是否存在足够的绩效差异,以奖励那些已是或可能成为本学科或领域领导者的教师。

c. 每年在全校范围内提名国家奖励、奖项和著名社团成员的候选人。

d. 对获得同行颁发的杰出学术奖项和荣誉的教师给予特别的表彰和宣传。

e. 在每个学院或学术单位对所有教师进行绩效评估,以促进教员在教学、研究和公众参与方面的卓越表现,并确保其得到认可和奖励。

目标 6: 通过提供更多对话和接触的机会,营造令人兴奋的知识环境。

理由: 学术环境对康奈尔大学的吸引力和留住教师至关重要。消极的院系文化在离职面谈中经常被提及,作为一个有影响的例子,这是女性离开教师岗位的一个关键因素。

行动:

a. 设计新的方法,在学术单位内部和跨学术单位的教师、学生和工作人员之间就重要的知识问题开展建设性的对话。

b. 提倡对教师跨部门、跨院系或跨学科合作的精神奖励。

c. 在校园内建立一个改版的教师俱乐部,确保校园内各个区域的教师、博士后和研究生/专业学生都有交流空间。

d. 协助系主任努力创建和维持一个积极的系文化,在这种文化中,教师就他们的学术进行建设性的交流,并与系或项目中的同事开展有效的合作。

目标 7: 制定方法,使教师能够集中精力在他们的核心学术活动中高效地工作（研究、学术和创造力;教学;公众参与）。

理由: 在许多领域,本规划提出的行动项目需要更多教师的努力（例如,在追求教学卓越上）,因此重要的是评估学校目前是如何使用教师时间的。应尽一切努力把时间集中在教学、学术和公众参与上。以下是几种可能的措施。

行动:

a. 让教务长、院长和系主任审查他们如何使用教师时间完成行政任务。

b. 简化大学和学院大量利用教师时间和将他们从核心学术活动（例如,减少教师委员会的数量或规模）中抽离出来的程序。

c. 在决定人员编制和职能时,应仔细考虑教师对核心学术活动生产率的影响。

d. 开发利用新技术的创造性方法,以减轻教师的行政负担。

10.6　人才培养专项战略

人才培养是大学的第一要务,人才培养质量的高低反映出大学整体的实力和水平,因此,人才培养专项战略是大学战略中必不可少的一项内容,只是不同大学在不同战略规划期的人才培养专项战略有着与时代对人才需求相适应及彰显自身优势和特色的特有内涵。

人才培养专项战略的制定要遵循以下原则:一是服务面向原则,即人才培养必须服务于大学的服务面向,以满足服务面向区域对人才的需求教师;二是办学定位原则,即人才培养层次和类型必须符合大学的人才培养定位,否则大学将难以在高等教育人才市场上保持竞争地位;三是自身优势原则,即在人才培养上要保持和发扬大学自身优势和特色,培养出独具竞争优势的各类人才;四是未来需求原则,即大学要做好人才需求预测,使培养出来的人才不会滞后,而是经济社会对人才的需求,更好地满足未来人才需求。

人才培养专项战略应该聚集在能够体现大学在教育教学质量和科研学术水平上具有优势和特色的学科专业上,主要目的有三:一是体现大学人才培养的优势和特色;二是能够推动其他学科专业人才培养质量的提升;三是可以为大学在人才培养市场竞争中赢得优势。

人才培养专项战略的目标应该最终落实在人才培养质量的提升上,具体表现在以下方面:毕业生受欢迎程度提升,毕业生创新创业能力提高,培养经济社会急需的紧缺人才,学科专业的社会声誉及认可度提升,国家级教学成果奖获得情况,国家级和省级优秀博士学位论文数,国家级和省级人才培养基地数,国际、国家和省部级各类竞赛学生获奖数、杰出校友情况等。

人才培养专项战略的重点涵盖人才培养的方方面面,涉及学科和专业,尤其是特色专业和新兴专业建设、人才培养模式创新、完全学分制推行、荣誉学位制度实施、大类专业培养、多学科交叉融合、课程体系和教学内容改革、教育教学方式创新、政产学研多方协同育人、国际合作教育、本研贯通培养、产教融合、科教融合等。大学在确定人才培养专项战略重点时要考虑可行性和示范性:可行性包括各种教育教学资源投入的可行性和实现专项战略目标的可行性,因此,重点应该集中在有限几方面或少数几个学科和专业上,以期能够取得突破;示范性表现在所确定的重点在取得成效后能够为本校其他学科专业人才培养起到示范和借鉴作用。

【实例】　在加州大学伯克利分校(UC Berkely)战略规划中加强本科教育专项战

略分析。①

加州大学伯克利分校在其2002年6月发布的战略规划中有确保卓越、探索新领域、加强本科教育、支持研究生教育、保持科研领导力、建设互动校园、整合资源和计划等多项专项战略,其中作为人才培养专项战略之一的加强本科教育专项战略主要包含以下内容。

面对十年来入学人数不断增长,我们面临的挑战是要继续提供与优秀学生相称的教育质量。伯克利有潜力成为本科教育方面的领导者,我们不仅为本科生提供综合性的人文教育,也为各领域中的学术带头人提供机会,在最基础的探究中开展教学。

学生参与。研究资料显示,学生参与度与他们长远的成就密切相关。学生参与的关键指标包括学业挑战度、主动与协作学习、经验扩展、师生互动和制度支持。

Boyer全国性研究报告中呼吁,研究型大学应该利用他们在科研中的传统优势改造本科教育,增加"基于探究的"学习的机会。Boyer报告建议,研究型大学的独特教育优势是在学术带头人的指导下,学生直接参与到知识的发现过程中。报告特别强调了小范围和小规模研讨会、导师指导研究和"顶点"项目对师生参与的重要性。

计划1:在本科教育中融入探究性学习。探究性学习可以从第一年开始,包括对批判性思维和各学科大范围的基本研究技能的介绍。当学生进入专业学习时,他们也应该融入大学的研究生活中,既通过聚集研究方法课程,也通过在导师指导下直接参与研究项目、服务式学习和现场调研。

探究自然地发生在围绕学术兴趣的议题所形成的小组中。那种大型讲课模式,也许适合某些科目,但并不鼓励这样的探究,也没有通过促进协作的方式解决问题。新生研讨课项目为一半以上的新同学提供了参与小型互动式学习的体验。加州大学伯克利分校应该鼓励学生参与这种项目。

加州大学伯克利分校应该鼓励和允许本科生参与"顶点经历",经历个人的和基于团队的多种形式锻炼,包括论文或其他研究、设计、创造或服务学习项目等。在高年级,这样的经历要求学生在执行一项持续的项目中综合运用以前学到的技能。他们需要一个重大问题框架或问题集合,需要研究和创造性探索寻找答案,以及沟通技能把他们的发现传递给专家和外行人。

---

① U C Berkeley Strategic Academic Plan(June 2002)http://www.berkeley.edu/news/media/releases/2003/05/sap/plan.pdf.

计划 2：确保所有的本科生都具备读写能力、计算能力和在广泛的学科中的创新思维能力。鉴于在专业领域学习的时间要求，为本科生在人文科学领域提供坚实宽广的基础是一种挑战，但很多方面仍需改进。首先，不仅仅是写作要特意纳入跨学科的基础技能中，而且也应该努力加强口头交流能力的培养。

加州大学伯克利分校应该开发一些项目来改进学生的定量分析能力，并至少确保基本的信息技术素养。此外，如果加州大学伯克利分校真正致力于博雅教育的理想，我们必须确保为外专业学生设计的课程不仅仅是传递信息。这些课程，正如专业内的那些课程一样，应该让学生开展批判性评价，创造性地解决问题，并体会知识的本源与意义。

计划 3：改进指导、建议和学术支持的可用性和质量。

计划 4：规范化本科教育评估。在实施评估过程中，我们应该更广泛地使用调查数据，数据涉及学生表现模式、表现产出和学生评价，还要特别关注一些关键的课程。这种不间断评估的范围应该包括对本科生整体表现的定期检查，包括对课程的要求。

计划 5：鼓励所有教师为本科生教育做出贡献。教师都应该参与本科生教育，不只是通过课堂讲课，还要提供咨询、研究指导和其他活动。没有本科专业或课程的学术单位也应该鼓励他们找到为本科教育做贡献的创新方式，使本科教育成为全校性的努力。

计划 6：支持和便利及时毕业。本科教育质量的一个关键是学生获取学位的时间。及时毕业是学生最关注的，因为伯克利教育是珍贵的资源。最大化产出、最小化将来扩招带来的影响，是基于学校、全州和学生战略利益的考虑。这样，学校必须解决学生在走向毕业过程中在个人、资金和学术挑战方面遇到的困难。

计划 7：鼓励和促进国际化教育。伴随着不断增长的全球文化和经济，学校应该鼓励和促进学生参与海外教育计划和其他国际化教育计划，可以通过更好的推广、专业的咨询、更多的资助和奖学金，以及简化 EAP 课程的审批程序来实施。

这些计划应该使学生交换的利益最大化，让国外学生到加州大学伯克利分校学习。国外学生从他们自己的传统和经历带来的新的观念将进一步丰富校园社区的多样性和激发创新思维。

10.7　科学研究专项战略

科学研究不仅是大学履行其使命必须承担的第二项职能，而且在大学的人才培养中发挥着重要的作用，主要表现在：一方面能够为课程教材及教学内容更新提供源源不断的新素材；另一方面能够作为人才培养的重要手段在提升学生分析问题和解决问题的能力上发挥不可替代的作用。因此,科学研究专项战略在大学战略中占有重要的地位。

一所大学的科学研究专项战略目标必须与大学自身的定位尤其是科研定位相吻合。各种类型的大学,不论是研究型、研究教学型、教学研究型,还是本科教学型、专科教学型,都有各自不同的科研定位,总体而言,研究型大学的科研定位是面向国家重大需求的基础研究和关键核心技术及未来技术的攻关;研究教学型大学的科研定位是面向国家和区域经济社会发展需要的基础研究和新技术研发;教学研究型大学的科研定位是面向区域经济社会发展需要的应用研究和技术开发;本科教学型高校的科研定位是面向所在省(市)经济社会发展需要的应用研究和技术开发;专科教学型高校的科研定位是面向所在省(区)行业产业发展需要的技术开发。不论何种类型的大学,大学科学研究专项战略目标都应该通过追求产出更多的科研创新成果来提升本校的科研创新能力。

由于一个战略规划期的时间有限,大学的科学研究专项战略的重点只能是短期内大学在科学研究的有限方向上期望有所突破,并集中表现在若干大学期望重点突破的标志性指标上。衡量大学在规划期内科研产出成果的指标大体有以下4类。

(1)科研项目:纵向及横向科研经费,国家杰出青年基金项目,国家自然科学基金重大、重点及面上项目,国家社会科学基金重大、重点及面上项目,教育部人文社科重大、重点及一般项目,省部级各类科研项目等。这方面最终要通过不同级别的人均科研经费数额与其他同类大学进行横向比较。

(2)科研奖项:国家三大奖(自然科学、技术发明、科技进步),即国家社科基金优秀成果奖,高校人文社科优秀成果奖,其他省部级自然科研、社会科学和教育科学奖项。这方面最终要通过国家级、省部级、地市级科研获奖总数与其他同类大学进行横向比较。

(3)成果发表:在 *Science*、*Nature*、具有国际影响力的国内科技期刊、业界公认的国际顶级或重要科技期刊、国内外顶级学术会议、《新华文摘》等发表的科研论文数及反映创新力和影响力的指标,如他引率等;在国内外正式出版的科研著作数,以及专利申请和授权数等。

(4)科研基地:国家级和省部级各类重点实验室、重点基地、研究基地、研究中心等。

10.8　学科建设专项战略

学科建设是大学的一项长期的、根本性的战略任务,关系到大学办学水平和整体实力的不断提升,学科建设状况是体现大学发展水平的重要标志。一方面,大学的学科建设不仅为科学研究提供了方向,而且为人才培养提供了平台;另一方面,学科建设离不开高水平的科学研究和高质量的科研成果,人才培养及其条件建设将促进学科建设。由此可见,学科建设与科学研究和人才培养相互促进,相辅相成,学科建设专项战略与大学的人才培养和科学研究密切关联。

学科建设专项战略要从长远和未来发展的角度,在完成大学内外部环境和条件分析的基础上,围绕实现大学战略目标的需要,本着"有所为、有所不为"的原则,进一步明确大学的重点学科、骨干学科和支撑学科,强化大学的学科结构布局,明确大学学科建设的重点。

学科建设主要包括以下内容:①学科方向,主要指重点学科的研究方向,这些方向既要与当前和未来经济、社会、科技发展密切相关,又应该达到与大学在高等教育系统中的地位相对应的水平;②学科队伍,主要指学科带头人和学科团队,一方面对学科带头人在国内外本学科的学术地位和影响力有要求,另一方面对学科团队的年龄结构、知识结构和层次结构以及学术骨干的学术水平和素质也有要求;③人才培养,主要指研究生培养的数量和质量,包括博士、硕士研究生招生、培养、学位授予和就业情况,接受来华留学生的情况,以及研究生(尤其是博士生)创新成果的发表情况等;④科学研究,主要指科研项目的在研和完成情况,包括数量、经费、水平、获奖、经济和社会效益,科研成果的发表情况(包括学术论文发表的数量、水平、影响以及专著和教材的出版情况)等;⑤设备条件,主要指重点学科相关的实验室、仪器设备等的投入、建设、使用和开放情况,尤其是投入的增加、条件的改善和作用的提升等;⑥学术环境,主要指国内外与学科相关的合作、交流情况,包括主办国内外学术会议、参加重要国际会议、作大会主旨报告、应邀出国学术交流、接受国际交流学者等方面。

学科建设专项战略中对重点建设的学科在上述 6 方面应该有明确的目标或指标要求,这些要求既作为该专项战略实施的方向和资源配置的依据,也是评估专项战略实施情况的标准。但需要说明的是,由于学科建设专项战略与人才培养和科学研究密切关联,因此,一些关联性指标可以作为相关各方共同努力的方向。

10.9　社会服务专项战略

社会服务作为大学的第三项职能,彰显的是大学在人才培养和科学研究之外,直接服务经济社会发展所做出的力所能及的贡献,以提升大学的声誉和影响力,更好地履行大学的使命。社会服务专项战略潜在的目标在于提升大学在各级政府、各行各业、社会团体、各类组织的认可度和影响力,以更好地获得社会各界及各级政府的支持。

大学在社会服务方面能够做的贡献取决于大学的办学定位、层次类型、学科专业和办学水平等诸多因素,取决于大学在人才培养和科学研究上的积累和优势,对大学社会服务成效的衡量包括可用定量描述的经济效益和能用定性描述的社会效益。总体而言,大学在社会服务方面可以做的工作有以下5方面。

①成果转化,即科研成果的转化及推广情况,包括对各行各业发展和对社会科技进步产生的重要作用;②继续教育,即除学历教育之外的各种非学历教育,如在职培训、岗位培训、技能培训、专题培训等;③技术开发,即针对企业产品更新换代、设备改造、技术创新等需要的技术开发与研究,对促进企业技术进步和竞争力提升至关重要;④科技咨询,即针对社会各行各业在新技术引进和使用及现有技术更新等方面开展的咨询和服务;⑤管理咨询,即针对各级政府、行业企业、事业单位在重大事项规划、决策及管理以及大型活动的策划、运行及管理等方面的咨询和服务。

10.10　国际化专项战略

国际化既可以作为大学总体战略的一种类型(详见9.7节),也可以作为一种专项战略,只是在作为专项战略时,国际化不是一个独立的战略,必须与教师队伍建设、人才培养、科学研究、学科建设、社会服务等其他专项战略有机地结合起来,共同进行规划和实施。

国际化专项战略旨在通过加强与境外大学的交流与合作,促进优质教育教学、科研学术资源优势互补和共享,以及先进教育理念、办学理念和管理经验的相互学习和借鉴,达到促进和提高大学人才培养、科学研究和社会服务的水平,增强大学的办学实力和优势,提升大学的声誉、知名度和影响力的目的。

具体而言,国际化专项战略的制定需要大学根据总体战略的要求和本校的实际,从以下几方面针对性地选取若干指标,从有效提升这些指标的角度着手制定目标清晰、指标明确、针对性强、切实可行的国际化专项战略。

（1）学生国际交流。到国外交流学习一学期及以上的学生数;来华留学生占在校生的比例;来华留学生来源国分布;各层次全日制来华留学生人数。

（2）教师国际交流。具有半年以上留学经历的教师数;参加境外国际学术会议人次;在国际组织和刊物上任职人数;赴境外讲学交流、合作研究的人数;聘请境外名誉教授和客座教授的人数;外籍教师占学校教师的比例。

（3）课程及教学国际化。本学科国际知识及前沿进展占足够比重的课程数;采用国际经典原版教材的课程数;采用国际共享数字化课程资源的课程数;采用纯外语教学的课程数。

（4）国际合作办学。在国内与境外高校合作办学的机构数;在境外设立分校的数量;与境外高校合作举办本科和研究生层次教育的项目数。

（5）科研国际合作。本校教师单独署名发表在国际刊物和重要会议的论文数;与外方联合发表学术论文数;本校举办国际会议数及本校教师作为会议组委会主要成员举办的国际会议数;国际合作项目数;来自境外的科研经费数额。

（6）国际化办学环境。中外学生课堂学习、生活住宿、社团活动、学业管理融合化和趋同化的举措;校内举办国际学术会议的次数;校内开展国家间文化体育交流活动的次数;校内举办国际科技竞赛活动的次数;图书馆外文书刊所占比例;外文数据库数量。

10.11　牛津大学专项战略完整实例

一所大学的专项战略反映的是这所大学的战略核心或重点,与该大学的战略目标紧密关联。大学专项战略的表述形式多样,不同大学有不同的风格,基本没有统一和标准的格式。事实上,内容重于形式,不论采用何种形式,只要能够将专项战略的目标、任务和要求清晰地表达出来,就能够被接受。本节以在高等教育发展史上具有重要地位的牛津大学的战略规划为例,全面完整地展示这样一所世界一流大学的专项战略及其表述形式,从中可以清晰地看到其专项战略目标制定的考量、相应承诺和具体措施的特点,以及与中国大学制定专项战略的区别,以期为各种类型的大学制定专项战略提供借鉴和参考。

牛津大学对专项战略的表述没有固定不变的名词：在其 2013—2018 年战略规划中使用的是核心战略（core strategies）,而在其 2018—2024 年的战略规划中却使用了主题和承诺(themes and commitments),但不论使用什么名词,其本质内涵都是不变的。

牛津大学在其2018—2014年战略规划中提出并制定了5个专项战略:教育、研究、人才、参与和合作、资源。每个专项战略包含3部分内容:专项战略目标;实现专项战略目标的若干承诺;实现专项战略的优先事项。

教育(专项战略一)①:通过致力于每位学生的个人教育,我们将提供优质的教育和经验,使学生具备价值观、技能和知识,使他们能够对社会作出积极的贡献②。

承诺1③:吸引并录取来自不同背景、具有杰出学术潜力并有能力从牛津大学的教育中受益的学生。

为了保持和提高大学的智力优势,大学必须招收和支持各个层次的有杰出潜力的学生,无论他们的背景如何。为了实现这一目标,我们将在严格评估外联活动有效性的基础上,加强和扩大外联活动。

我们将审查大学支持学院的经费方案,以确保它们最有效地使用。增加对最有能力的研究生的资助,提高研究生全额资助比例。

承诺2:为所有学生提供一个优秀的学术体验,确保牛津大学的毕业生在他们选择的任何领域中脱颖而出。

我们将保持导师制作为牛津大学独特的本科教学方法的核心,并将确保高级学者的对我们研究生学习的持续支持。我们将确保牛津大学的教学和评估为所有学生提供实现和展示他们全部学术潜力的平等机会。我们将努力缩小持续存在的成绩差距,鼓励提高评估的多样性。

支持学生的健康是我们为所有学生提供卓越机会的核心。我们会致力加强书院、学系、学院和中心服务机构之间的伙伴关系,为学生健康发展提供所需的福利支持。

我们将通过课程内外,为我们的学生发展个人的和可转移的技能提供机会,以在全球工作场所取得成功。我们将在英国和海外扩大资助实习和工作实习机会的数量。

我们也会为所有研究生提供提升技能和职业准备的机会。

---

① 教育教学和人才培养始终是大学的第一要务,不论是世界老牌大学、公认的一流大学,还是新成立的大学,都不能忘却这一根本的使命和责任。

② 每个专项战略名称之后的文字可以理解为该项专项战略的目标。

③ 牛津大学使用的是commitment,这一词也可以解释为保证、决心、义务或责任,因此可以理解为该专项战略目标的分解,即专项战略目标的子目标之一。在每项"承诺"之后是实行该承诺所要采取的具体措施。

承诺 3：持续更新大学丰富的学术环境。

我们将保留牛津大学必须提供的最好的教学,包括密切的个人指导和支持,接触世界领先的学者和无与伦比的学习资源,包括我们的图书馆和收藏。我们还将确保抓住今天的机遇,应对明天的挑战。我们致力于教学的创新和卓越,并将寻求证明创新和卓越的改进的方式以获得学术人员的认可和回报。我们将确保教学是最佳实践,采用包容的学习方法,并提供数字技术和创新的机会。

我们将适应学生数量的增长,这对实现大学的核心使命和学术重点具有战略重要性,同时认识到我们有责任保存和保护国家弱势学科。我们会继续鼓励发展新的和创新的课程和研究领域,以确保我们的课程组合能反映知识的进步,并满足当今学生的需要。

教育专项战略优先事项①如下。

① 在 2019 年 4 月之前制定雄心勃勃的目标：到 2024 年大幅增加向牛津大学目前代表性不足的群体提供的本科生名额。

② 到 2024 年增加 300 个研究生奖学金名额。

③ 到 2019 年 4 月制定雄心勃勃的目标：到 2024 年缩小性别、种族和社会经济背景在成就方面的差距。

④ 到 2024 年每年增加 200 名本科生的入学人数,重点关注具有战略重要性的学科领域,包括计算机科学、工程、生物医学科学和经济学联合学位。

⑤ 到 2024 年,在保持质量的同时,每年增加至多 450 名课程型硕士研究生,每年增加至多 400 名研究型硕士研究生。

⑥ 到 2024 年为各级学生提供额外 2000 个资助实习的机会。

⑦ 到 2024 年,与私营部门合作,开始建设 1000 个额外的研究生住宿房间,包括建立至少一个新的研究生学院。

研究(专项战略二)②：牛津大学以其卓越的研究而闻名于世,也是世界各地一些最有才华的科学家和学者的家园。我们的工作改善了数百万人的生活,通过广泛的伙伴关系和合作网络解决现实世界的问题。我们研究的广度和学科之间的联系推动了知识、理解、创新和创造力的进步。

---

① 专项战略优先事项强调的是这些事项在实施专项战略时必须优先落实的,这些优先事项尽可能地用具体的时间和数量指标表述,以利于衡量其是否最终得到落实,它们既是专项战略实施的重要内容,也是专项战略实施的关键,直接关系到专项战略目标的实现。

② 研究是世界一流大学的一项重要职责,研究对于实现大学的使命和愿景至关重要,也是人才培养的重要支撑和质量保障。

承诺1：促进和使具有卓越质量的雄心勃勃的研究成为可能。

以严格和完整的最高标准进行雄心勃勃的以发现为主导的研究有可能产生最大的影响。我们将为我们的研究人员提供研究重要问题的自由，无论他们的工作是好奇心驱动，还是挑战主导。牛津大学学科专长的广度和深度使我们能够领导跨自然科学、社会科学和人文学科的国际研究计划，并召集多学科和国际团队解决当今世界面临的最重要的问题。

承诺2：投资于人，支持他们和他们的研究环境，从而使他们的研究努力可持续发展。

我们将为进行研究提供有利的环境，包括最先进的条件和基础设施，为教职工和学生提供适当的支持，并投资于教职工的培训、支持和福利。我们将确保适当的措施到位，以吸引世界各地最能干的人才参与我们的研究。

承诺3：让世界变得更好。

我们的研究将通过新的理解影响世界，从而导致文化、社会、政治和经济变革。我们是一所全球性大学，雄心勃勃，但在本地和全国都有深厚的根基。我们将进一步投资于基础设施，以促进区域、国家和国际合作，投资于为这种合作提供能力的技能和人员，并与全球南方合作。我们的目标是使我们的研究在地区、国家和世界范围内产生的文化、社会和经济效益最大化。

研究专项战略优先事项如下。

⑧ 增加对早期职业研究人员的机会和支持。

⑨ 到2024年，对研究环境进行大量投资，包括人力和物力（如房产、图书馆、收藏、设备和IT等）。

⑩ 扩大校级研究基金的规模和范围，提高对重大研究项目的启动和配套资助能力。

⑪ 与企业、非政府组织和其他方面合作，在可持续的基础上增加非公共部门资助的研究的数量和价值。

⑫ 继续扩大和投资创新活动，为教职工和学生营造创业环境。

人才（专项战略三）①：人是大学成功的基础，学术、研究、专业及支援人员的质素对大学的未来至关重要。为了保持牛津大学在研究和教学方面的世界领先地位，必须继续吸引、招募和支持有才华的人，并提供一个多元化、包容、公平和开放的环境，

---

① 人才是强校之本，不仅仅是教师，也包括管理人员，都是确保大学发展的关键所在，任何一所大学，不论在其发展的任何阶段，都应该将人力资源，尤其是教师队伍建设作为一项重要的战略任务予以重视和落实。

让教职工成长。

牛津大学的人力资源政策和程序为各学系和学院提供架构,以支持各院系教职工并应对不断变化的外部环境。

承诺 1:吸引、招募和留住最优秀的员工。①

为了确保大学的世界领先地位,必须继续招聘和留住最优秀的员工。我们将确保我们的奖励安排,包括养老金规定是坚实、透明和有竞争力的。我们将通过提供优质的托儿服务,提高员工住宿的可用性和可负担性,应对生活在牛津的挑战。

我们将积极促进健康和福祉,让我们的员工能够全身心投入工作,感受到自己的价值。我们将支持有工作的父母和所有有照顾责任的人。

承诺 2:朝着日益多样化的人员结构努力。

我们相信,多元化的师资队伍所带来的多元文化和其他经验,将有助于大学维持和发展国际化视野,加强研究和教学。我们将培育包容的文化,促进机会平等,价值多样性,维护工作、学习和社会环境,使我们所有员工和学生的权利和尊严得到尊重。我们将在领导和决策中扩大代表性不足群体的声音,努力消除阻碍他们成功的任何障碍。

承诺 3:支持员工的个人及专业发展。

个人及专业发展是使个人充分发挥潜力和最大限度地为大学作出贡献的关键。不论员工的工作状况如何,我们将鼓励各级员工参与规划个人发展,并加强和促进为所有员工而设的发展计划。特别是,我们将为职业起步期的研究人员提供专门的个人发展支持,并确保负有管理和领导责任的人员得到支持,以有效地履行这些职责。

人才专项战略优先事项如下。

⑬ 通过实施我们的行动计划,例如 Athena SWAN、种族平等宪章、阻碍工作场所平等指数和用心雇主等,融入一种支持和包容的文化,并增加大学各级教职工的多样性;

⑭ 确保牛津大学仍然是一个有吸引力的工作地点,考虑到工作环境、住房、儿童保育、签证、养老金和工资。

⑮ 创造有利于福祉的政策和实践环境,让所有人共同承担福祉的责任。

⑯ 制定创新和持续的措施,帮助教职工平衡工作任务与家庭生活之间的事情,包括发展托儿服务和制定灵活的工作政策,以及使教职工在职业生涯中可以变换

---

① 本承诺后面的两方面措施不仅考虑到人才自身,而且考虑到优秀人才上有老下有小的具体情况,以及双职工的实际问题。

职责。

⑰ 采取一种公平、透明的方式,为大学和学院员工分配新的负担得起的住房(见优先事项㉘)。

⑱ 审查和改善我们现有的安排,以支持所有员工的个人和职业发展。

参与和合作(专项战略四)①: 通过加强牛津大学的公众参与、知识交流和创新文化,我们的目标是确保我们的研究和教育造福牛津地区、全英国和全球更广泛的公众。为此,我们将与公共、私人、志愿和商业组织以及我们的校友合作。

承诺 1: 携手合作伙伴打造世界一流的区域创新生态圈。

进取和创新是牛津大学持续研究成功和对社会产生积极影响的根本。这些将大学和该地区定位为一个充满机会的地方,将吸引来自世界各地的最好的研究人员和学生。

我们将与我们的地方企业伙伴、地方议会、国家政府、哈维尔和卡勒姆科学校园、牛津科学创新中心,以及当地和全球的企业合作,创造一个培养社会和商业企业家的环境。

我们将投资于我们的能力,以增加与商业、工业和其他外部组织的合作研究活动,并通过牛津大学创新中心的工作,为从我们的研究中衍生出的剥离和初创企业提供更大的支持。我们将在学术研究的同时,增加与企业的合作选址和共同工作(建立创新中心),并积极参与创新区建设。

承诺 2: 与本地和区域社区建立更牢固和更具建设性的关系。

我们相信大学使当地居民受益是至关重要的。我们将致力于扩大医疗和健康科学领域的创新和转化规模,包括与我们当地的 NHS(英国国家医疗服务体系)合作伙伴合作。我们将继续通过展览、公共教育、学校和外展项目,包括通过牛津大学植物园、博物馆和图书馆以及牛津大学人文学科研究中心,为公众参与牛津大学的研究和教学提供门户。

我们致力于建立伙伴关系,在地方和地区层面增加我们的文化、社会和经济影响。我们将通过继续教育部门提供灵活和混合(数字和传统)学习的工作来接触非传统学习者。

承诺 3: 与公众和政策制定者接触,以塑造我们的研究和教育,并鼓励尽可能广泛地使用我们的研究成果和专业知识。

---

① "参与和合作"专项战略实际上就是"社会服务"专项战略,这是凸显大学使命和核心价值观、履行大学职责的重要方面。

我们将与政府、企业、文化组织和其他机构合作,通过我们的研究成果向公众和公共政策提供信息。我们还将制定我们的研究议程,部分方式是将注意力集中在最具社会重要性的问题上。

我们相信公众参与可以丰富研究和社会,为此,我们致力于使我们的研究人员能够激励、咨询和与公众合作。我们寻求将高质量和创新的公众参与作为我们研究文化和实践的组成部分。

我们将成为开放奖学金发展的积极伙伴,为研究人员提供必要的工具,以发表和分享他们的研究成果,并支持国家和国际合作。通过持续的数字投资,牛津大学将接触到全球受众和社区。

牛津大学出版社将通过在研究、教育和英语学习 3 个交叉市场的全球出版,进一步实现牛津大学在研究、学术和教育方面的卓越目标。

承诺 4:通过我们的国际合作,牛津大学将致力于从我们的研究和学术中获得最大化的全球社会、文化和经济效益。

我们的国际合作将在我们研究和学术活动的各个领域保持和加强与全球各地的牢固的机构联系,包括与欧盟、新兴经济体和主要合作伙伴的联系。我们将通过在古代和现代语言方面的杰出广泛的专长,支持继续致力于深入研究世界社会和文化。我们将努力保持并增加获得资金和网络的途径,以开展我们的研究,并与合适的合作伙伴进行合作,无论他们位于哪里,都可以进行小型和大规模的研究合作。我们将努力改善学生的流动机会,支持我们的教职工和学生在一个相互联系的世界中发挥作用,并提高我们的研究和教学在国际上的地位。

参与和合作专项战略优先事项如下。

通过实施我们的行动计划,例如 Athena SWAN、种族平等宪章、阻碍工作场所平等指数和用心雇主等,融入一种支持和包容的文化,并增加大学各级教职工的多样性。

⑲ 扩展牛津市内及周边的创新区,包括 Begbroke 科技园和 Osney Mead。

⑳ 继续投资于数字工具和基础设施,以成为开放学术的领导者,并支持开放获取数据和研究数据输出。

㉑ 通过多个机制,包括学术部门和花园酒店、图书馆、博物馆(GLAM),开展活动和项目,继续提高公众参与的广度和深度。

㉒ 扩大战略国际研究合作。

㉓ 支持和扩大本科生和研究生的国际流动机会,包括在国外非全日制实习和课程学习、从事研究或获得工作经验等。

㉔ 通知、授权和动员校友变得更加知识渊博和在更大范围参与支持大学。

资源(专项战略五): 牛津大学受益于前几代人对资源的谨慎管理,确保大学未来保持财政和环境的可持续发展是至关重要的。通过简化系统和加强合作,提高我们支持服务的效率和效益,是为支持教育和研究提供可持续平台的关键。

承诺1: 管理我们的财政资源,确保大学长期可持续发展。

我们认识到,有效控制大学的资源是我们所有抱负的基础。大学以灵活和反应迅速的方式,积极管理其收入和开支,使大学能够迅速有效地应对外部资金环境的任何变化。实现这一目标的关键是保证和增加我们的收入来源,使我们的收入来源多样化,并追求雄心勃勃的发展战略,寻求为我们的核心长期学术活动提供资金。大学也会致力整合支持架构,确保卓越的教学和研究与卓越的专业服务相辅相成。这将为所有员工提供一个更好的工作环境,并通过消除效率低下而显著降低成本。

承诺2: 确保我们的房地产提供一个促进世界级研究和教育的环境,同时尽量减少对环境的影响,保护我们的历史建筑环境,并改善我们的空间利用。

我们将制订一个优先的资本计划,以确保现有的房地产得到翻修和更新,并辅以新建筑。新建筑将根据牛津大学对低碳牛津宪章的承诺灵活设计,达到无障碍和环境可持续性的最高标准,并将满足用户的研究和教育需求。

我们将制订一个教职工和学生住房计划,提供额外的住宿,以减轻牛津地区私营企业住房高昂成本的影响。在机会和位置允许的情况下,我们将收购周边房地产,以确保这些房地产可以发展和扩大,以满足研究和教育的需要。

我们将增加教职工和学生骑自行车或步行环游牛津的机会,这有利于他们的健康和福祉,并通过无交通的自行车和步行路线改善当地环境。

承诺3: 继续致力发展信息技术能力,以提高研究和教育的质素,并提高行政管理的效率。

我们将投资信息技术,以提高研究能力,改善教与学,提高行政管理的效率。我们将提供基础设施,使所有教职工和学生能够有效沟通,安全地共享信息,并在本地和全球开展合作。我们将继续专注于培训和最佳实践的宣传,旨在使教师和研究人员能够进行创新,使员工能够有效地使用IT系统,并使学生能够提高使用数字技术发现、评估和创建信息的数字素养。

承诺4: 筹集资金支持最优秀的学生,投资于我们的教职工和他们的工作,并提供新的资源和基础设施。

我们将确保筹款和外联工作集中在我们最有效的领域,并最有力地支持大学战略目标的实现。

资源专项战略优先事项如下。

通过实施我们的行动计划,例如 Athena SWAN、种族平等宪章、阻碍工作场所平等指数和用心雇主等,融入一种支持和包容的文化,并增加大学各级教职工的多样性。

㉕ 多样化收入和投资来源,包括与私营部门的伙伴关系、商业活动、慈善事业和广泛的研究资金来源。

㉖ 通过"聚焦"项目提供服务和流程改进,使研究和教育持续增长,而服务成本却没有相应的增长。

㉗ 到 2024 年,在房地产和 IT 领域提供至少 5 亿英镑的资本投资计划。

㉘ 到 2024 年,与私营部门合作,开始为大学和学院员工建造至少 1000 套新的补贴住房。

㉙ 根据大学战略目标的规模和抱负,制定和实施得到适当资源支持的发展策略。

第4部分

大学战略实施

第11章 大学战略实施概要

　　战略规划是战略管理的必要环节,没有这个环节,战略管理无从谈起,战略目标无法落实。但将战略规划转变为所需要的行动和结果,即战略实施,也称战略执行(strategy implementation),才是战略管理过程中最重要、最困难的环节,是战略管理中备受关注的部分。战略实施是动员大学全体教职工充分利用大学内外部一切可能的资源和条件,协调一切积极因素,沿着大学战略目标和方向,自觉而努力地贯彻既定的战略,以期更好地实现大学战略目标的过程。事实上,不论战略规划制定得多么好,多么有创意,如何高瞻远瞩,如果不能得到有效的实施,大学就难以从中受益,战略目标更不可能实现。

11.1　战略实施是大学战略管理的主体

　　战略管理包括战略分析、战略制定、战略实施和战略控制,它将战略的分析、制定、实施、评估和控制看成一个完整的过程加以管理,以提高这一过程的有效性和效率。其中,战略制定更多的是决定大学想达到什么目标和需要做什么,其焦点是制定最优战略决策;战略实施解决的是怎么去做和如何做好的问题,如图 11.1 所示。

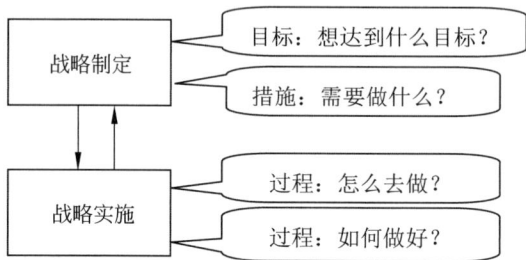

图 11.1　战略制定与战略实施

　　如果不考虑战略控制及评价的作用,可以认为战略规划(包括战略分析和战略制定)只是整个战略管理成功的 20%,其余 80% 在于战略实施。事实上,战略实施是整个大学战略管理的主体,这是因为以下 4 点。

　　1. 战略实施是大学战略管理的关键环节

　　大学战略制定是大学战略管理的基础,为大学发展指明了战略方向,确立了战略目标,明确了战略重点,提出了实现战略目标的方法、手段、措施和途径等。但是,如果仅停留在战略规划阶段,不论战略环境分析如何客观、战略选择如何科学、战略制定如何合理,如果不能付诸实施,前面的工作都是一纸空文,毫无意义。"知道自己前进的方向是一回事;知道怎样到达目的地是另一回事。"正如德鲁克所指出的,"再好的计划也只是计划,只是良好的愿望。离开责任与实施,便只有许诺和希望而没有计划"。只有通过战略实施,才能将战略制定的结果转化为大学改革和发展的具体绩效,才能推动大学健康、持续地发展。大学战略实施是将战略思维和战略制定的结果转化为具体组织行动的动态过程,是战略管理过程的行动阶段,是战略目标能否实现和战略管理可否发挥成效的关键环节,决定着大学战略管理的成败。

　　2. 战略实施是涉及全校各项工作的复杂过程

　　与战略制定相比,大学战略实施工作不仅难度大,而且涉及面广,是一个需要全校上下通力合作的复杂过程,二者之间虽然有着诸多联系,但也存在许多区别,如表 11.1 所示。具体而言,战略制定是在行动前部署资源和能力,战略实施则是在行动中运用和管理资源和能力,需要全校上下共同努力;战略规划是一个分析、预测和思维过程,而战略实施是一个行动、执行和实现过程,离不开全体教职工的共同参与;战略制定需要的是分析、判断、创新和决策技能,战略实施需要的是沟通、协调、激励和领导技能,涉及全校所有人员;战略制定需要协调的是少数人,主要是大学领导层、骨干教师和管理者的认识统一,战略实施则需要全校上下更广泛的行动者之间的协调和配合;战略制定追求的是完整的战略方案,战略实施追求的是全校教职工共同努力的绩效结果。由此可见。战略实施涉及全校上下、方方面面的工作,是一个复杂的过程。

表 11.1　战略实施与战略制定的关系

战 略 制 定	战 略 实 施
行动前部署资源和能力	行动中运用和管理资源和能力
思维过程	行动过程
分析和创新技能	协调和激励技能
少数人协调	全体师生员工协调
战略方案	绩效结果

3. 战略实施是检验学校目标定位正确与否的过程

大学确定的办学定位和战略目标虽然要通过科学的系统分析、全局性的考量和前瞻性的思维,但是最终确定的办学地位和战略目标是否符合学校的实际、是否科学合理地确定了学校的发展方向、是否满足大学未来发展的需要,都必须通过战略规划的逐步实施,才能予以检验和证实。

4. 战略实施是不断完善大学战略规划的动态过程

一方面,大学环境、资源和能力等将发生变化,需要对在战略制定过程中原定的战略目标、任务和措施进行及时的调整和完善;另一方面,随着战略实施的深入,在战略规划过程中一些不符合校情、不切实际的内容将显现出来,需要对这些内容进行修正和完善。这种调整、修正和完善需要在战略实施的过程中予以重视和实现,以使得大学战略规划不仅能够适应动态变化的外部环境,而且可以更加符合本校实际,最终使得战略实施效果更加显著。

大学战略管理目前存在的问题主要有两方面。一是忽视战略实施:战略管理"虎头蛇尾""说一套、做一套",做战略规划"轰轰烈烈",规划做完后"束之高阁"。事实上,对于大学的长远发展而言,仅有良好的战略规划,而没有切实的实施和执行,是造成战略管理失败的根本原因。二是战略实施不到位:缺乏对大学愿景、战略目标、战略措施和战略实施的引领;缺乏全校上下和横向的沟通和协调;缺乏考核评价和创新激励机制;没有形成支持大学战略实施的大学文化;组织结构不能有效地支撑战略实施等。事实上,只要措施到位、机制健全、目标一致、环境和谐,能够认真贯彻落实、扎扎实实执行,哪怕是不十分优秀的战略规划,也能取得较好的效果。

大学引入战略管理较企业晚,但同样要经历先重视战略,再重视战略规划,最后重视战略管理的 3 个阶段。作为战略管理的主体,现在是重视战略实施的时候了,在这方面应注意以下 3 点。

(1) 战略实施是一门学问和艺术。作为一个难度大、复杂性高的过程活动,大学战略实施与大学单项工作任务的落实存在本质区别,不仅需要校内多方面的协调配合,统一行动,而且需要有全局意识,即追求整体最优,而不是局部最优,还需要执行者自觉自愿、积极主动、创造性实施。因此,战略实施不是仅靠行政命令或手段就能完成的,需要领导者的影响力和感召力,需要充分沟通与协调,需要有的放矢的激励措施,需要实施者由衷地投入和付出。

(2) 战略实施需要大学领导的高度重视。虽然战略实施不需要大学领导亲力亲为,事必躬亲,但是成功的战略实施离不开大学领导的高度重视,将相关工作的重要性提升到实现大学总体战略目标的高度予以认识,包括对大学战略的分解落实、各种资源的优化配置、组织机构的调整匹配、激励政策和措施的制定出台、支持战略实施的大学文化培育、战略实施的过程监督、战略目标和途径的调整修正、实施绩效的考核评价等方面的重视或参与。

(3) 战略实施需要大学文化的无形支持。大学文化是全校教职工形成共识的共同的传统、价值观念、信念和行为规范,这些直接影响每位教职工对待工作的态度和行为举止。与大学战略相匹配的大学文化将无形中起到支持大学战略实施的作用,否则将会阻碍大学战略的实施。因此,需要培育和形成支持大学战略实施的大学文化,包括全局观念、创新意识、严谨求实、追求卓越、团队精神、以人才培养为中心、以学生为本等。

为了提高战略实施的有效性,需要在战略管理的全过程予以重视。在进行战略规划时,对制定的每一项战略要进行可行性分析论证,提前分析和考虑战略实施过程中可能遇见的困难和问题;在进行战略实施时,要通过分解目标任务、落实责任,优化资源配置,调整组织结构,完善政策制度和激励机制,加强战略领导等措施,有力推进战略实施;在进行战略控制时,要进行战略评估,适时调整、完善战略规划,确保最终有效实现战略目标。

11.2 大学战略实施的基本原则

如前所述,大学战略实施过程是一个复杂的过程,可能遇到在战略制定时未曾预计或完全没法估计到的问题,为此,在整个大学战略实施过程中必须遵循以下 6 项基本原则。

1. 统一领导、分工负责

这一原则要求大学领导班子统一领导、班子成员分工负责。首先,大学领导班子不仅参与了大学战略制定的全过程,更是大学战略的集体决策者,他们对大学战略的内涵把握最清晰,对大学内外部环境最了解,对大学发展思路的掌握最全面,对大学战略意图的理解最透彻,因此大学领导班子要作为推进战略实施的核心,领导大学战略的整体实施,只有这样才能使得大学各种资源的配置、组织机构的调整、政策措施的出台、激励机制的建立和单位之间的协调能够围绕大学战略的实施有效进行。其次,大学领导班子中的每一位成员都主管一部分学校层面的工作,对所负责的这部分工作既熟悉又有决策权,能够在战略实施过程中给予具体的指导,因此,要对大学战略实施的各项目标任务进行分解,按照工作分工将相关部分落实给各位班子成员,使得每位校领导都具体分工负责一部分大学战略实施的目标任务,从而高效地推进大学战略实施。

2. 纵向一致、层层落实

这一原则要求大学战略实施在总体目标一致的前提下,层层落实目标任务,职责分明。首先,从学校领导到院系部处再到每位教职工均应以实现大学总体战略目标作为本单位和个人工作和行动的指南,使得全校上下目标一致,劲往一处使,共同为实现大学战略目标而努力。其次,大学战略目标任务要通过分解落实到 3 个层面:校领导、机关职能部处和教学院系等二级单位、骨干教职工个人。其中机关职能部处既是大学战略分解后的组织协调单位,也是具体落实部门,要根据自身职能履行大学战略实施某一方面的职责和任务,教学院系是大学战略分解后的具体实施单位;机关职能部门负责人及骨干分别承担着完成本部门目标任务的全部和部分责任,院系负责人和骨干教师分别是本院系目标任务的责任人和单项指标的责任人。这样,学校每个层面在大学战略实施阶段都有明确的子目标任务,承担具体的工作,有清晰的职责。

3. 横向配合、相互协调

这一原则要求各院系部处之间树立系统思想和全局观念,注重相互之间的配合与协调。首先,要求各院系部处将本单位作为大学系统中的一个子系统,强调局部服从整体,院系部处服从学校,不简单追求局部或本单位最优,避免只顾自身目标任务而不顾大学总体战略目标任务,要将实现大学总体战略目标作为院系部处的共同追求。其次,要求各院系部处清醒地认识到大学总体战略目标的实现离不开系统内部各子系统间的相互配合和合作,要以是否有利于大学总体战略目标实现为标准,重视院系部处之间的沟通协调、相互配合和密切合作,为了大学整体发展,顾全大局、甘当配角、避免单位间的摩擦和不和谐。

例如,人才培养与科学研究是大学的两大基本职能,但两者之间是相互关联、密不可分的,因此大学管理人才培养事务的教务处/本科生院和研究生院与管理科学研究的科研处/科研院不能各自为政,必须围绕大学战略规划中的具体目标任务相互协调和配合,包括如何充分发挥科学研究对人才培养质量提升的重要作用,如何发挥人才培养对科学研究的推动作用等。

4. 灵活权变、适度合理

这一原则是基于战略制定时对未来预测和假设可能的不准确性和战略实施期大学内外部环境发生变化的客观情况。因此,大学战略的实施过程并非按照原先制定的战略机械地执行过程,而是需要根据现实情况灵活权变,接受适度合理的目标。一方面,大学需要根据内外部环境的变化适当地调整大学战略目标及其措施;另一方面,要允许大学将主要战略目标基本达到认定为战略实施是成功的,即实现大学战略的底线目标,从而确保大学总体战略目标的实现。大学战略实施过程自身就是不断验证和顺势调整原有的分析判断的过程,如果大学原先对未来的预测和假设与现实不符或大学内外部环境发生变化,使得原定的大学战略无法实施,就需要对其进行修订和调整,对大学战略进行灵活权变;与此同时,对大学战略目标的实现程度要给出适度可接受的合理范围,只要主要战略目标基本达到了,就应该认定战略的实施是成功的,而不必纠结于一些细节。

在大学战略实施阶段,灵活权变是一项重要的原则,要贯穿整个实施过程,不仅是战略目标可以进行权变调整修正,而且实现战略目标的手段、方式、方法和途径等,包括资源配置、人员安排、完成时间等,也需要视客观情况进行必要的权衡变通。事实上,在大学战略制定时就需要为之后的战略实施留下足够的权变空间,以便在客观情况发生变化时能够灵活实施战略。

5. 按年实施、预算挂钩

这一原则要求大学校院两级均按年度制定本级战略实施计划,大学在每年的经费预算中根据年度计划的重要性安排经费,确保好钢用在刀刃上。大学战略的具体实施是要将大学战略分解到年度,包括学校层面和院系部处层面。学校层面的年度战略实施计划主要源于规划期内大学战略的逐年分解,辅以根据当年大学内外部环境的变化进行适当的调整和修订,其结果是,后期的年度战略实施计划调整和修订的内容较前期的多,这是因为大学战略制定时对越后期的预测和假设越可能不准确。院系部处层面的年度战略实施计划主要包括两方面:一方面源于学校层面的年度实施计划;另一方面是结合本单位实际情况创新性支持大学战略实施的部分。大学战略的实施离不开经费支持,因此,要将每年大学有限的经费预算安排在战略实施中最需要的项目上,具体做法是将需要经费支持的与大学战略实施相关的项目按其重要性进行排序并分配经费,以确保重要的战略实施项目得到足够和充分的经费保障。

6. 目标管理+过程管理

大学战略实施实质上就是围绕实现总体战略目标而进行的综合性、系统性管理。首先,大学战略实施的关键在于分解后的战略分目标能否在机关职能部处和教学院系中得到实现,因此,从这个意义上说,大学战略实施的过程就是目标管理过程。目标管理是对下属单位的充分信任和放权,能够最大限度地调动各级部门的积极性和主动性,大学目标管理的核心就是管理中心下移,下放事权、财权和人事权,做到责权利对等,学校则通过明确院系部处的目标任务的方式协调、考核和管理战略实施责任单位的行动。其次,大学战略实施是一个动态管理过程,可以分为战略分解、年度计划、具体实施等不同阶段,每个阶段的成效直接关系到大学战略实施的成效,因此,大学战略实施需要重视过程管理,对大学战略的逐层分解落实、机关职能部处和教学院系的分目标、院系部处年度计划的制订及其实施等大学战略实施的整体过程进行监督、控制和管理,强调院系部处在战略实施过程中的绩效改进,不仅支持各级分战略目标的达成,更要确保大学总体战略目标的实现。

11.3 大学战略实施的主要任务

战略实施是将战略规划转化为现实绩效的过程,虽然不同类型大学的战略实施过程千差万别,但战略实施基本离不开以下 8 项基本任务,需要大学领导层高度重视和相关部门的积极参与,如图 11.2 所示。

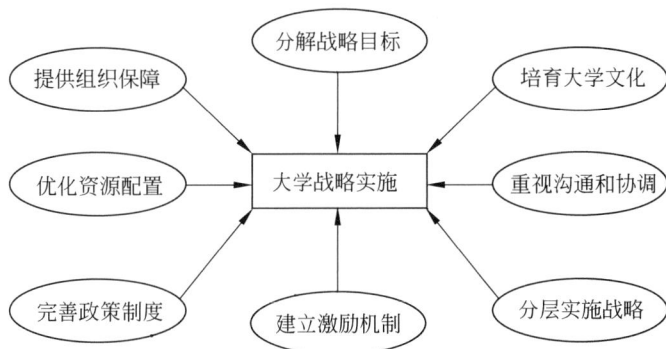

图 11.2 大学战略实施的主要任务

1. 分解战略目标,明确责任主体

大学战略实施的首要任务是将大学战略目标进行分解,并落实到承担实现战略分目标责任的相关主体。大学战略目标分解包括规划期分解和年度分解两方面,均要分解到校领导、院系部处负责人和骨干教职工3个层面。按照规划期分解后的分目标分别作为校领导规划期责任目标、院系部处负责人任期责任目标和骨干教职工聘期责任目标。年度分解主要是将按照规划期分解的战略目标进一步按年度分解到校领导、院系部处和骨干教职工,附加学校层面年度工作计划中可能增加的除战略规划内容外的部分,分别作为校领导、院系部处负责人和骨干教职工的年度责任目标,这样就形成了按照规划期分解的大学战略目标责任体系和按照年度分解的大学战略目标责任体系,在这两个责任体系中,校领导是大学战略目标分解后第一层面的责任主体,机关职能部门负责人和教学院系负责人是大学战略目标分解后第二层面的责任主体;骨干教职工,包括教学院系的骨干教师、机关部处的高级职员等是大学战略目标分解后第三层面的责任主体。

2. 重视机构调整,提供组织保障

大学战略实施的第二项主要任务是建立与大学战略相适应的组织机构,以支持和保障大学战略的顺利实施。做好这项任务的原则是:精简高效、保证重点。主要目标在于最大限度精简机构、提高工作效率,使得大学的机构设置及其重点能够有力地保障大学战略的实施。具体着重从以下几方面开展:第一,围绕战略实施的需要对大学现有机构设置进行评估,提出机构改革和调整方案;第二,撤销冗余机构,压缩富余人员,避免资源浪费;第三,合并职能重叠部门,强调机关职能部门的综合化;第四,加强教学、科研等重要职能部门,强化发展规划部门的职能;第五,按照战略实施需要调整院系设置和学科布局,支持学科交叉和资源共享;第六,根据战略重点的需要适当增设机构,提升大学战略实施的针对性和实效性。上述对大学机构改革和调整的过程就是将大学战略转化为组织行为的过程。

3. 优化资源配置,保证战略重点

大学战略实施的第三项主要任务是优化各种资源配置,以保证大学战略重点实施的需要。大学用于战略实施的资源主要有物资资源、经费资源和人力资源,对于任何一所大学而言,其所拥有的资源都是有限的,要使得大学战略能够顺利实施,在资源的配置上需要做好统筹、优化和计划,将有限的资源用在刀刃上,以最大限度地发挥各种资源的作用。第一,资源的配置要按照重要性程度,优先给予决定战略成功的关键项目或环节;第二,经费预算要直接与年度战略实施计划挂钩,使得所有经费开支均用在战略实施上;第三,人员编制上要优先保持重点学科专业教师队伍的建设,注重教师队伍的整体构成和水平;第四,要注重提高资源的使用效率和开放共享,包括各类教学科研实验室、各种仪器设备平台等;第五,对重点项目的投资建设要有充分的针对性、有效性和可行性分析论证;第六,要建立资源使用效率效果的评价评估机制,促进资源发挥更大效益。

4. 完善政策制度,提高战略效益

大学战略实施的第四项主要任务是完善和形成支持战略实施的相关政策和制度,尤其是要改革和创新大学内部管理体制,以全面提高大学战略实施的效益。一方面,可以制定和出台以下几方面政策措施:①支持重点学科和专业建设;②引进和培养紧缺人才和高水平教师;③重视教书育人和提高人才培养质量;④支持原始创新、鼓励突出贡献的科研导向;⑤加强机构设置和人员编制动态管理;⑥简政放权,充分调动教学院系的主动性和积极性;⑦提高校院两级管理水平、重视办学效益、注重社会影响。另一方面,可以建立一些制度体系,如①建立二级单位任期目标责任考核评价体系;②形成对二级单位任期目标完成过程的监控制度;③加强机关职能部门为教学科研服务意识,提升为院系教师服务水平。

大学政策措施的制定和制度体系的建立不仅要密切结合本校的实际,而且要与大学战略实施直接关联,只有这样才能使得这些政策制度有的放矢、针对性强,才能着实对提高大学战略实施的效益产生作用。

5. 建立激励机制,提升实施效果

大学战略实施的第五项主要任务是建立有效的激励机制,使得全校教职工都能够在各自的工作岗位上积极主动地参与战略实施的具体工作,从而全方位提升战略实施的效果。激励机制的建立可以从以下4方面考虑:①设计针对全校教职工的绩效薪酬体系,充分发挥绩效薪酬在大学战略实施中的导向和激励全体教职工的作用;②处理好教学与科研、业绩数量与质量、教研人员与管理人员等的关系,使得教职工在公平和谐的氛围中齐心协力为大学战略目标的实现而努力工作;③将教职工个人职业发展目标与所在单位发展目标相结合,激励教职工在实现所在单位发展目标的同时实现个人发展目标;④将大学院系部处在规划期的发展目标与大学整体战略目标相结合,激励各二级单位在实现大学整体战略目标的同时实现本单位的发展目标。

大学激励机制的建立,一方面需要充分调研全校不同层次、不同发展阶段教职工的实际需求,把握能够产生激励作用的真实需求点,从而制定出有效的绩效薪酬体系;另一方面要注重培养教职工的主人公责任感和集体主义精神,自觉主动地将所在单位和学校的发展与自身的发展结合起来,这样才能形成全校上下目标一致、方向统一,全体教职工集中努力、劲往一处使,共同提升大学战略实施的效果。

6. 分层实施战略，落实行动主体

完成上述 5 项主要任务后，就可以开展大学战略具体的分层实施，同时落实各层次实施的行动主体。大学战略实施可以分为学校层面、二级单位层面和骨干教职工层面，学校层面主要负责的是专项战略或竞争战略，一般由校领导负责，多个二级单位共同作为该层次战略实施的行动主体；机关部处作为第二层面的一类行动主体，主要负责实施大学专项战略/竞争战略分解落实到本部门的部分；教学院系作为第二层面的另一类行动主体，主要负责实施大学专项战略/竞争战略分解落实到本院系的部分；教学院系的骨干教师作为第三层面的一类行动主体，承担分解落实到本院系战略实施部分的具体工作；机关部处的高级职员作为第三层面的另一类行动主体，承担分解落实到本部处战略实施部分的具体工作。

7. 重视沟通和协调，排除实施阻力

沟通和协调是大学战略实施过程中十分重要的一项活动，其目的在于加强大学内部纵横向之间的联系，排除战略实施过程中可能遇到的各种阻力，从而顺利有效地推进大学战略实施。在一个组织内部的沟通和协调包括上行、下行和平行 3 个方向，即与领导、与下属和与同级之间的沟通和协调，不论哪个方向的沟通和协调，都必须遵循"尊重""平等"的原则，都要能够认真倾听对方的意见，尤其是下属和同级的意见和建议。沟通和协调之所以重要，在于它是战略实施能否成功的一个重要而不可缺少的环节。大学内部的沟通和协调是能够顺利开展的，这是因为全校上下都有实现大学战略目标的共同愿望。

沟通和协调要处理好的主要关系有机关部门之间、机关与院校、学校与院系、学校与部处、个人与所在单位等，能否处理好这些关系直接影响大学战略实施的结果。因此，要强调院系部处服从大学整体、个人服从单位，要以是否有利于大学总体战略目标和专项战略目标/竞争战略目标的实现为协调各方关系和规范各方行动的准则。

8. 培育大学文化，形成战略合力

大学文化是大学全体教职工共同拥有的传统、价值观念、信念和行为规范，具有潜在性和不易改变的特点，直接影响每位教职工对待工作的态度和行为举止，在大学内部管理中具有不可替代的作用。因此，在大学战略实施过程中需要培育和形成与大学战略实施相匹配的大学文化，以在教职工中形成战略合力，从而推动大学战略有效实施。事实上，大学文化的内涵十分丰富，但与大学战略实施直接关联的内涵有全局观念、战略眼光、团队精神、创新意识、严谨求实、追求卓越、以人才培养为中心、以学生为本等。虽然在规范大学教职工行为上，大学文化的作用较政策制度等更为柔

性和潜移默化,但大学文化的建设,尤其是在一个新的内涵的培育和形成的初期,仍然需要通过相关的政策、制度或机制的辅助和引导,从而逐渐将外在因素转化为教职工共同认可和接受的新的文化内涵。

总而言之,大学战略实施需要将大学战略目标进行分解落实到不同层面的责任主体;需要调整机构设置和加强编制管理,为大学战略实施提供组织保障;需要优化大学各种资源配置,以优先保证战略重点对资源的要求;需要完善各种政策措施和制度体系,提高大学战略实施的效益;需要建立和完善各种激励机制,以充分调动广大教职工投身战略实施工作的积极性和主动性;需要分层实施大学战略并落实各层次的行动主体;需要加强全校上下的沟通和协调,排除各种可能的阻力,以顺利推进战略实施工作;需要培育和形成与大学战略实施相匹配的大学文化,在全校上下形成实施战略的合力。

11.4　大学战略实施的基本方法

实现大学战略的路径有多种选择,相应地,大学战略实施的方法也多种多样。在这其中,主要有目标分解法、年度计划法、项目管理法、目标管理法和绩效管理法5种。

11.4.1　目标分解法

目标分解法就是将大学战略中的目标分解为可操作的分目标,也称指标,并将其从时间维度、职能维度和测量维度3方面落实到大学内部的院系部处和骨干教职工。

1. 时间维度的目标分解

将大学战略规划中的远期目标(如20年)分解到大学规划实施的阶段性目标(如10年)、近期目标(如5年)和年度工作计划中,使大学战略规划中的远期目标转化为若干近期的可测量的分目标或发展指标,使大学的长期行动有效转化为短期安排。

按照时间维度的目标分解是基于学校层面进行的,分解结果将作为职能维度目标分解和测量维度目标分解的基础。

2. 职能维度的目标分解

根据机关职能部门和教学院系的职能,将大学战略规划中的总体目标分解为职能部处目标和教学院系的目标,具体又分为纵向职能维度的分级目标和横向职能维度的分项目标。

1）纵向职能维度的目标分解——分级目标

按照大学内部组织结构将大学战略目标进行逐级分解,先落实到大学机构职能部处和教学院系;再由机关职能部处按照管理层次分解到骨干管理人员,由教学院系按照学科专业的特点分解到教研、教学、科研岗位的骨干教师,从而构建出一个由"大学目标→职能部处目标和教学院系目标→骨干教职工个人目标"组成的目标链,形成一个由职能部处目标清晰、教学院系目标清楚、骨干教职工任务明确的大学战略目标体系。

2）横向职能维度的目标分解——分项目标

按照大学战略目标中的具体内容,将其分解为人才培养、科学研究、学科建设、专业建设、队伍建设、国际交流与合作、社会服务、内部改革、体制创新、党的建设、学生工作、校园建设等分项目标,将这些分项目标落实到相关责任机关部处和教学院系,而后再将这些分项目标分解并落实到责任单位内具体的责任人。

3. 测量维度的目标分解

将大学战略规划中的总体目标、专项目标、职能目标、院系目标转化成为定量的、具有标志性的发展指标,形成总体目标→关键指标、专项目标→专项指标、职能目标→职能指标、院系目标→院系指标等相互对应的"目标-指标"体系,为大学职能部门和教学院系实施战略规划提供可操作性、可考核性的工具,为战略规划实施过程中进行动态控制、年度监测、定期评估提供依据。

如:总体目标是"建设世界知名的研究型大学",那么关键指标可能只设一个(例如进入全球排名前100位),与专项目标对应的专项指标可以在毕业生质量、科研成果、师资队伍、学科专业水平等方面设定。

专项指标确定后,应将专项目标和专项指标结合工作职能和学科专业的特点,按照学校意志与部门职责相互结合,通过自上而下、上下结合、相互协调的方式,进一步分解到机关职能部门和教学院系,将各级定性目标逐层转化为可以测量和评价的指标,形成目标衔接、指标细化、责任明确的"目标-指标"体系,逐级明确学校、部门、院系的目标、任务和责任,从而使学校的战略意图和战略目标得到认真落实。

11.4.2　年度计划法

大学战略是需要逐年实施的,将规划期的大学战略分解到年度,由此分别制定学校层面、机关职能部处层面和教学院系层面年度工作计划并予以执行是实施大学战略的有效方法。年度计划法对各个层面年度工作计划的具体制定和经费安排要求如下。

（1）将大学总体战略分解到大学规划期内每个年度的学校工作计划，在学校层面上逐年予以实施落实；各年度学校工作计划中各项目需要的经费在当年学校经费预算中予以优先保证。

（2）以分解后的大学年度工作计划和机关职能部处在规划期内的职能战略为基础，结合本部处具体实际，制定机关各职能部处规划期每个年度的年度工作计划，在机关层面逐年予以执行实施；各年度部处工作计划中各项工作任务所需经费除在当年学校工作计划中得到优先保证外，其余经费将视相关工作任务的重要性程度予以考虑。

（3）以分解后的大学年度工作计划和教学院系在规划期内的院系战略为基础，结合本院系具体实际，制定各教学院系规划期每个年度的年度工作计划，在院系层面逐年予以执行实施；各年度院系工作计划中各项工作任务所需经费除在当年学校工作计划中得到优先保证外，其余经费将视相关工作任务的重要性程度予以考虑。

11.4.3 项目管理法

大学战略的实施要区别轻重缓急，按照重要性程度区别对待，重点目标的实现、关键指标的达成和重大任务的完成等直接关系到大学总体战略目标实现的事项，可以通过项目管理的办法予以保证，具体通过以下3个环节。

1. 设立战略实施专项

大学战略规划管理部门可以根据战略规划中的关键指标和专项指标设立若干实施专项。例如，按照战略规划中确定的关键指标设立一流学科建设专项；按照战略规划确定的主要任务设立交叉学科教师队伍建设专项，等等。经学校学术机构或行政咨询等机构的论证、审议和大学决策层（如党委常委会或校长办公会）批准后，列入预算计划，配置相应的人、财、物等办学资源。

2. 下达战略实施专项

制定"战略实施专项立项书"，规定战略实施专项的建设目标、建设任务、完成时间、实施条件、经费预算、考核指标、验收评估等方面的内容，然后将立项书下达给承担建设任务的相关职能部处或教学院系。大学将根据立项书的规定配置实施专项所需的各种经费和资源。

3. 执行战略实施专项

承担战略实施专项的立项单位按照立项书的要求开始具体的实施工作，在这个实施过程中,立项单位不仅要与学校相关部门保持经常性的沟通,还需要定期向学校报告实施专项的执行情况。与此同时,大学战略规划管理部门要负责整个过程的动态监控,对可能出现的问题及时与立项单位沟通。

11.4.4　目标管理法

目标管理(management by objectives,MBO)是一种主动的管理方式,也是一种追求成果的管理方式,是大学战略管理的重要手段,其核心是通过给被管理者设定工作目标,明确努力方向,将目标既作为促进和激励被管理者努力工作的要素,也作为评价和考核管理者的主要标准,在大学战略实施中发挥重要的作用。

目标管理法主要由5方面工作构成。第一,将大学的战略目标分解到机关职能部处和教学院系,作为部处长、院长和系主任的任期目标。较为理想的是:战略规划期和大学处级干部的任期起始时间完全吻合,这样,在干部任期伊始就可以直接将大学战略目标分解到二级单位作为其规划期内的目标以及正处级干部的任期目标。第二,形成院系部处的年度目标,主要由两部分构成:一是本单位任期目标的分解;二是当年学校层面的工作要点在本单位的落实。第三,在院系部处实现年度目标的过程中,以既定年度目标为标准,开展督查检查,及时反馈检查结果,进行过程控制,保证院系部处工作沿着既定的目标方向努力。第四,每年末要对当年的年度目标完成情况进行客观的评价,肯定成绩,总结经验,为来年的工作提出建议,并根据大学战略目标的调整对院系部处任期目标进行相应的调整。第五,任期结束时对院系部处任期目标完成情况进行整体评价,对院系部处负责人按照任期目标进行任期考核,考核结果可以作为组织部门提出使用干部建议的依据。

从现代管理的角度,目标管理法有以下几个主要特点。

(1) 目标管理是民主的管理。目标管理强调的是目标的实现,而不在于实现目标的途径和方式。从目标的确定,到进度的安排,都充分发扬民主,经过学校领导和院系部处负责人等的反复民主协商,达到一致认可。在目标实现过程中,给予院系部处及教职工充分的授权,使其职、责、权相统一,这就赋予承担目标责任者极大的自主性和灵活性,就能充分鼓励院系部处独立自主地开展工作,充分发挥院系部处和广大教职工实现目标的积极性、主动性和创造性。因此,目标管理是激励的、民主的管理。

(2) 目标管理是系统的管理。目标管理是从全局的角度,将系统总体目标分解到系统内各个层次作为下属子系统的分目标,一方面,各子系统作为系统的一部分,虽然分目标不同,责任各异,但不能游离于总体目标之外,均要围绕最终实现系统总体目标的共同方向努力;另一方面,各个子系统虽然分工不同,但却彼此关联,不能各行其是,要有系统和全局观念,需要相互理解、沟通协调、友好合作、步调一致。因此,目标管理是系统性的管理。

(3)目标管理是动态的管理。这主要反映在目标的动态调整和监督检查的及时性。目标管理中的目标是大学二级单位及其负责人工作行动的导向和衡量业绩的标准,在实现目标的过程中需要根据大学外部环境和内部条件的变化,对原定的目标和指标动态地做出相应的调整和修订,而不能一成不变地盲目往前走。对二级单位的监督检查要根据工作实际开展的需要,强调及时有效,既要有定期的规范检查,也可以有不定期的抽查,其目的在于及时发现问题、采取对策、解决问题。

(4)目标管理的主要手段是检查考核。目标管理给予下属充分的权利,因此对下属的管理主要是通过平时的检查和阶段性的考核进行。平时检查的目的在于掌握实现目标的进度,督查下属的工作,帮助解决出现的问题,保证顺利完成目标任务。阶段性考核的目的不仅是总结评价前一阶段的工作成效,而且在于相互学习、交流成功经验,为下一阶段工作提出建议和指导。检查考核不仅能够起到监督的作用,还能起到激励鞭策的作用,考核结果还是奖惩的主要依据。

11.4.5　绩效管理法

从大学的角度看,绩效管理(performance management,PM)是指大学与教职工之间在工作目标设定与如何实现目标两方面形成共识的基础上,督促、激励、引导和帮助教职工个人取得满意绩效的管理过程。大学绩效管理的主要目的是建立有效的激励机制和与教职工相互沟通的良好机制,支持和帮助教职工提高他们的能力和水平、发挥自己潜能,通过良好的个人绩效的获取实现大学整体绩效的提高。

绩效管理法是实现大学战略目标的重要而有效的手段,整个绩效管理过程始终是围绕大学战略目标的实现进行的。首先,大学战略目标的层次分解:将大学的战略目标转化为具体的定性目标和定量目标,然后分解为院系部处的绩效目标,再分解为教职工的绩效目标;其次,必要资源的投入和配置:给予院系部处和教职工必要的资源投入和配置,包括经费资源、必要的软硬件资源、教职工培训提高等;最后,通过绩效管理相关环节,包括实施进行、评价绩效、反馈绩效和改进教学,运用绩效管理的方法和工具,改进和提升教职工的绩效水平,使得教职工在实现个人绩效目标的同时获得大学战略目标的最终实现。通过绩效管理实现大学战略目标的过程如图11.3所示。

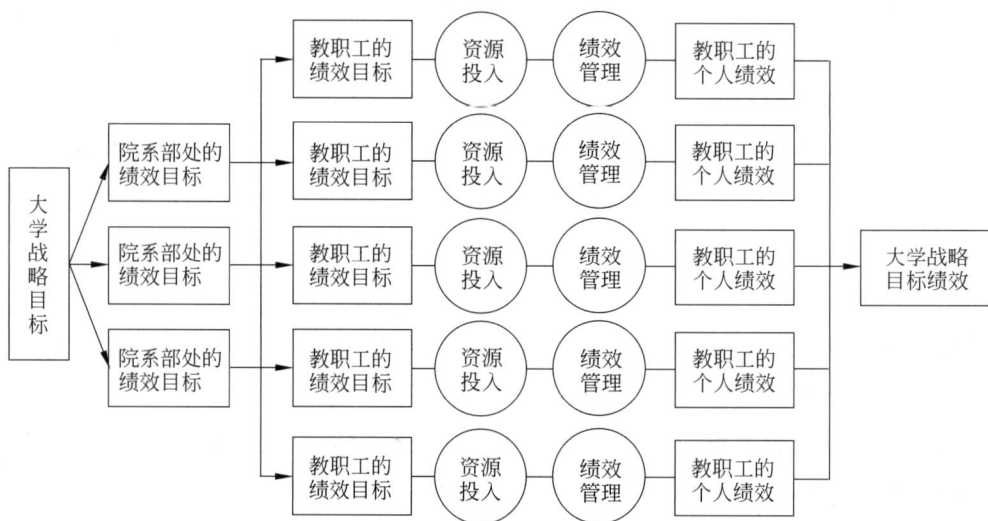

图 11.3　通过绩效管理实现大学战略目标的过程

绩效管理法的主要对象是教职工,尤其是骨干教职工,而目标管理法的主要对象则是院系部处的负责人,两者的相似之处有二:一是管理对象均是大学内部的"人",只是前者是具体的个人,后者是代表身后一个具体的大学二级单位的人;二是评价考核指标均是目标,只是前者是大学战略目标分解后的三级目标,后者是大学战略目标分解后的二级目标。由此可见,绩效管理法和目标管理法可以组成大学战略分层实施的有效方法,具体见第 12 章。

除以上 5 种基本方法外,推进大学战略实施工作还可以通过公众监督和大会交流的方法进行。公众监督是通过互联网等各种传播媒介或发放简报的方式及时公布大学战略实施的进展情况,让全校广大教职工都能动态地了解大学战略实施过程的具体情况,形成对大学战略实施的公众舆论监督机制,进而推动战略实施工作。大会交流是通过定期召开针对大学战略实施的阶段性成果和经验交流会议,让大学战略实施的责任人和行动主体在会上交流通过战略实施过程中取得的成绩和经验及存在的问题,形成一种取长补短、鼓励先进、鞭策落后的机制。

事实上,大学战略实施的方法灵活多样,各大学应该根据本校的具体实际和战略规划的主要目标任务采取合适的推进本校战略实施的方法。

第12章 大学战略的分层实施

大学战略的实施始于对大学战略的分解,首先将大学战略目标进行分解,然后将大学战略分解到机关职能部门和教学院系,即形成大学职能战略和院系战略,最后将大学战略按年度进行分解。完成对大学战略的分解后,大学战略实施就进入执行阶段,即通过3个层次进行,包括学校层面按照年度工作要点实施、院系部处层面按照目标管理实施、骨干教职工层面按照绩效管理实施。

12.1 大学战略目标的分解

在大学战略实施阶段伊始,需要将大学战略目标中的大学专项战略/竞争战略目标或大学战略规划中的关键指标进一步分解和细化,要将目标或关键指标逐层分解落实,即先分解到二级单位:机关职能部处和教学院系,作为大学战略目标的第二级分解,然后再分解落实到机关职能部处的骨干管理人员和教学院系的骨干教师,作为大学战略目标的第三级分解,最后形成大学战略目标体系,或形成大学在给定时期内所要达到的数量、质量、规模、速度、效益,以及内部结构和比例关系的完整的综合指标体系。

1. 大学职能战略目标

大学机关职能部处的战略目标应是本部门在大学战略规划期内履行被赋予职能所要达到的目标,或称职能战略目标,简称职能目标,各职能部门负责人是所在部处职能战略目标的责任人。例如,教师队伍建设战略目标、管理队伍建设战略目标、经费运作战略目标、校产资源管理战略目标、校园建设战略目标、教育信息化战略目标等以大学资源为基础的职能战略目标;国际化战略目标、产学研合作战略目标等其他类型的职能战略目标。

2. 大学院系战略目标

教学院系作为大学实现战略目标的基层单位,其战略目标是各院系在大学战略规划期内在大学主要功能领域要达到的与本院系学科专业密切关联的综合的战略目标,或称院系战略目标,简称院系目标,院系负责人是所在院系战略目标的责任人。

职能目标和院系目标是大学执行层面的操作性战略目标,它们的形成必须通过自上而下和自下而上的循环反复过程。最终分解到院系部处的战略需要满足3方面要求:首先,大学总体战略目标必须全面系统、毫无遗漏地分解到职能目标和院系目标,换句话说,分解后全校各职能部处的职能目标和所有教学院系的院系目标的总和要大于或等于大学总体战略目标;其次,职能目标和院系目标不是大学总体战略的简单分解,而应该在此基础上分别结合职能部处所担负的职能和教学院系的学科专业进行细化和丰富,形成本单位在规划期内完整的战略;最后,由于职能目标是从职能的角度对总体战略目标进行分解,而院系战略是从学科专业的角度对总体战略目标进行分解,因此,大学总体战略目标在职能目标和院系目标之间必须达成一致,例如,分解到人力资源部门的教师队伍建设这项职能目标必须与落实到全校各院系的教师队伍建设目标一致。

3. 教职工聘期目标

教职工个人的战略目标是指教职工在聘期内完成岗位职责所要实现的责任目标/指标,统称为聘期责任目标,简称聘期目标。学校机关管理人员的聘期目标源于对所在部门职能目标的分解和细化,因此一个管理部门的职能目标要由本部门全体员工共同完成。教学院系教学科研人员的聘期目标源于对所在院系战略目标的分解和细化,因此一个教学院系的战略目标要由本院系全体教学科研人员一起完成。

大学战略目标分解到院系部处和教职工的分目标或指标要做到具体、有时限、有挑战、可评估。具体指的是对分目标/指标的阐述是清晰明确的,让人一看就知道要干什么事、要做到什么程度等,而不是笼统模糊。有时限指的是完成分目标/指标的特定期限,是在大学战略规划期内的具体时间点。有挑战指的是分目标/指标具有一定的难度,需要院系部处和教职工克服困难、付出努力才能实现,而不是轻而易举、唾手可得,因而具有激励作用。可评估指的是能够采用一定的方式方法对分目标/指标的完成情况进行准确的衡量,获得可以比较优劣的数据或信息。

通过以上对大学总体战略目标的逐级分解,可以形成如图 12.1 所示的大学战略目标体系。

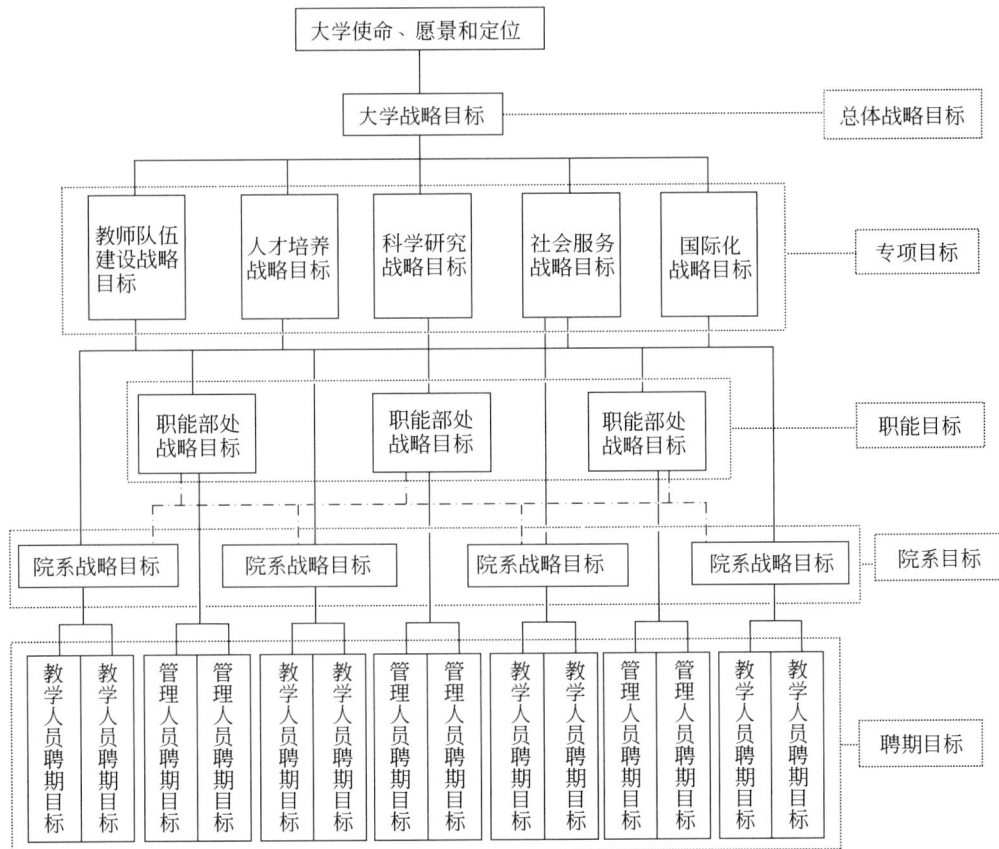

图 12.1　大学战略目标体系

12.2　大学职能战略和院系战略的形成

在大学战略结构中,第三层面的职能战略和院系战略由于不属于大学层面的战略,因此需要在大学战略实施阶段予以制定形成,以保证大学专项战略的具体落实和实施。

职能战略是大学机关各职能部处在各自职能领域所采取的战略,由大学的专项战略或竞争战略所决定,往往只限某一职能领域。职能战略的形成有 3 个步骤:首先,根据不同专项目标或关键指标的职能性质,将它们分别分解落实到机关相关职能部处,构成职能战略的第一部分内容,如学科队伍建设指标作为一个专项,分解时就要涉及人事处、学科建设办公室和相关院系;其次,对专项战略中实现专项目标或关键指标的战略措施或途径等进行分解细化,构成职能战略的第二部分内容;最后,从支持职能战略目标实现的角度,创造性地提出属于本职能部处职责范围内的辅助性战略,构成职能战略的第三部分内容。

院系战略是大学各个教学院系在所在学科专业领域所采取的战略,也是由大学的专项战略或竞争战略所决定的。院系战略的形成也有 3 个步骤:首先,根据不同专项目标或关键指标的学科和专业特点,将它们分别分解落实到相关的教学院系,构成院系战略的第一部分内容,如建设若干世界一流学科作为一项关键指标,分解后就要落实到学科所在院系以及支持学科建设的其他辅助院系;其次,对专项战略中的战略手段和途径进行分解细化,构成院系战略的第二部分内容;最后,从支持院系战略目标实现的角度,结合院系的具体实际提出辅助性的战略,构成院系战略的第三部分内容。

按照上述步骤形成的大学职能战略和院系战略如图 12.2 所示。

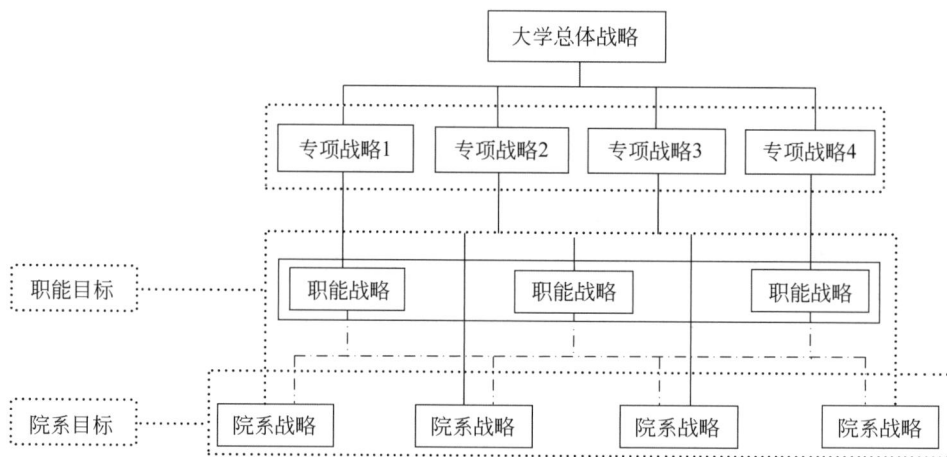

图 12.2 大学职能战略和院系战略的形成

虽然职能战略和院系战略均主要源于专项战略/竞争战略的分解,但大学的矩阵式组织结构使得职能战略和院系战略之间存在着相互作用关系,如图 12.2 中虚线所示。严格地说,与大学四大功能相关的职能战略应该是全校各院系战略中与该职能相关内容的总和,或者说,该职能战略的具体实施需要通过相关院系的战略进行。在实践中,与大学四大功能相关的职能战略的形成受相关院系战略的影响,可以认为这些职能战略是相关院系战略中与职能战略关联的内容的集中。反之,院系战略的形成也受到相关职能战略的影响,可以认为院系战略是相关职能战略的进一步分解。因此,不同路径形成的职能战略和院系战略应该具有一致性:通过专项战略/竞争战略分解后形成的职能战略与由相关院系战略中与职能关联的内容汇总形成的职能战略是一致的;通过专项战略/竞争战略分解后形成的院系战略与由相关职能战略中与院系学科专业关联的内容整合而成的院系战略是基本一致的。

职能战略和院系战略之间的相互作用关系要求二者不论在形成还是在实施过程中均要注重相互沟通和协调。在战略形成过程中,相关职能部处要通过充分的调研和座谈加强与教学院系的沟通,为职能战略的形成打下基础;教学院系则要通过与相关职能部处的沟通和交流,了解和把握学校对与本院系相关学科专业的战略意图,为院系战略的形成提供支撑依据。在战略实施过程中,职能部处要与相关院系保持经常性的沟通,以协调相关院系之间的关系,保证职能战略有效实施;教学院系要与相关职能部处保持经常性的联系,以反馈可能遇见的问题和困难,及时获得相关职能部处的支持。

大学职能战略和院系战略形成后,分别需要通过职能部处年度工作计划和教学院系年度工作计划以及目标管理法予以实施,以实现职能目标和院系目标。

12.3　大学战略的年度分解

大学战略的实施是按年度进行的,因此要将其按年度进行分解,以形成大学的年度工作计划(简称"年度计划")。事实上,年度计划对于大学战略实施尤其重要,主要表现在以下几方面:①大学战略按照年度分解后形成的年度计划能够有效地支持大学战略目标的实现;②年度计划是大学资源配置的基础,能够确保大学各种资源围绕着大学战略实施的需要进行分配;③年度计划明确了大学各层级主要干部年度工作的主要责任和任务重点,为这些干部的问责和年度考核奠定了基础;④年度计划是衡量大学战略目标实现进程的尺度,是大学战略评价、战略控制和绩效改进的重要工具;⑤年度计划是大学向其利益相关者展示其工作重点、管理方式、运行模式并寻求更大支持的有效方式。然而,在中国大学战略管理的实践中最为突出的问题是:年度计划与大学战略规划相脱节,年度计划没有成为大学战略实施的主要途径,二者互不关联,严重影响了大学战略实施的效果。

一般而言,大学总体战略是由若干专项战略/竞争战略组成的,因此,大学战略的分解实际上就是这些专项战略/竞争战略按照年度进行分解,图 12.3 所示的是战略规划期为 5 年的大学战略分解到大学 5 个年度计划。为了保证大学战略最终能够得到完全有效的实施,大学战略的年度分解需要满足以下 4 个要求。

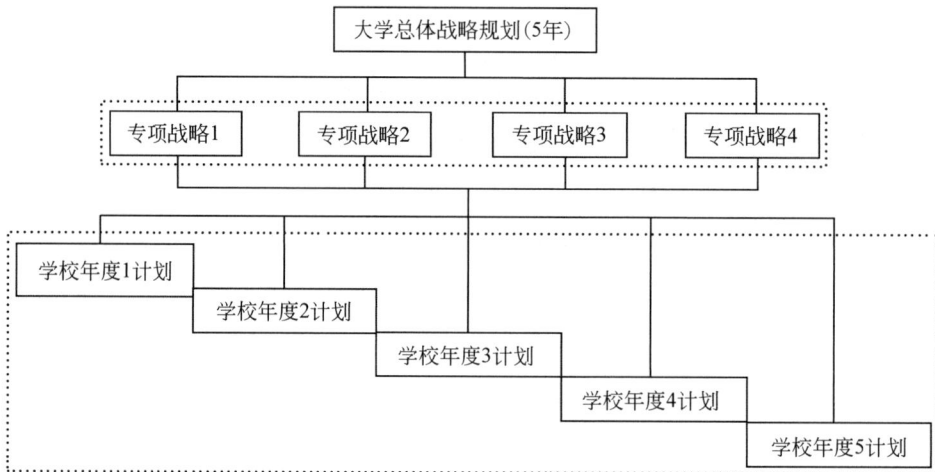

图 12.3　大学战略分解到学校年度计划

（1）各年度战略分目标总和大于或等于大学总体战略目标。由于大学战略实施的最终成效是各年度计划完成情况的汇总,因此只有各年度战略分目标之和大于或等于大学总体战略目标,才能保证大学战略目标不折不扣的最终实现。

（2）赶前不留后。人们对未来环境以及事务预测和判断的准确性随着时间的增加而降低,因此,大学战略实施后期出现的各种不确定性较前期要高,这就要求战略实施的进度要尽可能往前推进,以避免和减少外部环境和内部因素对战略实施的影响。

（3）后期目标留有变动空间。正是由于大学战略实施后期出现不确定因素的可能性较前期大,因此要为后期战略分目标留下足够的变动空间,或者允许对分目标进行调整和修订,或者用新的分目标替代原先分解的分目标,以使得大学总体战略目标的实现不打折扣。

（4）通过年度工作要点落实。按照年度分解后的年度计划要通过年度工作要点予以落实,这是因为年度工作要点是大学年度需要重点开展和完成的工作,不仅能够得到高度重视,而且在资源配置等方面能够得到保障,详见 12.4 节。

大学战略分解到学校年度计划后,各年的学校年度计划将作为当年度机关职能部处工作计划和教学院系工作计划的基础。图 12.4 所示的是大学机关职能部处 i 在战略规划期内各年度计划制订的依据：一方面源于学校当年的年度计划，包括学校当年年度计划中与部处 i 直接相关的目标任务；另一方面源于机关职能部处 i 在规划期的战略，该战略的形成如图 12.2 所示。类似地，图 12.5 所示的是大学教学院系 n 在战略规划期内各年度计划制订的依据：一方面源于学校当年的年度计划，包括学校当年年度计划中与院系 n 直接相关的目标任务；另一方面源于教学院系 n 在规划期的战略，该战略的形成如图 12.2 所示。

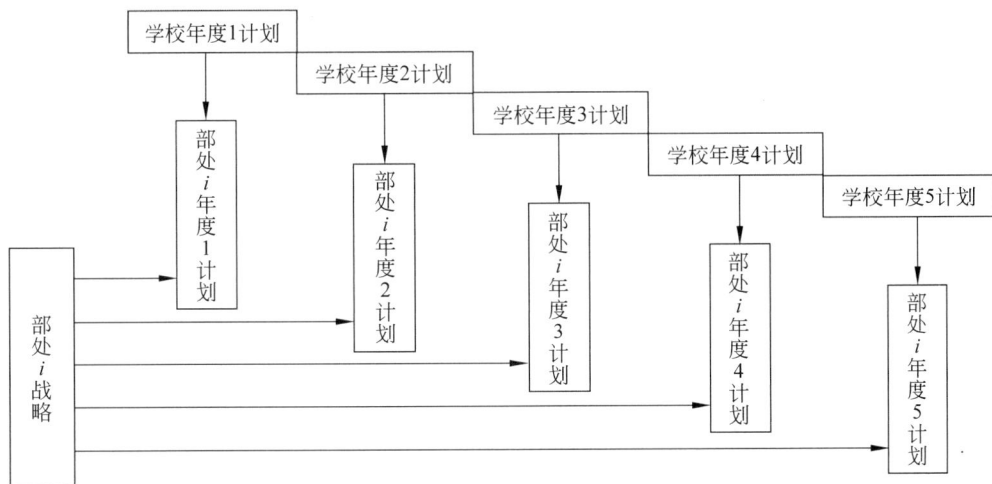

图 12.4　大学机关职能部处 i 年度计划的形成

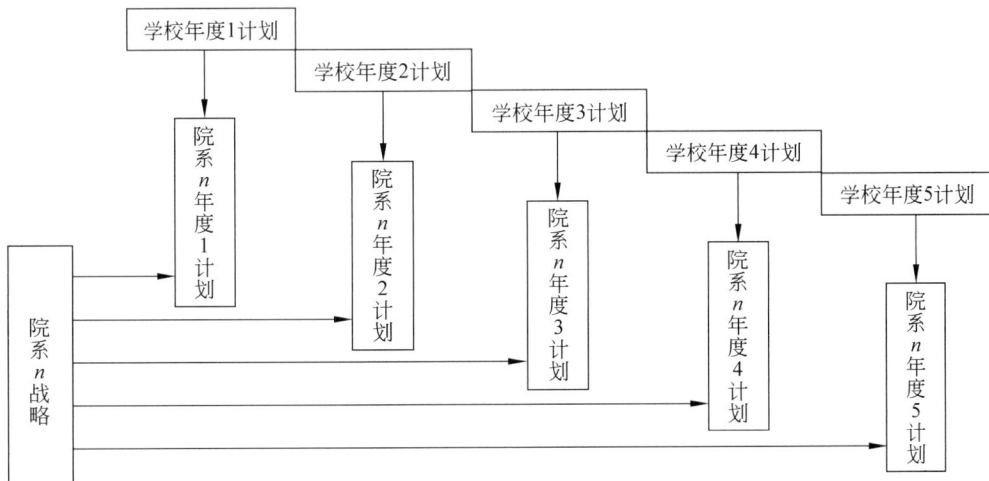

图 12.5　大学教学院系 n 年度计划的形成

12.4 学校层面的战略实施——年度工作要点

如前所述,大学战略在学校层面的实施最终是需要通过学校年度工作要点完成的。大学战略按年度分解后所形成的当年的学校年度计划(见图12.3)是大学每年工作要点的基础,大学每年年度工作要点都要围绕形成和增强办学特色来制定,大学每年的主要工作是围绕如何完成年度工作要点中的各项工作任务而开展的。需要指出的是,学校年度工作要点的"年度"指的是自然年或日历年,而不是教育界开展教育所指的"学年"。本节基于作者的工作经验,将学校层面的战略实施分为年度工作要点的形成、经费支持、分解、督办、检查、修订和总结等环节进行讨论。

1. 年度工作要点的形成

学校年度工作要点的形成主要有以下5个步骤。

第一,每年寒假前,一般在12月份,学校办公室(以下简称"校办")发文,布置机关各职能部处在分管校领导的指导下按照图12.4所示的路径拟出下一年度本部门的工作计划,同时征求相关教学院系负责人的意见。

第二,分管校领导根据自己对大学战略规划的理解,将自己分管部门提出的工作计划进行汇总并修改。

第三,校办将各位校领导修改后提交的所分管部门的工作计划按照年度工作要点的统一格式进行分类汇总。

第四,将初步形成的学校年度工作要点初稿报送校长修改,校长最后从全局和发展的角度,对照大学战略规划或大学战略分解后的学校年度计划,从突出办学特色的角度,对初稿进行修改完善。

第五,由校长修改完善后形成的讨论稿提交大学党委会讨论通过之后就正式定稿。正式定稿的学校年度工作要点的格式是分类和统一编号,如按照人才培养、学科建设、科学研究、社会服务、内部管理等对要点进行分类,用阿拉伯数字不分类别从头到尾对要点进行编号。

如果一所大学已经按照图12.3的路径将大学战略分解到学校年度工作计划,那么,上述前3个步骤可以省略,直接从第4步开始,大学校长以当年的学校年度工作计划为基础,从突出办学特色和强化办学优势的角度,与其他校领导一道讨论后形成提交大学党委会的讨论稿。

在年度工作要点的形成过程中需要注意3点:一是要结合当年教育行政主管部门和各级政府对高等教育提出的要求,及时补充在大学战略中没有的内容;二是从规划期第二年开始,要考虑上一年度大学战略的实施情况,弥补上一年度未完成的战略实施任务;三是在提交大学党委会讨论之前应该有充分的酝酿,包括在职能部处层面和校领导层面,以及征求教学院系负责人的意见等。

2. 年度工作要点的经费保证

年度工作要点是学校全年工作任务的重点,所需经费在学校年度经费预算中必须给予重点支持和优先保证,从而为大学战略目标的实现提供经费保障。为了提高经费使用的针对性和有效性,机关相关职能部门对本部门提出的工作计划中各项工作所需经费,或对拟提交大学党委会的年度工作要点讨论稿中的各项工作任务所需经费,必须做出科学合理的预算及必要性分析,为大学校长完善形成和校党委会讨论通过年度工作要点讨论提供重要参考。

职能部处和教学院系年度工作计划中的工作任务,除了作为学校工作要点的具体落实使得经费得到保证外,其余工作任务的经费支持要视其重要性和学校当年经费总体情况而定。学校年度经费预算一般将需要经费支持的项目分为 3 个等级:必保项目、一般项目和待研项目,然后根据年度经费预算总盘子按照重要性大小依次分配(详见 13.2 节经费资源的高效运用)。

3. 年度工作要点的分解

学校召开校长办公会,将经过大学党委会正式定稿后的学校年度工作要点逐条分解到分管相应工作的校领导及机关相关职能部处,并明确每条要点完成的时间,这些时间点不应该都是年底,应该根据实际情况可以在年内任何一个时间点。

各位校领导及时召集所分管的机关职能部处负责人开会,将自己"领到"的年度工作任务进行部署,进一步落实到对应的机关职能部处,并提出更加具体明确的要求。

机关职能部处可以召开相关教学院系负责人的会议,在分管校领导的主持下,将分解落实到本部门的学校年度工作要点与相关教学院系当年的年度工作计划相对接,以从教学院系层面配合、支持和落实学校年度工作要点。

4. 年度工作要点的督办

年度工作要点的督办是加强过程督促、避免年度工作要点滞后完成和保证大学战略实施进度的重要措施,一般要求大学在学校办公室内成立专门的督办科室,由校长直接领导下的学校办公室负责。每年春季学期开学后,学校办公室将学校工作要点全文及其分解以正式文件的形式下发到二级单位,还可以在大学内部网站上予以公布展示,以接受全校师生员工的监督。

与此同时,每位校领导也将收到一份当年由他负责完成的学校工作要点的清单,以便他对照完成。校办将根据校长的要求,定期或不定期地督促分管校领导及相关职能部处对学校工作要点的落实,并将工作要点完成进度及时报告给校长。校长在每周校领导碰头会上也可以及时过问即将完成和正在实施的工作要点。此外,学校办公室在某项工作要点完成期限到达前一段时间(一般一个月前),要书面通知提醒相关校领导,使其有充分的时间督促、检查相关部处和院系保质保量地完成该工作要点的任务。

5. 年度工作要点的检查

大学每年对学校年度工作要点完成情况一般要进行 3 次检查:第一次在春季学期中,第二次在春季学期末,第三次在秋季学期中。每次检查都是通过校长办公会进行,会前未完成年度工作要点的责任人和责任部门要对拟检查内容进行充分准备,提交正式书面材料给包括校领导班子成员在内的校长办公会参会人员。检查内容包括完成进度,存在的问题和困难,未按期完成的原因,下一步的措施和需要学校的支持等。检查的重点是对未按期完成年度工作要点原因的分析,包括主观和客观原因,要注意避重就轻、责任推诿、将主观原因归结于客观原因的现象。对于因主观原因造成的工作要点未能如期完成的情况,必要时校长或分管校领导应对相关责任人和责任单位负责人进行正式谈话。每次检查结果均要以校长办公会纪要的形式发给全校二级单位,在秋季学期初,对第二次检查的结果要以书面的形式向全校公布。

6. 年度工作要点的修订

大学战略规划在实施中后期需要结合实际情况进行必要的调整和修订,年度工作要点的实施也不例外。年度工作要点可能因为在执行过程中出现的新的情况和问题,包括上级教育行政主管部门对学校工作要求的动态变化等,需要对学校年度工作要点进行修订、调整和增减。这方面工作往往是在工作要点执行中期——秋季学期开学初进行。选择这个时间点的原因有二:一是每年一度的全校处级干部会议是在暑期举行,会议的主题往往讨论学校当年的工作,大家对上半年学校工作要点的实施进展情况和下半年的学校工作可以畅所欲言地进行讨论,所得到的好的建议和意见可以及时予以采纳;二是半年是对年度工作要点实施情况进行回头看的好的时间节点,校领导班子可以通过正式或非正式会议的形式对年度工作要点执行情况进行评估、分析和小结。

7. 年度工作要点的总结

学校年度工作要点的总结的重要性不仅体现在对已经完成工作要点任务的责任人、责任单位和教职工的充分肯定和鼓励,也是对未能按期按要求完成工作要点任务相关责任主体的鞭策。每年放寒假前,每位校领导及其分管的处室要对本年度工作要点的完成情况进行全面客观的总结,包括完成工作要点的具体业绩和经验,以及未完成工作要点的原因分析或教训。在此基础上,学校召开校长办公会,对全年全校工作进行全面的总结,形成书面报告。在来年春季学期开学第一天的全校大会上,在布置和解读新一年学校年度工作要点之前,校长要对照学校年度工作要点逐条对全年工作完成情况进行总结,对未能按计划完成的工作要点,予以明确的说明。

年度工作要点的总结也是为了继往开来。一方面,从整体上说,新一年学校年度工作要点是对上一年度学校年度工作要点的继续;另一方面,对未能按计划完成的年度工作要点,在经过充分必要的分析论证之后,应该优先纳入新一年学校年度工作要点之中,所需经费也一样需要给予充分保证。

学校年度工作要点的落实需要全校教职工和学生的共同支持和监督,召开全校大会是大学落实年度工作要点的一种有效措施。大学在每年春季学期开学初召开全校大会,由校长解读当年学校年度工作要点及其分解后的详细内容,包括责任人、责任部处、配套经费、完成时间等,使得全校教职工能够全面了解。大学在每年秋季学期开学初召开全校大会,校长在会上总结上半年学校年度工作要点完成情况,对已经完成的工作任务进行充分肯定,对未能按期完成的工作任务进行客观分析,说明原因和下一步安排,对进行调整和增减的工作要点进行解释和说明。大学在新一年春季学期开学初召开全校大会,对上一年度的学校年度工作要点完成情况进行客观的总结。

12.5　院系部处的战略实施——目标管理

目标管理(management by objectives,MBO)(详见 11.4.4 节"目标管理法")作为世界上流行的一种科学管理方法,是大学战略管理的一种重要手段,在大学战略实施过程中发挥着十分重要的作用,它不仅能够以大学战略目标有效地统领协调各职能部处之间、教学院系之间、院系与部处之间的关系,还能够充分调动全校各院系部处和教职工的积极性和创造性,有效地实现大学战略目标。

12.5.1　任期目标责任制

目标管理在大学战略实施中的应用就是对全校中层干部,即机关职能部处和教学院系处级干部,实施任期目标责任制,通过明确全校每个二级单位处级干部任期内的目标任务,实施目标导向的管理,赋予院系部处负责人与岗位职责和目标任务相一致的权力,最大限度地调动院系部处的积极性和创造性,以达到大学战略目标在院系部处层面的实现。

每位中层干部在其职责范围内都是大学战略的实施者,都不得不思考并回答 3 个问题:①"大学战略规划中的哪些任务是我这个部门/院系必须承担的";②"完成这些任务的目标是什么?";③任期内需要做哪些工作才能实现这些目标?"。

任期目标责任制中大学中层处级干部的任期因校而异,有 3 年、4 年或 5 年;干部换届有全校统一"卧倒",重新任命,也有根据院系部处具体实际情况各二级单位分别换届;较理想的处级干部任期是与大学战略规划期完全重合,这样大学的职能战略和院系战略就能够在一届干部任期内完成,否则,处级干部任期内要考虑的就是大学战略规划中与任期相应年份的本单位年度计划(见图 12.4 或图 12.5)的完成。

任期目标责任制中职能部处处级干部任期目标和教学院系院长/系主任任期目标的制定要分别以大学战略目标分解到机关职能部处的职能战略目标和教学院系的院系战略目标(见图 12.1)为基础,学校在平衡各单位处级干部任期目标的同时,要确保大学战略规划中的内容在相关单位得到落实。此外,大学中层干部任期目标的确定要结合本单位的具体实际,创造性地充实和拓展源于大学战略目标分解后的内涵。同时,大学中层干部任期目标的确定要遵循"跳起来摘桃子"的挑战性原则,即对该单位而言,任期目标是"可望可及",通过自身努力能够实现,从而激励本单位教职工对目标的追求。

一般要求大学每个处级单位在干部换届后 3 个月内制定出本单位的任期目标的初稿,然后逐一在校领导班子会上进行讨论,达成一致后定稿。机关部处和教学院系的任期目标是所在二级单位所有处级干部任期内必须共同完成的目标任务,每位班子成员要分工负责,本单位的第一责任人是正职干部。经过学校确认后的各单位《任期目标责任书》由校长与教学院系和机关行政部处第一责任人、由党委书记与机关党群各部门责任人分别签订。

《任期目标责任书》规定了大学二级单位处级干部任期内的目标任务及其完成时间等,一经签订就具有法律效力,需要认真起草制定。这项工作一般由大学综合部门——学校办公室(有些大学称"党政办公室")牵头承担,教务处(本科生院)、科研处(科研院)、人力资源处、研究生院、组织部等部处参与。考虑到机关各部处工作性质区别较大,多数指标难于统一量化,而教学院、系、部之间共同点较多,不少指标统一量化后便于比较,所以可以分别针对机关部处和教学院系设计两种不同版式。两种版式都应有文字说明和表格两部分。其中,机关的表格大体可以分为项目、目标与内容、完成时间(按照任期分成几个年度)、备注几个部分,内容可以很不相同;而教学院系的表格则可以分为大项目、中项目、小项目、完成时间(也按照任期分成几个年度)、备注几部分,它们的内容都是一样的,如大项目都分为教学、人才培养、学科建设、专业建设、科研、师资队伍建设、国际交流与合作、党建工作、学生工作等。

自大学校长和党委书记与院系部处的第一责任人签订完《任期目标责任书》起,大学对二级单位就开始了大学战略实施的授权管理。所谓授权管理,就是上级为了使下级完成一定时期的工作任务而授予下级一定的权力和责任,使其在上级的监督下独立自主地开展工作,努力完成目标任务。

目标管理的一个重要原则就是职、责、权相统一的原则。凡职务都要有相应的责任和权力,三者必须统一。责任到人也要权力到人,只交责任,不交权力,责任制等于落空。《任期目标责任书》签字之后,校领导除了继续保留属于领导者自己职责范围的主要权限,如有关学校全局的最后决定权、管理学校全局的集中指挥权、全校总的经济预算审批权、学校主要部门的人事任免权等外,其他职权尽可能授予下级。具体地说,是授予教学院系和机关部处负责人如下职权。

一是对其本单位各方面的工作(包括教学、科研、学科建设、队伍建设、党团工作、学生工作、对外交流与合作、日常工作等)具有领导、管理、规范、监督的权力。

二是对其本单位的人、财、物等经济资源具有一定程度的支配权或分配权;对其增减、聚散、流动等运作过程也具有一定的决策权(必要时需要向学校请示或备案)。

三是对其部属(管理人员和教师)具有一定的指挥权、使用权、提升权、辞退权、奖惩权。

上述这种职权,由于它是通过授权产生的,是受法律保护的,因此带有强制性的影响力和控制力,对被领导者具有不可抗拒的约束力。教学院系和机关部处负责人获得相应的职权,也就获得了统一行动和维护集体和国家利益的根本手段,获得了维护本单位的工作秩序和工作效率的保证,也就可以满怀信心地实现许诺的任期目标。

授权以后,校领导应充分相信处级单位负责人的能力,不直接干预属于他们自己负责的工作,更不应该越俎代庖地发布命令和进行指挥,这是提高目标管理效果的关键。即便处级单位负责人发生了工作错误,也不要过多指责,应宽宏大量,鼓励他们吸取教训,以利于成长。另一方面,作为下级,处级单位责任人在获得授权后,仍有义务及时主动地向上级主管校领导报告本单位的工作情况,尤其是重大事件、意外事件的处理和决策;与此同时,在出现问题和产生错误时,要主动承担责任,不推诿。

为了确保大学中层干部任期目标的完成,大学要结合每年年度工作要点的贯彻落实,加强过程管理,以目标为依据,采取半年一小查、年终一中查和任期届满总检查的办法,实行总体控制,防止流于形式,从而使大学战略目标得以实现。

12.5.2　目标管理的实践

采用任期目标责任制的目标管理是一个复杂的实践性很强的管理活动,本小节结合作者担任地方大学校长期间对中层处级干部实施了两个任期的任期目标责任制的管理实践,具体阐述对大学中层干部实施目标管理/任期目标责任制的全过程。

1. 研究规划、掌握信息

院系部处首先要认真研究学校制定的战略规划,掌握学校和其他院系部处的有关情况和信息,这是拟定本单位处级干部任期目标任务的基础,这样才能做到站位高、情况明、关系清、决策对,从而避免"情况不明决心大""胸中无数想法多"的现象。

对学校战略规划研究的目的在于从学校层面全面理解大学的总体战略目标、定位,了解专项战略/竞争战略在实现大学战略目标中的作用及其相互关系,掌握各种职能战略、院系战略在大学战略实施中的地位和重要性,清晰地知道采取相关各项战略措施所需要的资源、条件和手段等。

学校的有关情况和信息包括大学的使命、愿景和定位,大学的办学优势和特色,大学的规模、学科专业结构,大学的发展模式、管理模式和发展现状。本单位关系密切的其他院系部处的有关情况和信息包括教学院系的师资队伍、学科专业、教育教学、科学研究、实验条件等,机关部处的主要职能、岗位设置、人员构成、工作流程等。

2. 确定原则、草拟目标

目标制定是实施目标管理的出发点,也是目标管理的核心内容。从多年的实践看,制定目标要把握以下4条原则。

(1) 纵向一致。大学的总体战略目标是制定各院系部处战略目标的基础,各院系部处战略目标实现的整合效应就是大学总体战略目标的实现,因此要使得院系部处战略目标是大学总体战略目标的分目标,大学总体战略目标是各院系部处战略目标的归宿,确保大学总体战略目标与院系部处战略目标形成上下一致的有机整体。

(2) 横向有别。不同教学院系在学科专业、科学研究、社会服务、管理风格等方面存在着较大的差异,不同机关职能部处的职责分工、工作重点、办事流程等方面也存在差异,因此,院系部处的战略目标应该有区别,也不必要以某个单位为模板,而是应该强调各二级单位在大学战略目标分解基础上的创新和独到之处。

(3) 可望可及。院系战略目标和职能战略目标虽然强调在大学战略目标分解基础上的创新,但必须符合本单位的具体条件、可支配资源和拥有能力的实际,既要有一定的高度,不能轻而易举,使人安于现状,又要通过努力能够实现,不能高不可攀,令人望洋兴叹,要像树上的果子,要跳起来、付出努力才能够摘到,否则不仅起不到激励作用,而且还会影响本单位战略目标的实现。

(4) 量化定时。作为大学层面的战略目标不一定要求全部是量化的,只要可衡量可评估即可,但作为大学二级单位的战略目标,包括相当一部分反映质量水平的目标,应该尽可能通过量化的方式表示其高低;同时,二级单位的战略目标必须有明确的完成时间要求,长短适应,以便于督促检查和考核评价,不能含糊其辞或者没有。

大学二级单位的战略目标可以分 3 个层级:1 级目标是经由大学战略目标直接分解后的目标,2 级目标是对 1 级目标的分解,3 级目标是对 2 级目标的分解,也可以分别将 2、3 级目标理解为对 1、2 级目标的具体指标,前面要求的完成时间应该是 3 级目标/指标的完成时间。

3. 民主协商、确定目标

大学院系部处提出的本单位的战略目标任务既需要得到本单位内部包括班子成员和骨干教职工的一致赞同,也需要得到学校领导班子的整体认可,因此,院系部处战略目标的制定过程是一个民主协商、统一认识的反复过程。强调民主协商和统一认识的目的在于使得学校和院系部处能够上下一致、同心同德地实施院系部处战略,既最大限度地减少实施过程中的阻力,又有利于发挥各方面的主动性和创造性。

院系部处战略目标的制定过程主要有以下 5 个环节。

第一,从大学的战略规划分解出院系部处的战略目标任务。

第二,院系部处要结合自身实际情况,创造性地对学校层面分解到本单位的战略目标予以充实,并在本单位内部讨论通过。

第三,校领导班子全体成员一道分别与各院系部处班子全体成员共同讨论院系部处提交的本单位的目标任务。

第四,院系部处根据校领导班子提出的意见继续征求本单位骨干教职工的意见,进一步完善本单位的目标任务。

第五,学校班子与院系部处班子再次讨论修改完善后的院系部处战略目标,如果讨论通过,学校和院系部处形成共识,则院系部处可以正式填写本单位的《任期目标责任书》,否则需要返回到"第四"。

需要指出的是,不论是院系部处内部还是学校与院系部处之间的协商,各方都应该以开诚布公的态度坦诚交流、互通有无。领导者要能够认真倾听下级的意见和看法,平等待人、以理服人,而不是盛气凌人、以势压人,这是上下级民主协调的关键。

4. 院处实施、学校支持

学校与院系部处分别签订《任期目标责任书》后，全校各院系部处就要在学校的积极支持下，着手为完成本单位的目标任务而开展系统性的工作。

院系部处《任期目标责任书》中的任期目标任务是需要分年度完成的，因此，各院系部处要以《任期目标责任书》为主要依据，同时结合当年的学校年度工作要点，制订出本单位当年的年度工作计划，如图12.4或图12.5所示，然后予以实施。

需要强调的是，目标管理是一种富有弹性的动态管理。随着大学校内外发展形势的变化以及国家和地区经济社会发展对高等教育的新要求的出现，《任期目标责任书》中的目标任务不可能是一成不变的，这些变化和新要求会及时反映在大学每年制定的年度工作要点上，需要相关院系部处予以落实。这正是为什么院系部处在制订本单位年度工作计划时需要同时结合学校年度工作要点的原因，也是目标管理内涵的真实体现。

由于各院系部处与学校签订的《任期目标责任书》中的内容已得到学校班子的完全认可，这就意味着，对于完成其中的目标任务所需的包括经费在内的各种资源和条件，学校是默认将予以提供保证的，具体而言，《任期目标责任书》中每一项目标任务所需的经费将按照"一般项目"的重要性层次在每年学校的年度经费预算中予以保证。

5. 督促检查、过程控制

院系部处在完成本单位《任期目标责任书》规定的目标任务过程中，学校层面既要防止事事干预，指手画脚，又要避免撒手不管。为了保证任期目标顺利实施，防止流于形式，要加强过程管理，适当进行督促、检查和考核。主要做法是：以院系部处既定的目标任务为依据，结合每年学校工作要点的贯彻落实，定期与不定期地进行检查，及时反馈检查结果，注重事前-事中-事后控制，动态修订考核目标，实行过程控制。

（1）以任期目标任务为依据。每次进行检查考核，学校事先都要发出通知，要求校内各单位必须严格对照《任期目标管理责任书》中确定的项目、目标、内容、完成时间逐一进行自查，并以目标为依据写出自查报告在中层干部和具有高级职称人员参加的会议上进行口头交流。以目标为依据，就有了一个既定的统一客观的标准和尺度，检查考核就容易做到实事求是，不弄虚作假，不凭印象，重在实绩，评判结果就比较公正、合理。

（2）与当年学校工作要点的贯彻落实相结合。对各单位目标任务完成情况进行检查考核时要求必须同步检查对学校当年工作要点的贯彻落实情况，这是因为院系部处的工作是学校工作的基础，各单位工作的完成最终要汇聚到对学校工作要点完成的贡献。

（3）定期与不定期检查考核相结合。目标管理定期检查考核原则上是半年一小查、年终一中查和任期届满总检查。与此同时，校领导要不定期地深入各教学院系和机关部处进行调查研究，帮助分析和解决目标管理过程中存在的问题。通过定期与不定期的检查考核，有效地保证了学校战略目标的实现。

（4）过程控制。目标管理中的过程控制指的是在目标任务完成过程中由于出现新情况和新问题而不得不对相关目标任务进行调整或改变。过程控制实行事前控制、事中控制和事后控制相结合，对在检查考核中发现的问题、偏差或新情况，及时采取措施加以解决、应对或调整。例如，政府或教育主管部门对高等教育要求的变化或重心的转变如果影响到大学战略目标，则正在实施的院系部处《任期目标责任书》中相关的目标任务就需要及时调整和改变，而没有必要按照原来的要求继续执行下去。

6. 总结业绩、自我评价

总结业绩是对《任期目标责任书》中的目标任务的完成情况进行全面总结，自我评价是指由院系部处自身对本单位任期目标完成情况进行自我评价。这项工作一般与大学处级干部任期届满时的考核评价同步进行，为了做好这项工作，需要根据各校实际设计几张用于成果评价的表格，如针对机关职能部处可以有《机关各部处任期目标完成情况一览表》，针对教学院系可以有《教学院系任期内教学指标完成情况对照表》《教学院系任期内学科建设指标完成情况对照表》《教学院系任期内科研指标完成情况对照表》《教学院系任期内师资队伍建设指标完成情况对照表》等，同时要求院系部处对照任期目标写出任期工作总结报告。开展总结业绩、自我评价的工作步骤如下。

（1）下发表格，提出要求。学校将上述表格连同检查考核的会议通知下发给各单位，并提出填写的具体要求。特别强调要写实，在"项目完成情况"部分尽可能回答清楚"何时""何地""结果如何"；未完成也要回答清楚"为何"。不能笼统写"已完成""未完成"几个字。

（2）民主讨论，自我评价。各院系部处领导班子或负责人要对照本单位《任期目标责任书》中的目标任务和要求，回顾检查任期内开展工作所取得的成绩，填写有关表格，书面总结经验教训。然后召开全体教职工会议，民主讨论通过，定性定量地对任期目标完成情况给出评价结果。

（3）核实情况，完善报表。各单位将相关表格和总结报告上报学校，并向分管校领导说明本单位成果评价情况。校办、教学、科研、人事等职能部门对相关数字和情况要进行认真核实。对不符合填写要求的报表要打回去重新填写；对成果不实或数字有出入的情况,校领导和职能部门要与有关单位共同分析研究,纠正偏差,完善提交的表格和报告。

7. 相互交流、交叉考核

任期目标任务的完成是目标管理的主要目标,相互交流完成目标任务过程中的经验和教训对于交流各方相互学习、取长补短、共同提高,以使更好地完成目标任务具有十分积极的作用。与此同时,对任期目标完成情况的考核评价采取交叉考核的方式,改变以往上级对下级、职能部门对院系的单向考核方式,强调将知情者或最有话语权者作为考核方参与考核,包括平级之间相互考核,被服务对象评价提供服务方,这样不仅能够使得评价结果更加客观、公正、合理,而且能够进一步增强服务方的服务意识。开展相互交流、交叉考核的工作步骤如下。

(1) 召开会议,相互交流。学校出面专门召开交流考核会议,参加会议的人员包括被考核单位的处级干部和拥有考核权的考核方,后者以被服务对象为主。机关职能部处是面向全校服务的,其服务对象包括各院系教学、科研一线的教师和员工,因此,参加对机关职能部处处级干部交流考核会议的考核方应该包括全校教学院系负责人和教职工代表;教学院系负责人的服务对象是所在院系的教职工,应该由全院系的教职工对其进行考核评价。会议一般由学校领导或相关部门,如组织部、人事处干部主持,被考核方以述职的方式向与会者报告任期目标的完成情况,所有与会者可以对在会议上报告的内容进行提问和交流。

(2) 制定标准,交叉评价。学校在召开会议前,应该分别针对机关职能部处和教学院系制定考核评价指标及其标准,包括分项指标及其标准和总体评价,在会上发给考核方对被考核对象进行测评,考核方基于自己的判断对被考核对象进行评价,除对分项指标打分外,重点要在总体评价上给出"优/A"、"良/B"、"合格/C"或"不合格/D"。一般建议:实际业绩超过原定目标的属"优";基本超过原定目标的给予"良";与原定目标基本一致的属"合格";低于原定目标的则属"不合格"。但对第一种和第四种情况,必须充分认真地考虑完成目标任务的主客观情况,包括复杂、困难程度和主观努力程度,给出一定的修正值,从而使得最终得到的总体评价成绩更加客观、公正和公平。

(3) 统计汇总,公布结果。学校办公室将院系部处总结报告和考核结果按照行政和党群汇总后,分别提交校长办公会和党委会讨论通过,然后按照"校务公开"的要求在全校一定范围内公布,从而对全校处级干部和教职工起到激励和鞭策作用。

对《任期目标责任书》中目标任务完成情况的考核需要注意以下问题。

一是目标设置要合理。院系部处任期目标的设置要符合本单位的实际,既要合理、可行，又应该经过努力能够实现，而不能是"可望而不可即"，否则任期目标就失去其应有的导向、激励和评价作用。

二是考核指标要简洁明了。针对院系部处任期目标完成情况制定的考核指标要做到简洁明了，只有这样才能既使得大学处级干部清晰地明确各自目标任务需要完成的程度，又使得考核方能够准确地对被考核对象完成目标任务的情况给出客观的评价，还有利于考核指标之间的横向比较。

三是要把定量与定性考核相结合。大学是一个复杂的系统，学校的工作千头万绪，机关各职能部处之间的职责任务、各教学院系之间的工作任务都不尽相同，不可能简单地制定明确的量化考核指标，这就要求对目标任务的考核必须定量和定性相结合。具体而言，对强调服务质量和水准的目标任务离不开定性的评价，而在一定质量水准要求之上的考核离不开定量的衡量，如教学工作既要有质量要求，也要有工作量要求，师资队伍建设在达到队伍水平要求的基础上要有数量要求。

四是对重大事件实行一票否决制。大学对二级单位的考核往往鲜见"不合格"的结果，但对在任期期间出现重大责任事故、重大违法违纪行为者要实行一票否决制。对机关职能部处出现教职工对其服务和管理上集中投诉并被相关部门核实确有其事者也应实现一票否决。

五是要采取交叉考核的方法。交叉考核的重要作用在于避免领导一言堂和考核评价的片面性，有利于职能部处增强服务教学、科研一线的意识，有利于院系领导增强服务教职工的意识，有利于建立权力监督机制，有利于形成民主管理的氛围，有利于和谐校园的建设。正如校领导要在学校全体教代会代表、党外人士代表和中层干部大会上述职，由全体教代会代表、党外人士代表和中层干部对校领导进行测评一样，职能部处要在全校院系领导、院系校级教代会代表和党外人士代表大会上述职，并由与会人员对职能部门进行测评；院系领导也要在本单位内述职，由本单位的教职工对其进行测评。

12.6　教职工的战略实施——绩效管理

严格说，大学内每一位教职工都是大学战略实施的参与者，每位教职工在各自不同岗位工作上所取得的绩效是其所在院系部处绩效或学科专业团队绩效的基础，而院系部处绩效和学科专业团队的绩效是大学整体绩效的基础，也就是说，没有教职工绩效就没有院系部处绩效和学科专业团队绩效，更谈不上大学整体绩效，也就没有大学战略目标的实现。因此，重视和加强对教职工的绩效管理，从而提升每位教职工工作绩效在战略实施中的作用,是大学战略实施在个体层面需要做好的关键工作,关系到教职工所在组织战略目标的实现,关系到大学战略目标的实现。

12.6.1 绩效的概念

【课堂讨论问题】 绩效是什么?如何全面理解绩效?

一般而言,绩效是指个人或者团体在一个既定的时间内对组织的贡献。从大学战略管理的角度出发,个人绩效是指教职工个体在既定时间内对所在院系部处或学科专业团队战略目标实现的贡献。团体绩效是指院系部处或学科专业团队在既定的时间内对大学战略目标实现的贡献。上述概念的前提是,大学战略目标被分解到并作为院系部处和学科专业团队战略目标即绩效目标,院系部处和学科专业团队战略目标被分解到并作为教职工个人聘请目标即绩效目标。针对教职工在大学战略实施中的作为,本节仅聚焦教职工的个人绩效。

对于个人绩效的定义,目前主要有两种观点:一种观点认为绩效是结果;另一种观点认为绩效是行为。

(1)"绩效是结果"。Bernadin 等(1995)认为,"绩效应该定义为工作的结果,因为这些工作结果与组织的战略目标、顾客满意感及所投资金的关系最为密切"。Kane(1996)指出,绩效是"一个人留下的东西,这种东西与目的相对独立存在"。将绩效作为结果即人们通常所说的业绩,如工作成效、所取得的成果。这种定义在教职工中是最容易被接受的观点,它不仅容易衡量和评价,而且一般被认为是一种公平的指标,在评价教职工个人的工作业绩上发挥着重要的作用。

以教师为例,反映结果的衡量绩效的指标有授课学时数、指导学生人数、发表论文篇数、获得科研项目数及成果奖项数等,这类绩效的特点是容易衡量和评价。但是,用这类指标衡量绩效时既要注重数量和质量的统一,做到保质保量;还要考虑绩效产生的时间因素,如科研成果的积累需要一定的时间,科研成果发表之前有一段时间显现不了"成果"等。

大学教职工尤其是教师工作的特点使得不少工作无法简单地用结果衡量其绩效,如指导青年教师、新学科和专业的筹建、教师课堂之外的育人行为等,因此必须有教职工的工作行为或付出来衡量其工作的绩效,这就是绩效是行为这一观点被接受的原因。

(2)"绩效是行为"。Murphy(1990)给绩效下的定义是,"绩效是与组织或个体所工作的组织或组织单元的目标有关的行为"。Campbell(1990)指出,"绩效是行为,应该与结果区分开,因为结果会受系统因素的影响",他在 1993 年给绩效下的定义是,"绩效是行为的同义词。它是人们实际的行为表现并能观察到"。就定义而言,它只包括与组织目标有关的行动或行为,能够用个人的熟练程度(即贡献水平)定等级(测量)。

绩效是行为的定义在绩效难以用结果衡量时或行为是绩效形成的关键时容易为人们所接受。在大学里,包括机关职能部门、院系办公室以及教辅单位在内的多数工作人员的工作绩效只能用他们的行为衡量和评价。只要他们能够认真执行学校的规章制度,按照要求的行为规范以及倡导的行为方式履行自己的岗位职责,服务好广大教职工,满足大学履行四大职能工作的需要,就可以取得满意的工作绩效。

鉴于大学工作绩效衡量和评价的实际情况以及在大学开展绩效管理的具体实践,作者认为对大学教职工的绩效管理应该采用较为宽泛的绩效概念,即绩效应该包括结果和行为两方面。

(3)"结果(做了什么)+行为(如何做)= 绩效"。把绩效理解为结果和行为两方面的共同结果是能够较为全面准确地把握绩效分寸方式。结果是工作的最终目标,说明了教职工做了什么,行为影响着最终目标的实现程度,反映出教职工是如何做的,是达到绩效结果的必需。也就是说,当对个体的绩效进行管理时,既要考虑投入(行为),也要考虑产出(结果)。

在现实中,行为不同但结果相同,或行为相同但结果不同的例子比比皆是。

【例 1】　"结果相同"但"行为不同"。

某高校毕业生在就业率同样的情况下(结果相同),不能简单地认为负责学生工作的教师工作努力的程度或工作的付出一样,因为专业是否热门、学生质量是否达到社会要求等都可能影响就业率,因而,达到就业率相同结果的过程、付出的努力可能不同,即许多事情的结果一样,但行为却可能千差万别(行为不同)。

【例 2】　"行为相同"但"结果不同"。

一位大学教师基于多年积累的教学经验,按照相同的课程要求,采取同样的教学方式,连续两年给同一专业相邻年级的学生讲授同一门课(行为相同),但从课程结束后的考核发现,这两个年级学生的平均成绩存在较大差异(结果不同)。学校是按照学生考核结果,还是按照教师的付出(行为)评价这位教师的绩效呢?

由此可以给出个人绩效的正式定义为:教职工在考核期内符合大学战略目标任务要求的工作行为和工作结果的总和。从另一角度理解,个人绩效主要体现为"效率"(努力用正确的方法做事)和"效果"(努力做正确的事)。

12.6.2　绩效管理及其作用

严格意义上说,大学教职工的工作(尤其是教师的工作)较其他行业(如企业等)员工的工作有较大的特殊性,主要表现在相当的独立性、较强的自主性、较高的学术性以及明确的成就动机等。因此,大学针对教职工的人力资源管理应该重视这种特殊性,为教职工营造良好的工作氛围和制度环境,给予他们在工作上充分的自由度、灵活性和发展空间,最大限度地调动广大教职工的主动性、积极性和创造性,持续不断地提高他们的绩效水平,为大学战略目标的实现做出最大的贡献。简言之,大学教职工人力资源管理的主要内容是绩效管理。

1994年,阿姆斯拉尼(Michael Armsrany)提出,绩效管理是通过在员工与管理者之间达成关于目标、标准和所需能力的协议,在双方相互理解的基础上使组织、群体和个人取得较好工作结果的一种管理过程。因此,绩效管理是指为了达成组织的目标,通过持续开放的沟通过程,形成组织目标所预期的利益和产出,并推动团队和个人做出有利于目标完成的行为。

具体到大学,绩效管理指的是学校与教职工之间在工作目标设定与如何实现工作目标两方面形成共识的基础上,学校督促、激励、引导和帮助教职工个人、团队、院系、部处及其他隶属单位取得满足工作目标的绩效的管理过程。

大学绩效管理的主要目标在于针对教职工的人力资源开发,即通过对教职工工作情况的了解和对影响工作行为、工作结果的内外部因素的分析,建立包含政策和制度在内的有效的激励机制以及与教职工相互沟通、交流的良好机制,支持和帮助教职工提高他们的能力和水平,充分挖掘和发挥他们的潜能,通过每位教职工良好的个人绩效的取得实现大学整体绩效的提高,进而更好地实现大学战略目标。绩效管理通常具有如下特征。

第一,绩效管理最核心的目的是防止教职工绩效不佳和提高工作绩效。一个有效的绩效管理是由5个环节构成的系统,分别是计划绩效、实施绩效、评价绩效、反馈绩效和改进绩效环节(见图12.6),每个环节都是围绕这个目的进行的。不仅如此,在绩效结果的应用环节,大学会通过对改进后的绩效进行激励的方式进一步促进教职工提高工作绩效。因此,绩效管理不仅要针对工作中存在问题的教职工,更重要的是要着眼于提高教职工现有的绩效水平,从而促使大学的战略目标得以顺利实现。

第二,绩效管理的最终目标是实现大学战略目标。绩效管理中的第一个环节即计划绩效环节的任务是:制定/确认每位教职工的绩效目标,绩效目标得到教职工各

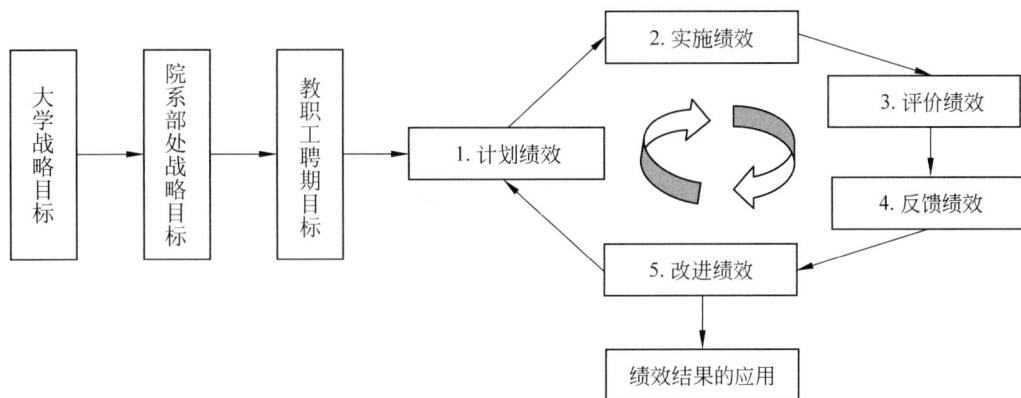

图 12.6　绩效管理系统图

自的认可,教职工为实现各自的绩效目标做好准备。其中每位教职工的绩效目标来自本单位(某院系部处)战略目标的分解,而后者是源于大学战略目标的分解,因此,针对每位教职工的绩效管理成效的汇总就是朝着大学战略目标方向的迈进。

第三,绩效管理特别强调上下级的沟通以及教职工能力的提高。为了实现有效的绩效管理,一方面,绩效管理系统必须通过不断沟通得到大学全校各层面上下级的认可,并得以贯彻执行;另一方面,大学及其二级组织要通过提高教职工的业务能力和专业水平以提升每位教职工的个人绩效。

第四,绩效管理是一个追求结果并注重过程的管理。绩效管理不仅强调绩效的结果,还注重达成绩效目标的过程,其中每个环节都很重要,它不仅重视绩效评价,以此掌握教职工的工作进展情况,而且注重及时地将评价结果反馈给相关的教职工,在与教职工反馈交流的过程中充分了解他们可能面临的问题和困难,并及时提供支持和帮助,以达到改进和完善绩效的目的,从而促使教职工获得好的绩效结果,进而促进教职工的职业发展。

绩效管理是实现大学战略目标的重要且有效的手段,是绩效管理的首要作用。如前所述,绩效管理将大学的战略目标与教职工的绩效紧密联系起来,因此,必须从战略的高度设计绩效管理系统,同时,绩效管理的过程也要始终围绕战略目标的实现执行。通过对大学战略目标进行有效的分解,层层落实到各个部门和工作团队,进而落实到具体的教职工,使大学的战略被逐级分解,逐级执行,逐级落实,直至达成大学战略目标,获得所要的战略结果。绩效管理与大学战略的关系可以通过图 12.7 表示。

图 12.7 说明了绩效管理与大学战略实施之间的关系。大学战略目标通过逐渐分解后,配以恰当的资源投入,包括对教职工的培训和必要的软硬件建设,利用有效的

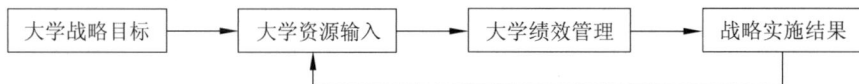

| 大学战略目标 | → | 大学资源输入 | → | 大学绩效管理 | → | 战略实施结果 |

图 12.7　绩效管理与大学战略的关系

绩效管理方法和工具,在提升绩效管理者的管理水平的同时提高教职工的能力和素质,促使他们更好地取得满意的工作绩效,最终获得大学期望的战略实施结果。由此可见,绩效管理是开展大学战略实施进而实现大学战略目标的重要手段,是战略管理的重要工具。

绩效管理作为一种管理模式周而复始地贯穿于大学战略实施的整个过程,因此在各类大学中得到普遍应用。然而,目前在绩效管理上,相当一些大学仍然存在以下一些问题,从而使得绩效管理的作用没有得到充分发挥:①把绩效评价或考核等同于绩效管理;②领导与教职工之间缺乏绩效沟通;③绩效管理过程缺乏教职工的参与;④绩效考核结果使用不充分。

12.6.3　绩效目标的制定

绩效目标是衡量大学教职工工作绩效的主要指标和标准,是引导教职工工作的行动指南,是绩效管理活动开展的主要依据,因此,制定每一位教职工的绩效目标就成为绩效管理中的一项十分重要且需要得到高度重视的工作。

一般而言,有效的绩效目标必须具备以下 3 个条件。

（1）服务于大学的远景目标和战略规划,如图 12.8 所示。

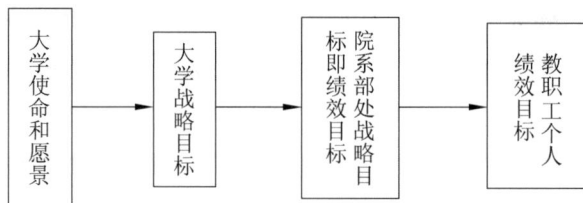

| 大学使命和愿景 | → | 大学战略目标 | → | 院系部处战略目标即绩效目标 | → | 教职工个人绩效目标 |

图 12.8　教职工个人绩效目标的出处

（2）具有一定的挑战性,具有激励作用。

（3）符合 SMART 原则。SMART 原则中各字母表达的具体内容如下。

S(specific):具体地,指绩效目标要明确具体,应该用容易让教职工准确掌握的语言予以描述,包括目标内容、完成时间和具体要求等。

M(measurable):可衡量的,指绩效目标是数量化或者行为化的,验证这些绩效指标的数据或者信息是可以获得的。

A(attainable)：可以实现的，指绩效目标在付出努力的情况下，在适度的时限内是可以实现的。应该注意避免设立过高或过低的绩效目标，否则将失去绩效目标的激励作用。

R(relevant)：相关的，指绩效目标应立足于现实，要与大学或部门的目标一致。

T(time-bound)：有时限的，指绩效目标必须有明确的完成期限。

绩效目标的制定是大学管理者以大学战略目标为依据与教职工相互沟通、协商和承诺的结果，也是双方在明晰责、权、利的基础上制定的一项严肃的具有法律效力的内部协议。绩效目标的制定不仅能够使大学领导者将主要精力放在学校发展和改革的大事要事上，而且还能确保大学战略目标的分层实施和年度工作目标的实现，同时在校内营造出一种人人重视绩效的大学文化。

绩效目标的制定应该遵循以下原则。

（1）目标一致原则。教职工的绩效目标是其所在院系部处或团队年度工作目标和战略目标的分解，二者之间必须保持高度一致。

（2）重点突出原则。在设定关键绩效指标和工作目标时要突出关键和重点，选择那些与所在单位目标关联度大且与工作任务和岗位职责紧密相关的绩效指标和工作目标，切忌面面俱到。

（3）现实可行原则。绩效目标的制定一方面要结合当前实际，另一方面要可实现能完成。同时，还要使绩效目标具有一定的挑战性，有一定的难度，通过努力可以实现。

（4）全员参与原则。绩效目标的制定过程是一个理解、沟通、认可的过程，因而它的制定需要全体教职工的积极参与和重视，只有这样才能制定出科学合理、普遍接受、易于实施的绩效计划。

（5）客观公正原则。绩效目标在同类教职工之间的标准和难度应该基本一致，同时要求绩效目标在不同类别教职工之间的比较结果是相对公平的。

（6）数量有限原则。绩效目标如果太多，对于教职工个体而言就无法实现，但绩效目标如果太少，可能又无法对所在院系部处或团队战略目标的实现做出应有的贡献。因此，绩效目标要有一定的数量限制。

12.6.4　绩效指标和绩效标准

绩效目标主要由绩效评价指标（简称绩效指标）和绩效评价标准（简称绩效标

准)构成,如图12.9所示。

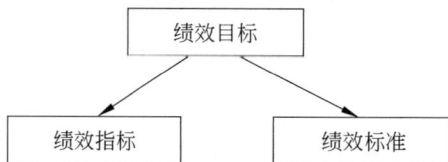

图12.9 绩效目标的构成

绩效指标,是对绩效进行评价的维度,如教学课时、教学质量、科研水平等,它既要满足大学人力资源管理的要求,又要满足测量学的要求。一般而言,有效的绩效指标应该具有以下5个主要特征。

(1)与大学战略相一致。绩效指标与大学战略相一致,强调的是绩效指标对全校全体教职工的引导作用,从而使大家能够为大学的发展做出贡献。

(2)全面性。绩效指标包括内容应该涵盖所要求绩效的各个方面,避免出现指标选择不全面或者指标涉及与绩效要求无关的内容。

(3)一致性。针对绩效指标的评价结果应该与评价主体、评价时间和评价地点无关,绩效指标要表现出高度的一致性或稳定性。

(4)可接受性。绩效指标要力求简洁和为广大教职工所接受,其中核心的是公平性。绩效指标的公平性主要体现在不同类型岗位之间的比较,如果教职工认为自己的考核指标相对于岗位职责而言比他人多,自己要付出比他人更多的努力,他们就会对大学产生抱怨和抵触。

(5)可操作性。绩效指标要便于在绩效评价时,具有可操作性,能够有效地衡量,包括采用定量尺度或定性描述,否则再好的指标也不能起作用。

绩效标准是帮助人们理解绩效目标在多大程度上得以实现的一种尺度,这些标准为绩效评价者提供了有用的参照信息,从而帮助他们判断绩效已经达到何种水平。绩效指标强调的是从哪些方面对工作行为和工作结果进行评价,而绩效标准是对绩效指标的进一步明确,它注重的是在各指标上分别应该达到什么样的水平。指标解决的是评估什么问题,而标准解决的是要求被评估者做到什么水平、完成多少,以及达到什么程度的问题。

良好的绩效标准应具有如下特征。

(1)与绩效指标相对应。每个绩效指标都应有与之对应的衡量其水平高或低的绩效标准。

(2)具体明确。良好的绩效标准是清晰、明确、一目了然,能够区分出不同的绩效水平。

（3）容易衡量。绩效标准应该是可观察和可验证的,良好的绩效标准应当尽可能以最有效的方式提供关于绩效的必要信息。

（4）现实且可行。应是教职工在规定期限内经过一定的努力才能实现的,同时确保教职工在达到绩效标准的要求方面不存在什么明显的障碍。

（5）易于日常使用。教职工和管理人员用于日常了解、比较和衡量自己工作的业绩情况以及与绩效标准的差距,以帮助调整自身的工作状态。

12.6.5　大学绩效管理体系的构建

完成对全校教职工的绩效管理,以准确有效地实现大学战略目标,必须建立健全大学绩效管理体系。大学绩效管理体系的基本部分是如图 12.6 所示的针对教职工个体的绩效管理系统,为了使该系统能够通过不断循环上升的过程持续提升教职工的绩效,从而最终实现个人的聘期目标即绩效目标,在构建大学绩效管理体系过程中需要重点做好以下工作。

（1）明确大学的定位和战略目标。大学绩效管理体系是一个复杂的、反复循环、不断提升的综合体系,大学定位和战略目标是大学绩效管理体系构建所要服务和实现的目标,通过该体系使得教职工个人绩效不断逼近个人绩效目标,进而实现所在单位的绩效目标,最终实现大学的战略目标。

（2）进行教职工分类。可以将教职工分为教师、管理人员、教辅人员和附属人员系列。其中教师还可分为教学系列、教学科研系列、研究系列,管理人员还可分为教育职员、合同制人员等,分类的目标在于有利于分类进行绩效管理。

（3）明确不同岗位教职工的工作职责和目标任务。大学教职工类型层次多,为了更好地开展绩效管理,分门别类地明确不同部门和岗位教职工的工作职责和目标任务是十分必要的。这方面总体上可以将教职工分为教学科研系列和职工队伍系列两方面进行。

（4）通过与教职工双向沟通确立绩效指标和标准。虽然绩效指标和标准是指引教职工努力方向的指挥棒,但是它们只有得到教职工的广泛认可才能发挥最大作用。具体而言,教职工参与到绩效计划以及绩效指标和标准的确定等绩效管理的过程中,不仅能够使他们充分认识到个人目标及业绩与所在单位及大学战略目标和业绩的一致性,而且能够提高他们对绩效指标和标准以及绩效管理的认同感,进而在大学战略实施过程中达到教职工个人绩效提升和大学战略目标实现的双赢目的。

如果绩效指标和标准的确认缺少教职工的参与,就会形成由校方单方面做出的"自上而下"的管理决策,使得教职工处于被动的被考核地位。如果绩效指标和标准没有得到教职工的认同,他们往往容易产生抵触情绪,甚至会以应付的态度面对考核,绩效管理的效果和目标就难以实现。

(5)针对性地选择评价方法。大学的教职工不仅类型、岗位多,而且不同部门相同岗位的绩效指标和标准也不尽相同,因此,对不同类型不同岗位的教职工,必须根据其绩效指标和标准的要求,选择针对性的、有效的、可行的、易操作的绩效评价方法,才能准确评估出教职工的绩效水平。

(6)重视绩效反馈与绩效改进。绩效考核的结果不仅是用来作为年度考核等级评定的,更重要的是让被考核者认可考核结果,客观地认识自己,进而改进工作,并为进一步提升自我明确努力方向。通过绩效反馈,使教职工能够更加全面地了解自己的成绩和不足,更清楚地认识到学校对自己的期望及目前存在的差距,明确自身下一阶段的努力方向。通过绩效沟通,能够为教职工提供工作指导,及时给予他们帮助和支持,调动教职工提升绩效的积极性和动力,寻求绩效改进的方法和制订相应计划。

(7)注重绩效结果的使用。绩效结果的使用包括对教职工的激励和鞭策。针对实现和超额完成绩效目标的教职工,大学通过长期稳定的政策、制度、薪酬等措施,有效地激励他们再接再厉,在更高的循环上继续高水平地完成下一阶段的绩效目标。对于未能实现绩效目标的教职工,通过绩效考核发现存在的问题、找出差距,通过沟通和交流,鞭策、鼓励和支持他们改进工作和提升绩效,在下一绩效管理循环上进一步逼近绩效目标。

第13章 大学战略实施的资源保障

　　大学战略的成功实施离不开相应的资源保障。这些资源主要包括充分的人力资源、经费资源和物质资源 3 方面，以确保各项战略任务的执行均配置以相应的资源。因此，资源配置是战略实施进行前必须完成的一项重要工作。

　　任何一所中外大学，不论是世界顶尖大学，还是一般地方院校，其所拥有的资源都是有限的，只不过这些大学对资源的拥有程度不尽相同。但不论如何，每一所大学均存在着如何使有限的资源发挥尽可能大的效益的问题。本章从提高资源效益的角度探讨教职工队伍建设、经费资源的高效运用和物质资源的优化配置 3 方面内容。

13.1　教职工队伍的建设

　　大学教职工队伍的建设，首先涉及的是学校编制管理，要按照大学的使命、愿景、定位和战略目标的要求审视校内编制情况，在完成机关职能部处和教学院系调整和整合的基础上重新审核评价各院系部处的编制数量、结构和水平是否满足大学总体战略实施的需要，在此基础上才能开展大学教职工队伍的建设工作。

　　由于从事教学科研工作的教师和承担机关管理职能的职

员是大学建设和发展的两支最重要的队伍,因此教职工队伍建设的重点应该放在教师队伍建设和职员队伍建设上。此外,教职工队伍建设不是简单的人才引进和使用的问题,而是要有针对性,要有的放矢,一方面要了解大学教职工队伍的现状,尤其是在满足大学战略实施方面存在的不足和问题,在此基础上对教职工队伍建设提出明确的要求;另一方面要对教职工在职业发展不同阶段的个体需求进行分析,掌握教职工在不同阶段的需求是什么,在此基础上才能对他们开展针对性的激励,以更好地达到队伍建设的目标。因此,本节首先以教师队伍为对象分别讨论这两方面问题,然后再依次讨论教师队伍建设和职员队伍建设。

13.1.1 了解现状、明确要求

1. 了解教师队伍现状

虽然不同大学教职工队伍建设的情况不尽相同,但还是存在着一些具有普遍性的问题。就对于大学发展至关重要的教师队伍而言,现阶段各类大学的教师(尤其是中青年教师)中较为普遍存在的问题主要有以下7方面。

(1)教学能力有待提高。教师的教学能力包括教学研究能力、理论教学能力和实践教学能力3方面。其中,教学研究能力涉及教学理论、教学方法和学生等方面的研究能力;理论教学能力涉及理论知识的提炼、组织,课堂教学方法,理论与实际的联系、理论与现实的结合;实践教学能力包括动手能力、实践能力、实验设计能力等。

(2)专业实践经历有待丰富。中青年教师通常在大学获得研究生学位后直接被聘为高校教师,他们在研究生阶段注重理论研究和追求论文发表的惯性一直延续下来,种种主观和客观的原因,使得学校对教师专业实践经历要求往往只是挂在嘴上。

(3)创新能力不足。这方面问题主要表现在:重复性研究较多,创造性成果有限,研究成果缺乏应用等方面。

(4)缺乏教师能力培养的机制和制度。这方面问题主要表现在:大学(尤其是高水平大学)教师没有"助教"经历;多数大学年轻教师没有配备"导师";缺乏针对教师个人特点的发展规划;教师在院系中的定位不清等。

(5)教师间的合作不足,尤其是人文社科类的教师。这方面问题主要表现在:教师擅长单打独斗、各自为政,尤其是在职称问题解决后;平时缺乏业务上的交流与沟通;强强合作不易、强弱互补可行。

(6)教师队伍结构不合理。这方面问题主要表现在:缺乏具有可操作性且现实可行的教师队伍建设规划;更多注重当前(应急)对教师的需要,不够重视长远发展在

结构上的合理性;近亲繁殖、"武大郎"的现象一定程度上存在。

（7）教师队伍的整体素质还需提高。教师承担着为社会主义事业培养接班人的教书育人的重要使命,不断提高教师队伍的整体素质是永恒的要求。然而,受社会上不良风气的影响,在极少数教师中仍然存在如下现象:工作浮躁、缺乏敬业精神;急功近利、以个人为中心;对自身要求不高,不能为人师表。

2. 明确对教师的基本要求

针对上述大学教师(尤其是中青年教师)中存在的问题,从"双一流"大学建设角度出发,可以对大学教师提出以下基本要求。

（1）广博的知识面。要求教师具备扎实的知识获取、应用和创新能力,在知识不断更新的基础上,扩大自身的知识面,不仅掌握本学科专业领域的专业知识和国内外的最新进展,了解相关的技术标准、政策和法律法规,而且要熟悉相关学科专业领域,包括信息学科、经济管理、人文学科、社会学科等其他学科专业的知识,还要关注一些新兴、交叉、边缘学科,尤其是与本学科专业领域相关的交叉学科的兴起和发展。教师要改变过去那种将自己的知识面仅限于所担任的课程或其他教学任务的狭窄的范围内的现象,而应该将知识面拓展到除课程和教学任务之外的所有的相关课程和学科专业等更大范围上。

（2）丰富的专业实践经历。要求教师熟悉专业现场的运作方式和管理模式,了解先进专业设备和技术的使用,掌握应对实际专业问题的有效方式,积累丰富的解决专业问题的经验,同时与专业组织保持密切的合作关系。丰富的专业实践经历对教师的重要性体现在3方面:一是使教师形成良好的工程素养;二是使教师具备担任专业教育教师的基本条件;三是为教师拥有各种专业能力和职业素质打下重要的基础。

（3）卓越的专业教育教学能力。这项能力主要体现在以下5方面:一是具有先进的教育教学理念。树立以学生为中心的思想,充分发挥学生的主观能动性,引导学生从继承性学习走向探究发现性学习;树立以创新为核心的教育思想,把培养和提升学生的创新意识和创新能力作为人才培养的主要目标。二是具有良好的教育教学研究能力。善于发现、研究和解决教育中出现的理论和实际问题,能够根据教育的发展趋势,预见性地提出教育的改革思路和具体措施;三是具有显著的专业教学学术水平。能够将高深的原理、技术和科学理论,通过教学内容组织、教学方法选择,使学生不仅深刻理解和掌握知识,而且能够运用和创新知识。四是具有突出的专业实践教学能力。能够通过各种类型的实验教学,提高学生的实际动手能力;通过运用专业原理和技术发现、分析和解决专业实际问题,训练学生的实践能力。五是具有娴熟的教学组织和管理能力。善于根据课程和教学内容以及学生的具体情况,采用有效的组织形式和管理手段开展教学活动,使学生在教与学的过程中取得理想的学习效果。

（4）胜任指导学生成长和职业发展。这方面要求主要从5方面体现：一是关心重视学生成长,将指导学生成长作为自身的一项重要职责；二是加强与学生的交流和沟通,及时发现和解决学生在学习和生活中出现的问题,同时充分肯定成绩并给予积极的鼓励；三是善于发现学生的兴趣和特长,支持学生基于个人的特点开展学习和成长；四是重视对学生进行因材施教,采取有效的针对性教育教学方式实施个性化培养；五是指导学生的职业生涯规划,为学生未来人生的长远发展提供充分且有效的指导和建议。

（5）在科学研究与学术造诣上,对教师具有5方面具体要求：一是掌握本学科专业前沿发展动向,在推动本学科专业发展的前沿领域做出贡献；二是具备主持重要科研项目的能力,能够组织和带领团队完成国家级纵向科研项目和行业领域委托的重大科研项目；三是在本学科专业领域取得高水平、系统性、创新性的研究成果,学术贡献及学术影响力在国内外处于与其技术职务相当的地位；四是在学科专业领域具有高认可度,作为主要贡献者获得国内外公认的有影响力的学术成果奖,或者担任本学科国内外二级及以上学会或专委会的重要职务,或者受邀在国际重要学术会议上作主旨报告,或者是在本学科专业领域国内外公认的某一研究方向的领军人物；五是科研成果能够有效地支持教学,对本学科专业领域的教材和课程建设提供原创性的素材。

（6）崇高的敬业精神和职业道德。主要反映在4方面：一是强烈的事业心和责任感。要热忱于教育教学工作,将教书育人作为自己崇高的事业。二是严谨求实的科学态度和精益求精的工作作风。对待工作要一丝不苟、尽职尽责、求真务实,将提高人才培养质量作为自己永无止境的工作目标。三是勇于探索的治学精神和追求卓越的创新意识。乐于奉献、不安于现状、善于批判性思维,密切结合经济社会的发展及其对教育的新要求,努力寻求教育教学思想和方式的转变与突破,积极开展人才培养模式的改革和创新。四是为人师表的行为举止和言传身教的育人风范。有健康的心理素质,高尚的人格品位、宽阔的心胸气量和坚定的理想信念,要成为学生道德品质修养的榜样、精神文明的典范和举手投足的楷模。

13.1.2　分析需求激励重点

除了了解大学教师队伍建设现状和明确对教师的基本要求外,需要对教师在其职业发展的不同阶段的需求进行分析,以更有效地开展教师队伍建设。

1. 分析教师的需要

大学教师的需求主要体现在物质需求、发展需求、尊重需求和成就需求 4 方面。

（1）物质需求主要包括薪酬待遇、住房条件、工作环境、职业保障等，其中最重要的是满足与其身份相应的薪酬待遇和住房条件。事实上，多数大学教师表示，只要物质需求基本得到满足，就能够安心本职工作。

（2）发展需求是大学教师追求自身发展，实现个人理想抱负和人生价值的需求。教师会根据自身特点，设计自己的人生发展道路，每位教师在人生的不同阶段有不同的发展目标。终生学习和继续教育是大学教师满足发展需求的前提。

（3）尊重需求是大学教师职业特有的需要。尊重需求包括自尊和他尊两方面：自尊为教师对自己社会地位重要性的认识；他尊是社会对教师劳动价值和劳动成果的认可与激励。人们常说的"为人师表""学为人师、行为世范"，不仅是对教师的要求，更是对教师的尊重。

（4）成就需求是大学教师精神需求的本质内核，也是影响教师行为动机的最高层次的需求。尊重需求的满足促使大学教师具有强烈的成就需求，成就需求是大学教师对自己角色认知的一种结果。成就需求日常表现在人才培养、科学研究、社会服务等多个方面。成就需求最普遍地表现为教师对更高一级职称、岗位的追求。

2. 激励教师重点

掌握了教师各种不同需要后，结合大学战略实施的需要，就可以有针对性地制定各种政策和形成制度，在教师队伍建设的关键环节上进行重点激励，从而更好地实现教师队伍建设目标。这方面大致可以从以下几方面入手。

（1）将薪酬与绩效挂钩，形成绩效文化，满足教师物质需求。这方面要求大学遵循导向性原则、激励性原则和相关性原则，建立绩效薪酬体系，处理好教学与科研、刚性与柔性、数量与质量、教学与职员的关系，充分体现公平公正、优劳优酬、按劳分配，使广大教职工清楚地看到，只要努力工作取得业绩，就能获得相应的薪酬，从而激励全校教职工在实现大学战略目标的过程中做出更大的贡献。

（2）将大学战略目标与教职工个人的发展目标相结合，满足教师发展需求。大学战略目标的逐层分解最终要落实到教职工身上，这种落实不是简单的压任务，而是要做好两方面工作：一是找到教职工个人发展目标与大学战略目标之间的内在关系和必然联系，使二者成为目标一致的整体；二是要通过政策措施和教育引导，培养教职工的需求，使他们的需求的满足有利于大学战略目标的实现。只有这样，才能使参与大学战略实施工作成为对教职工的一种激励。

（3）充分肯定教职工在完成战略实施任务中的贡献，满足尊重需求。这种肯定既包括个人绩效对大学发展的贡献,也包括个人绩效在所在单位或团队绩效中的贡献,前者认可个人的劳动价值,后者弘扬团队合作精神。教职工对个人劳动成果和贡献能否被认可十分在意,这是对他们能力、价值和贡献的肯定和尊重。大学在除薪酬及晋升之外的其他方面,不论是精神上的评优和表扬,还是物质上的支持和改善,都应该凸显对教职工贡献的肯定和尊重,进而激励他们做出更大的贡献。

（4）将教职工的突出成果或工作业绩与提职晋升相结合,满足成就需求。教职工的职称和岗位是他们能力、水平和业绩的标志,所产生的激励作用往往居于各种激励之首。为了更好地发挥提职晋升对教职工在投身大学战略实施中的激励作用,大学应该将实现战略目标所需要的各种数量和质量指标及标准分解到大学教师各级职称评审条件和机关职员各级岗位基本要求中,使得教师和职员能够分别明确针对职称评审条件和岗位基本要求取得业绩,从而形成全体教职工齐心协力围绕大学战略目标的实现而努力工作的局面。

13.1.3　教师队伍建设

大学的发展关键在于有一支数量合理、素质优良、结构优化和凝聚力强的教师队伍,大学战略实施的参与主体是教师,在学校层面,要从实施大学总体战略和竞争/专项战略的角度,从学科布局和专业建设的需要,整体规划、计划和开展教师队伍建设;在院系层面,要按照大学总体战略或竞争战略在院系战略的落实开展教师队伍建设。也就是说,大学总体战略和竞争战略对不同学科和专业教师队伍在数量、结构和质量的要求体现在院系战略中。总体而言,大学教师队伍建设有以下基本对策。

第一,教师队伍构成科学合理的队伍。教师在大学战略实施中作用的发挥主要体现在教师队伍整体的合力上,因此教师队伍建设不仅要对每位教师有明确的要求,更要对整个教师队伍构成有要求。教师队伍建设要力求做到:教师学科背景的交叉性、知识结构的互补性、年龄结构的合理性、学源结构的多元性、工作经历的多样性。

第二,努力营造吸引人才的政策与文化环境。实践证明,政策、制度、工作、生活等环境优势在大学吸引优秀教师方面发挥着重要作用。这方面主要应做到:建立具有竞争力的教师薪酬体系;建立教师事业发展机制,包括政策上将教师发展作为学校发展的重要组成部分,规划上将教师任期目标与学校战略目标相联系等;加强校园文化建设、营造和谐舒心的工作和生活氛围。

第三,坚持引进与培养相结合原则,不断优化教师队伍结构。正确处理引进与培养的关系,按照大学战略实施和学科建设的需要,在加大引进力度的同时,坚持本校在职培养,注重新引进人才与现有教师薪酬待遇上的公平,避免出现"引进女婿气走儿"的现象,加速高层次人才的引进与培养,达到优化队伍结构的目标。

第四,注重教师能力培养,全面提高师资队伍的整体素质。通过教师教学发展中心和青年导师制的建立,注重青年教师教学能力的培养;通过加强产学研合作教育等方式加强教师的实践能力培养;注重教师信息化、数字化和智能化能力的培养;重视教师教学创新和科研创新能力的提升;强调教学与科研的有机结合。

第五,在自愿的前提下延长教师服务期限。全社会健康水平的提高和平均寿命的延长客观上支持延长教师服务期限。老教师具有丰富的教学经验、深厚的学术造诣及良好的师德和敬业精神,只要工作需要,本人身体健康,做到"同工同酬",就能够在自愿的前提下,通过延聘或返聘的方式,一方面继续发挥他们在教学、科研和指导青年教师方面的作用,另一方面不占所在单位编制,不影响新教师的引进。

在教师队伍建设时尤其要处理好以下 3 方面关系。

(1) 学科带头人引进和团队建设的关系。学科带头人是学科建设的领军人物,他的学科建设理念和思路以及个人的品德素质直接关系到学科团队建设和现有教师队伍的稳定,大学最不希望看到的是引进一个学科带头人,却挤走若干现有教师的局面。因此,引进的学科带头人需要得到现有教师的认可,不论在学术水准和声誉上,还是在组织领导能力上。

(2) 新引进人才和现有教师的关系。目前,众多大学在人才引进的薪酬待遇上往往采取的是不公开的年薪制和保密的"一人一议"制。事实上,这些新引进人才无论是在薪酬福利待遇方面,还是在工作条件方面都较现有教师有很大的提高,有些人甚至是现有教师的数倍薪酬,这种情况对于早期引进的学术造诣深厚的教师而言,无疑在心理上会产生很大的打击,并挫伤现有教师的积极性。因此,处理好新引进教师与现有教师的关系无疑是十分重要的。

(3) 人才引进和作用发挥的关系。一些大学十分注重人才引进,尤其是顶尖人才的引进,将这些作为教师队伍建设的标志性成就。但是,如果人来了占了编制,却人在曹营心在汉,不思奉献,则新引进人才的作用没有得到发挥;即使新引进人才安心本校,却"出工不出力",也同样没能充分发挥其应有的作用。因此,对人才引进工作不仅要做到引进和稳定并重,而且要激励他们在实现大学战略目标的过程中充分发挥作用。

13.1.4　职员队伍建设

大学战略的实施离不开素质高、懂管理、重服务的机关管理人员,这些人员中的骨干一般都进入了教育职员系列,他们构成了一支与教师队伍一样重要的人才队伍——职员队伍。

职员队伍建设需要在大学简政放权、管理中心下移的大背景下进行。伴随着学校权力的下放和管理重心向学院的下移,学校职能部门在学校所扮演的角色应该随之发生变化,这就需要对职能部门的功能进行调整和转变,以保证校院模式的有效运行。

作为学校与学院之间的一个管理层次,职能部门功能的调整和转变主要包括4方面:一是职能部门的重新定位,职能部门的定位要以管理为主、服务为辅,转变为以服务为主、管理为辅;二是职能部门机构要按照"精干高效"的原则进行精简;三是职能部门的工作性质应由原来的以管理为主转向以为学院服务为主;四是职能部门工作人员能力与素质的提高。

职员队伍建设要注意做好以下6方面工作。

(1)组织重视:大学要提高对职能部门工作人员队伍重要性的认识,将他们作为与教师队伍同样重要的另一支人才队伍来建设。这支队伍素质的高低关系到学校宏观决策与发展战略能否有效实施,关系到学校管理水平和办学效益的提高。

(2)岗位分析:根据职能部门在分解大学战略之后形成的本部门的职能战略,进行岗位分析和评价,确定岗位的职责和要求,进而明确对该岗位职员的能力和素质要求。

(3)人员招募:招募上,要按照岗位职责及要求,坚持公开招聘,注重知识结构、能力素质和发展潜能。

(4)体制建设:建立专门的职能部门工作人员管理体系,尤其是绩效薪酬体系,以吸引高素质、高层次人才安心职能部门的工作,形成专业化、职业化的职业队伍。

(5)在岗培训:要避免重使用、轻培养的现象,根据岗位要求制订每个职员的在岗培训计划,及时更新他们的业务知识,不断提高综合素质、业务能力和管理水平。

(6)沟通服务:要加强机构职员与院系的沟通和交流,注重提高他们在业务技术、政策咨询、对外联系和沟通协调方面对院系的服务功能。

13.2 经费资源的高效运用

在大学战略管理过程中需要将规划与预算分配相匹配,或者说,大学战略实施所需要的经费要在大学预算中得到充分的保证。这种对应关系可以具体体现在大学年度经费预算是如何按照重要性程度分级落实在大学战略规划的各项任务中。大学战略规划的各项战略任务按照重要性程度可以进行分级,如分为优先发展项目、重点建设项目、一般建设项目等,而大学年度经费预算可以按照重要性程度先后满足这些项目任务的经费需求,从而使大学有限的经费用在"刀刃"上,使这些经费得到高效的运用。

13.2.1　大学办学经费上的突出问题

国内外高等学校目前普遍存在着办学经费不足的问题。世界各国的大学,不论是顶尖大学还是新建院校,都存在着办学经费不足的问题,只是这些大学经费不足问题体现在各自发展的不同阶段对经费的不同需求方面。造成这种普遍现象的原因在于高等教育市场竞争的不断加剧和大学自身发展的需要,而没有足够经费的投入根本谈不上参与市场竞争,更谈不上发展。因此,拓展拓宽经费来源渠道,谋求获得更多的办学经费,就成为大学校长的首要且他人无法替代的职责。

与此同时,大学存在的与办学经费不足相矛盾的另一个突出问题就是办学效益低下。对一所大学而言,仅"广开财源"是不够的,还要做好"节流",即在一定办学经费条件下如何用好资金,发挥好资金的最大效益。由于高等教育是非营利性的事业,公立大学的办学经费主要来自政府财政拨款,因而大学往往不存在盈利和亏损的问题,加上政府对大学没有办学效益的评估,致使不重视办学效益,尤其是经济效益,成为世界各国大学普遍存在的现象。大学办学效益低下问题大致表现在 5 方面:一是经费预算未能与大学战略实施相挂钩,使得一些可有可无的事项耗费足够数额的经费;二是需要经费支持的建设项目没有充分的论证,使得项目建成后未能发挥应有的作用;三是经费使用缺乏过程控制,致使临时追加经费的现象时有发生;四是经费预算受人为因素干预严重,"会哭的孩子有奶吃",造成相当数额的经费浪费;五是经费预算方法不够科学合理,导致出现需要填补的经费"漏洞"。

现代大学制度下的大学在注重办学的社会效益和规模效益的同时,还应该重视改善学校内部的经营管理,讲究投入—产出的整体效益。在高等教育全球化的竞争环境下,对高校的理财要求越来越高,只有盘活学校资金存量,科学地使用和管理资金,以期最大限度地发挥有限资金的效用,加强财务管理,才能在竞争中取胜。在现代大学制度下,高校的财务管理模式必须由财务报账型逐步转向管理决策型,对资金的使用要进行调查、分析和研究,然后进行科学决策;必须由单靠增加收入、拼消耗、拼资源的粗放型理财方式,向投入少、产出高、效益大、节约教育资源、符合大学战略目标的集约型理财方式转换。

提高资金使用效益的关键是对资金的合理分配与安排,以保证把学校有限的经费用在"刀刃"上。这方面得以实现的关键是做好大学每年一度的年度经费预算。

13.2.2 传统经费预算办法的问题

传统的编制经费预算的办法,是以上一年度的费用水平为基础,根据预算期内有关工作量的预期变化,对上一年的费用水平进行适当调整,以确定预算期的经费预算数。这种方法的基本假设和做法是:

学校上一年的每个支出项目均为必需的,而且都是实现组织目标和任务所必不可少的。

学校上一年的每个支出项目在下一年度中仍有继续进行的必要。

学校上一年度的经费已得到有效的利用。

除新增项目外,下一年度的预算是在上一年度的基础上,考虑人员工资提高和物价上涨等因素,对上一年度每个支出项目作适当增量调整而形成的。

传统的经费预算方法(也称增量预算方法)的核心是承认上一年度各个支出项目合理且在下一年度需要继续开展。这就使得上一年度合理,但下一年度又不需要的支出项目继续存在下去,甚至有增无减,不仅使得大学经费预算成为"滚雪球",下一年度预算都要包裹着上一年度的项目越滚越大,而且还要加上下一年度新增的支出项目。

传统的经费预算办法的长期使用给各种类型的大学造成办学经费的巨大浪费。这种浪费不仅严重影响大学战略的实施和战略目标的实现,从而失去在高等教育市场上的竞争优势,而且会滋生各种经济腐败和犯罪问题,如出现将超出实际需要的经费存入"小金库",大量富余经费的挪用等现象。因此,改革大学经费预算办法势在必行。

13.2.3 "零基"预算办法

针对传统经费预算办法存在的问题,20 世纪 70 年代,美国企业提出当时最热门的管理技术——零基预算(zero-base budgeting, ZBB)方法。零基预算方法不是以上一年度的费用为前提,而是一切从"零"开始,从实际需要与可能出发,像对待决策项目一样,逐项审议各个开支项目的大小及其必要性,进行综合平衡,从而确定预算费用。

作者担任大学校长后的第 3 年就在大学经费预算管理方面开始采用改进的零基预算方法,集中体现了学校财务管理向管理决策型和集约型发展的科学管理理念。

改进的零基预算方法是在零基预算编制方法的基础上提出的。前者与后者的区别在于进行零基预算前将各种费用项目按其重要性分成必保项目、支持项目和一般项目 3 类。必保项目指的是学校年度工作要点涵盖的内容;支持项目指的是各处级单位任期目标责任书列出的当年工作目标中需要学校经费支持的项目;一般项目指的是除前两类项目之外的其他普通项目,往往是学校鼓励各处级单位结合本单位实际情况创造性地提出的一些工作。进行零基预算的经费安排时需要对这 3 类项目排出优先次序:优先保证必保项目,然后安排支持项目,最后根据经费剩余情况考虑一般项目,如果经费有限,有些一般项目就得不到经费。

改进的零基预算编制方法的程序如下。

第一,校内各单位根据学校年度工作要点分解给本单位的工作任务,根据本单位任期目标责任书提出的当年要完成的目标,结合本单位实际业务活动水平,根据保证重点,兼顾一般的原则,提出 3 类项目相应的费用计划方案,并说明每一项费用开支的理由与数额。其中,对于一般项目,需要各单位对项目的重要性及轻重缓急给予必要的分析和论证。

第二,财务处邀请审计处等部门一道,根据各单位提出的费用计划方案,逐项进行对比、分析和核实,确定每个项目的重要程度;在此基础上,将全校所有单位的费用计划方案中的项目分别按照必保项目、支持项目和一般项目进行合并,并按照重要性进行排序。由于前两类项目的经费基本能够得到满足,因此一般项目的全校性排序就显得尤为重要。

第三,财务处根据校长给出的当年全校预算经费总额度,按照重要性排序,优先安排必保项目所需资金,再安排支持项目所需经费,对一般项目则根据剩余可安排预算额度,按照重要性和轻重缓急先后安排所需经费,然后形成经费预算初步方案。

第四,在分管财务的校领导主持下,财务处将经费预算初步方案,尤其是其中的一些可能存在争议的部分,与各预算申报单位进行沟通协调,对本年度未能安排的一般项目给予必要的说明,最后形成上校党委会讨论的年度预算草案。

第五,大学党委会及时安排专门会议,会上先由分管校领导和财务处处长介绍预算制定情况,然后与会人员充分讨论、审议、提出修改意见,最终在财务处提交的年度预算草案的基础上形成大学年度预算方案,会后逐项下达费用预算。

事实证明,改进的零基预算确实优于传统的增量预算方法,它克服了增量预算不加分析地保留原有支出项目,主观臆断平均增加或不增不减费用项目造成浪费的缺点,真正把有限的资金用在刀刃上。加上学校采用事前、事中、事后全过程的财务控制,全面落实、实现财务预算,使之按照设定的目标和轨道运行,为大学战略实施提供了充足的经费保障。

13.2.4　日常经费的管理

有了科学合理、行之有效的经费预算办法,对大学日常经费的使用仍然需要加强管理,只有这样才能确保预算经费能够用在实处和用出成效。加强日常经费管理主要从以下 4 方面入手。

(1) 预算经费的事前、事中、事后控制。事前控制主要是通过发放经费预算通知书,在告知经费预算申请单位,学校当年经费预算中批准给该单位预算经费额度的同时,强调经费的用途及使用条件,以避免经费挪为他用。事中控制主要是在经费使用中途,一般为每年的暑假前后,向经费使用单位知会预算经费的使用情况,对存在使用不规范、不合理等违规现象及时予以提示和警告。事后控制主要是在年底预算经费使用结束后,由审计部门对经费使用情况进行简单的分析和反馈,对于存在的问题,尤其是违规的问题,不仅要问责,而且将影响到下一年度该单位预算经费的申请。

(2) 经费使用"一支笔"。每个单位,不论其预算经费额度高低和项目多少,在经费的使用上均必须做的"一支笔",即由单位行政一把手负责签字。这一方面既强调行政一把手的经济责任,又使其全面掌握本单位经费的使用情况;另一方面避免将经费签字权分给他人,从而引发经费使用失去监督和控制的情况。

(3) 大额经费使用的审计提前介入。对大额预算经费的使用不能简单地采取由财务部门控制的办法,需要审计部门提前介入和跟踪,包括需要审计部门全程参与项目招投标等活动,以确保整个活动及流程合法合规;包括超过一定额度经费的审批,需要审计部门对经费去向、用途及支付方式等进行认可或确认,以确保经费用在"正道"上,从而避免事后才发现问题,难以从源头上堵塞漏洞的现象。

(4) 强化预算外经费审批办法。为了对人们难以预测的重要事件做出及时快速的反应,大学在预算中都要预留一部分经费,通常称之为"不可预见费",以应对不时之需。以往多数大学对不可预见费的审批基本上是由分管财务的校领导个人负责,这种做法看似简单、高效,但容易产生一些问题,如在对待审批项目的必要性、重要性和可行性分析不足的情况下,可能造成经费投入的浪费。强化预算外经费审批的办法是:成立预算外审批小组,由分管审计的校领导任组长,成员包括财务处、审计处、学校办公室等机关职能部门负责人,审批小组对每次超过一定额度的预算外项目的审批要召开专门会议,听取项目经费申请单位对预算外项目的必要性和重要性进行分析、对需要的经费额度进行说明并接受质询,然后小组进行闭门讨论分析并形成意见。预算外审批小组形成的意见经小组每位成员签字后报分工财务的校领导做决策参考。

科学有效的经费管理体系为大学战略管理活动的开展带来充分的资金保障，给大学办学带来显著的社会效益和经济效益，从而在激烈的高等教育市场竞争中赢得优势。

13.3　物资资源的优化配置

大学所拥有物资资源方面主要包括实验教学资源的使用与管理，图书情报资源的建设与共享，信息网络资源的投入与运营，以及后勤服务资源的经营与管理。这方面的工作主要体现在如何提高各类资源的利用率、提供服务质量、减少经费投入浪费上。

13.3.1　实验教学资源的使用与管理

大学实验教学资源的使用与管理应该针对当前存在的主要问题展开，重点强调提高各种实验设备和设施的使用率，保证各种实验设备和设施处于良好的状态，以满足各种形式和类型的实验教学需要。

大学的实验室一般可分为基础实验室和专业实验室两大类，由于这两种实验室在设备条件、使用对象、实验内容等方面存在较大差异，因此对实验教学资源的使用与管理也将分别按照基础实验室和专业实验室进行。

基础实验室的使用与管理重点在于克服相关院系重复建设带来的使用率低和管理水平不高等问题。解决这些问题的途径就是建设隶属于学校的实验室，由学校专门部门（如实验室设备管理处等）统一管理，充分发挥基础实验室在基础实验教学上的作用。由于基础实验室的基础性，适用于校内多个跨院系的学科专业，因此应该避免建在教学院系，成为院系独占资源，限制其使用和开放程度。建设校级基础实验室的作用有 4 方面：一是避免同类型实验室的重复建设，造成实验设备利用率十分底下；二是降低院系基础实验室配置管理和实验人员的人力资源成本；三是便于学校集中统一管理，提高设备的利用率；四是有利于学校集中经费提升实验室的条件和水平，以及升级和更新实验室的设备。

专业实验室的使用与管理的重点在于解决大型设备"开工率"不足的问题。解决这类问题的思路是将专业教学实验室与专业科研实验室整合，形成同时具备教学实验和科学研究双功能的混合实验室。将专业教学实验室与专业科研实验室整合的作用有6方面：一是避免其中一些仪器设备的重复购置，降低了实验室的投资成本；二是减少专职实验室管理人员和实验员岗位，降低了实验室的人力资源成本；三是提高了实验室的使用率，较好地解决了大型设备"开工率"不足的问题；四是为将科研活动融入教学实验创造条件，支持对学生因材施教，发挥科研在人才培养上的作用；五是减少新立项科研项目在实验室建设上的投入；六是有利于提升专业实验室的条件和水平，提高实验室的管理水平。

为了更好地调动实验室管理人员的积极性，更好地为教学实验服务，加强实验室仪器设备的维护，提高实验室管理水平，应该在大学绩效薪酬体系中设置"设备管理绩效工资"，通过实验室实验教学人时数、实验室管理工作量、大型仪器设备管理工作量、仪器设备安全维护工作量等的计量，充分肯定实验室管理人员的劳动付出。

13.3.2 图书情报资源的建设与共享

大学的图书情报资源是大学开展人才培养和科学研究不可缺少的重要资源，没有图书情报资源，大学就名不副实。事实上，每所大学每年在这方面的投入在大学资源建设上都占有相当大的比例，而且均处于持续上升的趋势。因此，图书情报资源的建设与共享是一项值得认真研究的专题，重点探讨在满足大学人才培养和科学研究需求的前提下，如何降低资源采购成本，最大限度地实现资源共享。

从目前的情况分析，图书情报资源的建设和共享应该做好以下3方面工作。

（1）图书集中采购以降低成本。图书市场与其他商品市场一样，大批量采购的单价要远低于少量采购的单价。由于大学学科专业多、涉及面广，需要的图书文献资源品种多、数量大，但由于各教学院系一般均设有小型图书馆或资料室，往往是各自为政，分别采购，致使图书文献的采购价基本与市面上的销售价无异。由于每年整个大学图书文献采购的金额少则几百万元，多则几千万元，如果在图书文献的采购上能够集中采购，则能够有效地降低采购成本。

（2）情报资源购买校内不重复。大学情报资源主要指包括各种学术期刊在内的用于教学和科研的各种纸质和电子参考资料，在大学各院系的资料室或小型图书馆中存在相当一部分期刊等资料重复订阅的现象，如管理学院有相当一部分刊物与经济学院的刊物重复。避免这种重复浪费现象的做法有二：一是取消院系的资料室和小型图书馆，各院系所需的各种情报资源由学校图书馆统一订购；二是各院系资料室加强沟通、互通有无，避免重复订购现象发生。

（3）数据库等资源的校内共享。纸质文献在传输、存储及保护等方面的要求和限制使得电子数据库成为海量文献资源存储和使用的主要方式，然而，数据库的购买及其每年内容的扩展是一笔不小的费用，由此导致不少大学，包括那些"不差钱"的大学，也不可能随心所欲地订购各种数据库，而代之以选择有限的师生员工最认可的数据库。由此可见，在大学内注重数据库等资源的共享是提高资源利用率和降低资源购买成本的有效方式。

【实例】　作者在担任地方大学校长期间，在图书情报资源的建设和共享方面采取了如下两项措施。

第一项措施是集中财力建设学校图书馆，每年保证足够的经费用于图书情报资料的采购及设备的更新维护，以提高图书情报资料的利用率。同时，不鼓励各个院系部单独建设各自的资料室，各个院系部、各个学科专业需要的图书情报资料都可通过学校图书馆集中采购获得。

第二项措施是直接委托新华书店为学校购买教材图书，降低采购成本，减少图书采购人员。目前，国内每所高校的学生规模一般都在一万人以上，若每位学生一年平均需要购买 10 本教材和图书，每本书定价为 40 元，则一所高校一年就有 400 万元的图书需要量，加上学校图书馆每年的新书采购量，因而一所大学是一个潜在的图书大市场。国内高校采购教材的传统做法是，在教务处设教材科，负责全校所有学生所用教材的采购，至于图书馆图书的采购，一般是由图书馆的采编室负责完成。由于目前可采用批量采购图书，如果减少中间销售环节，可以有较大幅度的打折优惠，为此，作者在 2000 年通过公开招标的方式将新华书店引入校园，将学校所有教材及部分图书的采购通过合同的方式委托新华书店采购完成，从而在图书教材采购方面节约了资金。在引进新华书店的同时，学校撤销了教务处的教材科，并取消了图书馆采编室的图书采购功能，减少了人员经费。

13.3.3　信息网络资源的投入与运营

信息化、数字化和智能化时代对信息网络资源有很高的要求，大学校园内不论是校园网建设、信息化或数字化校园建设，还是智慧校园和智慧课堂建设等，都需要在局域网络和信息通信方面投入大量的建设、运行和维护经费，以满足大学教学、科研、管理等各项活动正常且高效运行。

信息网络资源的投入与运营主要有自营和外包两种方式。自营是多数大学所采取的方式，这就涉及建设一支专业化的网络维护和信息管理队伍，需要 24 小时动态监测校园网络的运行情况并及时解决师生员工可能提出的各种各样的问题。自营的优点在于有一支自己专门的队伍,熟悉大学运行要求和规律,有利于解决信息网络资源出现的问题。自营的不足在于需要为这支队伍支付较高的人力资源成本。

作者担任地方大学校长期间,在经历了几年学校自营的方式建设和管理校园网络资源后,采取外包的方式引入校外专业网络公司(四大网络运营商之一)经营管理校园网,促使他们对校园网建设的投入和维护,以保证校园网正常运行和高质量的服务。外包方式的优点有二:一是节省了自营方式必需的专业化队伍的人力资源成本;二是外包企业具有专业化的水平,能够提供高质量的网络运营和管理服务。因此,对于一些自身对信息网络资源的运营缺乏能力且经费不足的地方院校,建议考虑采取外包的方式。

13.3.4 后勤服务资源的经营与管理

大学是一个小社会,其中后勤服务形成一个复杂多元的系统,包括教学科研楼宇管理、学生食堂和教工餐厅及招待所的经营、校园治安管理、校园绿化卫生、网络通信、水电维修等。大学后勤服务系统的首要任务是为大学的人才培养、科学研究和社会服务等工作和师生员工提供优质、高效的服务,为广大师生员工提供良好的学习、工作和生活环境。

大学后勤服务资源是提供优质高效服务的基础和保障,对这些资源的经营和管理的好坏直接关系到能否为广大师生员工提供满意的服务。后勤服务资源经营与管理的目标可以从两方面看:一是在成本不变的情况下如何提供最好的服务;二是在提供相同服务的情况下如何使成本最低。为了便于分析,这两个角度的目标可以简化为:在满足广大师生员工服务需求的情况下,最大限度地降低经营和管理成本。

后勤服务是涉及餐饮服务、楼宇管理、绿化卫生、治安保卫、网络通信、水电维修等多方面专业技能的工作,除大学自身擅长或由于一些特殊性必须由学校自主经营和管理的领域外,对于那些大学不擅长方面的后勤服务,可以通过社会化委托管理或委托经营的方式,简称后勤社会化,引进校外有资质的专业组织/公司提供专业化、高水准的服务。

后勤社会化的主要目的在于通过委托社会专业服务组织经营和管理大学的后勤服务资源,发挥这些组织的专业优势,达到减员增效,提高后勤服务水平和质量的目的。后勤社会化的优势主要有 3 点:首先,精简相关后勤服务机构,减少后勤员工数量,降低人力资源成本;其次,通过专业化的后期服务,提高后勤服务水平和质量;最后,使大学领导层的精力能够更好地集中在大学人才培养、科学研究、社会服务等主业上。

后勤社会化不能简单地认为是将大学后勤系统中沉重的"包袱"甩给社会上的服务组织,由他们"背锅"。而应该从战略的高度,遵循"互利互惠、合作共赢"的原则,建立起与社会专业服务组织的合作关系,在为大学的各项工作营造良好的环境和为广大师生员工提供优质高效的服务的同时,使大学领导者能够轻装上阵,集中精力搞好大学的发展和建设,努力完成大学战略实施的各项任务。

【实例】　××大学通过后勤社会化实现提高后勤服务水平和开源节流的双目标。

作者在担任地方大学校长后,从 2001 年起在该大学实行了"小机关、无实体、大服务、联盟化"的后勤社会化管理模式,先后将校内学生食堂、对外招待所、校园保卫、绿化保洁、学生和教工宿舍管理、教学科研楼宇管理、水电维修、信件收发、商务中心、教材及图书采购等分别交给社会上有资质、信誉好、专业化的企业组织经营管理,撤销了总务处、基建处,剥离了原属于教务处、产业处、图书馆、保卫处和校办等部门承担的后期服务功能,使全校所有后期服务资源的经营和管理,除了由于华侨接待不能撤销的校车队外,以及后勤服务的员工,成建制地从该校的主体中剥离出去。

该校后勤社会化委托经营管理项目的成本基本上是学校原先自己管理所需成本的 70%,在成本降低的同时,服务质量得到较大的提高。对于社会化委托经营的项目往往是中标经营者自带资金投资经营,从而大大减少了学校在这方面运营、维护和改造的投入。例如,2003 年,中国网通从前一经营者手上接手承包经营了该校的校园网业务,该公司投入 700 万元资金改造校园网,大大提高了上网速度和服务质量,业务量也随之迅速提高,而学校相应地减少了在这方面的投入。

总体上说,1999—2003 年,该大学通过各种方式和渠道,通过包括后勤社会化在内的内部管理体制改革,开源节流总金额达到地方政府同期财政拨款的总和。

第14章 大学战略实施的组织保障

除了资源保障外,大学战略的成功实施还需要相应的组织保障,简言之,组织保障就是要求大学组织从机构设置、制度建设、干部配备到管理模式等方面均要支持和保证大学战略顺利、高效地实施。因此,本章在讨论完大学组织结构与大学战略的关系后,分别先后探讨大学组织机构的优化、大学组织制度的建设、大学中层干部的配备和大学管理模式的选择等几方面主题。

14.1　组织结构与大学战略

大学战略的实施离不开其组织结构这一实施载体,组织结构的作用在于将宏观的、复杂的组织战略问题分解为组织可以承接和操作的具体问题。事实上,组织结构不仅是战略实施的主要载体,而且从一开始就影响着战略的形成和选择过程;而在战略形成之后,又要求有与之匹配的组织结构以支持其实施,因此,大学战略与其组织结构之间存在着决定和影响的密切关系。有关战略与组织结构之间关系的开创性研究是由美国哈佛大学的管理学家钱德勒进行的,他在1962年出版的《战略与结构:美国工业企业历史的篇章》中指出:战略的变化决定着组织结构的变化,组织结构的重新设计又促进了战略的实施。有诸多学者对战略与组织结构的关系进行过深入的研究,综括各派学者的研究观点并结合战略管理的实践过程,可以将两者的关系概括为,"战略基于组织结构"和"组织结构服从战略"。

14.1.1　战略基于组织结构

"战略基于组织结构",主要指战略的形成需要与组织结构相适应。这里的组织结构主要指组织内部的结构要素在外部环境诸要素的作用下组成的具有一定关系的组织形式。每种组织结构都有一定的战略倾向或者"文化",这种战略倾向会对未来的战略选择和组织设计产生重要的影响。

成功战略的内在逻辑是战略适应。成为战略适应对象的 3 个非常重要的要素是环境、资源和组织,其中环境是大学的外部要素,资源和组织是大学的内部要素,归属于组织结构的范畴。各种要素和战略之间应该有适应的关系,即环境适应、资源适应、组织适应,能够动态地保持这 3 种"适应"的战略是好的战略。而资源适应和组织适应所涉及的内容就属于组织结构的范畴。因此,一个有效的组织战略应该是基于原有组织结构的,也就是说,战略的成功是以与之适应的组织结构为基础的。

"战略基于组织结构"的现象存在于组织战略的形成是由下而上的。如果一所大学的战略是由院系部处提出,而后整合汇总,再由学校层面确定,那么院系部处只能从本单位出发,基于大学当前的组织结构,提出难以超越当前大学组织结构的院系战略和部处战略,而基于这些战略形成的大学战略自然就跳不出大学当前组织结构的框架约束。

事实上,真正做到"战略基于组织结构"的前提是原有的组织结构能够适应并满足战略实施的需要。然而,这种情况往往不多见,主要原因在于外部环境的发展和变化以及面向未来的战略都要超前于组织结构的现状,换句话说,组织原有的结构往往不能完全适应战略。

14.1.2　组织结构服从战略

促进组织发展的战略往往是超越于原有组织结构的,这就是由钱德勒于 1962 年提出的"组织结构服从战略"。在对 100 多家美国大企业进行跟踪调查后,钱德勒得出"一种新的战略需要一种新的或者至少是改造的结构,如果扩大的企业要有效地运转,组织结构如果不随战略,将会导致低效""如果组织不发展新的结构来满足出于组织向新的领域、新的职能、新的生产线扩展的需要,那么组织技术上、财政上、规模上的增长则无法实现。"迈尔斯和斯诺(Miles & Snow)进一步将战略与组织结构对应起来,他们根据组织进入市场的"战略方式"的不同将战略划分为 4 种:防御型、开拓型、分析型和被动反应型。他们认为,不同的战略类型对应着不同的组织结构。美国著名管理专家德鲁克(Peter F. Drucker)也持"战略决定结构"的观点。他认为,"组织结构是实现组织的目标和目的的手段,任何关于组织结构的工作都必须从目标与战略开始"。

"组织结构服从战略"的要义是:战略的变化推动组织结构的变化,组织结构的重新设计又促进了战略实施。当战略制定后,为了有效地实施战略,必须分析和确定实施战略所需要的组织结构。因为战略是通过组织实现的,要有效地实施一项新的战略,就需要一个新的或者至少被重新设计或调整了的组织结构。也就是说,有效地实施战略的一个关键就是建立与战略相匹配的组织结构,它们之间的匹配程度如何,最终将影响大学的战略绩效。

因此,一所成功的大学一方面要制定合适的战略以达到其目标,另一方面要建立合适的组织结构以实施其战略,只有使大学组织结构与大学战略相匹配,组织结构服从战略,才能成功地实现大学的战略目标。

【课堂讨论问题】 如何理解"战略基于组织结构"和"组织结构服从战略"?

14.1.3　组织结构与大学战略的互动

在大学战略管理过程中需要正确认识和处理战略与组织结构之间的关系。总体来说,大学战略的前导性和组织结构的滞后性是导致大学战略与组织结构不匹配的重要原因。大学作为一个开放系统,总是处于不断变化的外部环境之中,大学战略与组织结构对外部变化做出反应的时间是有差异的,这就形成了大学战略的前导性和组织结构的滞后性。

大学战略的前导性是指大学战略的变化快于组织结构的变化。当预见到外部环境变化将给大学带来某些机会或威胁时,必须及时调整大学战略以应付这种变化,不能囿于现有的组织结构裹步不前。这时,一个新的战略就需要一个新的组织结构,至少是在原有组织结构基础上进行调整,如果组织结构没有进行相应的变化,新战略也不会使大学获得更大的效益。

组织结构的滞后性是指组织结构的变化速度往往慢于大学战略的变化。造成这种现象有两种原因:一是新旧组织结构的交替需要一定的时间过程。当外部环境变化后,大学首先考虑到的是调整战略,只有当新的战略制定出来后,组织才有可能根据新战略的要求改变自己的组织结构。二是旧的组织结构具有一定的惯性,管理人员在管理过程中由于适应了原来的组织结构及其运行模式,往往会无意识地运用旧有的职权和沟通渠道,特别是当感到组织结构的变化会威胁到自己的地位和权力时,甚至会抵制需要做出的组织变革。

从大学战略的前导性和组织结构的滞后性可以看出,组织结构与大学战略形成一种匹配和平衡关系,既要求组织结构有效地支持战略,也要求大学战略应在富有弹性的组织框架中得以实施。因此,要保持战略与组织结构之间的动态适应关系。

14.1.4　组织结构的创新

经济社会的发展,大学外部环境和内部条件的变化,均要求大学在组织结构上进行创新,以适应应对这些发展变化的大学战略的实施。新型组织结构需要突破传统组织结构在人员编制、运行模式、激励机制等方面的限制,以灵活多样、动态适应、跨越部门、自主自由的方式,激发组织成员应对和解决问题的主动性和积极性,创造性地完成大学战略实施所赋予的任务。大学组织结构的创新可以有以下 3 种形式。

(1)混合型组织结构,指的是由不同组织形式结合而成的组织结构,其目的在于避免原有单一组织结构在运行上存在的局限或不足,能够有效地发挥多种组织结构的灵活性和适应性,更好地为大学战略的实施提供有力的支持,如大学在专项战略实施时需要有超越现有机关部处和教学院系职责权限的新型组织,那么就可以设置同时协调多个部门和院系的组织,对上直接向学校领导班子负责,对下统筹相关职能部门和教学院系人力和经费等资源,既行使行政管理服务职能,又履行教学科研组织实施职能,以提高专项战略实施的效率和效果。

(2)网络型组织结构,指的是以多个现有组织为节点,以组织间的合同或约定为纽带,以共同目标为驱动而形成的组织结构,其中节点上的组织既可以是校内、校外的,也可以是境外的,其目的在于最大限度利用组织间各种资源的互补性,在各个组织独立性的基础上充分发挥各自的积极性和能动性,以更好地开展大学战略的实施,完成具体明确的战略目标。如在多方协调育人方面,需要大学与行业企业、政府部门、科研院所等,甚至境外组织开展全方位的合作,形成新型的网络型组织结构,共同朝着既定的人才培养目标,为社会各界和各级政府培养高素质的人才。

(3)虚拟型组织结构,指的是针对外部环境迅速变化和面向未来发展需要而成立的非实体的、依靠多个现有组织资源及合作关系、跨越时空限制的组织结构。这种组织结构的最大特点在于其灵活性和适应性。灵活性表现在组织构成及内部关系可以随着外部环境的变化和发展需要而及时或超前调整。适应性表现在组织没有一成不变的结构要求和运行模式,能够根据外部环境变化和自身发展需要而变化和适应。如在未来学科专业建设和未来人才培养上,以校内相关学科专业为基础,与校外科研院所、高新技术企业、国外一流高校合作形成的虚拟型学科专业建设和教育教学组织,对于一流大学的建设和发展具有重要的作用。

5G 技术、互联网和信息技术的迅速发展为大学组织结构的创新创造了良好的条件,因此,新的创新组织结构将不限于上述 3 种,必将随着大学的发展而继续创新。

14.2　大学组织结构的优化

大学组织结构优化的目的是使得调整优化后的组织结构能够最有利于大学战略的实施。具体而言,优化后的组织结构应该在大学战略实施中做到运行顺畅、工作高效、反应快速。

14.2.1　学校领导的分工和合作

大学领导之间的分工和合作与大学组织机构的设置密切相关:一方面,校领导的分工基本上是按照职能部门性质并结合校领导能力专长进行的,因此涉及相关职能部门的设置与管理;另一方面,校领导分工后的合作直接关系和影响到组织机构之间的合作。由此可见,合理的分工和合作对于更好地发挥组织机构的作用是十分重要的。基于此,大学领导的分工和合作应遵循以下原则。

(1) 党政协同配合。大学虽然有党委系统和行政系统,但是它们二者的目标是完全一致的,都是为了实现大学愿景和战略目标,因此,虽然它们二者之间的工作侧重有所不同,但是加强沟通协调、密切配合是十分必要的,只有这样才能取得"1+1>>2"的效果。

(2) 领导分工明确。大学校领导的分工,不论是书记、校长,还是常委或副校长,在分工上都应该十分明确、清晰,虽然,例如作为党委常委的副校长可以分工党委系统的工作,但是,必须注意的是,校领导的分工不宜交叉,即要避免同一个职能部门由多个校领导领导。

(3) 互相协作补台。大学的工作是相互关联的,一项工作的完成往往需要多个部门的合作和配合,一个单位工作上的不完善也需要其他单位的补台和支持,这就要求校领导之间在分工的基础上要重视相互协作、相互补台,只有这样,才能保证大学各项工作顺利完成。

14.2.2　职能部门的优化

大学机构职能部门不仅是实施职能战略的主体,而且还承担着实施部分大学专项/竞争战略的任务。职能部门设置得是否合理,能否有效地支持大学战略的实施,是对其进行优化必须回答的问题。

1. 基本思路

借鉴国家政府"大部制"改革的思路,大学可以按政府部门机构"大部制"改革的思路和经验,整合机关职能部门中各种"非生产性"机构(生产性机构主要指如教务处/本科生院、研究生院、科研处/科研院、文科处等)的功能,推行非生产部门服务大部制改革,这样就可以变"非生产性部门"为"服务型大部"。

本着精简的原则在职能整合基础上重组,做到:

(1) 在国家规定的高校机关职能部门限额内自主设立。

(2) 机构设置不要求与教育行政部门上下完全对应。

(3) 职能相近的管理机构合并或合署办公。

(4) 宜于设立职能岗位的工作尽可能不设立独立机构。

2. 优化原则

(1) 目标定位原则:根据大学办学目标和定位,运用战略管理的原理进行分解和确定几项主要的职能战略和目标,再以此设置实现这些职能战略的主要机构,从而为办学目标的实现提供组织保障。

目标定位原则应当是机构设置的第一原则。这是因为每个组织都有自己特定的、不可替代而又为整体所不可或缺的目标,大学机关职能部门的设置是为了建立一个适应教育改革和发展,符合自身特点和发展规律,充满生机和活力的管理体制,如果违反这个原则,机构就不应设立或不需要重新调整,这个原则也应成为机构评估、监督以及调整的主要依据。

按照这一原则优化后,机关职能部门应该目标明确、职能清晰。

需要注意的是,大学在机关设置时要避免不同大学间的趋同现象。由于不同大学的使命、定位不同,决定着其办学目标不同,具有与众不同的办学特色,在机构设置中要体现本校的优势和特色。

（2）职能综合原则：大学机构设置要符合职能综合（或称任务归一）的原则。

首先，将同类性质的工作任务归到同一组织机构中，并且尽可能压缩和合并职能划分不科学、不合理和重复交叉的部门，对过于零散、规模过小和服务对象单一的职能部门，要采取"撤并机构""合署办公""一套班子几块牌"等措施，把职能相似的部、处（室）加以合并，为教职工提供一站式服务，避免互相推诿、公文旅行的现象。

其次，由于大学组织目标具有多样性和模糊性的特点，面对信息技术的飞速发展和管理环境的迅速变化的时代，僵硬的组织机构已不能适应这种变化，因此，组织机构应由刚性趋向柔性，同时拓宽每一部门的职权范围，增加机构的柔性和适应性。

（3）精简高效原则：大学设置各种机构的最终目标在于有效地管理，因此，管理效率就应该成为机构设置的重要原则，而管理效率与精简机构是紧密联系的，由于部门设置过多、层次过繁，必然产生人浮于事、形式主义和官僚主义的弊病，从而影响管理效率。此外，利用互联网、计算机和自动化设备使得决策层和执行层的信息传递更加快捷、方便，也使得加大管理幅度成为可能，大学可尝试成立具有更多管理职能的综合性机构，通过明确任务和责任，以最少的机构和最少的人员进行高质量的管理，从而使学校内部管理工作不断走向科学化、规范化和高效化轨道。

事实上，长期在大学工作的教职工应该清醒地知道两个事实：一是机关职能部门中多一个岗位就多消耗一份资源；二是多一个不必要的岗位，就可能为了凸显岗位而多一个人折腾教师。因此，机构的增设及其内部岗位的增加都是一件需要慎之又慎的事情。

3. 具体做法

（1）强化战略重心所在职能部门。如强化关系到人才培养、科学研究、人力资源等方面的职能部门。

（2）撤销与战略实施无关的部门。如撤销在大学战略目标分解后没有承担战略实施任务的机构。

（3）合并重组职能交叉重叠部门。以提高办事效率和服务质量为原则，合并职能交叉的机构，按照学校发展重组相关机构，如将实验设备管理和实验室管理部门合并，设置综合性部门等。

（4）合署党政职能相近部门。大学党委系统机构的设置应根据大学的规模和党务工作的实际需要进行，机构和职位设置除按照上述（3）的做法外，也可以考虑与行政结合实行合署办公。规模大的大学可以设置部门较为齐全的党务机构，而规模小的高校中的一些党务部门除可以考虑实行有条件的合并，如对于宣传和统战等工作设立一个联合部门，还可以考虑与行政系统合署办公，如将党委的组织部门与行政的人事部门合署办公。事实上,一些民办高校的机构设置模式值得借鉴,如实行"二块牌子、一套班子"党政合署办公,这样合并同类项,可做到党政不分家、齐心协力共同把事情办好。

大学行政职能部门应坚持"必不可少、不可替代"的原则,只设置与教学、科研、人才等中心工作关系密切的机构。可以考虑按照教学、科研、学生、组织人事、行政综合、纪检监察审计、群众工作、外事交流和后勤产业等方面进行设置。

4. 实践分析

作者在担任地方大学校长期间对所在大学进行了机构改革,之后应邀为其他大学提供过咨询,以下是这方面实践的一些总结。

(1) 可以合并的机构。

① 党委办公室和校长办公室合并,成立学校办公室或党政办公室。两个办公室的职能相仿,一个是为党务口服务的,一个是为行政口服务的,每个办公室的工作都具有相关性和互补性,部分工作人员的工作量可能不饱满,多数岗位基本是重复设置,而且分设两个办公室还需要面临双方协调的问题。

② 教学评估中心合并到教务处。

③ 一些大学可以将纪委办公室、监察处与审计处合并,成立纪检监审处。这 3 个部门职能相近,都属于监督部门,分开设立会存在工作量不饱满、职责交叉时推诿扯皮等效率低下问题,合并以后可以成为职责明晰、运转高效的独立部门。

④ 将学生事务的机构合并,如将团委与学工部(学生处)合并。

⑤ 计划生育办公室并入校工会。工会除了自身的工作内容外,主要是为职工服务,特别是工会中设立有女工部,专门负责女工工作,它和计划生育工作的内容是完全重合的,有充分的理由进行合并。

⑥ 基建处、总务处合并入后勤处或后勤管理办公室。随着大学大规模扩建和新校区建设任务的完成,基建处的工作量将逐步减少,将其与总务处合并是很自然的事情;随着后勤社会化改革的不断深化,改革前总务处具体事物性的工作量会大幅减少,因此,这两个处的合并势在必行。

(2) 需要讨论合并的机构。

① 学校保密办公室能否合并到党政办公室的机要科或档案馆? 党政办公室或学校办公室一般设有机要科,可以考虑将保密办公室并入其中,或者将保密办公室并入设有综合档案室和人事档案室的大学档案馆中。

② 校工会与离退休管理处能否合并? 校工会与离退休管理处均是为教职工服务的,二者的职能存在相近之处,而且离退休教师能够在合并后的机构中充分发挥各

自专长。

③ 能否将基建处归到土木系的建筑设计所？虽然建筑设计所没有具体的施工监管职能，但是设计所的教师对建筑设计标准和规范的掌握对保证大学基建质量不无好处。

④ 一些大学新设的招投标采购中心，可否挂靠审计处或其他监审部门？招投标中心的职责是进行投保单位的资质审查和保证招投标过程公正公平，具有监察和审计的职能。

（3）应该加强的机构。

① 在党政办公室或学校办公室增设督办科，对党务校务的执行情况进行督促和催办。

② 招生办公室和就业办公室合并及升级。这两个部门原先分别挂靠在教务处和学生处，但从全过程关心重视学生成长成才的角度，将学生招生和就业与学科专业设置及人才培养紧密结合起来具有重要的意义：一方面，通过招生掌握潜在的学生对学科专业的偏爱；另一方面，通过就业掌握社会对不同学科专业人才的需求。通过这样一进一出信息的掌握，对于大学根据经济社会当前和未来发展需要设置和建设学科专业，培养适销对路的人才十分重要。因此，应该将招生办公室和就业办公室合并，并从原来的副处级升为正处级。

③ 发展规划部门。战略管理在大学发展建设中重要性的凸显是众多大学设置发展规划部门的根本动因。但这个部门的职责不能仅是起草大学几年一次的战略规划或起草其他规划文件，而应该拓展到在大学战略实施和战略控制的全过程中，一方面参与对院系部处战略实施的指导，另一方面参与对战略规划的调整和完善。此外，发展规划部门也应该开展与大学战略管理相关的研究，这方面可以考虑与大学的高教所合作或者将后者与前者合并。

（4）可以撤销的机构。

随着大学发展和改革的不断深入，一些机构的职能已经消失或减弱，没有存在的前提了。如，撤销总务处代之以后勤处，对于规模大的大学也称之为后勤集团；又如，教务处的教材科和图书馆采编室的购书职能等可以撤销，代之以采取招标方式引入的校内书店；再如，校办产业办公室可以撤销，因其职能是管理校办产业，而实际上随着校办产业改革中逐步与学校脱离，变成独立的法人单位，学校就没有这方面的管理职能了。

14.2.3　教学院系的优化

大学教学院系的设置关系到大学的学科建设、专业建设、人才培养、科学研究、社会服务等的成效和水平,关系到大学办学效益的提高和竞争优势的增强。但是,目前中国大学院系共存的情况几乎不多见,代之以的是设置大量学院的现象,甚至连那些自身还是学院的高校校内二级教学单位也全是学院。目前大学在这方面存在的问题是:学院的设置随意性大,缺乏科学合理的依据;学院数量总体偏多、规模和学科容量偏小;学院设置的针对性不强,缺乏对内涵和学科发展规律的认识;甚至把学院数量的多少作为大学管理者政绩的表现。因此,大学教学院系的优化核心是二级学院的合理设置,这就成为大学组织结构优化的一项重要且艰巨的任务。

1. 优化原则

大学教学院系的优化即二级学院的设置应该遵循以下原则。

(1) 战略目标原则。战略目标原则指的是大学学院的设置要服务于大学目标定位或战略目标的实现。任何组织都有其特定的目标,而组织内部机构的设置首先要服务于组织目标的实现。也就是说,组织是通过设置内部机构分解和落实组织目标,组织目标的实现是通过组织内部所有机构的分目标的实现形成的。每一所大学都有自己的办学定位和发展目标,主要反映在人才培养层次、学科发展水平、社会服务面向等方面的特色、优势、地位、声誉上。大学学院的设置首先是为了更好地落实大学的办学定位和更有效地实现大学战略目标。大学的战略目标通过分解后,就要落实到相关的学院,由各个学院具体完成实现分目标的各项工作。

通过战略目标原则,大学在设置学院时应该为每个学院明确有限且可行的战略目标。一方面,学院只能通过其有限的资源支持大学战略目标的实现,因此,学院的战略目标是一个或最多少数几个大学战略目标的分目标;另一方面,学院的战略目标要符合学院的具体实际,应该是通过一段时间的努力可以实现的。

必须指出的是,基于战略目标原则,如果大学的办学定位和战略目标发生了变化,那么校内组织机构也应做出相应的调整,以适应大学办学定位和战略目标的变化。

(2) 学科发展原则。学科发展原则指的是大学二级学院的设置要有利于大学内部学科的发展。学科是大学的最基本的组织形态,是大学人才培养、科学研究和社会服务的基础。学科不仅能反映一所大学的专业设置、人才培养、队伍建设、科学研究、技术咨询、社会服务等诸多方面及其相互之间的内在联系,而且能反映出一所大学的教育教学资源(如实验室建设、仪器设备配置、图书馆建设、教学场地安排等)的配置规律,甚至影响到一所大学机构职能部门的设置。总之,大学各项职能的履行、教育教学资源的配置、内部机构的设置,以及学校的运行规律等均可通过学科得以表现。因此,促进学科发展是大学设置学院的主要目的。

(3)精干高效原则。精干高效原则指的是在保证履行学院职能和实现学院目标的前提下,学院的设置要求机构精简、人员干练、管理效率高。在校院两级管理模式下,学院成为大学的管理中心,除了延续原来校系模式中系级所拥有的有限管理工作外,主要承担学校职能部门剥离的大量日常教学、科研和社会服务的管理职能,并担负由学校下放的涉及学院自身事务的决策职能。这就对学院的运行效率、管理效率和管理水平提出较高的要求,而除了学院的主要干部配备外,满足这一要求的关键因素就是学院内的机构设置、管理岗位的设立和管理人员的任用,这些因素要满足精干高效的原则。

(4)动态适应原则。动态适应原则指的是学院的设置要立足长远发展、适应动态变化、满足未来需求。作为大学内部的核心组织,学院长期担负着履行大学四大职能的重任,因此,学院学术机构和管理机构的设置,学院干部职数、人员编制,甚至学术氛围、管理风格、规章制度等都要能够满足未来专业发展、学科建设、市场竞争等方面的需要。

学院要动态适应的变化主要有3方面:一是大学目标定位的调整,这将引起学院战略目标的相应调整和变化;二是高等教育市场竞争的需要,要求学院在规模、层次、结构上进行调整和变化;三是学科专业发展的需要,如建设新专业、发展新学科等,要求学院在组织机构、人才储备、岗位编制,甚至学院文化等方面能够适应和满足这种需要。

2. 具体做法

按照上述原则,大学在对校内现有的二级学院进行调整、整合、重组或设置新学院时要做好以下4方面工作。

(1)基于战略目标原则,通过国内外同类院校中存在竞争关系的学科的全面分析和面向未来的充分论证,明确并确立校内若干服务于大学战略目标实现的重点学科、优势学科以及新学科。

(2)基于学科发展原则,根据重点学科、优势学科和新学科发展的需要,围绕核心学科或骨干学科,通过整合重组相关学科、互补性学科或交叉学科,按照学科门类或学科群设立相应的二级学院。

(3)基于精干高效原则,重视二级学院内的机构设置、管理岗位的设立和管理人员的任用的精干高效,注重各种资源的整合重组以及资源的使用效率,以实现学院的运行效率、管理效率和管理水平的提高。

(4) 基于动态适应原则,二级学院学系的设置,学院干部职数、管理人员结构和编制,甚至学术氛围、管理风格、规章制度等都要能够满足未来专业发展、学科专业发展、市场竞争等方面的需要,适应大学战略目标的调整。

14.3　大学组织制度的建设

大学组织结构的优化是从组织结构设置的角度,从满足大学战略实施的需要,考虑其存在的合理性,但是,仅有优化的组织结构,而没有相应的组织制度明确和规范组织及其成员之间的分工和协作以及职权和职责,仍然不能充分发挥组织结构的作用。

从战略实施的需要分析,大学组织制度建设的重点应该在以下 4 方面。

(1) 单一上级领导的组织制度。大学的发展是一个不断积累的过程,这个积累既有优势和特色的逐渐形成,也有未被及时扬弃东西的保留。事实上,随着大学领导的更替、组织机构的调整和组织职能的变化,在大学内部存在着少数职能部门被多头领导,即一个部门有不少于一个领导分管的现象,即使这种情况发生在一个处级部门的不同职能由不同领导分管,但仍会造成该部门必须同时应对不同领导,处在不同领导风格、决策方式和沟通方式的焦点之中的局面,从而影响该部门所承担大学战略任务的实施。因此,大学的每个组织机构都应该只有单一的上级领导。

(2) 应对外部环境变化的快速反应机制。大学外部环境的变化往往需要对大学现行战略进行调整和修改,否则容易错失可能的发展机遇,因此,需要在大学组织中建立应对外部环境变化的快速反应机制。一方面,机关职能部处对外应该能够代表大学对本部处职能范围内的一些事务做出迅速的反应,而不必事事向学校请示汇报后再做出反应,这就要求学校层面在处理外部事务上有一定的放权;另一方面,教学院系对外应该能够代表大学对所属学科专业的人才培养、科学研究及社会服务等方面的事务做出快速的反应,而不必事事经由学校相关职能部门或校领导的许可,这就要求学校层面赋予院系充分的"准实体"的权力。

(3) 纵横向沟通、交流、协调、合作机制。沟通、交流、协调和合作在任何一个组织中都是十分重要的,关系到一个组织能否干大事、成伟业。大学作为一个整体,不论是日常运行,还是战略实施,都需要建立纵横向沟通、交流、协调、合作机制,包括大学内部各职能部处之间、各教学院系之间、职能部处与教学院系之间,职能部处内部科室与部处领导之间、教学院系内部机构与院系领导之间。建立这种机制的目的有4个：一是互通有无，避免信息不对称造成工作上的误判；二是交流经验，取长补短，提高工作效率；三是统一思想，协调一致，减少摩擦和冲突；四是加强合作，相互配合和支持，共同完成目标任务。这种机制的建立对于提高大学资源的利用率、整体运行管理水平、战略实施的效率和效果均十分重要。

（4）具有激励功能的组织制度。大学根据学校发展需要设立一个二级机构后，往往对该机构的发展目标、任务提出具体的要求，这就出现了对该机构负责人的"要我做"的现象，为了更好地调动机构负责人的积极性和主动性，变"要我做"为"我要做"，可以建立具有激励功能的组织制度，在这个制度中，学校对二级机构的人员、经费、资源等方面的投入取决于该机构自身的发展情况，发展好的学校增加投入，发展不好的学校不增加投入、甚至可能减少投入。具体而言，大学各种类型二级组织机构内部科室的设置、岗位的职数、人员的配备、经费的投入、资源的配置等不应该一步到位，而应该将这些与二级机构所承担的职责、任务、重要性和工作量挂钩，形成一种只有事业扩展了，地位提升了，规模扩大了，质量上去了，学校给予的各种投入才能增加的具有激励功能的组织制度。如大学在新教学院系成立初期，不必在院系内立即成立多个分别负责教学、科研和人事等方面的办公室，而只需成立一个综合办公室统一处理教学、科研和人事事务，只要待院系办学质量提升了，学生规模扩大后，学校才允许增加该院系机关人员编制，分设办公室。

14.4　大学中层干部的配备

大学院系部处负责人，也称中层干部，肩负着贯彻落实大学战略中各项目标任务实施的重任，在大学的日常运行中起到承上启下的作用，因此，这些干部的选拔和任命关系到大学战略管理活动能否在大学成功地开展，关系到大学战略实施能否顺利进行。

从充分发挥大学中层干部在大学战略实施和改革发展中的作用角度考虑，大学中层干部的配备需要重点关注以下4方面。

（1）干部职业化。干部职业化强调的是将担任和胜任干部工作作为一种职业发展的追求，这就要求干部具备职业化素养、职业化行为和职业化技能，在观念、思维、心理、态度、知识、能力等方面满足职业规范和职业标准的要求。因此，大学要选拔那些自身知识、技能和素质满足职业化要求且致力于长期从事行政、党务和管理工作的人员充实干部队伍。

大学在干部职业化方面需要做好的工作有 3 方面：一是形成多样化职业生涯发展通道，给予干部结合自身潜能更多的职业化选择；二是重视职位分类管理，对不同类型的干部提出不同的要求，促进干部知识、素养和技能的提升；三是建立职业等级薪酬体系，鼓励干部安心踏实做好本职工作，改变仅依靠职务职级晋升待遇的状况。

（2）干部专业化。干部专业化强调的是干部的专业知识、能力和素质以及专业实践经验达到和胜任所在职位对专业化的要求。这方面，不能仅看学的什么专业、掌握什么专业知识，还要看具备什么专业能力、具有哪些专业实践经验，只有这些方面有效结合，才能体现干部专业化的能力。因此，大学在配备干部时既要考虑职位对专业的要求，又要综合考虑专业知识、能力、素质和专业实践经验。

大学在干部专业化方面需要做好的工作有 3 方面：一是强调干部自身学习。鼓励和支持干部结合所担任职务工作的需要，挤出时间加强专业知识和理论的学习，为胜任工作打好专业基础；二是加强干部在职培训挂职。根据干部的实际需要，通过有计划、有组织的安排，让干部系统学习专业知识优化知识结构，或到基层挂职锻炼，增强运用专业知识解决实际问题的能力；三是重视专业岗位实践历练。对于多数干部，要重视他们"做中学""干中提高"，通过干部职位工作的反复实践，不断总结处理实际问题的经验，提高解决实际问题的专业能力。

（3）干部素质要求。毛泽东同志"政治路线确定之后，干部就是决定的因素"的重要论断强调的是干部必须德才兼备，选拔干部必须任人唯贤。大学中层干部在素质上不仅要达到党对干部在"德"方面的要求，而且从战略实施的角度，大学中层干部还要具备战略意识、全局意识、沟通协调和创新能力。

战略意识表现在要从长远的、发展的、未来的高度认识、重视和完成所肩负的职责和重任，而不能鼠目寸光，仅从眼前的、短期的角度看待和处理问题。全局意识体现在从全局、系统的角度看待和分析部门和局部的工作任务，不追求部门和局部的最优，而追求整体的最优。沟通协调能力是中层干部的基本能力，不仅要与上下级沟通协调，而且要与同级各部门沟通协调，目的在于避免摩擦、统一思想、步调一致。创新能力对于中层干部带领本部门教职工，结合本部门的实际，创造性地开展工作、完成战略实施任务至关重要。

（4）干部职数的配备。每位中层干部的任免都意味着一份重要的工作任务需要完成，不仅需要消耗大学有限的资源，而且需要其职责范围内教职工的配合和支持。因此，大学应该严格控制中层干部的职数。中层干部职数的配备不能简单采用一个标准，例如，只要是处级单位就必须是一正几副。科学合理的干部职数应该与处级单位所担负的职责、任务及工作量挂钩,从战略实施的角度,处级单位的干部职数必须与分解到该单位的战略目标和所承担的战略实施任务直接挂钩。

大学战略目标分解到机关职能部处和教学院系的目标分别是职能战略目标和院系战略目标,与大学四大职能直接关联职能部处的职能战略目标和优势学科专业所在院系的院系战略目标往往都是大学专项/竞争战略目标的主要部分,这些院系部处也承担着大学战略规划中主要的战略实施任务,因此,这些处级单位干部职数的配备应该达到处级单位干部职数的最大值,而其余二级单位干部职数的配备则必须根据各单位的具体情况具体确定。

14.5 大学管理模式的改革

虽然国内外大学基本上都采用校院两级运行方式,但是由于采取的管理模式不同,致使不同大学之间的管理效率和办学效益存在较大差异。从现代大学管理角度出发,成功的校院两级管理模式是指大学按照一定的目标和原则,整合和优化学校教育教学资源,形成学校和学院两级管理层次,通过学校分权和管理重心下移,转变学校职能部门的职能,明确学校和学院的职责和权限,形成学校宏观上决策、学院实体化运行的管理模式。由此可见,大学校院两级管理模式的改革重点在以下 3 方面。

(1)学校管理重心下移。一些大学仍然沿用传统校系两级管理模式中的管理运行机制,重大事权仍然集中在学校,没有成功地实现管理重心的下移,学院层面在本院改革和发展的事务上缺乏足够的独立性和自主性,主要管理职能及院系层面大量事务的最终决策权仍然留在学校层面,使得学校层面不能抓大放小,集中精力关注未来、把握全局、办好大事。

学校管理中心下移的关键在于明确学校和学院的职责。学校层面应以宏观决策、目标管理与管理服务为主,主要职责应在制定规划、宏观决策、组织协调、监督检查和服务保障等方面。学院在大学战略实施和实现办学目标的过程中,担负的职责主要体现在本院的人才培养、科学研究、学科发展、专业建设、内部管理、资源配置、对外交往和社会服务等方面。

(2)二级学院权责对等。一些大学的校院模式虽然在形式上呈现出校院两个管理层次,但实质上仍然处于学校权力过于集中的状态,与真正意义上的校院两级管理存在显著差距。由于学院对自身的问题和情况往往比学校更清楚,更具备做出科学公正和行之有效决策的条件,因此,对于在学校政策和制度框架下,不需要学校出面统一协调和不会产生不同学院间类比的、学院内部各类事务的决策,学校在明确学校和学院的职责的基础上,应予以学院与其职责对等的在人、财、物和事上最大程度的自主权,以保证学院能够高效优质地完成所承担的任务。

二级学院应该具有与其职责对等的权力,包括本院的人才培养、科学研究、学科发展、专业建设、人事管理、财务管理、学生管理、资源配置、机构设置、对外交流与合作和社会服务等方面。这样,学校的权力就可以集中在大学的办学方向、政策制度、组织人事、财务管理、内部协调、检查评估、后勤保障、服务咨询、公共关系等方面。

校院两级管理模式下,校、院、系(所)之间的权力分配、职责分工、核心地位及管理方式应该有清晰的界定,如表 14.1 所示。

表 14.1　校、院、系(所)关系分析

层　　次	权 力 分 配	职责分工	核心地位	管理方式
学校	政治权、行政权、学术权、民主权	决策(服务)	决策中心	目标管理
学院	行政权、学术权、民主权	管理(决策)	管理中心	过程管理
系(所)	学术权、民主权	运作(执行)	学术中心	绩效管理

(3) 转变机关职能部门职能:伴随着学校管理重心向学院下移和权力向学院下放,学校机关职能部门在学校所扮演的角色应该随之发生变化,这就需要对职能部门的职能进行调整和转变,以保证校院两级管理模式有效运行。

学校的职能部门担负着大学的专项职能管理工作,职能部门的职能是由学校层面所担负的职责和拥有的权限决定的。在校系模式下,大学的管理重心在学校层面,职能部门具有学校赋予的行政事务的管理权,它们承担着大学日常繁重的各类管理工作,其性质如同政府管理部门。因此,职能部门的定位是以管理为主、服务为辅。

在校院模式下,学校层面部分权力和责任的下放使得大学的管理重心在学院层面,这种转变一方面相应地减少了学校职能部门的行政管理和控制的权力,另一方面增加了职能部门监督和协调的权力,并要求职能部门为学院自主管理提供信息、政策、技术等方面的服务,它们是学校层面实施计划、监督、调控、服务的执行者,执行着学校方面关于办学方向、政策制度、组织人事、财务管理、内部协调、检查评估、后勤保障、服务咨询、公共关系等方面的日常工作。因此,职能部门的定位是以服务和协调为主、管理为辅。

学校职能部门的工作性质由原来的以管理为主、服务为辅转向以服务和协调为主、管理为辅,需要做好并不断完善为二级学院提供的主要包括业务技术、政策咨询、对外联系和沟通协调 4 方面的服务,以实现管理型行政向服务型行政的转变。其中,业务技术服务是指职能部门利用它们在掌握业务技术资源方面的优势，为学院的业务管理工作提供相应的技术方面的服务，包括管理方法、工具软件、信息系统等。这项服务能有效地提高学院管理工作的科学化和规范化。政策咨询服务是指职能部门运用所掌握的与自身职能有关的政策、法规、文件和其他信息，以及对这些政策法规的理解和研究，为学院提供及时、正确的咨询服务。对外联系服务是指职能部门利用它们与国内外政府部门、企事业单位和高等学校职能部门的对应关系，为学院的对外交流与合作牵线搭桥，建立联系的渠道。沟通协调服务是指职能部门发挥其作为学校管理专项职能的部门优势，对不同学院之间或学院与学校之间可能出现的问题和产生的矛盾予以沟通与协调，以保证各方面工作和谐、健康地开展。

第 5 部分

大学战略控制

第15章　大学战略的有效控制

大学战略实施过程不是简单地照本宣科,将出现战略的相对稳定性与战略环境的多变性之间的矛盾,加上实施过程的复杂性以及战略制定自身可能存在的问题等,战略实施的实际状况与原来的设想之间可能存在种种差异。如果大学管理者不能对此及时采取适当的对策,则可能导致战略实施脱离目标方向,实施过程延长,甚至彻底失败,而要防止此类现象发生,就必须借助战略实施的控制系统,对战略实施全过程实行及时、有效的监控。

15.1　大学战略控制的重要性

大学战略控制是大学战略管理过程中继战略实施后的一个重要环节和职能,指的是通过对大学战略绩效进行评价分析、提升大学战略对环境的适应性,以及持续完善战略规划等活动,以达到实现大学战略目标的过程。没有良好到位的战略控制,不仅会使得大学战略目标难以实现,而且会使得大学战略无法适应迅速变化的大学外部环境和内部条件。

15.1.1　大学战略的风险性

在进行大学战略控制之前,必须对大学战略有清醒的认识,从而开展有效的战略控制。大学战略分析和战略制定过程都要面临各种不确定因素及不可预知因素,虽然人们尽可能地运用科学的手段和方法处理这些不确定因素和预测不可预知因素,但是最终形成的大学战略规划只能是在人们力所能及的范围内的相对较为"理想"的对大学未来一段时期发展制定的目标和行动方案,与人们无法企及的理想的战略规划仍然存在一定的距离,因此,从实施的角度看,大学战略具有一定的风险性。

大学战略的风险性指的是大学战略与实际状况的不一致,从而使得大学战略的实施将导致大学在发展方向上出现偏差。形成大学战略风险性的原因主要有以下4方面。

(1) 大学外部环境风险。外部环境为大学所带来的机会和威胁是大学战略制定必须考虑的重要因素,错综复杂、动态变化的外部环境,从宏观环境到行业环境的变化,从同类院校到新进入者和替代者的发展,都影响着大学战略定位、战略目标及其相应战略措施的制定。然而,外部环境的变化是不以人们意志为转移的,人们几乎不可能准确地预测外部环境的变化,尤其是远期的外部环境,因此,外部环境的变化为大学战略实施带来风险,要求大学战略具有环境适应性。

(2) 大学内部运作风险。大学内部运作风险主要有以下4点:①经费筹措风险,即外部经济形势的变化使得大学未能筹集到满足战略实施需要的足够经费;②教师队伍建设风险,即高层次人才引进、团队建设、骨干教师流动等因素,使得到战略实施期教师队伍建设仍未达到预期水平;③研发创新能力风险,即科学研究、技术开发及创新创造能力与期望要求有距离;④教育教学改革风险,即大学开展的以提高人才培养质量为目标的教育教学改革未取得预期成效。

(3) 大学战略自身的缺陷。大学战略自身的缺陷源于3方面:①调研和分析不足,包括对外部环境,尤其是竞争对手的分析不足,以及对自身优势和劣势认识不足;②战略规划柔性不足,主要表现在一些目标和指标上缺乏弹性,造成在战略实施上的问题;③战略规划文本不够完善,难以全面指导大学战略的完整实施。

(4) 战略执行能力风险。好的战略规划只是战略管理的良好开端,战略管理的关键在于战略实施。然而,大量实践经验表明,多数大学在战略管理上失败的主要原因是大学战略实施的执行力不足,主要表现在5方面:①大学战略分解落实不到位;②缺乏足够的资源保证;③战略实施主体间缺乏沟通和协调;④大学战略评估和绩效评价不到位;⑤缺乏有效、针对性的激励政策和措施。

事实上,在降低大学战略风险性的前提下,大学战略控制不仅要确保大学战略实施的有效性,也要保证大学战略对内外部环境的动态适应性,还要借助战略实施的实践经验对大学战略自身进行不断完善。归纳起来,大学战略控制的重要性体现在解决大学战略在实施过程中可能面临的以下三大问题。

15.1.2　战略实施的准确性

由全校上下反复交流和沟通而最终形成的大学战略目标及其措施必须在战略实施环节得到有效的贯彻执行。大学在战略实施过程中首先面临的问题是:战略实施是否沿着既定的战略目标方向进行? 是否出现认识上和行为上的偏差?

当大学战略实施的结果与预期的大学战略目标之间出现重大差距时,如果既不是大学内外部环境变化导致的战略目标不恰当问题,也不是大学战略制定自身的问题,就需要将战略目标或分解目标与相关战略实施效果(即战略绩效)进行比较分析,评价后者是否符合战略目标要求,发现问题后及时反馈给相关责任主体,以及时采取措施,避免偏差,保证战略实施沿着既定的目标方向进行。

出现大学战略实施的准确性问题有多方面因素,主要有:一是相关责任主体对分解给本单位的目标、任务和性质在认识上存在误区,致使资源能力没能用在刀刃上;二是一些部处或院系缺乏全局意识,在目标、任务、责任和利益上协调不足,未能形成共识,存在冲突;三是在战略实施需要的资源配置上存在不合理情况,致使一些战略措施因没有足够资源而不能彻底落实。

15.1.3　战略环境的多变性

在制定大学战略前进行的大学内外部环境分析是确保制定出与外部环境相适应及与内部条件相匹配的战略目标及相应措施的重要前提,因此,既定大学战略的有效性建立在原有内外部环境的基础之上,但是,并非所有的内外部环境变化都会导致战略的变更或调整。大学在战略实施过程中面临的第二个普遍问题是:当大学的外部环境或内部条件发生了变化,与战略制定时所分析和预测的情况不同,原先战略制定时的假设是否出现重大失误? 既定的大学战略及其目标是否仍然符合当前的外部环境或内部条件?

大学内外部环境动态变化的必然性是客观存在并不以人们意志而改变的,人们在对未来环境进行预测分析时往往会陷入以下认识上的误区:未来是可以预测的,即通过科学准确的预测方法和工具,可以准确地预测未来组织存在与发展的环境。虽然在战略规划的各种文献中无不强调正确预测的重要性,但是,即便是科学准确的预测技术或手段,也只能是基于现状对未来的预见,是对当前已知趋势的延伸,而不能代替受多种因素影响的真实的未来。事实上,只有当未来变化趋势是已知且连续的,预测技术得出的预测结果才是可靠的,否则,没有一种预测技术能够预测未来环境中发生的不连续的、不规则的变化。

因此,在大学战略实施过程中,内外部环境一直处于发展变化中,尤其在战略规划期的后期,当发现大学战略制定时所基于的预测的未来环境与当前的大学内外部环境不一致时,就需要按照当前大学变化了的外部环境或内部条件,及时修订、调整原有的大学战略目标及其措施,确保大学战略始终与大学内外部环境相适应,从而最有力地促进大学发展。

15.1.4 战略完善的持续性

大学战略制定虽然经历了前述的战略分析和战略制定两大环节,尽管大学领导层高度重视、教职工积极参与、全校大量投入,但是最后形成的大学战略不能因此简单认定为是一个一劳永逸、十全十美、一成不变的纲领性文件,还需要在实践过程中检验,要在战略实施过程中客观理性地分析和对待。大学在战略实施过程中会面临的第三个问题是:大学制定的战略自身是否存在缺陷?是否有需要补充、修订和完善的地方?

大学战略在制定或形成过程中主要存在 4 方面问题:一是限于时间关系,战略规划文本制定得较为纲要,或者有骨架没有血肉,离完整的战略构成(见 9.1.1 节)有较大差距;二是由于对资源和能力缺乏全面系统的把握,造成对实现战略目标的策略制定得不够详尽;三是对大学办学优势和特色的认识不统一,使得在有限资源和能力的集中和作用发挥上存在不足;四是缺乏发展和动态的眼光,使得一些目标和指标制定得过于刚性。事实上,由上述 4 方面问题造成的战略实施的失败可以认为是战略制定的失败。

因此,要将战略实施过程作为继续不断完善大学战略规划的过程,或者说,战略制定要立足于战略实施。一方面,要在战略实施过程中及时发现战略规划文本中需要补充和完善的地方,以保证战略顺利实施;另一方面,要继续分析和研究现有战略规划文本,进一步深入了解、分析和掌握大学面临的机会和威胁、具备的优势和劣势,及时修订和完善大学战略目标及其措施,调整和优化资源配置,完善战略规划文本,以充分发挥大学战略在大学发展中的作用。

15.2　大学战略控制的流程

进行大学战略控制前首先要明确的是控制什么？即在整个战略实施过程中，哪些指标或业绩是确保或衡量大学战略目标实现的关键要素。这些关键要素可以按照重要性程度分为战略性要素和战术性要素。战略性要素对应大学总体战略和专项战略层面，战术性要素对应大学职能部处战略和教学院系战略层面。衡量战略性要素的业绩标准是大学一级战略目标，即大学总体战略目标和大学专项战略目标或关键指标，衡量战术性要素的业绩标准是大学二级战略目标，即职能部处战略目标和教学院系战略目标。根据大学战略评估的需要，可以将上述两个层面的业绩标准具体化和细化，以达到易理解、好掌握、可操作、可衡量的目的。

基于上述大学在战略实施过程中可能面临的 3 种情况，大学战略控制的流程如图 15.1 所示。其中，大学战略实施和战略评估是一个相互依存的环节，战略实施一旦启动，就可以进入战略评估环节，战略评估的结果直接影响后续阶段的战略实施。对战略评估的结果（即大学到评估时通过战略实施所取得的实际绩效或预期绩效）要与战略实施的既定目标或业绩标准（即实现大学战略目标应具有的业绩水平）进行比较分析，如果二者相同、接近或者在允许范围之内，则大学战略可以按照既定的实施方案继续实施，如果二者间存在较大差异，则要对产生偏差的原因进行认真分析。

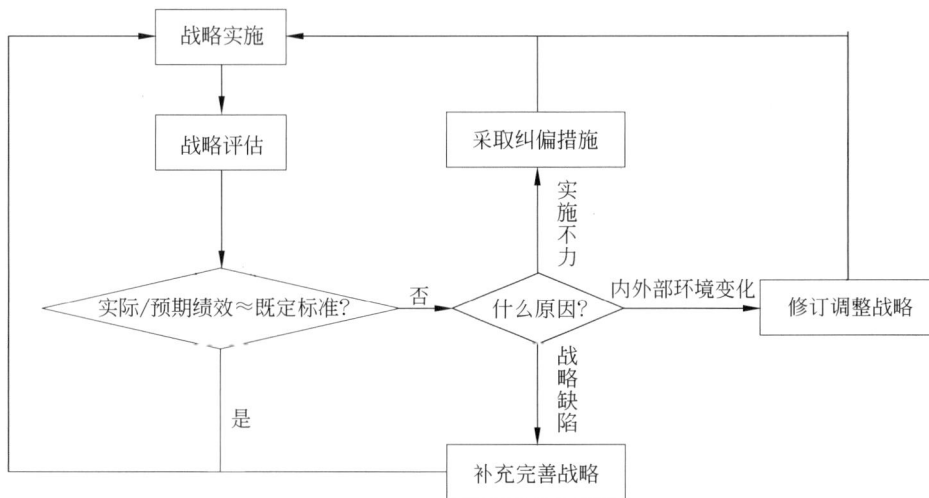

图 15.1　大学战略控制的流程

出现战略实施的实际绩效与既定标准偏差的原因主要是 15.1 节所述的 3 种情况。如果是由于相关实施责任主体的原因导致"实施不力",包括组织机构问题,职能部门或教学院系负责人履职不到位,校内各部门间缺乏沟通,激励政策和措施缺乏等,则必须制定纠正偏差措施,及时纠正偏差;如果是由于"内外部环境变化"导致大学战略不能适应环境变化或者原先制定战略时对内外部环境及竞争对手的假设出现严重失误,则要对大学战略进行修订和调整,而后按照调整后的大学战略进行战略实施;如果是由于大学战略制定本身的问题,存在这样那样的"战略缺陷",包括实现大学战略目标的相关战略措施不配套,大学战略可行性分析欠缺等,则要继续补充和完善大学战略,而后按照完善后的大学战略开展战略实施。

需要指出的是,虽然一些学者对大学战略评估的节点有不同的看法,但是作者认为,战略评估的目的不应该仅是简单的战略绩效评价,还应该包括对大学战略目标、战略规划和战略文本的重新审视,只有这样才能设立周期性的节点进行包括扫描大学内外部环境、审视大学战略内涵等工作,因此这也就是为什么在图 15.1 中将战略评估前置,把内外部环境扫描和战略文本分析作为战略控制流程中的重要环节的原因。

15.3 大学战略控制的原则

大学战略控制的重要性并不意味着控制的越多、越细就越好,或者控制力度越大就越好,控制不当容易增加控制成本、产生负面效应,包括影响大学战略的顺利实施,以及大学战略目标的如期实现。因此,大学战略控制要遵循一定的原则。

(1)抓大放小原则。战略控制的重点是对大学战略目标实现起到重要作用的重大事项、任务和活动,而不是细枝末节的小事情,不能事无巨细、面面俱到,这一方面能够将有限的战略控制资源放在有限事件上,提高战略控制的作用和效果,另一方面能够避免大范围影响基层组织和教职工个体的日常工作。

(2)适度控制原则。与产品生产工艺精度和质量控制不同,战略控制注重的是战略目标的实现、预算成本的控制和组织行动的协同,而不必过度追求个别数据指标的准确无误和实施细节的完美无缺。否则,不仅容易导致战略控制成本大幅提升,造成资源浪费,而且还会影响和过度干预战略实施过程。

(3)及时反应原则。战略控制强调的是及时发现问题,提前做好防范,避免事后补救。因此,要加强对战略重点的监控,尽早发现问题,及时预警反馈并提出应对方案,将问题解决在萌芽状态。否则,如果不能及时捕捉到已出现的苗头,当问题成型之后再处理,将会由于事态的严重性不得不为扭转局面而付出巨大的代价。

（4）主动控制原则。战略控制不能仅是领导和专门部门的事情,除对战略重点的控制外,大学职能部门和教学院系应该具有主动控制意识,在实施本单位承担的战略实施任务过程中要保持清醒的头脑,用任务目标和具体要求把握实施方向,一旦发现偏差倾向、可能偏差或出现偏差,就必须及时采取纠正措施,将问题控制在苗头上,从而大大提高控制效果。

（5）柔性控制原则。实现战略目标的途径、完成战略任务的方式、取得预期成效的手段等均不是唯一的,因此,战略控制必须是多样化的,只要能够实现目标、完成任务和取得成效,就应该允许战略实施者在时间进度、资源配置、人员安排等方面具有一定的灵活空间,而不是铁板一块、毫无弹性,否则就难以调动战略实施者的主动性和积极性。

（6）系统整体原则。战略实施是一项涉及全局整体的系统工程,这就要求战略控制必须从全局、系统和整体的角度开展,而不能拘泥于单纯局部问题的解决,也就是说,要从系统整体的角度看待和分析局部战略实施的偏差,要从全局和发展的高度提出纠正局部偏差的对策和措施,而不能头痛医头,脚痛医脚,不能从根本上发挥战略开展的作用。

（7）着眼未来原则。战略控制着眼于未来、面向未来,其重点在于保证大学战略目标和未来发展方向不能偏离,这与平时微观行为控制和日常管理控制存在本质的区别,它不被眼前局部的得失和暂时的挫折所困扰,只要眼前的得失在可以接受的范围内,只要战略实施的总体方向是朝着既定的战略目标行进,就应该不折不扣、坚定地执行既定战略。

15.4　大学战略控制的类型

大学战略控制可以按照不同的分类标准进行分类。主要的战略控制类型可以按照控制的阶段、控制的对象、控制的动力等进行分类。虽然这些控制类型是从不同的角度切入,但是如果从整体看,它们之间均存在着一定程度的关联。

15.4.1　按照控制发生的时间

按照控制发生的时间或控制的不同阶段,大学战略控制可以分为事前控制、事中控制和事后控制 3 种类型。

1. 事前控制

事前控制又称前馈控制和预防控制,指的是在战略实施中,在战略行动成果尚未形成前,对战略行动的结果趋势进行预测,并将预测值(预期绩效)与既定的标准(业绩标准)进行比较和评价。如果发现可能出现战略偏差,则提前采取预防性的纠偏措施,使战略实施始终沿着正确的轨道推进,从而保证大学战略目标的实现。例如,在战略实施前,对承担专项战略实施任务的大学相关重要部门负责人的任命、大学内部相关机构的改革和调整、大学内部管理体制和政策制度的改革等,都是为了预防出现战略偏差,都属于事前控制。

事前控制需要通过预测判断战略行动的结果是否可能偏离既定的标准,因此,对预测因素的分析和研究就显得尤为重要。一般有 3 种类型的预测因素。

(1)投入因素,即战略实施投入因素的种类、数量和质量对战略行动产出结果的影响。例如,大学在实现高水平教师队伍建设专项战略目标时所能投入的经费资源、硬件资源和软件资源的水平和数量对教师队伍建设成效产生直接的影响。

(2)早期成果因素,即依据早期取得的成果预见未来可能的成果。例如,大学在上个战略规划期在拔尖人才培养上取得的成果,对于继续实施的拔尖人才培养战略可能产生成果的分析和研究具有重要的参考价值。

(3)外部环境和内部条件因素,即从内外部环境条件的变化分析,可能对战略实施产生的制约作用。例如,国家宏观政策的调整和高等教育市场竞争的加剧可能使得大学既定的规模扩张战略难以实施。

事前控制对将要开展的战略实施中的趋势进行预测,对即将开展的战略实施行动起到调节作用,能够防患于未然,因而是一种卓有成效的战略控制方法。

2. 事中控制

事中控制又称过程控制,指的是在战略实施过程中,按照既定的标准检查战略行动,判断该行动行或不行,对于不符合标准的行动,随时采取措施纠正偏差,类似于开关的通与止控制,因而也称为开关型控制。例如,在某项战略实施过程中,可以通过经费支出,检查是否超出财务预算,以此决定该项战略是否继续实施下去。

事中控制主要针对大学专项战略/竞争战略等对大学战略目标实现起到重要影响作用的战略活动的实施。这些战略实施一旦出现问题或偏差,一方面,其所造成的影响将是重大的,关系到大学总体战略的实施;另一方面,其所消耗的资源将是大量的,会大大降低大学战略实施绩效。因此,大学要对这些重要的战略活动的实施过程进行控制,及时发现问题,及时采取措施,及时纠正偏差,以保证大学战略实施沿着既定的目标方向进行,避免重大失误和偏差的出现。

事中控制可以从 3 个层面开展：首先，负责专项战略/竞争战略或其他重要战略活动实施的学校领导，作为责任主体，通过直接指导或指挥这些战略活动的实施，发现问题并及时要求实施单位解决问题或纠正偏差；其次，负责实施这些重要战略活动的单位，在整个战略实施过程中，按照大学战略目标的方向要求和既定标准要求，自觉主动地调节各自的行为，避免偏差，以达到战略控制的目的；最后，参与这些重要战略活动实施的骨干教职工，在对大学使命、愿景、定位和战略目标有深刻认识并形成共识的基础上，在整个战略实施过程中表现出强烈的责任感、共同的目标和价值追求，从而达到步调一致、殊途同归、避免偏差的效果。

3. 事后控制

事后控制又称为后馈控制，指的是在大学战略实施推进过程中，对阶段性实施结果与期望的标准进行比较，然后根据偏差的大小及其产生的原因，对后续战略的输入和战略的行动采取纠正措施，以使得最终的战略实施结果能够符合既定标准的要求。事后控制针对的是阶段性结果，因此也称为结果控制。事后控制中用于与阶段性实施结果进行比较的期望标准是基于相关战略既定的标准，可以是既定标准的阶段性分解。

事后控制在大学战略实施过程中控制监测的是战略实施的阶段性结果，纠正的是资源配置和教职工的战略行为，是依据前面战略实施的阶段性结果，总结经验或教训，进而调整和指导后续的战略实施行动，确保战略实施推进保持在正确的轨道上。但是，事后控制具有一定的滞后性，往往由于纠偏不及时，会给战略实施造成不可逆的损失，影响大学战略顺利实施，因此，主要用于大学发展环境比较稳定的条件下，否则，要与其他类型的控制相结合，如事前控制和事中控制，起到优势互补、相互支撑的作用。事后控制的作用实质上就是亡羊补牢，其具体操作主要有行为评价和目标导向两种形式。

（1）行为评价。将对教职工工作行为的评价直接与战略实施所需要的行为挂钩，要求他们的工作行为满足战略实施的标准要求，从而明确他们战略行动的努力方向，使个人的行为导向与大学战略的导向接轨。在这方面，事后控制的作用有二：一是通过行为评价的反馈信息修正教职工日后在战略实施中的行动，使之更符合战略实施的要求；二是根据行为评价结果，按照每个人的绩效高低调整绩效薪酬分配，从而强化教职工的战略意识。

（2）目标导向。教职工在参与工作绩效评价的同时，不仅对绩效评价标准有深刻的理解，而且会对大学战略实施中的行动目标要求有基本的理解，在此基础上，邀请他们参与大学后续战略实施中行动目标的制定以加深其理解，使他们既看到个人工作行为对实现大学战略目标的作用和意义,又可以从工作绩效的评价中看到自身的成绩和不足,从而得到肯定、鼓励和鞭策,为日后大学战略实施的继续推进进一步明确目标和努力方向,提升工作的积极性和主动性。

概括而言,事前控制、事中控制和事后控制分别控制的是投入、行动和结果。事前控制是对投入大学战略实施的人力、财力、组织等资源的控制,目的在于确保资源投入的质量,预防出现战略偏差;事中控制是对战略实施中的重要行动或活动进行动态的监督和监测,以确保这些重要行动或活动的开展与既定的目标方向一致或符合既定的标准要求;事后控制是对战略实施过程中的阶段性结果进行控制,目的在于确保最终的战略实施结果达到既定的战略目标或标准要求。

上述 3 类控制相辅相成,相互关联,都是不可缺少的。事实上,大学战略控制是一个循环过程,对每一项战略任务的实施都有一个事前、事中和事后的过程,前一环节的控制为后一环节的控制打下基础,后一环节的控制是对前一环节控制的强化;对前后相邻两个战略任务而言,前一战略任务实施的事后控制将为后一战略任务实施的事前控制提供参考和借鉴。因此,在具体的大学战略实施过程中,为了提高和改善控制效果,可以将这 3 类控制融合成为复合控制系统,以对大学战略形成更加有效的控制。

战略控制类型及其相互关系如图 15.2 所示。

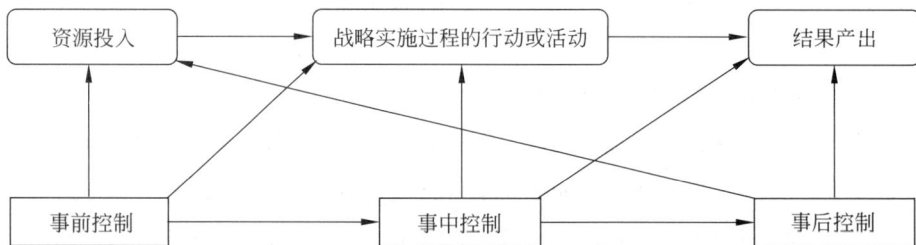

图 15.2　战略控制类型及其相互关系

15.4.2　按照控制的对象

按照控制的对象,大学战略控制可以分为经费、产出、行为及人员 4 方面的控制。

1. 经费控制

经费控制是针对大学的经费资源所做的控制。经费控制主要通过预算和审计或经费执行情况两方面起到对大学战略实施进行控制的目的。大学经费预算是最广泛使用的战略控制方法或工具,主要有专项预算和年度预算,专项预算往往是在制定战略时就确定的一些专项战略、竞争战略或一些重要战略活动所需的经费总额,而后在各年度的预算中予以落实;年度预算主要在于保证该年度大学战略实施的相关任务有足够的经费支出。大学提供经费预算明确了战略实施任务或活动的重要性,一项任务或活动所需经费越优先安排、数额越大,就说明该项任务或活动越重要。

预算做出之后,各经费使用单位在经费使用完毕或年底对经费进行审计或提交经费执行情况报告,主要目的在于审查预算经费是否被正确地执行,是否都用在预算之初就明确的与大学战略实施相关的任务和活动上,审查结果不仅会影响需要继续经费支持的相关任务或活动下一年度的预算,而且会由于完成情况的优劣影响到这些任务或活动的继续,并在一定程度上影响到大学下一年度学校工作要点的构成。例如,用于一项战略任务的预算经费如果没有产生预期的成果,则有可能影响该任务下一年度经费的申请,甚至将本该属于该任务的经费转拨给其他需要经费支持的战略任务或活动。

需要指出的是,对于经费额度大、受到广大教职工普遍关注的战略任务的经费使用情况,应该采用审计这种更为正式和规范的方式,如果内部审计失效或受到质疑,可以选择校外具有权威性和公信力的机构进行外部审计。

2. 产出控制

产出控制是用既定的目标或绩效标准衡量和比较实际产出绩效,以此达到对既定目标或绩效标准实现情况的把握。完整具体的产出控制应该纵横向结合,纵向产出控制是分层次进行,将大学战略目标分解成如图12.1所示的大学战略目标体系,分别将专门目标、职能目标、院系目标和聘期目标作为衡量负责专项战略的校领导、机关职能部门、教学院系和骨干教职工实际产出绩效的绩效目标或标准。横向产出控制是分年度进行,将上述4类目标按战略规划期限(一般为5年)分解到各年度,成为相关领导、部门、院系和教职工年度产出控制的衡量目标或绩效标准。

大学应该制定与产出控制的比较结果相结合的相关激励政策和措施,包括教职工绩效薪酬和奖励、管理干部选拔任用、教职工职务晋升、各类人员考核评优等,以达到更好地调动广大教职工投身学校战略实施的主动性、积极性和创造性。

3. 行为控制

行为控制是通过建立一套完整的规范、准则和程序,指引或引导学校相关部门、教学院系和骨干教职工的行为与实现大学战略目标的方向保持一致。

对机关职能部门的行为控制要突出服务意识,主要通过岗位职责、职能履行、工作流程、工作效率等实现;其中综合职能部门的行为要强调纵横向协调、综合服务,专业职能部门的行为要强调专业化和职业化。对教学院系的行为控制要突出教学质量、科研水平和团队合作,主要通过对教学工作的重视和投入、为人师表、教书育人、以德为先,对科研行为的规范、创新成果的追求、一流学科的建设等实现。对骨干教职工的行为控制要突出其在本单位的地位、作用及其贡献,主要表现在发挥表率作用、承担关键任务、追求卓越业绩。

4. 人员控制

人员控制主要是从教职工自身着手,通过大学精神、大学文化、共同的信念、共同的价值观等方面,提升教职工在内心、思想和精神上对大学的承诺,从而产生自我督促、自觉行动和自我控制,进而表现在教职工的业绩、所在单位的绩效和大学整体绩效的提升上,如图 15.3 所示。

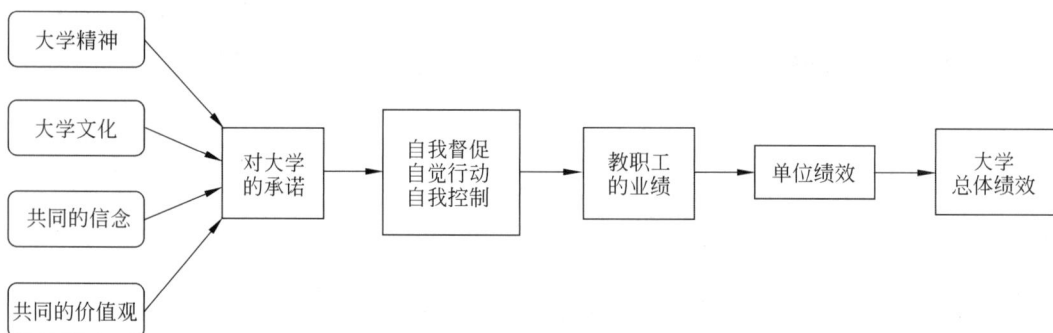

图 15.3　人员控制与绩效产生

人员控制实质上是自我控制,共同的理想信念和价值追求是教职工自我控制并最终提升大学总体绩效的根本。从人力资源管理的角度,教职工自己想做与组织他人要求他做在绩效上存在着根本差别,教职工自觉自愿、积极主动、自我约束和控制地做好本职工作所取得的成效要远高于通过规章制度、管理措施等外部控制手段所得到的成效。

具体到大学战略实施层面,为了达到教职工自我控制的目的,需要做好以下三方面工作。

(1) 培养教职工对大学使命和愿景、大学精神和文化的认同感。

(2) 在大学战略目标制定和整个战略规划的形成过程中,广泛并反复地征求和听取广大教职工,尤其是骨干教职工的意见和建议,使他们中的好的思路、想法和意见得到充分的考虑和采纳,形成全校上下普遍认同的大学战略规划。

(3) 在大学战略规划中要将大学的发展与教职工的发展紧密结合起来,使每位教职工充分认识到大学的发展与自身的发展息息相关,只有大学发展好了,自身才能发展好。

15.4.3　按照控制的动力

按照控制的动力,大学战略控制可以分为外力控制和内力控制。

外力控制指的是借助外在的手段干预进行的控制,包括通过外部给予战略执行者的职责、目标、标准、规范,以及对工作进展或绩效的监控等。干部制度和科层体制就是典型的、常见的外力控制,它们强调依赖等级权力、岗位职责、管理规则、工作程序、政策制度等进行控制。大学职能部门的处、科、室,教育职员和管理岗位的各等级,教学院系的院、系、所,教师技术职务的教授、副教授、助理教授等,均明确了各层次单位和各层次教职工的工作责任、目标、要求及其考核评价指标,以此规范和引导各层次单位和不同层次教职工的行为,使其朝着符合预先建立的绩效标准方向努力。此外,大学每年末的干部述职和教职工年度考核也是一种普遍的、常见的外力控制,这种外力控制一方面通过干部和教职工按照既定的职责任务、岗位要求总结和反思自己过去一年的工作,另一方面通过群众对干部的评价和领导对教职工的肯定,能够有效地督促和引导干部和教职工下一年度的工作重点和努力方向。

内力控制则是一种自我控制,是一种基于教职工的认同和承诺所形成的自我要求,这种自我要求促使他们按照认同的要求、价值、目标和方向等做好自己的本职工作,由内心发出的对自身行为举止的一种控制。内力控制主要通过信念体系的建立、精神文化的形成、共同价值的灌输、共同愿景的塑造、共同目标的追求、优良传统的认可等产生认同和承诺,从而促成自我要求和自我督促。例如,在 12.5 节讨论的目标管理中,大学职能部处和教学院系处级干部任期目标的制定,是由处级干部基于大学战略规划提出来的,而后在本单位教职工中得到充分讨论,因此最终确定的任期目标不仅得到这些处级干部的充分认同,也得到所在单位教职工的广泛认可,由此在大学战略实施过程中产生了自我激励和自我督促,以积极主动地追求目标达成的内力控制。

以上对大学战略控制类型的分类仅出于讨论分析的目的,事实上各种类型的战略控制是相互关联且优势互补的,因此,在大学战略控制实践中应该根据具体情况综合地考虑和选择战略控制方式和手段,以实现最佳的战略控制效果。

15.5　大学战略控制的关键节点

大学战略控制虽然需要在大学战略实施的全过程同步开展,但是,不能将其理解为一项事无巨细、面面俱到的工作。事实上,大学战略控制能否成功,取决于大学在遵循大学战略控制原则的前提下,能否把握控制过程中的一些关键节点。

大学战略控制的关键节点指的是在大学战略实施过程中,既是有利于战略控制措施或方式采取的时机,又是大学正常运行流程中的重要环节,主要有资源节点、时间节点和成果节点。

15.5.1　资源节点

在大学战略实施时,需要实行各种资源配置,包括经费、物资、人力等,以满足各项战略任务执行的需要,在这种情况下,存在着各种专项任务、专门项目、战略活动需要同时安排资源的情况,因此,对这些关键资源的分配和补充就成为实行战略控制的手段,也是提高战略实施效率、保证战略实施成功的非常关键的一种节点。

例如,在每年年底为次年大学做预算安排时,就必须优先考虑并保证大学战略在实施当年需要的各种经费。具体的经费安排实质上也是对被考虑任务、项目和活动在重要性、目标要求和完成时间上的一种控制:第一,它们必须包含在既定的大学战略规划中;第二,要对它们在当前情况下实施的必要性、目标要求和完成时间进行重新论证;第三,要根据对战略目标实现的重要性对它们进行排序;第四,综合考虑所有需要分配经费的任务、项目和活动之间的关系,按照重要性顺序先后安排经费;第五,明确被安排经费的各项任务、项目和活动的目标任务和完成时间,为后续战略评估和控制做准备。

15.5.2　时间节点

时间节点既是最简单、最容易接受,也是最容易实现的一种规划性很强的战略控制节点。现代组织的工作月复一月、年复一年、周而复始,存在着一定的规律性和重复性,大学更是如此,用时间节点控制大学工作进度和节奏是十分常见并得到广大教职工普遍认同的做法。

具体时间节点的选择和控制密度要视战略实施具体对象的重要性、紧迫性或实施期限、外部因素等而定。一般而言,重要性高的战略任务需要及时动态地掌握实施进度以保证该任务被不折不扣地实施,任务紧急或实施期限短的战略任务不能仅在任务完成后实行事后控制,受环境因素影响大的战略任务需要及时动态地掌握环境变化对任务实施的影响,因此,这些战略任务时间节点的控制密度应该高一些;对于不属于上述 3 类的其他战略任务,时间节点的控制密度可以低一些;对于相当一些进入大学年度工作要点的战略任务的控制,可以将期中、期末、年末等作为时间节点。

例如,对于需要整个战略规划期才能完成的一流学科建设任务,进行战略控制的时间节点可以选择在每年的春季学期末和秋季学期末;对于为了配合大学教育教学数字化建设需要在一年内完成的校园网更新优化任务,进行控制的时间节点应该是每个季度一次;作为提升人才培养质量战略的一项重要指标,生源质量是提升人才培养质量的基础,对某年本科新生生源质量分析的时间节点应该在招生工作结束后,而不必拖到该年年底再进行。

15.5.3 成果节点

大学战略的实施是需要分层进行的,包括将大学战略目标及其战略措施分解到职能部门和教学院系,而后继续分解到机关管理人员和院系教学人员(详见第 12章),因此,大学战略是被分解成为若干子战略后再实施的。由于各项子战略任务的目标、要求及期限不同,不可能硬性要求所有子战略都齐头并进地实施,因此需要分别关注其中一些子战略的完成情况,对其阶段性成果及最终成果进行评估和控制,从而达到对大学层面某项战略实施进展的把握。

基于成果完成情况进行控制节点的方法比较适合职能部门和教学院系分别实施的子战略中以成果为标志、时间节点难以提前预知或不一致的子战略,尤其是那些期待对前人积累有重大突破、产生原创性成果和开拓性创新成果的子战略。

例如,为了彻底改变人才培养质量难以满足经济社会发展需要的状况,大学将人才培养模式改革作为一项重要的战略任务来完成,但由于其是一项关系复杂、涉及面广、多方参与的改革任务,虽然可以有大致的完成时间期限,但难以用简单的时间节点进行控制,因此可以对这项任务的阶段性成果进行控制,以实现对任务整体完成情况的掌握。

15.6 大学战略控制的失效

大学战略控制的目的是保证大学战略的顺利实施和大学战略目标的最终实现,然而,大学战略实施是一项涉及面广、复杂性高、参与者多的动态系统工程,容易出现战略实施过程难以控制或控制失效的情况。因此,有必要分析大学战略控制失效的原因并提出解决大学战略控制失效的方案。

15.6.1 大学战略控制失效的原因

大学战略控制失效的主要原因有以下 6 方面。

1. 任务目标无法达成

不论是哪个层次的战略目标,都可能存在目标制定得过高、不切实际,没有充分考虑承担战略任务的责任主体的资源、条件和能力的实际情况。因此,即使十分清楚战略任务的完成情况与预期目标要求有差距,无论采取何种纠偏措施也都无法弥补差距。

2. 绩效标准难以衡量

难以衡量或评估的绩效标准往往造成不能准确地掌握大学战略实施的进展,因此,难以判断战略实施方向是否出现偏差、难以明确是否需要采取进一步的修正行动。这不仅容易失去战略控制的良好时机,而且可能造成采取不恰当的纠偏行动,从而导致战略控制失效。

3. 控制标准选择不当

战略控制的标准引导着战略实施的方向,如果控制标准选择不当,将会引起战略控制的失败。例如,为了更好地发挥大学人才培养对经济社会发展的作用,大学在培养高素质人才方面,需要在一定规模的基础上注重人才培养质量;反之,如果仅注重学生规模,则很可能忽略人才培养质量。

4. 责任主体无法履责

由于对战略分解后的战略任务的性质及要求等认识不足,容易造成一些战略任务落实不到位,简单主观地将一些战略任务分给资源缺乏、条件欠缺或能力不足的单位实施,从而造成这些单位实施起来力不从心,在出现战略偏差时也无力纠偏。例如,由于大学生素质提升需要多方面齐心协力,故让学生处对大学生的素质提升负全责显然是不合适的。

5. 控制标准相互冲突

在大学战略实施中,不应该在承担战略任务的具体单位间出现相互冲突或矛盾的战略控制标准,这不仅会产生顾此失彼的局面,而且会造成局部或全局的战略控制失效。例如,大学在追求学科建设战略目标时,不能在一方面强调"破五唯"、注重创新性成果,而在另一方面却一味强调学术论文的发表数量。

6. 部门之间缺乏协调

实施大学战略的部门或院系之间如果缺乏沟通和协调,就容易使得实施结果发生偏离,出现各自为政、目标不一致、追求局部最优、资源投入重复浪费等现象,造成战略控制严重失效、某些重大战略任务不能如期保质保量完成。例如,在一流学科建设上,相关学科之间如果没有沟通好,作为支撑学科所在院系没有摆正自己在整个学校学科布局中的位置,就可能不甘为配角。

15.6.2　大学战略控制失效的解决

针对以上大学战略控制失效的原因,对应的方法或措施有以下 6 种。

1. 目标任务实际可及

重新审视相关战略任务的目标及实现任务目标的措施,认真调研分析承担战略任务的责任单位的实际情况,提出清醒、明确、具体、可行、可实现的战略任务目标。

2. 绩效标准清晰可量

用于评估战略绩效的标准不仅必须清晰明了,有明确的界定,让评估者一目了然,而且必须是可以衡量的,能够评估出绩效高低和好坏,有利于与预期目标进行比较。

3. 精准选择控制标准

战略控制标准是战略目标的分解和细化,因此,需要清晰掌握战略目标的实质内涵,在此基础上才能使得分解细化后选择确定的标准能够确实体现出战略目标的要求。

4. 任务落实能责匹配

认真研究需要落实的战略任务的性质和要求,系统地了解各个可能承担战略任务的单位,按照能力和责任匹配的原则,将战略任务落实给最具条件完成的部门或院系。

5. 严格制定控制标准

大学战略控制标准的制定要严格遵循自上而下分解和横向比较的原则,即一方面将战略目标逐级分解为各级战略分目标或战略控制标准,另一方面将同级标准进行横向比较,由此避免出现相互冲突的现象。

6. 重视战略沟通与协调

战略实施中一项十分重要的工作是重视部门之间和院系之间经常性的沟通与协调,这种沟通与协调的前提是分管校领导之间在战略实施的目标方向上必须保持高度一致,同时要求执行战略任务的具体单位树立全局观念和大局意识,明确自身在大学战略实施中的定位。

15.7　大学战略调整

大学既定战略在战略规划期间不是一成不变的,在大学战略控制过程中,如果出现大学既定的战略目标和战略措施已经不能适应新的环境、形势和变化时,就意味着需要对正在实施的大学战略进行调整,在明确大学战略调整的必要性后,还需要把握大学战略调整的方式和时机。

15.7.1　大学战略调整的必要性

在大学战略实施和控制过程中,当出现以下情况时,说明有必要对既定的或正在实施的大学战略进行调整。

1. 大学宏观环境的发生影响了大学既定战略的实施

大学在战略决策时所基于的外部宏观环境发生了重大变化,包括经济社会发展对高等教育提出新的要求时,国家新时期中长期发展战略和中长期教育发展规划纲要的出台、国家对高等教育政策和法律法规的调整等,这些变化的发生要求大学及时调整自身战略,以将大学的发展尽快融入国家经济社会发展之中。例如,国家"双一流"建设总体方案的出台,意味着原有"211 工程"和"985 工程"的结束及新一轮高水平大学建设工程的启动。

2. 大学行业环境的变化影响了大学既定战略的实施

受宏观环境的影响,高等教育行业系统内部的结构比例、竞争关系等均会发生变化,对大学现行战略构成影响的主要有五种竞争力平衡(图 5.5)的打破、新的竞争格局的出现、新的教育教学模式的出现等。例如,新冠疫情的发生极大地促进了在线教育的发展,对高等教育教学模式、方式、手段、途径、教材等的影响前所未有,大大超越了人们的想象,将在一定程度上影响到大学既定战略中与教育教学和人才培养相关的战略。

3. 大学主要竞争对手的重要资源能力和未来战略的改变

在高等教育竞争市场中,大学需要重点关注的是其主要竞争对手,它们的重要资源、能力、竞争优势的变化,未来战略目标、发展重点及战略本身的改变等都值得大学认真分析和研究,如果出现与大学既定战略有重要关联的改变,原有的战略平衡被打破,则大学需要予以重视并决定是否需要在既定战略中做出调整,以确保大学在竞争中的优势地位。

4. 大学内部条件的变化影响了大学既定战略的实施

大学所拥有的资源和能力,尤其是那些能够为大学带来相对于竞争对手的竞争优势的关键性、战略性资源和能力,是大学战略顺利实施和战略目标如期达成的关键,一旦这些资源和能力发生了变化,大学战略的基础就会动摇,就需要在新的资源和能力下调整和修订大学既定战略,以保证大学战略顺利实施。例如,大学获得国务院学位委员会审议批准新增为博士学位授予单位,这相对于存在竞争关系的同类院校而言,就拥有了一项新的核心竞争力,也会引起大学战略的必要调整。

5. 大学对未来环境的预测与原先的预判存在较大区别

大学在制定战略时对未来外部环境的预测是基于当时所能够掌握的各种信息和预测分析,然而,在大学战略实施阶段,尤其是在中后期,时过境迁,大学外部发展环境会不以人们意志为改变,大学对未来环境的预测也会与原先的预判存在较大的差异,在这种情况下,调整正在实施推进的大学战略是及时的,也是十分必要的。

6. 大学的发展定位、办学思路和战略目标需要调整

大学的发展虽然应该遵循自身的规律和路径,但是也受到诸多因素的影响和干预,除外部环境和内部条件外,大学的主要利益相关者、大学资源的整合重组、大学校长和书记的更替、大学新的发展机遇的出现等,都可能促使大学重新审视其发展定位、办学思路和战略目标,在做出不得不改变的决定时,意味着大学现行战略需要进行相应的调整。

7. 大学既定战略与大学的实际情况不符

大学战略规划是一项全局性、系统性和复杂性的工作,不仅需要对大学的过去有全面的总结,还要对大学的当前现状进行认真分析,更要对大学未来的发展前景进行前瞻性的预测,因此,任何一所大学的战略规划都不可能十全十美,都存在或多或少需要修改和调整的空间,因此,随着大学战略的逐年实施,发现大学既定战略与实际不相适应的可能性越来越大,在整个大学战略实施和控制过程中,一旦发现大学战略自身的缺陷,就需要对其进行调整。

8. 大学既定战略需要进一步补充和完善

限于时间紧促、人手不足或经验有限,大学战略规划文本本身存在需要补充和完善的地方,这些缺陷随着大学战略的不断实施而逐渐显现。虽然严格地说,这方面不属于战略调整的范畴,但是可以将其作为战略调整时的一项附带工作予以完成。

15.7.2　大学战略调整的方式

大学战略调整的内容涉及方方面面,可以包括战略定位、战略目标、专项或竞争战略、实现战略目标的策略、各项战略的责任落实和时间跨度、关键活动或任务和资源的战略安排、组织机构改革、各种战略评估用的绩效指标等。

按照调整的幅度，大学战略调整的方式有以下 3 种。

1. 局部性调整

局部性调整指的是在大学的一个具体的战略实施单位内进行的或对大学战略分解后落实到单一部门的战略任务开展的战略调整。调整内容细致具体，可以包括任务目标、绩效标准、资源配置、完成时间等，这些内容均能够在单位和任务负责人主持下在局部范围内完成。例如，面向拔尖人才培养的书院制的建设需要大学相关部门的合作，但在书院建成运行一段时间后，如果需要对书院既定的运作方式和人才培养模式进行调整，则属于局部性调整，应该由教务处或本科生院一个部门完成。

2. 跨部门调整

跨部门调整指的是对大学战略分解后的战略任务的调整涉及多个院系部处，包括涉及多部门的单项战略任务以及由多部门分别负责的相互关联的战略任务，需要这些部门共同参与并对调整后的战略任务的完成共同负责。调整内容较为具体明确，要求分工负责这些部门的校领导取得一致意见后，组织相关部门的干部和任务负责人共同落实调整要求，完成调整工作。例如，某个一流学科建设任务涉及教师队伍建设、重大科研项目立项、一流研究成果获取、一流人才培养等多方面，不仅需要主干学科院系、人力资源部门、科研管理部门、教学管理部门等的密切配合，还需要其他支撑学科院系的支持。因此，对该一流学科建设目标和内容的调整，就涉及这些部门。

3. 全局性调整

全局性调整指的是大学战略的调整涉及全校主要部处和多数院系，调整内容是涉及全校性的战略目标和任务，与大学的人才培养、科学研究、社会服务、文化传承与创新、队伍建设等密切关联，既可以是大学战略目标的调整，也可以是大学专项/竞争战略的变化，还可以是大学多项相互联动的战略任务的整合或调整。全局性调整需要大学主要领导负责并坐镇协调各方面的工作，以此保证调整任务顺利完成。例如，随着外部环境变化和国家的新要求，一所大学的一流大学建设目标及完成期限的调整，就涉及大学全校范围内几乎所有单位的全局性战略调整，大学相关的竞争战略、职能战略和院系战略等都要进行相应调整和改变。

按照调整的层次，大学战略调整的方式有以下 3 种。

1. 业务层调整

业务层调整指的是对短期内（一年以内）在操作层面上针对日常战略活动的调整。这一层面的调整主要涉及近期进度安排、短期工作分配、日常活动质量等，不涉及职能战略和院系战略的改变。业务层调整的责任主体是职能部门或教学院系,属于部门或院系内的工作。例如,人力资源部门在落实大学人才战略时,根据当年人才市场情况,对某一学期高层次人才引进进度的调整就属于业务层调整。

2. 战术层调整

战术层调整指的是在大学战略实施过程中对职能部门或教学院系未来 2~3 年内执行的战略目标、战略任务、业绩标准、资源配置、工作安排等方面内容的调整和改变。战术层的调整要在分管校领导指导下,由相关职能部门或教学院系具体负责完成。例如,为了尽快建设好一流本科教育,大学未来两年将增加在本科教育上的投入,这项调整工作将涉及财务预算部门、教学管理单位和相关教学院系。

3. 战略层调整

战略层调整指的是在大学战略实施期内,主要由于大学外部环境的变化等客观因素促使大学从未来整体发展的角度出发,对大学未来 3 年以上执行的整体战略目标和方向、大学专项/竞争战略等进行的调整。这种调整属于重大调整,涉及方方面面和全校上下,调整前需要有充分的调研、分析和可行性论证。例如,一所具有相当长发展历史的地方本科院校,如果在国家高等教育战略布局和结构调整的大环境下,在现有大学战略实施一段时间后,要向应用型本科大学转型,则必须进行战略层的调整。

15.7.3　大学战略调整的时机

大学战略管理者和规划部门要经常性地思考、回顾和发现大学现行战略有无修改、完善和调整的必要,一旦出现 15.7.1 节所述的 8 种情况之一以及其他源于既定大学战略的问题,就必须及时选择有利或最佳时机,启动对大学战略的调整工作,避免因延误或错过机会造成对大学发展的损失。

虽然从理论上说,大学战略调整应该保持高度的灵活性、机动性和及时性,但是大学战略调整是在大学战略实施的过程中,一些任务正在执行、一些资源正被消耗、一些团队正在合作,为此,不能随时叫停正在执行的战略任务,由此可见,有利于进行大学战略调整的时机,应该是在阶段性工作完成之后。基于上述分析并考虑大学工作的规律性和周期性,在开展大学战略实施的整个过程中进行战略调整的有利时机有以下 3 个。

(1) 年中:大学每年年度工作进程过半之时,如在夏季学期结束后和秋季学期开学前。这个时候,上半年工作已经结束,可能在上半年的工作中发现大学战略自身存在的一些问题,如果对大学战略进行一定程度的调整,就可以在即将开始的下半年工作中得到落实。

(2)年末:大学全年度的工作完成之时,如大学总结全年工作时或制订下一年度工作计划/要点前。这个时候,也可能在回顾和总结大学一年的工作中明确了需要进行战略调整的必要性,如果完成了对大学战略的调整,就能使得调整后的大学战略及时迅速地在下一年的大学工作中得到实施。

(3)期中:大学战略实施中期,如战略规划期为 5 年,则在战略实施 2 年后的第 3 年是战略实施中期。这个时候,随着大学战略实施的逐渐深入,大学战略管理者或规划部门发现需要对既定战略进行修改或调整的可能性增大,包括需要对大学战略进行较为重大的调整,因此是一个调整大学战略的恰当时机。

事实上,上述 3 个时机并不都能对大学战略进行任何方式的调整,而是需要针对不同情况和具体调整内容选择合适的时机。表 15.1 给出了战略调整时机与调整方式和 15.7.1 节所列 8 种情况的对应关系。

表 15.1　战略调整时机与调整方式

时 间 节 点		调 整 方 式	15.7.1 节所列情况
时机	年中	局部性调整、业务层调整	7、8;4、5
	年末	跨部门调整、战术层调整 全局性调整、战略层调整	4、5 1、2、3、6
	期中	全局性调整、战略层调整	1、2、3、6

15.8　大学战略控制实践

每所大学的战略控制都需要结合大学的具体情况和大学战略自身的实际要求开展,从可行及成效的角度考虑,切实可行且行之有效的战略控制应该涵盖战略实施的各个层面:学校层面、院系部处层面和教职工层面。具体而言,就是要分别针对学校年度工作要点、院系部处年度目标和教职工年度工作业绩开展检查和评估,并根据评估结果决定是否需要进行大学战略调整。依据作者多年的实践经验,这样的制度设计能够强化院系部处和教职工的战略控制意识,对全校性战略实施起到良好的促进和推动作用。本节根据作者的战略控制实践分别对上述 4 方面内容展开讨论。

15.8.1 学校年度工作要点实施的控制

学校年度工作要点实施的控制为学校层面控制,分为经费控制、过程跟踪、年中检查和年终检查 4 个环节,从完成大学全年工作的角度看,这 4 个控制环节可以分别认为是事前控制、过程控制、事中控制和事后控制,控制的目的在于确保学校年度工作要点按期保质保量完成。

大学年度工作要点实施所需经费需要在学校年度经费预算中得到体现,因此,对各工作要点所需经费的制定就是对这些工作要点的经费控制。事实上,在制定预算时,必须对每个需要经费的项目或工作的必要性和重要性从经费的角度重新进行评估分析,学校财务预算等职能部门要全校性地对所有需要经费的项目或工作进行纵横向比较分析,按照重要性确定获得预算经费的优先排序,这种从经费投入角度的比较及其对预期产出的分析是对相关年度工作要点的一种重新评估,是对这些源于大学战略中的工作要点的再次控制。

大学在春季学期开学前要召开专门会议,对年度工作要点进行分解和落实,每项工作要点都要分解给一位校领导负责和落实到一个承担主要执行任务的处级单位。分管校领导不仅要对所负责的工作要点予以经常性的关注与指导,还要对要点实施过程中出现的不可预见的问题和困难予以解决,以保证工作要点按时完成。承担工作要点执行任务的单位要在分管校领导的指导下,将所承担的工作要点作为本单位当年的重要任务来对待、重视和完成。

学校年度工作要点的过程跟踪是伴随着年度工作要点的实施过程进行的。跟踪的形式主要分为校领导的每周通报和处级单位的定期报告。在每周一次的学校领导班子"碰头会"上,分管校领导要通报工作要点实施进展的相关信息,包括取得的阶段性成果、出现的问题,以及需要学校层面提供支持和解决的问题。由于校领导"碰头会"不是正式的议事决策会议,对于需要对工作要点内容、具体要求及完成时间等进行修改或调整等问题,需要留到每两周召开一次的校长办公会讨论。负责完成工作要点的处级单位可以根据工作要点的重要性和完成时间与分管校领导约定定期向其报告的时间,可以是每两周或每个月一次,汇报内容包括进展情况、存在问题及需要的支持等。这两种形式的跟踪不仅能够及时地掌握工作要点的进展情况,而且能够及时地解决工作进行中出现的问题和困难,因而,对年度工作要点的落实起到积极的控制作用。

学校年度工作要点的年中检查是在春季学期结束后和秋季学期开学前对学校年

度工作要点上半年的完成情况进行检查,检查主要针对的是对大学战略目标实现起到重要影响作用的工作要点的实施情况。除那些能够按照预期要求顺利进展的工作外,检查的重点是未能按计划推进和出现问题的工作,包括分析这些工作产生延误的原因和出现问题的根源,并针对相应的工作要点提出修正和调整的意见和建议,供校长办公会议上讨论决定,修正和调整后的工作要点要在秋季学期继续完成。因此,工作要点的年中检查是阶段性的事中控制,目的在于发现问题、采取措施、纠正偏差,保证大学战略顺利实施。

学校年度工作要点的年终检查是从大学全年工作完成后的当年年底开展的对年度工作要点完成情况的评估检查,检查主要是对工作要点的完成情况与年初期望的要求或标准进行比较,重点针对出现较大偏差的工作要点,分析其产生偏差的原因,对下一年度或后续相关战略任务的资源投入和行动方案提出纠正措施,以确保大学战略沿着既定的方向顺利实施。由于年终检查对当年工作要点的完成的控制具有滞后性,不可能纠正已经结束了工作的偏差,但是能够为来年大学的战略实施提供参考、借鉴和防范,包括对教职员工的行为评价和目标导向,对大学战略自身的调整等。

15.8.2　院系部处年度目标实现的控制

院系部处年度目标实现的控制为大学战略在处级单位层面的控制,分为目标控制、经费控制、年中检查和年终检查 4 个环节,从完成处级单位全年工作的角度看,目标控制和经费控制属于事前控制,年中检查和年终检查分别属于事中控制和事后控制,控制的目的在于确保院系部处任期目标的年度分解目标及各处级单位当年承担的学校年度工作要点工作任务按期保质保量完成。

对院系部处年度目标的控制包括两方面:一是任期目标的年度分解;二是学校年度工作要点的分担。任期目标年度分解既要基于各处级单位与校方签订的《任期目标责任书》按年度进行分解,又要考虑当年度大学外部环境和内部条件的变化对《任期目标责任书》内容的影响而进行的调整。事实上,对《任期目标责任书》内容的调整是不可避免且必需的,但无论如何,都是围绕大学战略目标实现的需要进行的。学校年度工作要点的分担是基于各处级单位的职能定位,一项工作要点既可能由一个单位承担,也可能以一个单位为主,其他单位为辅,但无论如何,都属于战略实施控制的范畴。

对院系部处年度目标的经费控制主要表现在年度经费预算制定中,即大学如何对各单位从任期目标中分解出的年度工作目标任务制定经费预算。大学经费预算部门在安排完学校年度工作要点所需经费后,需要对全校各院系部处提出的当年工作目标任务所需经费进行横向比较、分析和排序,而后按照对实现大学战略目标的关联性和重要性程度从剩余预算额度中安排经费预算,这一过程是从经费角度对二级单位参与的大学战略实施工作予以控制。

对院系部处年度目标的年中检查主要由分管校领导负责牵头完成。检查时间可以安排在夏季学期或暑假前后,检查方式主要是听取汇报。参与汇报会的人员应该包括汇报单位处级干部及高级主管或骨干教职工,汇报过程是一个交流沟通、集思广益、总结上半年工作、分析问题和困难、提出措施和建议的过程,对于纠偏和调整本单位承担的战略实施工作任务,更好地开展下半年的工作和实现本年度目标任务意义重大。

对院系部处年度目标的年终检查在全校范围内进行,作者倾向在年末以召开全校性的处级单位年度工作经验交流会的方式开启一年一度的处级单位年度工作检查。处级交流会的主要人员是全体校领导、处级干部和教职工代表,作为一个开放的会议,欢迎全校教职工参加。作为一种制度安排,这样的经验交流会有 3 方面作用:一是从"不服输"和"要面子"两方面,给予处级干部始于年初的心理上的压力和工作上的驱动;二是促进各处级单位认真细致地总结一年的工作;三是为各单位之间交流经验、相互学习和借鉴提供很好的机会。从战略控制的角度,这样的经验交流会有利于学校领导较为全面地了解和掌握全校当年战略实施的进展及存在的问题,为学校战略的完善和调整及来年工作要点的制定提供依据、建议和方案。

15.8.3　教职工年度工作业绩的考核

教职工年度工作业绩的考核为大学战略在第三层面的控制,与单纯的教职工年度考核不同的是,这是为了大学战略实施需要而针对主要干部员工,包括院系部处干部和骨干教职工的年度工作业绩的考核,分为年初工作任务确定、年中工作进展反馈和年终工作业绩考核 3 个相互关联的环节。从促进大学全年工作任务完成的角度看,针对处级干部和骨干教职工的考核能够起到以点带面和事半功倍的效果,是大学战略实施控制中不可缺少、把握基础的环节。

处级干部和骨干教职工每年负责承担的工作任务的确定往往在年初完成,主要源于本单位年度工作目标任务的分解和每位干部和教职工的聘期目标任务,任务的分解落实由各处级单位党政一把手负责,这方面应该较为简单明了。年中工作进展反馈是在上半年工作结束后,由各单位专门科室基于所掌握的数据信息分别向干部和教职工反馈相关信息,主要目的在于提醒和告知年度工作完成情况,以利于下半年工作的安排。年终工作业绩考核是基于逐级考核的原则,由学校考核处级干部、各单位考核本单位教职工。从大学战略实施控制的角度,年终工作业绩考核的目的在于从操作执行层面了解和掌握既定战略的实施进展情况、可能存在的问题及需要完善和调整的方面,对下一年度大学战略实施控制具有不可或缺的支撑作用。

15.8.4　学校战略规划的调整

每所大学战略(规划)的调整都与以下因素有直接的关系:一是战略规划与外部环境和内部条件的适应性程度;二是战略规划制定得详细周密和可执行程度;三是影响大学竞争的不确定和不可控因素;四是大学实施战略规划的执行力和灵活性。但无论如何,一旦出现15.7.1节所述8种情况之一,就需要结合大学的具体实际和战略实施的进程,对学校战略规划进行调整。

在大学战略管理的实践中,在完成对学校年度工作要点、院系部处年度目标和教职工工作业绩的检查和评估后,就是调整大学战略规划的有利时机,学校就需要召开专门的会议,对检查和评估结果进行分析,一方面讨论是否需要对大学现行战略进行调整和完善,另一方面讨论大学战略的后续实施工作及其安排。就战略调整而言,大学只有依次回答以下4个问题,才能启动对大学战略规划的调整。

(1)在对检查和评估结果分析后判断:是否要对现行战略进行调整?如果属于年度工作要点实施的问题,则无须战略调整;否则,进入问题(2)。

(2)具体需要对学校战略进行哪方面的调整?这个问题要回答具体的调整内容及其归属是年度工作要点的制定问题、学校战略规划的分解落实问题、学校战略规划制定的问题,还是需要对学校战略规划进行重大修改等。

(3)问题(2)中明确的学校战略调整的内容属于什么层面?分析学校战略调整的内容属于全局性的战略层面问题、跨部门的战术层面问题,还是属于局部性的业务层面问题。

或者分析并确定问题(2)中学校战略调整的内容属于15.7.1节所列情况的哪一种。

(4)何时调整学校战略为最佳时机?根据问题(2)、(3)的分析结果,对照表15.1,从"年中""年末"和"期中"中选择调整学校战略的最佳时机,以最大限度地降低战略控制的失效。

为了做好对学校战略规划的调整,大学战略规划管理部门需要开会讨论准备战略调整报告,具体包括以下内容。

（1）充分阐述战略调整的必要性：包括战略调整的外部背景、内部因素、重要性及意义等。

（2）学校战略调整的具体方案：包括调整事项、内容、所需资源条件等。

（3）充分论证战略调整的可行性：包括战略调整需要的资源条件、对其他战略任务的影响、完成期限及其可能性等。

第**16**章　大学战略评估

　　大学战略评估指的是大学战略管理者针对大学战略风险、实施及其结果,采用定性分析和定量分析相结合的方法,对影响和反映战略管理成效的各种要素进行总结和分析,判断大学战略目标是否实现的管理活动。虽然在现实生活中,评价和评估常被作为同义词使用,但是它们二者还是有区别的,评价是指对事物或任务的价值进行判断,结果较为精准,评估是指对事物或任务的价值进行估量性判断,结果较为模糊。由于对大学战略实施状况及其结果的分析涉及众多因素、复杂程度高、不少因素难以量化,要对其进行准确的定量评价是困难的,因此,作者倾向于使用战略评估,而不是战略评价。

　　大学战略评估是保证大学战略与外部环境、组织自身及内部资源变化相适应的必要条件,是大学战略管理动态性、系统性的体现,有利于确保大学战略高质量地实施。有效成功的大学战略控制需要大学战略评估作为基础,大学战略评估结果为大学战略控制提供了决策信息和判断依据。大学战略控制是通过战略评估结果与期望目标或既定标准的比较,针对存在偏差的情况进行分析,对不同的分析结果或者采取纠偏措施,或者修订调整战略,或者补充完善战略,以更好地实现大学战略目标。

16.1　大学战略评估的原则

大学战略评估与教育教学评估及院校评估等不同,前者注重的是战略目标的实现,包括对战略自身及其在各个层面实施及成效的评估,评估的作用在于方向性和引导性,允许战略实施保持弹性,而不注重战略实施的具体细节;后者则需要有一套细致的评价指标体系,以对评估对象给出详细、具体、准确、全面的结论。因此,大学战略评估一般不研制专门的指标体系,而是用战略目标及其分解后的子目标构成的大学战略目标体系作为战略评估的指标/标准体系。大学战略评估的原则有以下 5 个。

(1) 信息准确原则。大学战略评估的结果直接影响大学战略的进一步实施,因此需要采集和获取与战略目标直接相关的准确、真实、可靠的评估数据信息。与此同时,数据信息准确的前提是及时,只有为评估者及时提供准确的数据信息,才能使其发挥有效的作用。这就需要在大学各部门已建立的数据信息系统的基础上,针对大学战略评估需要的数据信息,统一建立和逐渐完善这些数据信息收集、整理,以及分享互联网平台,不断提高数据信息传递的畅通性和准确性。

(2) 及时评估原则。评估的作用在于能够及时为正在开展的大学战略实施提供指导,因此不能搞一刀切,机械地制定统一的评估时间,而要根据评估对象的内容、层级、状况、性质和特点,认真考虑和分析各种战略控制类型(15.4 节)的不同和各个战略控制关键节点(15.5 节)的区别,保持与战略控制同步,确定进行战略评估的有利时机,通过及时开展的战略评估为战略控制提供准确有效的信息支持。

(3) 适度评估原则。这一原则既包括评估频率的适度,也包括评估深度的适度。评估工作需要讲究的是多长时间评估一次和如何评估。虽然经常性的评估能够为战略控制提供及时和充分的信息,但是如果评估过于频繁,不仅会消耗大量人力资源和时间成本,而且也会造成对战略实施的经常性干预。评估的目的是把握方向和引导,过于烦琐和复杂的评估不仅不符合评估目的,而且会引发被评估者的厌倦情绪等负面影响。因此,要根据所评估对象的性质及对战略实施的重要性程度,确定合理的评估频率与深度。

(4) 着眼全局原则。评估工作要着眼于大学战略目标实现的全局,而不是单纯的局部。因此,一方面,战略评估不纠结于战略实施的具体细节和局部的得失,而关注的是战略实施的方向,只要局部的得失在可接受范围之内,就要朝着大学既定战略目标的方向努力;另一方面,评估注重的是战略实施的整体效果,强调的是局部服从全局,而不是局部最优,强调的是各部分实施的分工合作和相互配合,而不是各自为政。

（5）注重激励原则。战略实施的推进需要广大教职工的重视和投入，因此战略评估要注重激励，而不是惩处。事实上，战略实施工作的完成需要全体教职工在各自不同的岗位上，充分发挥积极性、主动性和创造性，克服和解决可能出现的各种困难和问题，朝着共同的大学战略目标方向努力，因此，战略评估要为战略实施提供正向激励、树立标杆，为战略实施者提供经验和借鉴，以推动战略实施工作更好地开展，而不是简单地找问题、挑缺点。

16.2　按照战略管理过程的大学战略评估

按照战略管理的过程：战略分析、战略制定、战略实施、战略控制和实现目标，大学战略评估的具体内容主要包括 3 方面，即大学战略风险评估、大学战略实施评估和大学战略绩效评估，分别对应战略制定、战略实施和实现目标 3 个环节。

16.2.1　大学战略风险评估

大学战略风险评估是考察大学既定战略与实际状况的一致性，主要从大学外部环境、大学内部条件、大学战略自身和战略执行能力 4 方面评估可能存在的大学战略风险，以便在大学战略实施前或继续实施前采取措施，最大限度地降低这些风险可能造成的负面影响，因此，大学战略风险评估属于事前评估。

（1）大学外部环境。大学领导层在大学战略规划制定完成后并不能一劳永逸，在实施时需要密切关注外部环境的各种变化，其中一些变化将引起大学既定战略在一定程度上与现实情况相脱节，或者导致大学战略目标难以达成，或者导致大学有限战略资源的浪费。因此，对大学外部环境评估的目的就是为了在外部环境变化时及时调整战略以提高其适应性。

（2）大学内部条件。大学内部资源和能力在实施大学战略时也可能由于非主观因素而发生变化，其中一些战略性资源和能力的变化容易导致大学既定战略中一些专项战略目标甚至总体战略目标的达成出现问题，这种情况的出现将需要对大学既定战略进行调整，以确保大学在激烈的市场竞争中具有持续竞争优势。

（3）大学战略自身。虽然大学在制定战略时都力求做到极致，但是几乎没有一所大学能将其战略制定得完美无缺。事实上，时间、投入、认识和判断不足均可能使得大学既定战略存在这样或那样的问题，尤其是在战略实施的中后期，大学战略自身的缺陷就容易暴露出来。因此,对大学战略自身的评估的目的就是为了及时发现不足,尽快修订、补充和完善战略。

(4) 战略执行能力。大学战略管理成功与否的关键在于大学战略的执行能力,可以表现在大学组织架构、战略分解落实、重要资源配置、重要干部配备、内部沟通协调、激励政策措施等诸多方面。因此,在大学战略实施前及实施过程中,需要针对性地对上述相关方面进行分析、判断和评估,将可能出现的执行能力的问题尽早解决在对战略实施产生负面影响之前。

16.2.2 大学战略实施评估

大学战略实施是一个涉及面广、复杂性高、全员参与的系统工程,为了保证实施效果及战略目标的实现,需要及时掌握整个实施的进展情况,避免出现工作失误、进度延误或方向偏差,这就需要对实施过程进行评估,以及时获得准确信息,支持战略控制,因此,大学战略实施评估属于事中评估或过程评估。

大学战略实施评估的主要对象是执行战略实施任务的职能部门和教学院系,评估的主要内容是资源落实情况、任务实施方式和任务完成情况等。

(1) 资源落实情况。这方面主要指为了实施战略任务所需的经费和人员等方面的落实情况,如学校预算经费的到位、二级单位组织机构的建设、战略任务实施人员的落实和职责分工等,这方面的落实是大学战略实施得以顺利开展的前提。

(2) 任务实施方式。不同战略任务的实施方式既有相同之处,也有各自特点,但不论如何,实施方式的有效性是第一位的,为此,针对任务实施方式有效性的评估重点包括实施流程的通畅性、任务安排的合理性、政策措施的激励性、实施成效的可期性等。

(3) 任务完成情况。这方面主要指对战略任务实施进展情况的评估,需要评估的主要内容有: 任务进度安排、资源耗费情况、任务实施进度、出现的问题和困难等,以便大学战略管理者及时掌握相关信息,开展有效的战略控制。

16.2.3 大学战略绩效评估

大学战略绩效评估是在大学战略实施一段时间后或战略实施任务完成后,对实施效果进行的评估,即通过战略实施所取得的绩效与既定战略中的相关战略目标或标准进行对比,发现问题,找出偏差,分析原因,属于阶段性评估或事后评估。这种评估的内容主要包括大学战略目标体系中的各级目标、战略规划中的主要战略任务、构成战略目标的关键指标等的完成情况以及所采取的各种政策措施。有效成功的大学战略绩效评估需要做好以下 4 方面工作。

（1）大学战略目标及各项任务得到合理可行的层层分解和逐级落实。大学战略实施需要得到全校教职工的广泛认可，因此，战略目标和任务的分解落实，需要在前期自上而下、自下而上地制定大学战略的基础上，基于合理可行的原则，通过积极反复的沟通与协调，得到各级责任单位及其骨干成员的充分认可，使得被分解到的目标和任务成为他们自身努力的方向和担当。

（2）大学战略分解后的各级目标及任务均有明确的绩效指标和标准。由于大学战略实施应该是一个全校上下教职工主动自觉、齐心协力的行动，为了提高工作绩效，更好地调动大家的积极性，就需要对各个责任单位和骨干教职工的本职工作给予明确的努力方向和质量要求，这些就是用于衡量大学战略分解后各级目标任务的指标和标准。

（3）能够及时准确地采集和获取用于战略绩效评估的各种数据信息。相当一部分基本数据信息的采集和获取可以通过大学及其院系部处业已建立的部门业务数据信息系统完成，如办学规模、学科建设、人才培养、科学研究、师资队伍等；其余部分的数据信息，尤其是反映大学发展水平和优势的专项指标等，则可以通过监测点的设立，运用定量和定性相结合的方式，采用统计分析法、观察法、访谈法、问卷调查法等多种方法获取。

（4）数据信息的整理和绩效指标与绩效标准的比较分析。通过各种渠道采集和获取的数据信息要按照绩效指标的要求进行汇总和整理，使其不仅能够用于大学战略绩效评估，发现存在问题的原因，而且能够用于大学战略控制，支持战略行动或规划的调整。整理好的绩效指标数据信息通过与既定的绩效标准进行比对，就能够分析大学各级战略目标任务实施的状况，为大学战略控制提供合理的决策依据。

16.3 按照战略实施层次的大学战略评估

按照战略实施的层次：总体战略层面、专项/竞争战略层面、部处院系战略层面、教职工层面，大学战略评估的具体内容包括 4 个层面：①大学总体战略评估；②大学专项战略评估；③大学职能战略评估、大学院系战略评估；④大学教职工业绩评估。

16.3.1 大学总体战略评估

大学总体战略评估主要包括两方面内容：一是大学总体战略自身的评估；二是

大学总体战略实施的评估。

大学总体战略自身的评估主要包括总体战略是否符合大学的使命、愿景和定位，总体战略制定的环境适应性、要素完整性和资源可行性。总体战略应该履行使命、追求愿景和坚定定位；环境适应性指的是大学总体战略能否适应内外部环境及其变化；要素完整性指的是大学总体战略所构成的要素是否完整，能否在整体上统领大学战略的实施和战略目标的实现；资源可行性指的是大学自身的资源、人力和物力能否支持大学战略目标的实现。

大学总体战略实施的评估包括大学主要发展指标的完成情况和大学总体战略目标的实现情况。主要发展指标可以涉及如党的建设、人才培养、学科建设、专业建设、队伍建设、科学研究、社会服务、国际交流与合作等诸多方面。总体战略目标的实现情况既需要主要发展指标完成情况的支撑，也需要定性的分析和宏观上的评估，往往还需要源于外部第三方的评估。

16.3.2　大学专项战略评估

大学专项战略（也称竞争战略）评估同样包括两方面内容：一是大学专项战略自身的评估；二是大学专项战略实施的评估。

针对大学专项战略自身的评估可以分为所有专项战略的综合评估和各个专项战略的单独评估。专项战略的综合评估主要是分析这些专项战略能否有效地支持大学总体战略目标的实现，或者换句话说，所有大学专项战略是否为大学总体战略的有效分解。各个专项战略的评估重点有二：一是分析该专项战略在大学总体战略目标实现上的地位和作用，该专项战略目标是否为大学重点发展方向；二是分析该专项战略能否在大学发展的专门领域形成并保持相对于其他大学的持续竞争优势。

针对大学专项战略实施的评估主要有3方面内容：一是专项战略实施主体的落实，这方面原则上应该由一位副校级领导负责，原因在于需要多个二级单位的合作与配合；二是专项战略实施计划，由于专项战略的重要性，因此必须有得到校方认可的实施计划，包括对资源等各种投入的承诺、目标任务的明确、阶段性目标或评估指标等；三是专项战略实施绩效评估，包括阶段性和终结性评估，前者旨在督促专项战略的实施并为后续实施工作提供建议和意见，后者用作支持大学总体战略目标的实现。

16.3.3　大学职能战略评估

大学职能战略评估包括对职能战略自身的评估和针对职能战略实施的评估两

部分。

针对大学职能战略自身的评估有 3 方面内容：一是职能战略是否为大学战略或专项战略的合理分解，这是因为每个职能战略都必须成为大学战略的有机组成；二是职能战略与对应的机关职能部门的职责和主要工作任务是否吻合，不吻合的职能战略可能无法全面实施；三是职能部门是否有足够的资源和人力满足职能战略的实施，这方面需要得到学校层面的支持。

针对大学职能战略实施的评估，需要考虑 3 方面内容：一是关系建立，职能部门是否与相关教学院系及其他相关部门建立起良好的工作与合作关系；二是内容落实，一方面，职能战略的有关内容是否在相关教学院系的战略中得到体现，这是因为相当一部分职能战略的内容需要依靠相关院系完成；另一方面，职能战略是否分解到职能部门的年度工作计划中。三是绩效评估，针对职能战略实施开展以阶段性和终结性评估，通过对照职能战略目标与职能战略阶段性实施成效，旨在推进和督促职能战略的实施工作。

16.3.4　大学院系战略评估

大学院系战略评估包括对院系战略自身的评估和针对院系战略实施的评估两部分。

针对大学院系战略自身的评估有 3 方面内容：一是院系战略是否为大学战略或专项战略的合理分解，是否与一些重要职能战略关联，这是因为院系战略既要支撑大学战略目标的实现，又与一些职能战略相关联；二是院系战略是否与对应教学院系的学科专业、人才培养、科学研究、社会服务、国际合作等密切关联，这关系到院系战略目标能否实现；三是教学院系是否具备充分的资源和能力以满足院系战略的实施，这方面关系到院系战略实施的可行性。

针对大学院系战略实施的评估主要有 3 方面内容：一是关系建立，教学院系是否与相关职能部门建立起良好的工作与合作关系，这是因为相当一部分院系战略的内容需要得到相关职能部处的支持和指导。二是内容落实，一方面，院系战略的内容是否分解落实到本院系的领导和骨干教师，分别作为这些人的任期工作和聘期任务；另一方面，院系战略是否分解到院系的年度工作计划中。三是绩效评估，针对院系战略实施开展阶段性和终结性评估，通过对照院系战略目标与院系战略阶段性实施成效，旨在推进和督促院系战略的实施工作。

16.3.5　大学教职工业绩评估

大学教职工业绩评估主要分为对教学人员和管理人员的评估。教学人员的评估以院系负责人和骨干教师为主;管理人员的评估以部处负责人和业务骨干为主。

针对教学人员的评估由 3 方面构成:一是任务落实,一方面,检查院系负责人任期目标责任书中是否包含了其应该承担的院系战略中的相关内容;另一方面,检查骨干教师聘期聘书中是否承担了与其技术职务和学科方向一致的院系战略中的相关内容。二是任务分解,检查院系负责人和骨干教师所承担的院系战略实施任务是否分解到年度并在院系年度工作计划中得到体现。三是业绩评估,主要通过年中小结和年终总结及考核的方式对院系负责人和骨干教师进行工作业绩评估,旨在推进和督促他们完成下一阶段的目标任务。

针对管理人员的评估也由 3 方面构成:一是任务落实,一方面,检查部处负责人任期目标责任书中是否包含了其应该承担的职能战略中的相关内容;另一方面,检查业务骨干聘期聘书中是否承担了与其岗位职责和业务分工一致的职能战略中的相关内容。二是任务分解,检查部处负责人和业务骨干所承担的职能战略实施任务是否分解到年度并在部处年度工作计划中得到体现。三是业绩评估,主要通过年中小结和年终总结及考核的方式对部处负责人和业务骨干进行工作业绩评估,旨在推进和督促他们完成下一阶段的目标任务。

16.4　大学战略评估的标准

大学战略评估的标准必须与大学战略评估的内容对应,即可以分别按照战略管理过程和按照战略实施层次,研究和制定大学战略评估标准。由于按照战略实施层次的评估标准可以简单地采用各层次对应的战略目标取代,如 16.4.3 节所述,故本节集中讨论按照战略管理过程的评估标准,包括大学战略风险评估标准、大学战略实施评估标准和大学战略绩效评估标准 3 方面。

16.4.1　大学战略风险评估标准

大学战略风险评估实质上就是对大学既定战略的评估,而评估标准的确定可以借鉴针对企业既定战略自身的评估标准,这方面代表性的有美国和英国战略学家提出的评估标准。

美国战略学家斯坦纳·麦纳认为,评估企业战略时应该考虑以下 6 个要素。

(1) 环境的适应性。企业所选的战略必须和外部环境及其发展趋势相适应。

(2) 目标的一致性。企业所选的战略必须能保证企业战略目标的实现。

(3) 竞争的优势性。企业所选的战略方案必须能够充分发挥企业的优势,保证企业在竞争中取得优势地位。

(4) 预期的收益性。企业要选择能够获取最大长期利润的战略方案。

(5) 资源的配套性。企业战略的实现必须有一系列战略资源作保证,这些资源不仅要具备,而且要配套,暂时不具备而经过努力能够具备的资源也是可取的。

(6) 规避其风险性。未来具有不确定性,因此任何战略都会有一定的风险性,在决策时要认真评估风险。一方面,在态度上要有敢于承担风险的勇气;另一方面,在手段上,事先要科学地预测风险,并制定出应变的对策,尽量避免孤注一掷。

英国战略学家查理德·鲁梅特提出了与斯坦纳·麦纳相似的可用于战略评估的 4 条标准:一致性(consistency)、协调性(consonance)、可行性(feasibility)和优越性(advantage)。其中协调性和优越性是针对外部环境的评估,主要用于检查企业战略的基础是否正确;而一致性和可行性则是针对内部条件的评估,主要用于检查企业战略措施是否得当及战略实施过程的问题。

由于斯坦纳·麦纳所提出的 6 个要素中的"预期的收益性"仅适用于企业,而"规避其风险性"可以包含在其他 4 个要素中,因此,查理斯·鲁梅特提出的 4 条标准更适用于大学战略评估。下面从大学战略评估的角度拓展对这 4 条标准的阐述。

针对外部环境和内部条件的评估标准如下。

1. 协调性

协调性强调的是大学战略必须对外部环境的变化和内部条件的变化做出适应性反应。大学在制定战略前所进行的环境分析就包括对外部环境和内部条件的分析,随后所制定的战略要与内外部环境相适应。大学在实施战略前及过程中也存在与内外部环境相适应与协调的问题。严格地说,适应大学内外部环境的战略不一定就能够实现大学战略目标,但是,不适应大学内外部环境的大学战略一定不能实现大学战略目标。协调性对大学战略至关重要,这不仅关系到大学战略制定的有效性,而且关系到大学战略实施的持续有效性。但协调性的保持存在较大难度,主要原因有二:一是外部环境的变化具有不可控、难预测的特点;二是多数内外部环境因素的变化是与其他因素相互作用的结果。因此需要大学战略管理者动态地关注内外部环境变化,深入分析并研究产生变化的根源,及时调整大学战略或对其采取措施,保持大学战略的协调性。

2. 优越性

优越性,也可以称为竞争性,指的是大学在资源、条件、能力和地位上所具有的优势,这些是大学保持竞争优势的基础,其中一些关键性战略资源和能力是大学获得竞争优势的关键性因素。优越性强调大学制定的战略必须能够充分发挥自身的优势,具有很强的竞争性,能够在履行大学各项职能的过程中为经济发展和社会进步提供高水平的教育服务和高质量的科研产品,在激烈的市场竞争中赢得或保持优势地位,实现大学战略目标。

大学的竞争优势不是一成不变的,会随着内外部环境的变化及市场对高等教育的需求的改变而发生变化,因此评估大学战略的优越性既离不开对外部环境和内部条件的分析,也离不开分析经济社会发展对高等教育需求的变化。只有这样,才能在准确把握大学具有优势的资源、条件、能力和地位的基础上,充分发挥大学竞争优势在实现大学战略目标上的作用。

针对大学战略及其实施的评估标准如下。

3. 一致性

一致性强调的是大学战略规划和大学战略分解落实方案中不应该出现不一致的目标和策略。这里的目标既包括大学总体战略目标及其专项/竞争战略目标,也包括这些战略目标在战略实施中逐层分解后的目标,包括职能战略目标、院系战略目标、管理人员战略目标和教师战略目标等。这里的策略指的是实现相应战略目标所采取的措施、手段、方法、途径及方案等。目标和策略的不一致是造成大学内部矛盾、冲突及不和谐的重要根源,不仅会消耗大量内部资源和降低办学效益,而且会严重影响大学战略目标的实现。造成目标和策略不一致的原因有多方面,如:

- 大学主要领导的更换导致学校办学思路的转变。
- 大学二级单位负责人部门严重缺乏全局意识。
- 大学战略实施过程中没有对外部环境的变化采取统一的战略进行调整。
- 少数战略实施者没有严格按照实施方案开展实施工作等。

为了确定组织内部的一致性,可以借助查理德·鲁梅特提出的 3 条准则判断大学战略的一致性。

(1) 尽管大学一些部门或院系更换了负责人或骨干,但是大学各个部门之间的管理问题仍然持续不断,并且这些问题是因事而不是因人而发生的,说明大学战略及其分解方案中可能存在着目标的不一致。

(2) 如果大学内部一个二级单位的成功意味着或被理解为另一个二级单位的失败,那么大学战略的子目标间就可能存在不一致的地方。

（3）如果大学职能部门或教学院系中存在各种政策问题不断被提交到大学校级领导层解决，那么在这些单位中就可能存在战略子目标的不一致。

对大学战略及其分解落实方案的目标一致性的检查评估需要不断地进行，只有这样才能及时调整大学战略及其分解落实方案。

4. 可行性

可行性指的是大学在战略规划期内能否依靠自身的资源和能力有效地实施战略并实现战略目标。对大学战略最终的和主要的检验标准是其可行性。一个好的战略必须做到能够综合运用各种可控资源和能力，既不过度耗费，也不会出现无法解决的资源短缺和能力不足等问题。具体而言，大学掌握的资源和能力不仅包括经费、人力和物力，而且包括组织、运营和管理能力，因此，在评估大学战略的可行性时，要从整个战略规划期的时间跨度重点关注以下问题。

- 是否有足够的经费和充分的条件支持战略实施。
- 是否有合理的组织结构及其设置支持战略实施。
- 是否给重要院系部处配备具备胜任力的负责人。
- 是否有高素质的教师及管理队伍支持战略实施。
- 是否有良好的政策、制度和措施支持战略实施。
- 是否建立了高效运营管理的体制支持战略实施。
- 是否具备对外部环境变化的适应能力和突发事件的处理能力。

16.4.2　大学战略实施评估标准

由于各所大学的定位、目标和战略千差万别，加上受到环境、条件、时机、人员等多种因素的影响，要给出一个具体、统一且适用于各种情形的大学战略实施评估标准是不大可能的，但是，这并不意味着大学战略实施评估无章可循、无规律可依。事实上，跳出各所大学战略规划方案各自不同的具体细节，可以从宏观和整体的角度提出适用于大学战略实施评估的综合性标准，这种标准与大学战略风险评估标准类似，包括一致性、可行性、方向性（directivity）和有效性（effectiveness）4条标准。

如前所述，用于大学战略风险评估的一致性标准和可行性标准同样适用于大学战略实施评估，因此这里对这两条标准不再赘述，以下着重讨论方向性标准和有效性标准。

5. 方向性

方向性强调的是大学战略实施工作的开展必须沿着战略目标确定的方向进行。

方向性标准是用战略目标作为衡量评估战略实施的方向是否正确的标准,由于大学战略实施是分层实施的,因此方向性标准在对各层级战略实施工作进行评估时所采用的战略目标是相应层级战略实施任务对应的战略目标。在极个别情况下,如果战略实施任务对应的战略目标不够清晰,不便于衡量战略实施工作的方向性,则可以通过分析该战略目标的上位战略目标明晰该战略目标的内涵。

例如,在评估一所大学战略分解到本科生院的一项子战略任务"拔尖创新人才培养"的实施进展情况时,方向性标准就是这项子战略任务的目标——"拔尖创新人才培养目标",而不能是其他目标,方向性评估的目的在于确认或保证这项子战略任务的实施是沿着方向性标准确定的目标方向开展的。由于传统或日常工作的思维定势,人们容易在参与战略实施工作时不自觉地偏离战略实施任务确定的目标方向,这正是方向性评估的价值所在。

方向性标准不仅从总体上把握大学战略实施工作的开展情况,而且还可以延伸到对人、财、物投入和工作重心的要求上。具体而言,战略实施单位在预算经费使用、人员工作安排、资源条件配置、领导精力分配、年度工作重点等方面,都能够从不同角度和侧面反映本单位对所承担战略实施工作开展的方向性,包括重视什么?追求什么?努力方向?等等。总体而言,方向性评估要求战略实施工作的方向不偏不倚,各种重要资源和精力的投入有的放矢。

6. 有效性

有效性标准是在方向性标准基础上对大学战略实施工作的进一步要求,旨在强调战略实施时各种资源、人力和物力投入的有效性,追求的是战略实施绩效的最大化。具体而言,有效性评估可以从各种投入的合理性、资源配置的科学性、实施方案的可行性和实施成效的阶段性等方面对具体的战略实施工作进行衡量,其中前三者是实现第四者的基础,第四者是前三者作用的结果。

资源、人力和物力投入的合理性评估考察是针对具体的战略实施任务,各种投入在数量上是否充足或浪费,在质量上是否达到要求,评估的目的在于既满足战略实施任务的投入需要,又不出现各种投入的浪费现象。

资源配置的科学性评估有 3 方面:一是各种资源配置是否达到最佳组合,使各种资源的优势得到充分的发挥;二是实施团队组成是否做到人尽其才、优势互补;三是各种物资条件和环境的配备是否产生了最大效益。

战略实施方案的可行性评估是在前面合理性评估和科学性评估的基础上,考察实施方案在时间进度安排、工作重点把握、部门沟通与协调、工作进度监控、突发事件处理、应急备选方案等方面的计划安排,评估的目的在于确保战略实施顺利进行。

战略实施成效的阶段性评估主要在两方面：一是评估战略实施任务的目标的实现程度，这是对方向性评估的深入；二是评估战略实施任务已经取得了哪些阶段性的成果，与预期标准有多大差距等。评估的目的在于为战略实施的继续提供建议和意见。

16.4.3　大学战略绩效评估标准

在讨论大学战略绩效评估标准之前必须完成一项工作：检查核实大学战略目标和任务是否逐年分解到战略规划期中的每一年，是否逐级分解落实到院系部处和教职工；分析明确这些分解和落实是否出于全校性、战略性和发展性的考虑，是否做到合理和科学，是否达到岗尽其责、人尽其能、物尽其用。只有完成了这项工作，才能明确学校、各院系部处、骨干教职工各自在大学战略实施中所担任的角色，工作的目标和承担的任务等，才能开展分层分类的战略绩效评估。

大学战略绩效评估标准体系与大学战略目标体系直接相关。与其他评估标准体系的建立不同的是，大学战略绩效评估标准体系的建立基本上是伴随着大学战略规划制定的完成和大学战略目标的分解落实而同步完成的。事实上，在没有特殊专门要求的情况下，大学总体战略目标和大学专项/竞争战略目标可以分别作为衡量评估大学战略绩效及专项/竞争战略绩效完成情况的标准，而大学战略目标逐级分解后的子目标，包括职能战略目标、院系战略目标管理人员聘期目标、教学人员聘期目标，可以分别作为评估职能战略绩效、院系战略绩效、管理人员业绩和教职工业绩的标准。

大学战略绩效评估标准必须是可以衡量可以评估的，否则就无法进行战略控制。在大学战略管理的实践中，容易出现一些大学制定的战略目标及其分解后的子目标难以直接用作评估标准的情况。出现这种情况的原因在于这些战略目标缺乏本书7.4节所述的特征，尤其是可评估性特征，这时就需要在不改变战略目标根本追求和目标内容本质要求的前提下，修改、调整或完善对战略目标的表述，使其能够用作战略绩效评估标准。与此同时，还可能出现这样一种情况，即为了更好地衡量战略实施绩效，需要将相应的战略目标分解为若干条反映目标达成情况的标准。不论上述何种情况，对战略目标的修改、完善或分解均要获得具体实施单位的认可和接受，从而对战略实施工作的开展发挥指导作用。

16.5　大学战略评估的方法

大学战略评估的方法形式多样、手段各异,但不论选取何种评估方法,首先必须遵循大学战略评估原则的要求,其次要充分考虑战略评估对象、内容、标准和目的的不同。结合作者的实践经验,大学战略评估的方法大致有以下 5 种:定期自我评估法、综合定性评估法、专项任务评估法、会议交流评估法和目标达成评估法。

16.5.1　定期自我评估法

大学战略实施过程中需要及时、全面地掌握各实施主体战略实施工作的进展情况,然而,如果需要组织专门的评估力量进行经常性的评估,则不仅要消耗大量人力和资源,而且容易将评估对象置于被动待评的状态,影响他们的日常工作并产生消极的情绪。从大学运行管理的实际出发,将评估对象从被动接受评估转换为评估主体,将不定期评估改为定期评估,形成定期自我评估法,对于调动战略实施主体的积极性,减少对实施工作的干预具有重要的意义。

定期自我评估法指的是战略实施主体定期地对自身承担的战略实施任务完成情况进行自我评估的方法。这种方法适合于包括大学自身在内的各个层次的战略实施主体,包括学校、机关职能部门、教学院系、骨干教职工等,要求各主体在规定的时期,如年中、年末,战略实施中期、战略实施结束等,以所承担的战略实施任务的目标要求为标准,对该任务的进展情况开展自我评估,以口头报告或书面报告的方式向上级部门或领导汇报评估结果。

16.5.2　综合定性评估法

从宏观和大学领导层的角度,往往需要掌握大学战略实施的整体情况及战略实施的方向和进展情况,侧重于战略实施后所取得的质的表现,而不是某方面的具体细节,不需要十分精准、完全定量的评估结果,这时需要考虑采用综合定量评估法。

综合定量评估法只对评估内容的整体进行综合性的定性评估,这种方法主要依靠评估者的认识、经验和主观判断,能够抓住战略的本性,给出定性的评估结论,而不需要对战略及其实施情况进行量化分析和描述,能够起到定量评估难以发挥的作用。

在按照战略管理过程的大学战略评估中,大学战略风险评估和大学战略实施评估中的6条评估标准,即协调性、优越性、一致性、可行性、方向性和有效性均可以采用综合定性评估法。在按照战略实施层次的大学战略评估中,大学总体战略评估和部分大学专项战略评估可以采用综合定性评估法。

16.5.3　专项任务评估法

从了解大学专项战略及其实施情况的角度,可以对其采用综合定性评估法。但是,如果需要详细具体地掌握大学专项战略及其实施进展的情况、清晰其在某一专门领域竞争优势的赢得或失去情况,就需要考虑采用专项任务评估法。

专项任务评估法是针对专项战略(竞争战略)或其他专项战略任务进行评估的方法,是一种定性和定量相结合的方法,充分考虑专项战略/任务的特点,从专项战略制定的必要性和重要性、专项战略实施计划及专项战略实施绩效3方面开展评估。在专项战略/任务制定的必要性及重要性方面,主要评估其在大学总体战略目标实现上的地位和作用,能否在专门领域形成并保持持续竞争优势;在专项战略实施计划方面,主要评估责任主体、任务分解、年度计划、资源配置、人员安排、评估指标等,旨在为专项任务的完成制定周密详细的执行行动方案;在专项战略实施绩效方面,主要根据专项战略/任务的特点,在实施过程中的关键节点开展对实施绩效的评估,以期为后续实施工作提供建议和意见。

16.5.4　会议交流评估法

会议交流评估法指的是通过召开会议的方式,让相关战略实施任务的负责人对标既定的战略目标及标准,介绍所承担的战略任务的实施情况,然后接受其他参会人员的质询并开展相关交流,最后由听众对战略实施绩效单独打分或无记名投票,从而获得评估结果的方法。

会议交流评估法的采用需要注意两方面问题:一是参会人员主要有同级人员和服务对象两类。同级人员参会的主要目的在于相互交流、相互学习、互相促进;服务对象参会的主要目的在于增进对服务提供者的理解、客观地对战略实施绩效给予评估。二是会前有关部门(如学校办公室或大学战略规划处等)需要制定出便于参会者对交流内容进行比较评估的表格,以提高评估的准确性和针对性。

根据作者的经验,用在会上进行评估的表格既要能够反映评估内容,又要能够进行横向比较,还要便于评估者选项或打分,因此这种表格既不能过于烦琐,又不能类型太多,可以简单地分为职能部门评估表和教学院系评估表两种进行设计和制定。

　　会议交流评估法一般在年底举行,由学校统一组织安排,集中在年底一个时间段内完成,评估结果往往作为各个参与交流单位该年度绩效考核结果,这种评估方法对推动全校战略实施工作的继续开展具有积极的作用。

16.5.5　目标达成评估法

　　源于大学使命、愿景和定位的大学总体战略目标是通过目标的层层分解和落实达到统领大学在战略规划期内各个层次工作的目的,大学总体战略目标分解后形成的战略目标体系,如图 16.1 所示,就自然成为大学各个层面战略实施工作绩效的评估标准体系(详见 16.4.3 节)。目标达成评估法指的是将评估标准体系中的目标作为评估相应战略实施主体工作绩效的标准,通过评估目标的达成情况衡量相应主体战略实施工作的完成情况。

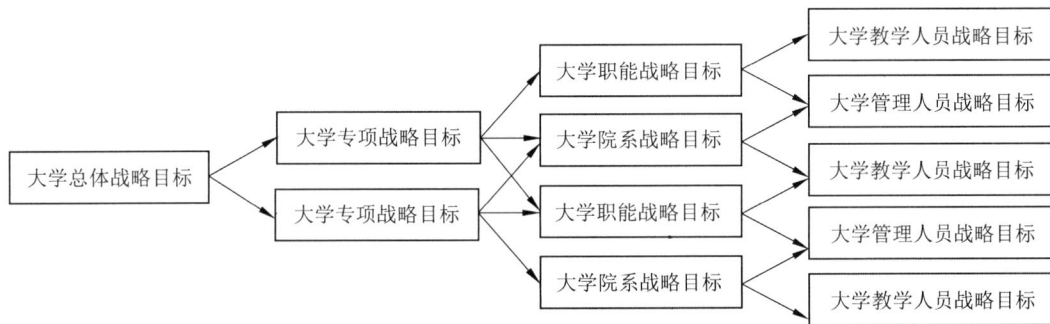

图 16.1　大学战略目标的逐层分解

　　目标达成评估法的最大优势在于发挥目标对战略实施工作的引领、控制和激励作用。较普通的标准而言,目标更容易为战略实施主体中的教职工所了解,也更容易成为大家工作的目标和追求,每个目标既可以作为单一的绩效评估标准,也可以作为一个关键绩效指标(Key Performance Indication,KPI);此外,战略目标体系中的各级目标都与战略实施主体中教职工个人的职业发展目标息息相关,也就是说,只有单位发展好了,才谈得上个人的发展。因此,目标也具有控制功能和激励作用。由此可见,目标达成法不仅能够为广大教职工所接受,而且也能得到有效的实施,不论是自我评估,还是他人评估。

16.6　大学战略评估的反馈

作为战略评估工作的最后一个重要环节,大学战略评估主体需要将战略评估的结果及时地反馈给相关单位和个人,给予他们采用行动的充分信息,这样才能达到实现评估的目的,起到战略控制的作用,因此,需要认真对待大学战略评估的反馈。具体而言,大学战略评估的反馈是由评估主体完成的4方面工作:审查评估结果、分析评估结果、明确反馈对象和确定反馈内容。

1. 审查评估结果

审查评估结果的目的在于确保评估结果的客观性、准确性和有效性,这对于评估结果的使用至关重要。审查包括3方面内容:一是评估所用数据的全面性和准确性,必须全面准确地反映被评估对象的具体情况;二是评估标准是合适,或者是被评估工作的目标要求,或者是衡量被评估工作完成情况的关键指标;三是评估程序是合理的,以及每个评估步骤都符合战略评估的要求。

2. 分析评估结果

分析评估结果的目的在于为确定反馈内容做准备,主要在于分析和找出大学战略实施存在偏差的原因,为反馈对象提出针对性的改进建议和意见。大体上,大学战略实施存在偏差的原因有以下8方面。

(1)战略目标或子目标脱离实际。

(2)与战略目标对应的策略不能有效地支持战略目标的实现。

(3)大学的组织结构与相应的战略实施不匹配。

(4)战略实施需要的资源和条件没有落实到位。

(5)战略实施主体缺乏必要的指导和监督。

(6)战略实施主体之间缺乏沟通与协调,形成战略实施障碍。

(7)战略实施主体负责人或骨干不称职。

(8)缺乏有效的激励政策和措施。

3. 明确反馈对象

如果不是自我评估,评估结果的反馈对象首先考虑的是被评估对象,及时反馈评估结果对于他们及时掌握正在实施工作的实际情况,包括成绩和不足,及时地改进和完善本职工作十分必要。评估结果第二个要考虑的反馈对象是被评估对象的上级主管,这对于他们及时掌握下属单位战略实施工作开展的情况,主动地给予及时的指导和帮助也是十分必要的。如果被评估对象是大学二级单位,那么第三个要考虑的反馈对象是校级分管领导或大学战略管理部门,他们需要掌握全校战略实施工作的进展情况,能够从全局的角度看待和分析评估结果。

4. 确定反馈内容

严格地说,不论评估反馈对象是谁,反馈内容都应该包含成绩、不足和建议 3 方面。成绩方面包括大学战略实施工作所取得的成绩和绩效、采取了哪些有力措施、有何经验和创新等;不足方面包括未能达到既定目标的情况、战略实施绩效不理想的情况、战略实施过程中存在的问题等;建议方面主要从改进战略实施工作和提高战略实施绩效的角度提出建设性和实质性的意见,但是针对被评估对象之外的其他反馈对象,还要针对性地给出支持、改进和完善下属单位和个人战略实施工作的具体建议和意见,包括资源、人力、物力,甚至政策上的支持等。

第 6 部分

大学战略支持

　　严格意义上说,大学战略管理的成功,无论从战略分析、战略制定、战略实施,还是从战略控制,都离不开两个核心要素,即大学领导(尤其是大学校长)和大学文化,所发挥的重要作用。前者引领着大学战略管理的循环实践,后者潜移默化地支持大学战略管理的推进,二者与大学战略管理的关系构成本部分讨论的内容。

第**17**章 大学领导与大学战略管理

在大学战略管理实践中最重要的推手是以大学书记、校长为核心的大学领导集体,换句话说,大学领导是推进大学战略管理的战略家,是大学战略管理最重要的领导者、策划者、组织者和推进者。也就是说,大学领导在大学战略管理全过程中应发挥战略领导的作用。探讨大学领导与大学战略管理的关系需要从4方面着手:大学战略领导及其作用,战略管理对大学领导提出的挑战,大学校长的战略领导角色,大学领导战略领导力的提升。

17.1 大学战略领导及其作用

17.1.1 战略领导及战略领导观

战略领导是组织的核心领导或高层领导集体从战略的高度关注和引领组织整体的未来发展以实现组织的战略目标的能力。具体而言,战略领导具有全局观念、全球视野和战略高度,能够从4方面领导和促进组织发展:一是从未来发展的角度前瞻性地看待组织的发展问题,明确组织的发展方向,做到高瞻远瞩;二是能够将组织的内部资源条件与外部环境机会紧密结合起来,做到环境适应;三是能够整合组织具有的各种资源和条件,充分调动各方面的积极因素,做到凝聚合力;四是能够通过各种激励措施、政策制度和管理手段最大限度激发全体员工投身于组织发展之中,做到齐心协力。

战略领导也可以认为是宏观领导,其与传统领导的区别主要表现在 4 方面:一是构成不同,战略领导可以是高层领导个人或是组织领导集体,传统领导主要指个体领导者;二是视野不同,战略领导注重全局、未来和发展的角度,传统领导侧重于局部和当前的角度;三是对象不同,战略领导的对象是整个组织及其内部机构,传统领导的对象仅限于其所领导的个人、团队或部门;四是关注点不同,战略领导关注的是内外部因素的平衡与协调,传统领导虽然也关注外部因素,但主要关注所负责部门的内部事务。

对战略及其环境的不同认识导致在战略管理理论发展过程中形成了 6 种不同的战略领导观:线性战略观、非线性战略观、适应型战略观、资源型战略观、进程型战略观、系统战略观。

线性战略观认为,战略领导就是确立组织的长期目标,并根据目标需要配置资源,通过实施行动实现目标。线性战略观适用于稳定的、可预期的、竞争激烈度不高的环境,如大学这样演变周期较长的组织。线性战略领导的目的是实现目标,其战略领导的关键要素是目标、行动和资源配置,战略领导方法是战略规划。

非线性战略观认为,战略是在环境的持续变化中演变而成的,强调在迅速变化的外部环境中,组织必须具有不断创新的能力,从而在竞争中形成优势。非线性战略观适用于不可预测且竞争强度大的变化环境,其战略领导的目的是变革市场,战略领导的关键要素是创新、变革和演化,战略领导的方法是非线性思维与持续的创新。

适应型战略观认为,组织应将自身的能力与外部环境的机遇和挑战进行匹配,强调环境与组织之间存在着高度的渗透性,组织要关注与环境的适应,而不是目标的决策,环境决定组织行动。适应型战略观适用于存在大量持续变化的环境,其战略领导的目的是实现组织与环境的匹配,战略领导的关键要素是环境、组织能力和渗透性,战略领导的方法是扫描与评测。

资源型战略观认为,优势存在于组织的内部,战略的实施受组织资源现有水平的制约,决定战略的关键因素是组织自身的核心能力。这类战略观强调组织关注自身内部资源与能力,以资源为基础制定并实施战略。资源型战略观适用于难以预测的环境,其战略领导的目的是获得持续竞争的优势,战略领导的关键要素是战略架构、核心能力和竞争优势,战略领导的方法是建立核心能力。

进程型战略观认为,战略不是规划出来的,而是经过长时间的大大小小的决策和经验慢慢演化成型的,是为实现特定目标而有意识采取行动的过程。进程型战略观可以避免组织盲目地遵循战略,使组织有可能从近期行动中学习到经验。进程型战略观可适用于各种环境,其战略领导的目的是建立组织的成功地位,战略领导的关键要素是随时间演进的行动、组织经验和学习,战略领导的方法是高层管理和组织经验。

系统战略观认为,战略是环境的产物,反映组织所在的社会系统的宏观与微观特征。系统战略观是各种战略观中最复杂的,但它为理解像大学这样的复杂组织提供了比较好的方向。大学组织存在于宏观系统,而自身又是一个子系统,大学的战略很大程度上取决于它所在环境具有的特色。系统战略观适用于各种环境,其战略领导的目的是创造出独特的优势,战略领导的关键要素是社会背景和系统,战略领导的方法是理解背景与系统特性。

可见,战略领导的功能已经超越一般传统领导的功能,其特别关注的是组织发展的愿景、方向、目标、战略、环境和资源等,通过全局、系统地整合组织的资源、凝聚共识、形成合力、激励授权,推动组织整体运作,从而实现组织目标。

17.1.2　大学战略领导

具体到大学层面,战略领导是大学的核心领导或领导集体从战略的高度关注和引领大学整体的未来发展以实现大学战略目标的能力。大学战略领导的内涵可以从战略领导者构成、战略领导所包含的要素和战略领导的特征 3 方面讨论。

从战略领导者构成角度,大学战略领导指的是以校长为核心的大学领导班子,班子成员的年龄、教育经历、学科专业、职业背景等互补性和多样性,以及成员之间合理分工、彼此相互信任和良好的沟通机制,决定着大学战略领导集体的决策水平、工作方式、领导效率和办学质量。在欧美发达国家,大学一般实行的是董事会监督和教师约束体制下的校长治理体制,校长由董事会任命,有很大的自主权,基本上可以自行组建领导团队。我国高校中公立大学占主体,公立大学校长由政府任命,大学对政府有很强的依赖性,大学实行的是党委领导下的校长负责制,这种体制在大学的发展和运行中具有独特的优势,党委书记和校长二者组成了大学战略领导的核心,大学校长、副校长、书记、副书记等构成大学战略领导集体。

大学战略领导通常包括 4 个要素:一是预测和展望大学的发展方向,包括预测未来发展趋势、提出大学愿景、明确大学发展定位;二是制定大学战略,包括分析内外部环境、凝聚全校共识、明确战略目标、形成大学战略;三是组织和领导大学战略实施,包括整合各种资源、宏观指导战略实施、灵活授权二级机构、激励教职工自觉投入、赢得高等教育市场竞争;四是保持大学的竞争优势,包括保持对大学发展全局的关注、及时调控和完善大学战略、保持大学市场的竞争地位等。

大学战略领导具有4个区别于一般传统领导的特征。

(1)前瞻性。大学战略领导要面向高等教育系统的未来发展,是超越高等教育现实状况的领导。具体来说,大学战略领导要在前瞻性地充分预测、判断高等教育未来可能出现的各种趋势、方向、状态和结果的基础和前提下,开展大学战略领导的各项活动,以使得大学发展追上时代和全球发展的步伐。

(2)创新性。领导活动的本质是创新,而不是简单重复,创新性应该充分反映在大学战略领导的活动中。大学发展面临的各种问题和困难往往是前所未有的,大学面临的外部环境和拥有的自身资源是不断变化的,前人的做法不能照搬重复,国外的经验也不能生搬硬套,因此就需要大学战略领导者突破前人、超越外国,提出新思想、新理念、新模式、新路径。

(3)系统性。大学战略领导是从系统和全局的角度看待和分析问题、提出解决问题的思路和方法,而不是从局部和个体的角度考虑问题。因此,大学战略领导追求的是大学整体的、长远的发展,强调的是各种资源的整合和优势互补,注重的是各部门和各院系之间的协调,要求的是全校上下一致、齐心协力,朝着共同的目标努力。

(4)激励性。大学战略领导不同于传统领导,更不同于一般管理,因此,不会用简单的行政命令和管理手段要求教职工做好工作,而是注重通过制定有效的激励措施、给予充分的授权信任、出台相关的政策文件、形成配套的制度环境等对广大教职工进行激励,使他们能够发自内心地、积极主动地投身于大学的建设和发展之中。

17.1.3 大学战略领导的作用

大学战略领导在大学建设和发展中的作用是关键的。《英国高等学校战略规划指南》中指出,校长在规划过程中主要有4项任务:①提出目标任务和发展思路;②听取咨询意见;③进行激励;④加强沟通与交流。博德斯顿(Frederick E. Balderston)明确提出大学领导的5个主要职能:①明确组织的使命,确定组织的长期和短期目标;②根据组织目标优先秩序配置资源;③选拔和评价关键人员;④对外代表组织;⑤战略管理与组织变革。鲍德森认为,大学领导包括5方面职能:①明确组织宗旨并确定长期目标;②根据目标分配资源;③人员选择与评估;④推进组织变革与管理;⑤密切外部联系,获取更多的资源。结合中国高等教育的具体实际,大学战略领导的作用主要有以下 6 方面。

1. 确立大学的使命、愿景和定位

大学战略领导的首要职责是基于大学的核心价值、发展历史和现状、外部环境和内部条件等对大学的发展前景做出展望,提出办学理念,确立大学的使命、愿景和定位,以此明确大学未来发展的方向,充分发挥大学愿景领导的作用。

2. 确定大学的战略目标及其重点

确立大学发展方向后,就需要在使命、愿景和定位的基础上确定大学的战略目标及其重点,包括 5 年、10 年或更长时期的大学战略目标及相应的战略重点,在战略目标上如大学在高等教育界的地位和社会声誉,在战略重点上如重点发展的学科、优先发展的领域等。

3. 建设拥有高素质的人力资源队伍

拥有高素质的人力资源队伍,包括高水平的教师队伍和高效率的管理队伍,是大学发展的关键,也是大学战略领导的重要职责。这两支队伍的建设必须满足大学战略目标实现和战略重点落实的需要,需要在素质、能力及结构上有明确的要求。

4. 获取、整合并优化各种资源条件

除了人才,大学的发展离不开各种资源的保证,需要大学战略领导从大学发展全局的角度,一方面从政府和社会积极获取更多的教育和科研资源、经费和物资资源,另一方面要整合和优化大学拥有的各种有形资源和无形资源,充分发挥各种资源在大学建设和发展中的作用。

5. 形成创新灵活的大学组织结构

在拥有人力资源、经费资源和物资资源的基础上,大学战略领导需要推动大学组织变革、创新内部组织模式,形成能够满足大学发展需要、适应环境变化的动态灵活的大学组织结构,以匹配大学战略目标及其重点的落实。

6. 培育支持大学发展的大学文化

组织文化对实现组织战略目标具有重要的作用,其对教职工的影响表现在:统一思想、明确目标、协调行动、凝聚合力。大学战略领导应该长期重视培育支持大学发展的大学文化,使其在教职工中潜移默化地产生影响和作用。

大学战略领导的作用及其相互关系如图 17.1 所示。

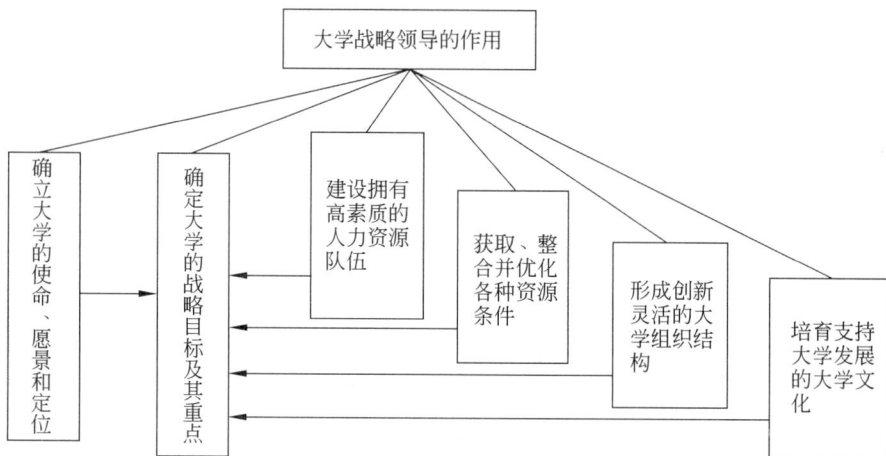

图 17.1　大学战略领导的作用及其相互关系

17.2　战略管理对大学领导提出的挑战

大学战略管理是一项复杂、系统、全面、系列、持续、循环的管理活动,对大学领导,尤其是大学校长提出多方面的挑战,需要处理好各方面的关系,涉及内外部诸多方面,贯穿大学战略管理的各个环节,主要有以下几方面。

在确立大学的使命、愿景和定位时,大学领导面临的挑战如下。

★ 处理好国家经济社会发展与大学发展的关系,是大学领导不得不面对的挑战

一所大学的发展与所在国家和地区的经济社会发展密切相关,必须处理好二者的关系,摆正大学在国家、地区和高等教育市场中的位置。大学领导在确立大学的使命、愿景和定位时应该充分认识到:任何一所大学在任何一个发展时期的发展都必须与整个国家和地区的发展紧密联系,只有这样才能使所确立的大学使命能够充分体现大学在国家经济社会发展中的地位和作用,才能使大学的愿景与国家和地区的发展目标相吻合,才能使大学在高等教育竞争市场中摆正自己的位置,才能实现大学存在和发展的价值,才能在大学的发展中得到国家、地区和社会的有力支持。

在大学战略分析阶段进行外部环境和内部条件分析时,大学领导面临的挑战如下。

★ 对大学领导把握内外环境的分析能力、预见未来的判断能力及战略思维能力的挑战

大学领导在战略分析阶段必须能够从战略的高度,分析、思考和研究大学未来发

展的外部环境和内部条件,获得客观、科学、理性、系统、综合的结果,以有效地支持大学战略目标和战略的制定。具体而言,大学领导在制定战略前必须能够做到:①对大学的使命、愿景和定位有深入的认识;②在分析外部环境的基础上充分认识到大学未来发展将面临的机遇和威胁;③在分析内部条件的基础上准确地掌握本校自身的优势和不足;④对高等教育未来发展趋势及本校在规划期内发展可能面临的挑战和机遇有合理的判断;⑤在对大学历史、现状、优势和特色深入把握的基础上,对大学未来发展前景有清醒的认识和令人信服的展望。

在大学战略制定阶段,制定大学总体战略和专项战略时,大学领导面临的挑战较多,主要挑战如下。

★　大学的学术组织特征对大学战略决策方式提出的挑战

大学的学术组织特征主要表现在二元权力结构上,即学术权力和行政权力的相互作用和制约。虽然大学的日常运行离不开行政管理系统的运作,但是大学一些重要政策的出台、重大决策的制定等不可避免地会受到大学学术群体所拥有的学术权力的挑战。作为学术组织,大学的本质任务是人才培养、学科建设、科学研究,必须遵循教学学术和科研学术规律,必须尊重专家学者的意见,没有他们的认可、支持和参与,大学的重大决策难以付诸实现。因此,在制定战略规划时,要注重二元权力之间的平衡,采取合适有效的决策方式。

大学战略规划的制定有两种方式,即“自上而下”和“自下而上”。“自上而下”是首先由大学领导集体对大学的战略规划提出总体思路、框架、目标、重点等原则性的意见后,再征求和听取院系部处和教职工的意见,而后学校吸收“下”面的建设性意见,完善和形成战略规划。这种方式的优点是它的实效性,能够在较短的时间内做出决策,但它要求“上”面(即大学领导)的决策是科学合理的,否则可能导致严重的后果。“自下而上”是首先广泛征求“下”面(即院系部处和教职工)的意见和建议,而后学校相关部门对这些意见和建议进行梳理、归纳,再由大学领导集体讨论并做出最终决策。这种方式的优点是能够充分听取教职工的意见,有利于激励教职工支持大学最后做出的决策,但它需要花费较长的时间,不利于大学在应急情况下做出决策。

每所大学均有自身的运行模式、管理风格、大学文化,因此大学领导在制定战略规划时既要重视学术权力的作用和影响,又要从本校的具体实际出发,选择上述两种方式之一,或者二者相结合,制定出既符合校情,又得到教职工拥护的战略规划。

★　处理好长远发展和近期发展的关系的挑战

大学的发展与企业的发展的本质不同在于:大学需要长期不断的积累,在既定的方向上矢志不渝地努力。在制定大学战略目标时,如何处理好长远发展和近期发展的关系是几乎所有大学领导,尤其是大学校长无法忽略的关系。一方面,人们对事物好坏的简单判断就是希望通过尽快获得的结果来评判,往往没有耐心长时间等待一项决策的成果;另一方面,上级要求的年度考核及每年校内的述职也驱使大学领导不得不注重近年大学的发展成果;与此同时,不正确的政绩观也会促使大学领导高度注重个人任期内的业绩。这些就使得在处理这种关系上,大学领导容易将短期发展放在过于高度重视的地位,而忽略了大学长远的持续发展。事实上,近期发展是长远发展的基础,长远发展是近期发展的积累,大学领导必须高瞻远瞩、放眼长远、立足当前,只有通过多个"五年"规划,通过多任校长、书记的不懈努力,才能实现大学的愿景和长远目标。

目前,一些高校存在着一任校长或书记就有一种发展思路、一个发展目标的现象,也就是说,后任校长或书记不愿意延续前任制定的办学思路或大学战略,更愿意另起炉灶,提出不同于前任的大学战略目标或定位,这就使得大学的发展不断在原点上再出发,不断改变方向再折腾,其结果是:大学资源浪费严重、发展原地踏步、错过发展机遇。世界一流大学的成功经验表明:只有通过长期多任大学校长的不懈努力,通过近期的不断积累,才能实现大学发展的长远目标。

★ 处理好经济效益和社会效益的关系的挑战

高等教育的性质决定着社会效益是大学的重要追求,但是,大学的发展离不开各种资源的投入,在资源有限的情况下又必须重视经济效益,因此,社会效益和经济效益的关系是大学领导在制定大学战略目标时不得不处理好的关系。第一,服务于经济社会发展是大学的根本任务,因此,社会效益是大学的根本追求;第二,经济效益是实现社会效益的保证,没有经济效益的大学,就难以实现长期的社会效益;第三,片面追求经济效益而不顾社会效益,将使大学最终失去社会的支持和存在的价值;第四,社会效益为经济效益的提升创造了良好的环境和条件,有利于大学获得更多的办学资源。因此,大学领导要认识到经济效益与社会效益之间的相互促进作用,在重视社会效益的同时,也要重视经济效益,不能仅片面地重视其中一方。

★ 如何确定适合本校校情的战略目标和战略重点的挑战

大学领导在制定战略时,如果采取的是简单的自下而上的方式和广泛征求意见,而没有在民主基础上的集中和采取自上而下的方式,或者过多地受到其他高校战略的影响,就可能出现"什么都重要""什么都要做"的现象,面临难以确定大学战略目标和战略重点的挑战。事实上,一所大学的战略目标和战略重点除了要充分考虑外部环境因素外,还必须符合本校的具体实际,包括大学定位、资源条件、历史积累等,真正把绝大多数大学的校领导接受的"有所为、有所不为"的战略选择落到实处,最终得到全校全体教职工的广泛认可,而不能人云亦云、受其他院校影响。

大学战略目标是大学在战略规划期内要实现的发展目标,这个目标必须沿着大学根据愿景和定位确定的方向。大学战略重点是为了保证战略目标实现所需要重点开展并完成的战略任务,主要通过专项战略或竞争战略落实。它们二者的确定既可以由校长或书记提出,也可以在广泛征求骨干教职工意见的基础上形成,然后再按照必要的程序在教职工中形成共识,并最后在大学党委会上通过。

★　如何满足大学利益相关多方诉求的挑战

在制定大学战略规划时,大学利益相关多方的诉求会充分显现,战略规划对大学利益相关各方诉求的满足程度和带来的大学与各方利益关系的变化,会直接影响大学战略的实施效果。

在众多利用相关方中,大学领导需要认真面对的主要是政府、社会捐赠者及校友的诉求,但不论何方,只要本着以大学整体长远发展为导向,以选择最适合大学竞争发展的战略为目标,通过交流、统筹、沟通和协调,就能应对这样的挑战。具体而言,第一,大学领导在制定战略时需要征求利益相关各方的意见,倾听他们各自的诉求;第二,大学领导要将各方的意见进行梳理,充分吸纳积极因素,在战略规划中融入建设性意见;第三,大学领导将初步形成的战略规划进一步征求利益相关各方的意见,旨在完善大学战略;第四,大学领导对最后形成的战略规划再次与利益相关各方沟通,并注重协调和平衡因战略规划所带来的利用关系变化而出现的冲突。总之,处理好大学利益相关各方的利益平衡,使制定出的战略规划最终能够得到利益相关各方的普遍支持,是大学领导在制定大学战略时需要高度重视的一项工作。

在大学战略实施阶段,进行大学战略分解、资源配置、组织保障和沟通与协调时,大学领导面临的挑战如下。

★　处理好大学整体发展和教职工个人发展关系的挑战

大学战略进入实施阶段的首要工作是将大学战略进行逐层分解最后落实到教职工个体上,为了能够最大限度地调动广大教职工的积极性和主动性,大学领导就面临着如何处理好大学整体发展和教职工个人发展的关系的挑战。这方面大体需要做 3 方面工作:第一,要对教职工进行分类分析和调研,充分了解不同类型的教职工在不同年龄阶段的职业发展目标和追求;第二,要将大学分阶段发展目标与教职工分阶段发展目标联系起来,包括教职工聘期任务目标、年度考核目标、职务晋升标准等;第三,要在前期制定战略规划期间沟通的基础上,通过会议、座谈等形式,加强教职员工对大学发展与个人发展之间联系的认识,使大学充分认识到,只有大学发展好了,个人的追求才能实现。

★ 在大学有限资源配置上的挑战

大学的资源,尤其是具有相对于竞争对手的竞争优势的战略性资源(见 6.2 节),是十分有限和稀缺的,在整体推进战略实施前,不可避免地面临有限资源的配置问题。一方面,新的战略规划的出台,意味着以往的资源配置方式需要调整;另一方面,传统的资源配置方式,如经费预算,在人们脑海中根深蒂固,人们习惯于按照固有的方式分配资源;与此同时,"会哭的孩子有奶吃"的现象依然存在。因此,大学领导必须坚持以实现战略目标为导向,制定按照战略重要性程度分配大学有限资源的规则和制度,不受人为因素的影响和干扰,科学、公正、公开、公平地配置大学资源,既保证战略实施所需的资源,又使得有限战略性资源能够用在刀刃上,发挥出最大的效益。

★ 在组织机构调整和干部配备上的挑战

战略规划的实施需要有与之匹配的组织机构和干部队伍,因此,大学领导就会面临调整大学组织机构设置和院系部处负责人的挑战:一是撤销或合并现有组织机构,会面临组织机构内人员安置和干部任免的问题;二是对重要部门和关键院系主要干部的任免,会面临拟免干部的抵触问题。对于人员分流问题,应该考虑分年龄分层次进行解决,如:对有经验、年长的教职工,可以优先考虑安排到能够继续发挥其作用的相关部门;年轻的教职工如果没有合适的去处,可以考虑脱产学习提升能力后再安排。对于拟免干部的抵触问题,应该主要集中在学校职能部门的干部,一方面要做好思想工作,使其认识到岗位调整的必要性;另一方面应该加强业务和能力培训,进一步提高其工作胜任力,为新的工作做好准备。

★ 在推进战略实施进程上面临的挑战

在大学战略实施阶段,大学领导在推进实施进程中可能面临的问题有:职能部门之间从追求各自目标或利益出发,出现的行动不协调、步调不一致的问题;各教学院系在资源分配、政策支持和条件获取等方面出现的矛盾或冲突问题;干部和骨干教职工对分解到自身的战略任务的性质、要求等不理解或理解偏差的问题。

面对上述及相关的问题,大学领导虽然不一定事无巨细地解决所有问题,但必须充分认识到这些问题对战略实施带来的负面影响并要有必要的应对措施。首先,大学领导要高度重视这些问题,对各种可能出现的问题要有充分的思想准备;其次,大学领导要高度重视在战略规划制定阶段与院系部处和骨干教职工的交流与沟通,以及在战略实施开始时战略分解过程中与校内各方的沟通与协调;最后,大学领导要建立战略实施过程中的沟通协调机制并责成相关部门负责与出现问题各方进行沟通与协调。

与战略实施各方进行沟通与协调的目的是通过进一步明确全校上下共同的战略

目标,以在全校院系部处和教职工中形成全局意识、整体意识和主人翁意识,使大家充分认识到全校一盘棋,处理好个人与组织、部门和全校的关系,从而排除隔阂、提高认识、全力投入战略实施中。

第五,在大学战略控制阶段,进行大学战略评估和战略调整时,大学领导面临的挑战如下。

★ 处理好环境动态变化与大学稳步发展的关系的挑战

大学在战略实施期间,尤其是在战略规划期的后期,大学领导可能会注意到外部环境的变化,包括政府高等教育的政策、经济社会发展对高等教育的需要、高等教育市场竞争的态势等,与大学制定战略规划时的预测和研判有较大的出入,大学领导就面临着是否按照原定的战略规划继续实施下去的问题,是否需要对大学战略进行必要的调整,也就是如何处理好环境动态变化与大学稳步发展的关系。

大学的发展需要长期的积累,才能达到预期的战略目标,然而,外部环境的变化往往在一定程度上阻碍大学朝着既定的战略方向发展。当出现这种情况时,大学领导一方面需要对变化的外部环境进行分析,研判这些变化对大学现行战略的影响;另一方面要分析和预测继续实施现行战略可能产生的结果,包括已有战略成果的积累和外部新发展机会的失去等。在完成上述两方面分析和研判后,大学领导就能够平衡好外部环境变化与大学发展之间的关系,从而做出是否需要对现行战略进行调整以及如何调整的决策。

大学外部环境的变化是复杂的、多方面的,大学领导只有针对那些对本校发展有较大影响的外部环境变化,才有必要调整现行战略以更好地符合大学发展的需要。

17.3　大学校长的战略领导角色

在大学领导集体中,大学校长是大学战略领导的核心,在大学的改革发展中起到确定方向、把握全局、协调一致的关键性作用,需要具备教育家、战略家和政治家的特质,是大学发展建设和大学战略管理中的引领者、组织者、推动者和管理者。

作为教育家,大学校长必须深谙高等教育规律,具有先进的教育理念,把握国家教育政策,熟悉大学发展和运行特点,把握人才培养、学科建设和科学研究规律。作为战略家,大学校长必须具有战略思维、国际视野和全球眼光,熟悉高等教育市场竞争规律,能够站在全局的高度,敏锐地洞悉全球经济一体化背景下高等教育发展的机遇和挑战,面向未来,审时度势为大学的发展及时作出战略决策。作为政治家,大学校长必须有坚定的理想信念,坚持党的领导,坚持社会主义办学方向,把大学的发展与国家和民族的发展紧密相连。作为大学校长,教育家的特质是基本要求,战略家的特质是大学发展的必须,政治家的特质是中国特色大学的保证。

1. 作为大学战略管理中的引领者角色,大学校长要驾驭大学长远发展的大局,从下述几方面发挥引领作用

(1) 确定发展愿景,明确大学定位。大学校长要从战略和全局的高度,高瞻远瞩,对高等教育未来发展有清晰的研判,对大学的长远发展有战略性的思考和研究,在与校内外各利益相关方沟通后,认真负责地确定大学的使命和愿景,绘制大学发展的宏伟蓝图,在此基础上明确大学在高等教育市场上的定位,宏观地驾驭大学全局的发展。

(2) 指出发展方向,提出战略目标。大学校长要辨识外部环境的变化可能给大学发展带来的机遇和挑战,熟悉大学自身资源条件所具有的优势和不足,审时度势、积极应对,指出大学未来整体发展方向,提出大学在战略规划期能够实现的目标任务和改革发展思路,为全校上下所理解、接受并成为共同的方向和目标,引领大学发展。

(3) 提出战略重点,聚集有限领域。大学校长要坚持有所为有所不为的原则,能够在权衡发展机遇和挑战、自身优势和不足的基础上,从赢得大学在高等教育市场竞争地位的角度,在众多发展选择中提出大学发展的战略重点,使有限的资源聚集在能够为大学赢得持续竞争优势的若干领域上,并统一大家的认识。

2. 作为大学战略管理中的组织者角色,大学校长在战略制定和战略实施过程中发挥了组织作用

(1) 组织对战略规划的制定。在制定大学战略规划时,大学校长不仅要组织专门人员开展战略规划,还要组织各种形式的会议,广泛听取全校上下院系部处、教职工和其他利益相关者的意见,集思广益,使他们以更关注全校长远的方式参与到战略形成的过程中,凝聚大家在战略上的共识,为制定出科学、合理、可行、为广大教职工普遍认可的战略规划打下坚实基础。

(2) 组织对战略规划的分解。在分解大学战略规划时,大学校长要组织和动员全校力量参与大学战略规划目标任务的落实,一方面要按照大学组织架构分解到机关职能部门和教学院系,另一方面要按照层级关系逐层分解到校领导、中层干部和教职工,为战略规划的实施奠定组织和人员基础。

(3) 组织对专项战略的实施。大学专项战略的实施必须调动关键资源,组织相关人力进行重点实施,需要大学校长从全校一盘棋的角度,确定责任单位和负责人,明确目标任务和进度要求,合理安排和整合大学的各种资源和条件,并实施有效的监督、考核和沟通机制,以保证专项战略目标的实现。

3. 作为大学战略管理中的推动者角色,大学校长在战略实施和战略控制过程中
发挥了推动作用

（1）进行分工授权。在大学战略实施阶段初期,大学校长通过战略目标任务的
分解,明确大学领导班子成员的责任分工,明确院系部处负责人的目标任务,在分解
和分工中遵循权责对等原则,授予院系部处负责人与责任一致的支配资源、管理人员
和决策事项的权力,给予他们充分的信任,发挥他们的积极性和主动性,支持和鼓励
他们沿着大学战略目标的方向,独立、自主、创造性地开展战略实施工作。

（2）加强沟通与协调。在大学战略实施过程中,大学校长一方面要通过各种形
式与不同的利益群体进行沟通,传递大学发展愿景、目标任务和总体思路,倾听不同
利益群体的诉求,使大家认同并积极参与到大学战略实施中;另一方面要及时发现参
与战略实施各单位和团体之间在实施战略过程中出现的问题,及时协调各方的利益、
解决问题,使各方统一认识、目标一致,进而推动大学战略的实施。

（3）出台激励政策。在大学战略实施伊始,大学校长就需要考虑如何有效地激
励广大教职工积极主动地参与到大学的战略实施全过程中,出台相应的激励政策。
这些激励政策主要通过职级晋升考核、教职工职业发展、工作绩效评价等方面引导教
职工将自身的工作与大学战略实施任务紧密结合起来,形成万众一心、目标一致、劲
往一处使的局面。这些激励政策能够取得最大效果的前提是:全校教职工对大学价
值追求和大学战略的广泛认可,将自身的发展与大学的发展联系在一起,对大学发展
有主人翁意识等。

（4）完善调整战略。在大学战略实施的全过程中,大学校长要密切关注大学外
部环境和内部条件的变化,从宏观和长远的角度分析判断这些变化对大学现行战略
的影响,轻视短期和局部的利益,着眼长远和整体的发展,及时完善和调整战略以适
应对大学未来发展有重要影响的变化,以推动大学战略实施的深入继续。

4. 作为大学战略管理中的管理者角色,大学校长在下述 4 方面发挥了管理作用

（1）争取和优化资源配置。大学校长要把握时代特征、注重地缘优势、结合地方
发展,不断为大学发展创造条件、争取更多的资源、获得各级政府更多的政策支持,更
好地满足大学战略实施的需要。同时,为了保证发挥资源的最大效益,确保大学战略
目标的实现,大学校长要打破平均主义的资源分配习惯,以满足大学战略目标的实现
为标准,重组和整合教育和科研资源,集中经费资源,优化这些资源配置。

（2）调整大学组织机构设置。大学校长要从满足和支持大学战略的角度审视分
析现有组织架构和机构设置,一方面要基于精干高效、职能综合、减少消耗等原则撤
销不必要的机构、整合重组职能相近机构、新设重要机构;另一方面要从能力和素质

等方面确定重要部门的负责人,以保证能够带领和团结本部门全体员工,全力投入大学分解给该部门的重点战略任务的完成之中。

（3）营造形成大学战略文化。大学文化对大学战略的实施具有无形且潜移默化的作用,大学校长需要从办学理念、价值追求、大学精神、政策导向、行为准则、校园文化等诸多方面营造并形成与大学战略相匹配的大学文化和氛围,也称大学战略文化,从而使全校教职工在思想认识、价值观念、目标任务和行动方案等多方面形成文化认同和文化自信,在大学战略管理上起到事半功倍的效果。

（4）注重战略绩效考核评价。大学校长需要为战略目标的实现重视战略绩效的考核评价,包括围绕分解后的各级战略目标任务,分别运用目标管理和绩效管理手段,明确和制定院系部处和各类教职工的绩效考核目标、绩效评价指标、绩效薪酬标准、绩效奖励政策、绩效考核方式方法等,以引导全校教职工朝着分解到各自的子目标方向,尽职尽力地完成自己所承担的战略任务。

17.4 大学领导战略领导力的提升

中外高等教育的实践证明,大学领导的战略领导力在大学战略管理中具有十分重要的意义,在高等教育市场竞争日趋激烈的今天,大学领导的作用尤为突出。大学领导卓越的战略领导力对于大学的未来发展,对于制定既符合大学实际,又满足大学发展需要的战略规划,充分发挥大学的优势和资源,有效地组织和开展战略实施,如期完成战略任务和实现战略目标均具有不可替代的作用,为此,培养和提升大学领导的战略领导力就成为大学战略管理中一项不可或缺的重要任务。

大学校长角色的多元化要求使得大学领导的战略领导力构成也是多元化的,涉及大学战略管理的各个环节,包括战略素质、战略思维和分析能力、从战略的高度掌握国家战略、从战略的高度把握全球高等教育发展、战略创新能力、战略决策能力和战略实施能力等,因此需要从多方面开展对大学领导战略领导力的培养和提升。

1. 培养和提升大学领导的战略素质

大学领导不同于一般的领导,作为具有与其他组织存在本质区别的大学,大学领导必须具备其他组织领导不一定必须具备的开展战略管理的综合素质,即战略素质,包括对大学发展坚定的理想信念、远大又符合实际的远景抱负、不畏困难坚韧不拔的勇气、勇于改革不断创新的精神。

大学领导战略素质的培养和提升可以从 3 方面展开:一是要有良好的素质基础,这方面涉及大学领导的选拔和任用。虽然优秀的大学领导不一定是杰出的专家学者,但在立德树人和服务国家的重地,只有那些有理想、讲奉献、识大体、视野宽、懂教育、善经营的高素质人才才能作为大学领导的人选。二是注重自身的学习和提高。这方面要求大学领导能够在日常繁忙的工作中,一方面结合大学工作的实践自觉主动地安排时间学习,与党中央保持一致,坚定自己的理想信念,提高自身作为大学领导的责任意识、大局意识和创新意识;另一方面积极地参加境内外学习和交流活动,开阔视野,增强危机意识,提高大学领导的使命感。三是在大学管理实践中提升自己。这方面要求大学领导在工作中通过分析和研究,使自己深刻认识到:大学在国家经济社会发展中的使命担当;自身在大学发展中的责任担当;大学发展面临的时代机遇和困难挑战;高等教育市场竞争的激励程度;大学发展必须进行的改革和创新。

2. 提升和强化大学领导的战略思维和分析能力

不同管理形态蕴涵着不同的思维方式,战略管理要求大学领导志存高远、放眼未来,从战略的高度思考、分析和处理大学生存与发展的问题,而不是就事论事、只顾当前。因此,作为理性思维的高级形式,战略思维和分析能力是大学领导必须具备的基本的战略领导能力,关系到大学领导看待和认识国内外高等教育发展和大学自身发展的高度、视角和长远性,着实需要大学领导的充分重视。

提升和强化大学领导的战略思维和分析能力可以从 3 方面开展:一是通过战略思维和分析能力的专门培训,使大学领导掌握战略思维的特征、形成和提高强烈且自觉的战略思维意识、能够处理好战略思维的几方面关系、能够突破传统的思维定势、掌握战略思维的主要方式等,初步达到具备运用战略思维分析高等教育发展趋势的能力;二是通过主动、系统地学习战略管理的理论、技能,通过真实大学战略管理案例的分析、研究,丰富大学领导的战略管理知识;三是在大学领导的工作实践中有意识地进行战略思维和分析能力的训练,包括在面对关系到大学全局性、发展性、方向性的问题时,突破传统的思维禁锢,努力从战略的高度、从整体发展的角度,运用战略思维方式进行分析和判断。

3. 从战略的高度掌握国家发展战略及宏观教育政策

大学领导在进行战略分析时,必须能够从战略的高度了解和掌握国家发展战略及宏观教育政策,而不是从本校的层面、从局部的角度了解。事实上,在中国经济迅速发展的今天,在民族伟大复兴奋斗目标的引领下,只有站在国家、全局和发展的高度,并结合本校发展的需要,才能系统、全面地理解和把握国家发展战略及宏观教育政策,才能进一步提高对高等教育在国家发展和民族复兴中的重要性的认识,才能清晰地认识到高等教育发展良好的外部环境及国家支持,才能清醒地看到本校的发展机遇,从而为大学战略规划的制定奠定良好的基础。

4. 从战略的长远把握全球高等教育发展规律和趋势

高等教育市场竞争和发展超越国家和地区的界限,这一特征在信息化、数字化和智能化时代愈加突出,任何一所大学的发展都不可能不受到全球高等教育发展的冲击和影响。因此,大学领导必须从长远发展的战略高度预测、洞察、分析和把握全球高等教育的发展规律和趋势,而不能目光短浅、置身世外桃源。事实上,在百年一遇之大变局中,国际经济社会发展态势的动荡不安,严重影响全球高等教育的发展和高等教育市场的竞争格局,只有从战略的高度把握全球高等教育的长远发展规律和趋势,才能更好地分析国内高等教育的未来发展走向和趋势,才能更好地确立大学在高等教育市场中的定位,才能更准确地确定大学在规划期的战略目标。

5. 提升大学领导的战略创新能力

大学战略管理不同于普通的管理,其面对的挑战和需要解决的问题往往是前所未有并不可预见的,因此,常规的、以往的、教科书上的管理方法和手段可能难以应对这些问题,如在战略规划制定中,赢得市场地位的竞争战略的创新,应对竞争对手挑战的策略创新,实现战略目标的手段、方式和途径的创新等,需要大学领导具有较强的战略创新能力,能够突破前人、突破未知,创造性地解决战略管理中出现的这样或那样的困难和问题。

作为一种重要的战略领导力,战略创新能力是一种复杂的综合能力,主要由知识视野、创新意识、创新思维和创新素质要素构成,由此,提升大学领导的战略创新能力可以看成这4种要素的形成和提高。

首先,在知识视野方面,大学领导要通过不断丰富自身的知识面,以更深入地了解外部世界和事物、洞察和发现新问题;要通过不断开阔自身的视野开拓创新思路、开辟创新空间,提出解决问题的思路,找到解决问题的方法。

其次,在创新意识上,大学领导要有强烈的大学使命感和责任感,要有坚定的追求革新、追求卓越的态度,要培养自己改变大学现状、力争一流的欲望,要在激烈的高等教育市场竞争中形成求变创新的激情。

再次,创新思维是包括批判性思维、发散思维、逆向思维等多种思维方式的有机组合,从而产生创新性成果的一种综合性的高级思维。在这方面,大学领导要能够综合运用各种思维方式,分析构成问题各要素间的相互关系,抓住复杂问题的主要矛盾,提出解决问题的前所未有的思路、方法或途径。

最后,在创新素质上,大学领导要具有信息获取、知识更新和终身学习能力,要有团队合作能力和组织管理能力,要有交流沟通和关系协调能力,要有批判性精神和敢于探索的勇气,要有持之以恒的态度和坚忍不拔的毅力。

6. 提升大学领导的战略决策能力

战略决策指的是宏观层面的、涉及全局性和长远性的事项的重大决策。在大学战略管理中,如使命、愿景、定位等的确定,战略目标、专项或竞争战略等的制定,全校性资源的整合等诸多方面,都属于战略决策,因此大学领导需要具备良好的战略决策能力。

作为一种重要的战略领导力,大学领导战略决策能力提升的途径有多方面:一是要有高的站位,即要站在国家发展和服务国家的高度认识大学的发展,认识和看到大学发展中的重大问题;二是要开展广泛的调研,对拟决策的重大问题进行广泛的调查和深入的研究;三是通过组织专家学者进行研讨,在充分论证的基础上提出决策思路和初步方案;四是要善于听取各方面的意见,包括正反两方面的意见,尤其是与自己相左的意见,以不断修正和完善决策方案;五是要有责任担当,要以对大学发展认真负责的态度,顶着各方面的压力,本着科学、可行的原则,慎重地做出决策。

7. 提升大学领导的战略实施能力

大学领导的战略实施能力需要从大学领导所处的地位和角度进行了解,包括使全校教职工对大学定位、发展方向和战略目标形成共识,激发教职工积极主动地参与大学战略实施,激励教职工努力完成所承担的战略任务并做出业绩,及时评估战略绩效并不断调控和完善大学战略等。

由上述 4 方面组成的大学领导的战略实施能力是确保大学战略得以有效实施的关键,也是大学领导必须具备的一种重要的战略领导力,这种能力的提升也需要从 4 方面入手:首先,大学领导需要在战略管理的整个过程中,通过形式多样的方式,不断地与院系部处的负责人、骨干教师、机关干部及普通工交流和沟通大学的发展思路、定位、方向和目标,在全校上下形成共识,为大学战略的实施奠定思想认识基础;其次,大学领导要重视教职工主人公意识和责任感的培养,重视引导大家把个人和单位的发展与大学整体的发展结合起来,激发教职工投身大学战略实施中;再次,大学领导要通过政策制度、职业发展、绩效薪酬、文化氛围等多角度地激励教职工,创造性地完成战略实施的目标任务;最后,大学领导需要在战略实施过程中,通过有效的战略评估,达到控制战略实施进度、质量并调整和完善战略的目的。

第18章 大学文化与大学战略管理

现代大学面临着日益激烈的来自国际和国内的市场竞争,这就促使大学战略管理在大学发展中的地位和作用日益彰显。然而,大学战略管理在大学的开展受到多种因素的影响甚至制约,大学文化就是其中最突出的一种因素,分析和研究大学战略管理与大学文化之间的关系,对于更有效地开展大学战略管理活动,无疑是十分必要的。

作为高等教育实体,大学承担着人才培养、科学研究、社会服务、文化传承和创新等职能,它不是一般的组织,是具有强烈的文化属性的社会组织,不仅是一种客观的物资存在,更是一种文化和精神的存在,综合体现为大学文化。

大学文化不同于校园文化,它有形和无形地渗透到大学发展建设的各个环节,影响和左右着大学的运行和发展。大学在其发展过程中形成的文化,对包括战略管理在内的大学运行和管理产生了重要的影响,既可能支持战略管理活动,又可能阻碍战略管理活动的开展;反之,在大学中引入或推行一种新的管理模式,如战略管理,也将逐渐改变业已形成的大学文化。因此,分析和研究大学文化与大学战略管理之间的相互关系和作用,建设和完善支持战略管理的大学文化,对于提高大学战略管理成效及促进大学文化建设均具有重要的意义。

18.1　大学文化的内涵、特征及其功能

18.1.1　大学文化的内涵

国内外学术界对大学文化的内涵的表述各不相同,如"大学文化是以大学为载体,通过历届师生的传承和创造,为大学所积累的物质成果和精神成果的总和","大学文化是大学在长期办学过程中经过历史积淀而逐渐形成的办学理念、精神风貌、学术氛围、规章制度、价值标准、学生风格、大学环境等精神成果和物质成果的总和","主要有由价值观、理想追求、思维模式、道德情感等构成的精神文化,由大学的组织架构及其运行规则构成的制度文化,以及由大学的物理空间、物质设施构成的环境文化"。

尽管对大学文化内涵的表述存在着差异,但总体上是趋同的,并不影响人们对大学文化内涵的理解。本书给出作者对大学内涵的认识:**大学文化是大学在长期的发展和办学实践过程中不断沉淀、逐渐形成、与众不同并为广大师生、员工所认同的精神成果、制度成果和物质成果的总和。**也就是说,**大学文化包括精神文化、制度文化、物质文化 3 个层面**。其中,"不断沉淀"指的是大学文化是需要经历时间的大浪淘沙保留下来的精华的东西;"逐渐形成"指的是大学文化的形成不可能一蹴而就,需要实践的检验和时间的证明;"与众不同"强调的是大学文化不是千校一面,而是有着深深的学校烙印,蕴含着本校与其他大学的不同之处;"广大师生、员工所认同"指的是大学文化作为被大学人广泛认可的思维范式和行动范式,会内化为广大师生、员工共同的行为准则和行动指南。

简单而言,衡量一所大学是否存在大学文化的条件是:①必须是长期积累、逐渐形成的;②必须是广大师生员工所接受和认可的;③能够影响大学师生、员工的价值观念和规范大家的行为。

在大学 3 个层面的文化中,精神文化是核心文化,主要包括价值观念、理想信念、道德情操、目标追求、办学理念、大学精神、校风学风等方面。精神文化体现了大学的核心价值观,是大学文化的核心和灵魂所在,是大学最本质的体现,它通过价值认同和思想统一,潜移默化地影响人们的思想和行为,是全体师生、员工共同的思想和心理基础,是凝聚大学人的精神纽带,具有强大的作用力和影响力,是一所大学文化区别于其他大学文化的本质所在。

大学文化中间层面的制度文化属于规范文化,是大学规章制度和行为规范的总

和,主要包括两方面:一是大学制度,即国家与高等教育相关的法律法规、大学管理体制、各种规章制度、大学的组织架构及其运行机制;二是制度约束,即凝聚在大学制度中的制度理念以及贯彻落实大学制度而形成的制度意识和环境氛围。制度文化是规范和引导师生及员工行为、维系和强化大学办学秩序、履行大学使命愿景、实现大学愿景目标必不可少的保障机制,良好的制度文化有助于凝聚大学师生、员工的价值观念和行为准则。

大学文化外在层面的物质文化属于表现文化,主要包括校园规划布局、建筑雕塑、人文景观、标志建筑和园林绿化等校园环境,以及体育场馆、图书馆、文化传媒、学生活动中心等大学条件设施。物质文化通过感官、印象、活动、体验等形式,不断重复地、日积月累地向大学师生、员工传递蕴含在大学精神文化和制度文化中的价值、理念、追求、导向,促进人们对大学文化本质的接受和认同,进而在思想和行动上产生对大学人的作用和影响。

大学精神文化、制度文化和物质文化三者相互关联、相辅相成,是一个有机统一的整体,共同构成大学文化,如图 18.1 所示。其中大学精神文化处于核心地位,主导着物质文化和制度文化的变化和发展方向,影响制度文化和物质文化的形成;制度文化是精神文化的载体和所依托的平台,是对精神文化的落实和保证,既是精神文化和物质文化的桥梁,也制约和主导了精神文化和物质文化的发展和变化;物质文化是精神文化和制度文化的物化形态,是精神文化和制度文化存在、发展的基础,是大学履行四大职能的物质条件,也是大学综合实力的重要标志。

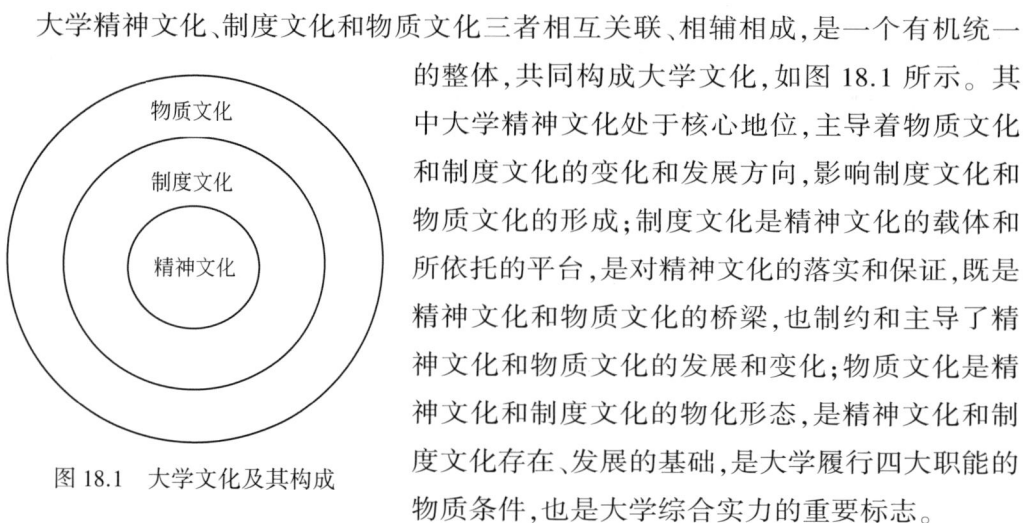

图 18.1　大学文化及其构成

18.1.2　大学文化的特征

大学文化根植于它的价值、追求和伦理中,大学的基本特征,包括非营利性的性质特征、二元权力结构的权力特征、多类型及教师"双重忠于"的人员特征、多样性和综合性的产品特征、扁平化和矩阵型的组织特征、开放性和互动性的社会特征,以及复杂性和发展性的管理特征等,决定着大学文化与其他组织的文化不同,有着自身鲜明的特征,主要包括以下 5 方面。

(1)追求真理和理想。知识的传承、积累和创造是一个探索未知世界、发现客观规律、寻找事物本质、追求真理真相的过程,也是大学的一项主要任务;造福人类社会、创造美好未来,是人类共同的目标,更是大学的理想追求和责任担当。因此,大学文化就是一种追求真理、坚持真理、追求理想、实现抱负的文化。

（2）执着创新和卓越。创新是国家民族进步和人类社会发展的源泉和不竭动力,坚持对现实的超越,勇于挑战和变革,勇于面对困难和承担风险,坚持与众不同,执着于打破旧世界、创造新世界,是大学人固有的可贵精神;执着于培养卓越人才、产出卓越成果、提供卓越服务、创新卓越文化,是大学人神圣的使命。因此,大学文化也是一种执着创新、追求卓越的文化。

（3）强调自由和民主。自由和民主是大学的本质所在和优良传统。学术自由是大学活力的源泉,只有学术自由才能在人类探索未来未知的活动中做到百花齐放、百家争鸣,才能实现创新和卓越;民主是自由的前提和保证,是尊重知识、尊重教师、鼓励创新的根本,没有民主就无法调动广大教职工的积极性和主动性。因此,大学文化是一种强调独立自由和提倡民主的文化。

（4）坚持严谨和求实。大学人追求真理和理想、执着创新和卓越,就需要严谨的治学态度和求实的工作作风。严谨指的是严密谨慎,逻辑严谨,思维缜密,强调逻辑清晰、严谨治学的科学精神和认真谨慎、一丝不苟的办学态度;求实体现的是实事求是、不随波逐流、不唯上、不唯书、不从众、只唯实的工作态度和作风。因此,大学文化是一种坚持严谨和求实的文化。

（5）具有批判性精神。批判性精神是大学人必须具有的重要素质。大学培养的人才必须具有批判性精神,以推动社会文明进步和国家经济创新发展;大学的学术交流和科学研究需要大胆质疑已知、勇于挑战权威,在批判和被批判的交融中超越现实、超越他人和自我,以推动学术进步和创新成果的产生。因此,大学文化还是一种具有批判性精神的文化。

18.1.3　大学文化的功能

大学文化对现代大学管理具有极其重要的作用,具体反映在大学文化所具有的各种功能上。就大学战略管理而言,大学文化的功能既可以支持大学战略管理,也可以成为大学战略管理的障碍,因此,了解和清晰大学文化的功能,对于更好地发挥其对大学战略管理的支持作用具有极为重要的意义。

（1）导向功能。大学文化中所提倡并得到师生、员工所认同的价值观念、目标追求、办学理念等会潜移默化地影响广大师生、员工的思维方式和行为举止,在思想上统一大学人的认识,做到万众一心,在行动上使大学人步调一致,做到齐心协力,从而引导大家朝着大学文化倡导的方向努力。

(2)凝聚功能。大学文化通过共同的价值观、理想信念、目标方向,将具有不同背景、不同经历、不同思想、不同追求和不同兴趣的师生、员工凝聚在大学文化的旗帜下,相互支持、团结合作、共同努力,实现大学人的共同目标追求。

(3)规范功能。大学文化通过思想上的认识、制度上的规范、行为上的要求,促使师生、员工自觉地按照大学文化的倡导和要求,努力在法律法规、体制机制、政策制度允许和规定的范围内,规范和约束自己的工作和行为,为大学的发展做出自己的贡献。

(4)激励功能。在浸透大学文化的大学环境下,大学人沐浴在相同的价值观、共同的目标方向及和谐的工作氛围之中,不论从内心深处,还是从外在体验,都会无形中感受到一种积极向上、努力进取的冲动和推力,这种大学文化的功效能够激励广大师生、员工朝着共同的目标努力。

(5)协调功能。大学文化能够使师生、员工自觉地调整自己的价值观和理想追求,从而产生深刻的价值认同和形成共同的目标方向,这就能够在大学的运行管理中,以共同的价值观和目标追求为导向,协调好职能部门、教学院系、学科专业之间的冲突和矛盾,处理好教职工个人追求和组织发展的关系。

总之,一所具有浓厚文化底蕴的大学会潜移默化地调整师生、员工的价值观和目标追求,陶冶大学人的道德情操,产生深刻的价值认同,凝聚各方面的力量,养成良好的行为习惯,激励大学人的积极性,协调各方面的不和谐,从而起到不可替代的效果,"润物细无声"地实现大学文化所倡导的目标追求。由此可以看出,大学文化是进行有效战略管理、实施组织战略,取得战略绩效的重要工具。

18.2 大学文化与大学战略管理的相互关系

大学文化与大学战略管理有十分紧密的关系,大学文化与大学战略管理的各个阶段都息息相关,这种关系是相互的,一方面,大学文化既能够支持大学战略管理使后者取得好的成效,又能够约束或阻碍大学战略管理行为使后者的效果大打折扣;另一方面,有效的大学战略管理对大学文化有着促进作用,能够促进大学文化的发展建设,而失效的大学战略管理则可能阻碍或影响大学文化的传承与发展。

18.2.1 大学文化对大学战略管理的影响

大学战略管理的全过程是在大学文化特定的氛围下开展的,必然受到大学文化的深刻影响,可以说,有什么样的大学文化,就会产生什么样深刻大学文化烙印的大学战略管理,大学文化在大学战略管理的各个阶段都潜移默化地发挥作用。具体而言,先进的大学文化会对大学战略管理起到积极的促进作用,落后的大学文化会对大学战略管理起到消极的制约作用。

1. 先进的大学文化对大学战略管理的促进作用

先进的大学文化能够有效地支持大学战略管理活动的开展,其对大学战略管理的促进作用反映在战略管理的各个阶段中,尤其是在战略实施阶段。

大学的使命和愿景是大学的价值观念和理想信念的具体外在形式,属于大学文化核心层面,即精神文化的范畴,是大学定位的导航。在确定大学使命、愿景和定位时,大学精神文化通过其价值观念、理想信念和目标追求等,发挥着导向功能,引导和影响着大学领导者站在国家和民族发展的高度,从大学在经济社会发展中的角色和地位审视大学的发展历史、展望大学的未来发展,进行核心价值判断,帮助工作和生活在同一大学文化氛围中的大学领导者不约而同地明确和达成与大学文化相吻合的大学使命、愿景和定位,并得到深受大学文化影响的广大师生、员工的充分认可。

在战略分析阶段,大学文化蕴含的价值观念和目标追求及其形成的世界观影响着大学领导者和战略管理者更加客观理性地以更加负责任的态度分析和判断大学外部环境所带来的机会和挑战,也影响着大学领导者从高等教育系统整体的角度,尤其是在与同类院校的客观比较中,分析和认识大学自身资源和条件所具有或潜在的优势和不足,进而为战略的制定奠定科学、客观的基础。

在战略制定阶段,大学领导者及战略管理者必须充分考虑到本校特有的大学文化,尊重大学自身优秀的核心价值观和文化传统,将其作为战略制定的重要基础。具体包括两方面:一是大学文化中的价值观念和目标追求需要反映到所制定的大学战略目标中,使得大学战略目标与大学文化相适应;二是在整个战略制定过程中,要充分发挥大学文化的凝聚和协调功能,引导广大师生、员工广泛参与战略规划的制定,广泛征求并汇集利益相关各方的意见,协商协调不同的利益诉求,凝聚各方的智慧。由此形成的大学战略既能够与大学文化相适应,又能够呼应各方的诉求,充分调动各方参与战略实施的积极性,还能够避免简单地模仿或复制其他大学战略,从而为后续的战略实施打下广泛的基础。

在战略实施阶段,大学文化是大学战略得以顺利和有效实施的重要保障和手段。大学战略实施是一个全员参与的过程,大学领导者和战略管理者需要统一全校师生、员工的思想认识,调动一切积极因素,引导全校上下的行为朝着战略目标既定的方向努力,这就要注重充分发挥大学文化在战略实施中的作用:第一,通过大学文化的导向功能和凝聚功能,使全校教职工的思想认识与大学战略保持一致;第二,通过大学文化的规范功能,将全校教职工的行为约束和规范在投身于各自承担的战略任务上;第三,通过大学文化的激励功能,激励教职工积极主动、创造性地做好所承担的战略任务;第四,通过大学文化的协调功能,协调并处理好战略实施过程中部门之间、院系之间、学科之间、个人与组织之间的各种关系,使得全校上下目标一致、齐心协力地完成战略实施工作。

在战略控制阶段,先进的与大学战略相吻合的大学文化作为一种特殊的手段,能够有效地起到3方面作用。第一,先进的大学文化能够形成对全校教职工战略行为的自我控制和自我协调;第二,先进的大学文化能够作为无形的组织准则,形成教职工之间针对战略行为的非正式监督;第三,在战略评估方面,可以通过战略实施结果的偏差和非预期性,发现大学当前战略与大学文化中价值观念、理想信念和目标追求等方面的不一致性,从而调整或完善大学战略目标及其策略。

总之,如果大学战略管理适应于先进的大学文化,则大学文化对大学战略管理的促进作用主要体现在两方面:一是在价值层面上,统一全校教职工的价值观念、思想认识、目标追求等,引导并实现对大学战略的高度认同;二是在行动层面上,引导、规范、约束、激励、协调全校教职工的行为朝着实现战略目标的方向共同努力。

2. 落后的大学文化对大学战略管理的制约作用

与先进的大学文化相比,现实中仍然存在着与大学战略不相适应或矛盾的落后的大学文化,这些大学文化不仅不能从各个阶段支持大学战略管理,而且还会制约和影响大学开展战略管理的成效。

落后的大学文化对大学战略管理的制约作用主要表现在3方面:一是大学文化中淘汰的价值观念和根深蒂固的旧的、过时的"理想信念"导致大学领导者难以确定大学与时俱进的使命、愿景和定位,更不可能制定出有利于大学发展的战略;二是与时代发展不相适应的大学文化内涵无法引导全校教职工有效地、方向一致地开展战略实施工作,因此只能产生消极的作用;三是未完全形成完整体系且在大学中未确立其主导地位的大学文化不可能具备先进大学文化所具有的各种功能,因而也不可能对大学战略管理起到积极的促进作用。

大学文化建设是一项必须长期坚持的工作,需要大学领导者根据经济社会发展对高等教育的新要求和高等教育发展的外部形势变化,不断推动大学文化内涵的与时俱进、不断充实和完善,避免落后大学文化的出现,使大学文化能够真正有效地成为大学领导者开展大学战略管理、促进大学发展的有效利器。

18.2.2　大学战略管理对大学文化的促进

大学文化需要经过较长时期的积累才能逐渐形成,形成之后的大学文化潜移默化地不仅在价值层面影响着广大教职工的思想意识,而且在行为层面左右着广大教职工的行为方式。正是由于大学文化形成的长期性促成了大学文化的稳定性,这种稳定性使得大学文化不会因为外部因素而轻易地变化或改变,从而始终如一地维护着大学在其文化氛围内发展,对大学的稳定和发展发挥着十分重要的、不可替代的保障作用。

然而,事物都是一分为二的,大学文化过于长久的稳定性必将大大降低大学文化对外部环境的适应性,容易造成大学发展路径的一成不变(也可称之为"路径依赖"),从而制约大学组织的运行、管理、变革和发展。一方面,被大学领导者长期认可并深刻融入其思想和行为层面的不变的大学文化,会削弱他们对大学外部环境变化的敏锐性和洞察力,容易使他们把握不到高等教育发展的机遇,察觉不到大学面临的挑战,而固守既有的价值判断和思想认识;另一方面,即使大学领导者和战略管理者满怀推动大学改革和发展的雄心壮志和一腔热血,长期习惯于在固有大学文化的氛围下工作的部分教职工也难免出现抵触情绪和消极行为,从而成为大学改革和发展的阻力和障碍。这个时候就需要有某种新的推动力,打破大学文化稳定性造成对大学发展制约的局面,推动大学组织向前发展。

大学战略管理是克服大学发展路径依赖的一种重要方式。大学战略管理在开展过程中与原有大学文化之间必然会出现不相适应的现象,在这种情况下,需要通过大学战略管理促进大学文化的更新和发展,进而达到推动大学发展的目的。大学战略管理强调的是:准确把握高等教育未来的发展变化,迅速抓住高等教育的新发展机遇,规避化解大学发展所面临的危机等,这些都集中反映在要注重和通过对外部环境适应推动大学的未来发展。大学战略管理注重大学适应外部环境的优势正是克服大学文化造成的大学发展路径依赖的有效方式:首先,大学战略管理全过程强调大学发展与外部环境的适应,不论是从使命、愿景、定位的确定,还是在战略目标及其策略的制定,以及在战略实施的落实和战略控制的开展时,都将与外部环境相适应作为决策行动的核心依据,从而克服大学发展路径依赖问题;其次,为了更好地适应外部环境的变化及实现大学战略目标,在开展大学战略管理的各个阶段,都不可避免地要通过分析原有大学文化与大学战略管理即大学外部环境的适应性,重新全面审视原有大学文化内涵,发现可能存在的问题,继而通过摒弃原有大学文化中与大学战略管理及大学外部新环境不相适应的部分,使大学文化在继承优秀传统的基础上与时俱进、吐故纳新、完善发展,从而继续发挥大学文化在大学发展和建设中的保障作用。

大学战略管理对大学文化的促进作用是不言而喻的,但是对原有大学文化的吐故纳新和完善的艰巨性和复杂性要有充分的认识。首先,大学文化较其他类型组织文化更复杂,这不仅是由于大学人员构成的多群体,而且是由于大学自身的诸多特性;其次,在文化内涵更新和表述上存在着较高的难度,一方面,更新什么及怎么更新不是少数几个人就能决定的,需要得到教职工中各个群体的认可,另一方面,如何形成容易为广大教职工所理解的表述并落实在制度和物质上,需要反复研讨和推敲;最后,大学办学历史越长、规模越大、原有大学文化的持续时间越长等,完善大学文化的难度越大。

不论多艰巨、多复杂、多困难,只要与大学战略管理的开展不相适应的大学文化,就必须对其进行吐故纳新和完善,只是要讲究方式方法的渐进性、针对性和有效性。其中渐进性指的是对原有大学文化的完善需要逐步推进,往往不容易一蹴而就,常见的措施是在制定战略规划前就将修改和完善原有大学文化作为一项优先工作启动,而后伴随着战略管理各项活动的开展不断深入;针对性指的是针对大学文化中需要进行修改完善的具体内容,采取具体的方式方法,如涉及价值观念的转变,就需要大学领导者通过各种会议、校内媒介等多种形式进行不断的阐述、讲解、宣传和传播;有效性指的是所采取的修改完善原有大学文化内涵的方式方法要能够取得实质性成效,而不能流于形式,如伴随着战略管理各项活动的开展而进行的大学文化修改和完善就能够密切结合战略管理的需要,就容易产生实质性的成效。

18.2.3 大学文化与大学战略管理的动态适应

大学战略管理和大学文化之间存在着十分密切的关系,它们二者之间相互影响和作用。一方面,如前所述,先进的大学文化能够在大学战略管理的各个阶段有效地支持大学战略管理活动的开展(详见18.2.1节);另一方面,大学战略管理能够促进大学文化的完善和发展以提升其环境适应性(详见18.2.2节)。与此同时,先进的大学文化在大学的建设和发展过程中会由于高等教育在国家经济社会发展中地位和作用的变化而不断充实和发展,大学战略管理在开展过程中也会因为高等教育内外部环境的变化而不断调整和完善,因此,成功有效的大学战略管理还需要二者之间的动态适应。

大学战略管理对先进大学文化的动态适应表现在大学战略管理在其整个开展过程中要随着大学文化的发展进步同步调整和完善大学战略及其实施方案,以使大学文化在大学战略管理活动的开展过程中充分发挥其应有的诸多功能。例如,伴随着高等教育从大众化阶段进入普及化阶段,大学所承担的高等教育使命和责任或多或少需要进行调整,包括大学的招生规模和教育目标等,这必将影响到大学的目标追求和办学理念。又如,随着中国国际地位的不断提升和民族复兴伟大梦想的实现,国家及世界对中国高等教育质量不断提出更高的要求,要求中国高等教育在全球高等教育中发挥更大的作用等,这必将影响到大学的价值观念、理想信念和大学精神等。再如,大学的转型发展,如从本科教学型转向教学研究型,则促使大学必须调整其价值观念、目标追求和办学理念等影响大学使命、愿景和定位的精神文化内涵。在上述等诸多情形下,大学文化(尤其是其中精神文化)的内涵将不可避免地得到调整和充实,与此同时,就需要对正在进行的大学战略管理相关活动进行调整和完善,以更好地发挥大学文化在大学运行和管理中的作用。

大学文化对大学战略管理的动态适应表现在与大学战略管理不尽适应的大学文化的相关部分,需要在大学战略管理的各个阶段得到更新、完善和发展,使大学文化更好地服务于大学战略管理各项活动的开展。例如,大学在新的规划期,根据国内外高等教育发展或本校发展的需要,确定的大学愿景和定位从原来的面向本地区或国内调整到面向世界,这就出现与原有大学文化中的目标追求和办学理念的不一致,需要对原有大学精神文化部分的相关内涵进行修改和充实;又如,大学新制定的战略规划中的核心价值理念等虽然与大学精神文化的本质内涵相吻合,但在资源分配、机构设置和绩效目标等方面与大学现行的政策和规章制度有较大的改变,这就需要在保证大学文化核心层面内涵不变的前提下调整制度层面的文化,以更好地促进大学战略的实施。再如,大学新战略的一项重要任务是提升大学的社会影响力、声誉和知名度,并成为本地区的文化中心,这一愿景或目标追求如果没有在大学原有的文化中得到充分的体现,就需要调整大学精神文化中的相应部分,同时通过制度文化的补充予以落实,再通过物质文化的建设予以充分表现。

总之,大学文化与大学战略管理是紧密关联的两方面,二者在大学的建设和发展过程中,通过相互影响、相互作用和相互促进,实现动态适应并达到双方共赢。

18.3 建设支持大学战略管理的大学文化

大学战略管理包含着对大学发展的一系列发展目标和改革措施,不可避免地涉及对大学原有价值认同、管理制度、运行模式等诸多方面的变革,需要克服大学教职工原有的思维和行动的惯性,需要得到大学文化的支持。从前文分析可知,大学文化与大学战略管理之间的协同是大学发展的关键,因此,建设支持大学战略管理的大学文化是大学改革发展成功的关键所在。

建设支持大学战略管理的大学文化是在大学原有文化的基础上进行的,需要大学领导层面与各类型师生、员工代表进行广泛的沟通、交流和研讨,并得到广大教职工的广泛认可和支持。首先,分析诊断:按照大学战略管理的需要对大学原有文化进行全面的审视、分析和诊断,分析哪些是支持大学战略管理的,哪些是制约大学战略管理的;其次,明晰内容:对制约大学战略管理的大学文化内涵进行深入的分析,进一步明晰需要更新和完善的具体内容及其在大学文化中的层面及表现形式;最后,付诸行动:采取针对性、有效性的方式方法逐渐对需要更新和完善的大学文化内涵进行改变和完善,并最终落实到师生、员工的思想和行动上。

具体而言,建设支持大学战略管理的大学文化工作应该超前于大学战略管理各项活动的开始,可以分别从精神文化、制度文化和物质文化3方面进行。

18.3.1 大学精神文化建设

在精神文化建设方面,将大学的使命、愿景、定位等办学理念融入其中。大学精神文化对大学运行和管理的作用不言而喻,建设支持大学战略管理的大学文化的核心在于提升大学精神文化对大学战略管理的支持。大学在确定或重新审视大学的使命、愿景和定位时,应该采取多种形式和手段,通过组织全校性的关于大学使命、愿景和定位的讨论,通过全校师生、员工在价值观念和理想信念上重新进行思考、探讨和辩论,使大家不仅充分认识大学面临的迅速变化的国内外环境及所处的激烈的竞争态势,更加清晰大学在新的发展时期的使命担当,而且有利于大学统一思想、达成共识,从而形成大学的整体价值观念和理想信念,促进大学精神文化朝着支持大学使命、愿景和定位的方向建设和发展。

大学战略管理强调追求卓越和创新,这与大学文化"执着创新和卓越"的特征相吻合,此外,强调团队意识和合作精神是大学战略实施成功的关键,因此,在建设支持大学战略管理的精神文化时还要重视追求卓越文化、鼓励创新文化和团队合作文化的建设和加强。

追求卓越文化作为一种精神和信念,强调的是在大学的教育教学、人才培养、学科建设、科学研究、社会服务、文化传承与创新等方方面面,都要志存高远、追求卓越、超越对手、永无止境,以此作为每位大学人的精神追求、坚定信念和行动目标,以卓越的质量标准要求衡量全校各项工作,不论是日常工作,还是战略实施任务,从个体本职工作到团队协同配合,到院系部处的各项工作,再到整个大学的工作,只有这样才能体现大学价值观念、理想信念和精神面貌,从而形成大学发展的持续竞争优势。

鼓励创新文化作为一种态度和氛围,提倡的是大学人的各项工作均要努力做到超越自我、超越当下、超越他人、实现创新。鼓励创新文化要在大学教职工思想上形成创新意识,在观念上培养创新理念,在精神上产生创新激情,使创新成为大学的一种文化。大学作为培养高层次人才和从事科学研究的重地,不论是日常工作,还是战略制定、战略实施和控制,只有努力在方方面面鼓励创新、提倡创新和支持创新,使之成为大学教职工的工作态度并在大学中形成创新的文化氛围,才能培养出创新型人才、产出创新型科研成果、创新性地开展战略管理。

团队合作文化作为一种精神和意识,强调的是教职工的团队合作精神和团队合作意识,注重的是精诚合作、协同共事、共克难关,是大学人共同价值观念和理想信念的外在体现。在现代社会中,尤其是在从事高端人才培养和高水平科学研究的大学,团队是最基层、最灵活、最常见的组织形式,从普遍存在的教学团队、科研团队,到完成重要任务的工作团队,再到解决临时性问题的应急团队,任何一项工作任务的完成都离不开团队成员的齐心协力和共同努力,团队合作是完成包括战略实施任务在内的各项复杂性工作的基础和必须。团队合作文化的建设的基础是重视个人利益与团队利益的统一,要将个人发展目标和团队发展目标紧密相连,只有这样,才能形成团队的凝聚力和合力,才能为完成大学战略实施任务而共同努力。

上述追求卓越文化、鼓励创新文化和团队合作文化等方面的大学精神文化建设,需要通过大学制度文化这一载体予以具体明确的落实,以保证大学广大师生、员工的充分认识和一致行动。

18.3.2　大学制度文化建设

作为落实精神文化的平台,制度文化建设是新的大学文化养成的有力保障。在制度文化建设方面,需要将大学战略规划及其实施中需要制度保障的诸多内容融入和渗透大学各种制度中,具体包括以下几方面。

第一,将大学总体战略目标及竞争/专项战略目标作为更新和完善大学制度文化的指南。大学战略目标的作用主要表现在纵向一致性、横向协调性和整体标杆性(详见7.8节),一方面,对与体现这些作用不一致的现有大学制度文化的内涵要进行修改,另一方面,要强化大学战略目标的作用在大学制度文化中的体现。

第二,要对大学总体战略和竞争/专项战略的实施制定相应的政策、规章等制度文件。大学总体战略蕴含着大学未来发展的总体思路及其实现途径(详见第9章),大学竞争/专项战略凸显了大学未来在高等教育市场上的竞争策略及其实现路径(详见第10章),所有这些都需要有相应的制定文件予以落实,从而保证这些战略的实施到位。

第三,要基于大学战略实施的基本原则和主要任务制定相应的配套政策文件。大学战略实施的6项基本原则(详见11.2节)在大学战略实施过程中必须严格遵循规定,需要通过政策文件的形成予以固化、强调和坚持;大学战略实施的8项主要任务(详见11.3节)需要得到大学领导层的高度重视和相关部门的积极参与,也需要通过政策文件的形式予以明确和强调。

第四,要为大学战略的分层实施提供具体、明确、可操作、可评估的政策制度。大学战略的年度分解及年度工作要点的形成(详见12.3、12.4节)需要有指南和操作规程;大学院系部处战略实施的任期目标责任制及目标管理(详见12.5节)需要有清晰的制度文件和目标管理文件;大学教职工的战略实施(详见12.6节)需要详细、具体、可实施、可评估、可检查的绩效管理文件及其实施细则。

第五,要为大学战略实施的资源保障出台具体明确的政策、措施和办法,包括建设满足战略实施要求的高水平教师队伍和专业化、职业化职工队伍建设的政策支持、条件保障,大学经费预算办法及经费使用管理办法,各种教育教学及科研资源的优化配置及其高效使用办法等(详见第13章),其最终目的在于将大学有限的各种资源集中投入到战略实施中,达到形成人力资源优势、提高经费资源的使用效益、发挥物质资源的最大效益的目的。

第六,要为大学战略实施的组织保障提供政策、模式和方案,包括组织结构的合并、重组、设置和优化,组织制度的建设措施,大学中层干部的配备,大学管理模式的选择等(详见第14章),以提供支持大学战略实施的组织结构、运行机制、干部队伍和管理模式。

此外,建设大学制度文化时,还要将精神文化建设中的追求卓越文化、鼓励创新文化和团队合作文化等落实到其中。具体而言,在制度文化建设中,一方面要通过政策制度和激励措施支持和鼓励师生、员工用实际行动持续不懈地提高工作质量以追求卓越、不断突破自我和他人以创新性地做好本职工作;另一方面要出台具体的鼓励和支持团队合作的政策措施和团队运行的管理办法,包括团队带头人的职责、团队成员和谐合作关系的建立、团队成员的权利和义务、团队绩效考核办法等。

为了更好地支持大学战略管理,大学制度文化建设不能仅限于制定和执行支持大学战略管理的一系列规章制度,而且应该增加相关制度建设自身的透明度和参与度,包括在政策制度形成过程中多渠道听取大学师生、员工对相关政策制度的意见,在战略管理开展过程中更多地邀请教职工参与并了解战略管理的指导思想和目标导向,以此提高大学教职工对大学战略管理各项工作内涵及重要性的认识,进而促进支持大学战略管理的制度文化建设。

18.3.3 大学物质文化建设

作为一种显现文化,大学物质文化将大学精神文化和制度文化显现在大学校园内表现大学特征的各种物质之中,以强化和彰显大学文化的内涵。建设支持大学战略管理的大学物质文化需要将大学战略规划中的核心内容用恰当的物化形式表现出来,以影响、感染和激励大学师生、员工投身于大学战略实施的各项任务中。

第一,将大学目标追求、办学理念等通过标志性建筑、校园规划布局和建筑风格、人文景观、专门组织机构设置等彰显出来。例如,可以通过具有长远战略眼光、立足未来发展需要、面向世界高等教育的综合图书馆和科研楼宇建设、重点学科专业建设,以及重要机构的设置等彰显一所建设世界一流大学的目标追求。

第二,将大学战略目标中具有标志性的指标用恰当的物化形式表现出来。例如,可以通过在人流较大的地点设立永久性碑文、标志性的人文景观、校园绿化环境、与行业企业及科研院所共建研发中心等,彰显一所大学将成为区域创新研发中心作为推动区域产业创新发展战略目标的一项标志性指标。

第三,将大学战略规划中的人才培养理念通过和谐温馨的育人环境予以强化。例如,如果一所大学战略规划中将"以学生为中心"作为人才培养理念,那么该大学在调研分析如何更好地满足学生学习需求的基础上,可以考虑加强三方面的建设:一是便利学生自主学习和提高学习效率的校园局域网、电子图书馆、电子数据库、图书情报系统等;二是提高学生学习参与度的教室,如讨论式、多媒体、小组学习等教室或学习空间;三是满足学生个性化需求的丰富多样的课程。

第四,将大学战略规划中的科学研究定位通过科研设施及条件予以展现。例如,如果一所大学战略规划中将"服务区域经济发展"作为科研定位,那么该大学需要加强与区域行业企业的合作,建立与地方企业合作平台,提供充足的从事应用型研究的项目经费、仪器设备和实验条件等。

第五,将大学竞争/专项战略中所追求或期望达成的目标任务通过一些全校性的活动给予大学人切身感受。例如,如果一所大学的竞争战略之一是国际化战略,那么该大学就需要通过拓展国际交流渠道、举办国际会议、招收国际学生等方式,加强国际交流与合作、营造国际化的校园氛围、面向世界开展高等教育等。

总之,将大学战略规划中的诸多核心要素通过物化的形式展现出来,形成支持大学战略管理的大学物质文化,这不仅能够为大学提供一个温馨的工作和生活环境,还能为广大师生、员工营造一个和谐的心理环境,使大学师生、员工切身体会和感受到大学文化的变化或新的文化内涵的出现,从而提高对大学战略管理相关活动重要性的认识,进而积极投身于大学战略管理的各项活动中。

大学文化与大学战略管理在引领和促进大学建设和发展过程中相互影响、相互促进、相得益彰。一方面,大学文化能够在大学战略管理的开展过程中得到充分的发展;另一方面,大学战略管理可以在大学文化的发展过程中得到更好的开展,从而二者得到共同发展。

参 考 文 献

[1]　林建煌. 战略管理[M]. 北京：中国人民大学出版社,2005.

[2]　徐飞. 战略管理[M]. 北京：中国人民大学出版社,2009.

[3]　明茨伯格. 战略历程：纵览战略管理学派[M]. 刘瑞红,译. 北京：机械工业出版社,2001.

[4]　杜尚哲,加雷特. 战略联盟[M]. 李东红,译. 北京：中国人民大学出版社,2006.

[5]　多兹,哈默尔. 联盟优势[M]. 郭旭力,鲜红霞,译. 北京：机械工业出版社,2004.

[6]　"大学战略规划与管理"课题组. 大学战略规划与管理[M]. 北京：高等教育出版社,2007.

[7]　张曙光,蓝劲松. 大学战略管理基本模式述要[J]. 现代大学教育,2006(4).

[8]　李小三. 现代领导哲学思维——领导智慧的养成途径[M]. 北京：研究出版社,2009.

[9]　沈原,翟利. 领导者思维能力训练[M]. 北京：中共中央党校出版社,2002.

[10]　眭依凡. 大学使命：大学的定位理念及实践意义[J]. 教育发展研究,2000(9)：18-22.

[11]　林健. 高校工程人才培养的定位研究[J]. 高等工程教育研究,2009(5)：12-13.

[12]　林健. 战略视角下的大学管理[M]. 北京：高等教育出版社,2005.

[13]　刘献君. 论高等学校定位[J]. 高等教育研究,2003(1)：24-28.

[14]　迈克尔·A.希特,等. 战略管理：竞争与全球化(概念)[M]. 吕巍,等译. 原书第6版. 北京：机械工业出版社,2005.

[15]　弗雷德·R. 戴维. 战略管理[M]. 李克宁,译. 北京：经济科学出版社,2001.

[16]　曲绍卫. 大学竞争力研究：基于新制度经济学分析框架[M]. 北京：教育科学出版社,2008.

[17]　成长春. 赢得未来：高校核心竞争力研究[M]. 北京：人民出版社,2006.

[18]　张卫良. 大学核心竞争力理论与实践研究[M]. 青岛：中国海洋大学出版社,2006.

[19]　左相国. 高校"核心竞争力"的构成要素分析[J]. 中国冶金教育,2003(5).

[20]　谢林淙. 论公安高等学校的核心竞争力(上)[J]. 公安教育,2003(10).

[21]　陈克. 高等学校核心竞争力研究[J]. 学术交流,2004(7).

[22]　夏卫红. 执掌七年的"老船长"——英国牛津大学校长柯林·卢卡斯[J]. 国际人才交流,2004(7).

[23]　林健. 一流本科教育：认识问题、基本特征和建设路径[J]. 清华大学教育研究,2019(1)：24-26.

[24]　林健. 一流本科教育：建设原则、建设重点和保障机制[J]. 清华大学教育研究,2019(2)：2-10.

[25]　弗莱舍,本苏泰. 战略与竞争分析：商业竞争分析的方法与技巧[M]. 王俊杰,等译. 北京：清华大学出版社,2004.

[26]　刘念才,周玲. 中外大学规划：比较与借鉴[M]. 上海：上海交通大学出版社,2007.

[27]　林健. 面向世界培养卓越工程师[J]. 高等工程教育研究,2012(2)：3-13.

[28]　清华大学国际合作与交流处.《清华大学全球战略》解读：九大战略方向[N]. 新清华,2017-04-25.

[29]　林健. 大学薪酬管理——从实践到理论[M]. 北京：清华大学出版社,2010.

[30]　林健. 大学校院两级管理模式中的权责划分[J]. 国家教育行政学院学报,2009(11)：37-43.

[31]　林健. 大学校院两级管理模式中的学院设置[J]. 国家教育行政学院学报,2010(10)：17-24.

[32]　王方华,吕巍. 战略管理[M]. 北京：机械工业出版社,2004.

[33]　冯倬琳,赵文华,冯玉广. 研究性大学校长的战略领导[J]. 清华大学教育研究,2009(3)：76-77.

[34]　赵存生. 大学文化的特点和功能[J]. 中国图书评论,2002.

[35]　严峰. 中国大学文化研究(D). 复旦大学,2005.

[36]　眭依凡. 关于大学文化建设的理性思考[J]. 清华大学教育研究,2004(1)：12.